"十二五"普通高等教育本科国家级规划教材

普通高等教育城市轨道交通系列教材

OPERATION AND MANAGEMENT OF URBAN RAIL TRANSIT SYSTEM

城市轨道交通系统运营管理

（第3版）

毛保华 ◎ 主 编

许得杰 许 奇 ◎ 副主编

人民交通出版社

北 京

内 容 提 要

本书是在北京交通大学与中南大学、兰州交通大学等高校合作编写的《城市轨道交通系统运营管理》(第 2 版)(2017 年出版,"十二五"普通高等教育本科国家级规划教材)基础上全面修订而成。全书共分 15 章,主要内容包括:城市轨道交通系统运营管理概述、管理模式与运营企业组织、城市轨道交通设施与设备、车站工作组织、运行计划编制、列车运行图编制、车底周转计划编制、乘务计划编制、系统运力分析与提升、列车运行控制、调度指挥技术、维修管理计划、运行经济性、运营指标体系、运营安全与应急管理。本书部分知识点配备了微课程、教学动画等资源,扫描封面二维码并激活后,再扫描书中二维码即可观看学习。

本书可作为交通运输类专业及相关专业城市轨道交通方向的本科生、研究生教材,亦可作为从事城市轨道交通及相关专业决策、规划与设计、咨询、运营管理等工作的工程技术人员的培训用书和参考资料。

图书在版编目(CIP)数据

城市轨道交通系统运营管理/毛保华主编. —3 版.
北京:人民交通出版社股份有限公司,2025.8.
ISBN 978-7-114-20518-7

Ⅰ. U239.5

中国国家版本馆 CIP 数据核字第 2025FE4166 号

Chengshi Guidao Jiaotong Xitong Yunying Guanli

书　　名:	**城市轨道交通系统运营管理**(第 3 版)
著 作 者:	毛保华
责任编辑:	杨　思　李　良
责任校对:	赵媛媛
责任印制:	张　凯
出版发行:	人民交通出版社
地　　址:	(100011)北京市朝阳区安定门外外馆斜街 3 号
网　　址:	http://www.ccpcl.com.cn
销售电话:	(010)85285911
总 经 销:	人民交通出版社发行部
经　　销:	各地新华书店
印　　刷:	北京交通印务有限公司
开　　本:	787×1092　1/16
印　　张:	23.25
字　　数:	551 千
版　　次:	2006 年 2 月　第 1 版
	2017 年 6 月　第 2 版
	2025 年 8 月　第 3 版
印　　次:	2025 年 8 月　第 3 版　第 1 次印刷　累计第 21 次印刷
书　　号:	ISBN 978-7-114-20518-7
定　　价:	59.00 元

(有印刷、装订质量问题的图书,由本社负责调换)

第 3 版前言

我国城市地区人口密度大，交通出行总量大，人均资源不足，解决城市交通拥挤与污染问题的方案成为各级政府、交通运输行业以及居民关注的热点。容量大、安全、环保特性好的城市轨道交通产业已在我国很多城市快速发展。国内外许多大城市在出行需求不断增长的背景下，为解决地面交通资源不足问题都采用了发展城市轨道交通的方式。国务院 2024 年 10 月颁布的《城市公共交通条例》指出，国家鼓励、引导公众优先选择公共交通作为机动化出行方式；坚持城市公共交通公益属性，落实城市公共交通优先发展战略；增强城市公共交通竞争力和吸引力。

随着我国社会经济的发展，可以预见，未来一段时期我国城市轨道交通系统仍将处于高质量发展阶段；城市轨道交通运营企业高质量的运行组织与管理成为今后行业发展的主要工作。因此，加快我国城市轨道交通行业运营管理人才的培养、不断提升城市轨道交通企业的运营管理水平成为行业发展的重要议题。

本书第 1 版自 2006 年出版发行以来，已累计印刷了二十余次。本版是在 2017 年第 2 版基础上修订形成的，内容纳入了自第 2 版出版以来作者们的科研工作成果。编写组在本版编写过程中，走访了全国十多家城市轨道交通运营企业，与从事一线实际运营管理工作的同行深入交流，重点研究了我国各级城市轨道交通主管部门近年颁布的一系列行业标准与管理规定，力求使内容和术语更加贴近我国城市轨道交通运营实际。除了从逻辑与结构上进一步优化教材外，本版重点调整、增补了与城市轨道交通运营实践密切关联的内容，包括运行计划编制、车底周转计划与乘务计划编制、系统运力分析与提升、调度指挥技术、设备设施维修养护技术、运营补贴理论与方法等。不过，我国作为一个大国，城市轨道交通从北京开通运营首条地铁线路以来尚不到 60 年，不同城市对一些专业术语仍存在不同叫法，本书也保留一些术语，学习时需要加以留心。

为充分体现现代科技发展对专业课教学的促进作用，本版教材在每章增加了"AI辅助学习研讨题"，作为辅助该课程教学的一种新的尝试。AI辅助研讨有利于读者在专业课学习过程中了解更多不同观点，获得更宽广、全面的专业视角，从而促进学习思考，强化读者在未来工程实践中的应用创新。

全书力求充分反映我国城市轨道交通行业发展的基本特征，力争满足我国运营管理人才业务培养与技能提升的实际需求。本书可以作为相关专业的本科生、研究生教材或教学参考资料。同时，本书对于城市轨道交通系统相关的政府决策、运营企业运营管理、工程规划与设计人员都有很高的参考价值。根据教学计划要求，本书推荐教学时间为64学时，另设16学时的实习与实验。除此之外，本书部分知识点配有微课程、教学动画等资源，扫描书中二维码即可观看学习。

本书由北京交通大学、兰州交通大学、重庆交通大学、交通运输部科学研究院等单位的教师与科研人员共同编写，其中毛保华编写第1章、第5章、第9章、第12章，柏赟编写第2章、第13章，许奇编写第3章、第8章、第11章，邹庆茹编写第4章，许得杰编写第6章、第15章，陈垚编写第7章、第10章，冯旭杰编写第14章。全书由毛保华统稿并审定。

本教材修订过程中，得到了杨远舟、曾平利、孙壮志、黄悦、王江涛、魏国静、贺文严、方志伟、徐浩、姜彦璘、王海啸、朱杰、黄嘉等业内专家与同行的帮助和指导。中国城市轨道交通协会运营管理专业委员会、北京市地铁运营有限公司、北京京港地铁有限公司、上海申通地铁集团有限公司、成都地铁运营有限公司、深圳地铁运营集团有限公司、武汉地铁运营有限公司、西安市轨道交通集团有限公司、杭州地铁运营有限公司、北京市轨道交通指挥中心、青岛地铁运营有限公司、长春市轨道交通集团有限公司、长沙市轨道交通集团有限公司、南京地铁运营有限责任公司等单位在教材的修订过程中提供了支持与帮助。本书编写过程中还得到了北京交通大学交通运输学院城市轨道交通系同行的帮助与指导。研究生田佩宁、卢霞、薛婷、赵义馨、江顿妮、刘佩雨等参加了本书部分资料的整理与校核工作。本书引用了大量国内外学者发表的有关城市轨道交通的文献以及国内部分城市(如北京、上海、深圳、长沙、广州、青岛、西安等)城市轨道交通企业运营管理的案例资料。在此谨向上述专家及单位致以衷心感谢。

由于编者水平有限，书中疏漏难免，请读者批评指正。

毛保华
2025年3月于北京交通大学

数字资源列表

资源使用说明：

1. 扫描封面二维码，注意每个码只可激活一次；

2. 长按弹出界面的二维码关注"交通教育出版"微信公众号并自动绑定资源；

3. 公众号弹出"购买成功"通知，点击"查看详情"，进入后即可查看资源；

4. 也可进入"交通教育出版"微信公众号，点击下方菜单"用户服务—图书增值"，选择已绑定的教材进行观看。

序号	资源名称
1	冲绳的单轨系统运行示例
2	城市轨道交通系统运营管理工作的特点
3	城市轨道交通车辆的类型
4	车辆编组与配置
5	转向架结构总体与工作原理
6	牵引电机的结构与工作原理
7	接触网供电方式
8	牵引供电系统组成
9	架空接触网组成
10	接触轨形式
11	轨道电路概念
12	城市轨道交通信号系统概述

序号	资源名称
13	通讯网的组成
14	车辆运用、检修库房和车间及其主要设备
15	车站开启
16	末班车换乘过程
17	客运组织设备、设施的运用
18	运输计划概述
19	某城市轨道交通网络客流时空分布特征
20	车站越行过程
21	运行图的要素
22	确定车站在运行图上的位置的方法
23	列车运行图的类型
24	列车入库作业
25	列车折返作业
26	列车正线运行
27	列车出库的流程
28	列车运营前的组织
29	移动闭塞条件下列车如何运行
30	站后折返过程
31	运输能力及其计算方法
32	行车指挥系统
33	OCC 的布局
34	电话闭塞
35	大客流的分类
36	联锁系统故障应急处理
37	列车火灾紧急处理
38	列车故障救援处理程序
39	城市轨道交通运营补贴机制及其特点
40	风险评估
41	安全生产事故处置

目录

第 1 章
城市轨道交通系统运营管理概述

　　城市轨道交通是现代城市综合交通体系的重要组成部分。国务院 2024 年 12 月 1 日起施行的《城市公共交通条例》规定,城市公共交通是指在城市人民政府确定的区域内,利用公共汽电车、城市轨道交通车辆等公共交通工具和有关系统、设施,按照核定的线路、站点、时间、票价等运营,为公众提供基本出行服务。城市人民政府是发展城市公共交通的责任主体,承担城市公共交通运营服务的企业由城市人民政府或者其城市公共交通主管部门依法确定。本章重点介绍了我国城市交通的现状和发展,以及城市轨道交通的分类,分析了城市轨道交通系统的运营管理特性,从时间与空间角度探讨了城市轨道交通系统运营组织的特点和基本原理,剖析了运营管理工作的主要目标和内容;在国内外城市轨道交通运营实践的基础上,分析了做好城市轨道交通运营管理工作的重要性和具体方法。

1.1 我国城市交通现状

社会与经济的发展推动了城市化发展。据联合国统计,20 世纪 50 年代,全球人口只有 25.2 亿,其中城市人口占 26.6%;2023 年世界人口突破 80 亿,城市化率接近 60%。2023 年我国人口接近 14.1 亿,城镇常住人口占 66.16%。城市化使城市规模不断扩大,20 世纪 80 年代末,我国百万以上人口大城市只有 28 个。截至 2023 年末,我国超过 100 万人的城市已超过 150 个。我国城市化过程中,城市人口结构及区域经济布局的变化主要体现在空间的不均等利用以及平面的不均衡扩展上。中心城区人口的过度集中与机动车的快速发展加剧了过去二十年来城市中心区域道路交通能力的紧张。

从交通结构看,改革开放以来,虽然我国城市交通基础设施获得了前所未有的发展,但资源占用率高的城市个人机动化工具以更快的速度增长,加剧了交通资源的供需矛盾。研究表明:不少城市机动车年均增速 15% 左右,同期道路增长率不足 5%。由于城市基础设施建设滞后于交通需求增长,交通堵塞加剧,公共交通服务质量下降。高峰期间公共汽车车辆的运行速度从 20 世纪 80 年代的 25～35km/h 下降到 9～15km/h,这间接促进了个人交通方式发展,改变了城市交通的结构。据公安部统计,2023 年全国机动车保有量达 4.35 亿辆,其中汽车 3.36 亿辆;汽车驾驶人达 4.86 亿人。汽车保有量超过 100 万辆的城市有 94 个,超过 200 万辆的有 43 个,超过 300 万辆的有 25 个,5 个城市的汽车保有量甚至超过了 500 万辆。由此引发的城市交通的突出变化体现在交通结构方面,尤其是机动交通。以北京市为例,1986 年自行车出行占比超过 60%,小汽车出行仅占 5%[①];2023 年自行车与共享单车出行占比下降到 16%,小汽车出行占比达 23%;一次出行平均距离从 1986 年的 5.2km 增至 2018 年的 9.0km。2023 年我国城市公交车保有量 68.25 万辆(其中新能源公交车占 81.2%)。营运型城市交通方式客运量 1010 亿人次,其中传统的公共汽电车占 37.7%,出租汽车占 33.1%,城市轨道交通占 29.1%,其他占 0.1%。

我国城市交通面临的主要问题体现在以下三方面:

(1)城市空间规划与交通发展目标不一致,土地利用未能为公交发展创造客流条件。

中心城区发展公共交通是国内外大都市的共识。我国城市规划部门一直采用按容积率控制规模的方法,许多城市对中心城区建筑的密度与规模执行着相当严格的控制政策。然而,改革开放以来,我国城市化发展与城区人口增长迅速。中心城区较低的容积率不利于大容量公交客流的形成,也为私家车成长留下了空间,某种程度上起到了引导城区私家车发展的实际作用。同时,中心城区的私家车严重侵袭了公共交通的发展空间,影响了中心城区公共交通的运行效率,降低了公共交通的服务质量。事实上,这种城市空间规划与交通发展目标的矛盾是当前我国城市普遍拥堵的重要原因。表 1-1 给出了部分国际大都市中心城区的容积率数据。不难看出,东京、纽约、首尔中心城区容积率在 10.0 以上,而我国北京、上海等城市中央商务区(CBD)的容积率均在 6.0 以下,这也使得我国以城市中心城区公共交通主导发展的思路更难落实。

---

① 数据来自 1986 年 OD 调查数据。

部分国际大都市中心城区容积率

表 1-1

城市的中心城区	平均容积率	城市的中心城区	平均容积率
纽约市 CBD	14.6	上海市中心城区	<6.0
东京都千代田区	10.1	北京市朝阳区 CBD	4.2
首尔市 CBD	10.0	北京市金融街	3.9
新加坡市中心区	8.0～25.0	北京市相关标准 [《北京城市总体规划(2016 年—2035 年)》]	1.0～3.5
香港	6.0～10.0	深圳市福田区 CBD	2.7

(2)城市地区交通资源先天不足,亟待做好公交系统运营服务一体化工作。

改革开放以来,我国城市道路交通基础设施规模和能力有了很大提高。尽管如此,道路拥有水平的人均长度和面积指标仍然低于发达国家城市水平(20m² 左右)。2019 年全国城市人均道路面积约 17.4m²,但人口增长快的大城市普遍低于此平均水平。2021 年人均道路面积,北京 7.7m²,深圳 8.3m²,成都 8.9m²,广州 12.0m²,上海 12.5m²,武汉 13.2m²,天津 15.4m²。这使得这些大城市道路交通拥堵成为普遍难题,优先发展资源利用效率高的公共交通出行方式具有重要意义。城市轨道交通不占用地面资源,这是其过去二十年来得到迅速发展的重要原因。然而,由于公共交通不能"门到门",如何从运营组织角度做好全公交出行链的服务是当务之急。

(3)城市轨道交通作为多数城市的新型交通方式,其运营管理的科学性需要提高。

我国城市轨道交通发展起步较晚。第一条地铁线路于 1965 年 7 月在北京动工,1969 年 10 月 1 日通车,1971 年 1 月 15 日北京地铁 1 号线试运营,1981 年 9 月正式对外开放。此后到 2023 年底,59 个城市开通了 338 条线路,运营总里程达到 11224.5km;同时在建线路超过 5000km,每年都有新的城市加入城市轨道交通运营行列。由于多数城市轨道交通开通运营时间不长,加上城市发展速度快,城市轨道交通的需求与供给关系机理、运营组织方法以及经营管理模式等既不同于传统地面公共交通企业,也不同于城市间铁路运输企业,城市轨道交通系统运营组织与管理的科学性亟待提高。

1.2 城市轨道交通系统的发展

1.2.1 发展概况

城市轨道交通的产生源于将列车引入城市中心的构想。1804 年,英国人特雷维西克试制了第一台行驶于轨道上的蒸汽机车;1825 年,英国在达灵顿到斯托克顿间修建了长 21km 的世界第一条铁路。1829 年,巴黎引入公共马车,后来将马车放到钢轨上行驶,即轨道公共马车,这也是城市轨道交通的雏形。1832 年,世界上第一条采用马拉车的城市街道铁路在美国纽约第四大街运营。1843 年,英国人皮尔逊提出修建地下铁道的建议。1855 年,轨道马车建设成本下降,轨道与街道上其他车辆的相互干扰得到协调,轨道马车大规模替代公共马车,并在美国及欧洲迅速发展。1860 年,英国采用明挖法修建 6.4km 长的单拱砖砌结构隧道,并于 1863 年 1 月 10 日建成通车,列车由蒸汽机车牵引,这是世界上第一条城市轨道交通线路。1874 年,伦敦首次采用盾构原理施工;1890 年 12 月 18 日建成第一条采用电力机车牵引、长约 5.2km 的城市轨道交通线路。资料表明,2023 年底,全球城市轨道交通运营总里程达到 43400km,其中地铁运营里程约占 50%,我国城市轨道交通运营里程超过全球的四分之一,上海、北京的城市轨道交通运营里程已超过 800km。

城市轨道交通的发展经历了一个曲折的过程,大致分为以下四个阶段:

(1)初步发展阶段(1863—1924 年):世界第一条地下铁道的诞生,为人口密集的大都市如何发展公共交通积累了宝贵经验。特别是到 1879 年电力驱动机车研制成功、1890 年第一条采用电力机车牵引的城市轨道交通线路建成并投入运营,大大改善了地下铁道的环境,城市轨道交通由此步入了连续发展时期。这一阶段,欧美的城市轨道交通发展较快。

(2)停滞萎缩阶段(1925—1949 年):这个阶段由于战争爆发以及汽车工业的发展,造成了城市轨道交通的停滞和萎缩。汽车的灵活、便捷及可达性,使其得到了飞速发展。城市轨道交通因投资大,建设周期长,一度失宠。该阶段只新增了 5 个有城市轨道交通的城市,有轨电车停滞不前,部分线路被拆除。由于地下空间对于战争的特殊防护作用,部分处于战争状态的国家反而加速了城市轨道交通建设,如日本和苏联等。苏联第一条城市轨道交通线路于 1935 年在莫斯科建成通车,第二次世界大战期间的地铁建设速度反而更快。

(3)再发展阶段(1950—1969 年):伴随汽车的过度使用,城市道路异常堵塞,严重时导致交通瘫痪;加之空气污染,噪声严重,石油资源短缺,市区停车普遍困难。人们重新认识到,提升城市客运交通发展水平必须依靠由电力驱动、容量大、有独立路权的城市轨道交通。该阶段城市轨道交通从欧美国家扩展到亚洲的中国、日本、韩国、伊朗以及南美洲的巴西、非洲的埃及等国家,新增了 17 个有城市轨道交通的城市。

(4)快速发展阶段(1970 年至今):城市化导致人口高度集中,大容量城市轨道交通可更好满足客运需求。很多国家确立了发展城市轨道交通的方针,立法解决资金需求,科技进步也降低了城市轨道交通的建设难度与造价。这一阶段,城市轨道交通从欧洲、美洲、亚洲又扩展到大洋洲,从发达国家扩展到许多发展中国家。

1.2.2　运营概况

城市轨道交通系统列车正常情况下应实行双线分方向、右侧行车制。正线和配线行车由行车调度员指挥,车辆基地行车由车辆基地调度员指挥。参考《城市轨道交通运营技术规范》(GB/T 38707—2020)规定,城市轨道交通工程竣工后,应按规定进行验收和安全评估,验收与评估合格方可投入运营。城市轨道交通不载客试运行时间应不少于 3 个月;试运行合格方可进入载客试运营。初期运营时间应不少于 1 年。线路全天运营应不少于 15h,高峰时段列车发车间隔不宜大于 5min,最小停站时间应不低于 20s。在服务水平方面,参考《城市轨道交通行车组织规则》(JT/T 1185—2018)规定,除早晚收发车时段外,营运时段正常运行时的最大行车间隔应不大于 10min。

参考《城市轨道交通运营管理规范》(GB/T 30012—2013)规定,城市轨道交通运营管理包括安全管理、行车组织、客运组织与服务、设施设备运行维护、车站与车辆基地管理等工作。运营单位应按有关规定取得相应的经营许可。

城市轨道交通的运营状态包括正常运营情况、非正常运营情况和应急情况。非正常情况指出现列车晚点、区间短时间堵塞、大客流及设备故障等现象导致的列车不能按列车运行图运行但又不危及乘客生命安全和设备设施严重损坏的情况。应急情况指发生自然灾害、公共卫生、社会安全等运营突发事件且导致事故发生或设施设备严重损坏、不能维系系统继续运行的状态。运营单位应建立健全的组织机构,设置行车组织、客运服务、设施设备维护和安全管理等部门,为乘客提供安全、准时、便捷、舒适的服务。

城市轨道交通具有运输能力大、准时性好、单耗低、路权独立的特点,是解决城市道路交通拥挤的有效方法。由于城市人口与就业岗位分布空间的不均衡性,不同城市、不同区域线路的运营效果也不相同。客流量与票价是影响城市轨道交通企业运营的核心因素。从线网角度来看,客流量水平一般可以用客流强度来衡量。客流强度是指单位长度线路每日承担的客流发送量水平,其计量单位一般为万人次/(km·日)。

表1-2给出了城市轨道交通线网规模和客流强度比较。

城市轨道交通线网规模和客流强度比较　　　　　　　　　表1-2

城市	线网长度(km)	客流强度[万人次/(km·日)]
伦敦(2010年)	433	0.89
东京(2011年)	312	3.55
莫斯科(2011年)	313	2.14
香港(2012年)	218	2.16
巴黎(2011年)	214	1.93
纽约(2011年)	368	1.47
广州(2023年)	653	1.37
深圳(2023年)	576	1.33
西安(2023年)	338	1.21
北京(2023年)	907	1.20
长沙(2023年)	235	1.14
上海(2023年)	967	1.11

从表1-2可以看出,伦敦线网客流强度最低,属于高密度、低运量类型;其他城市均在1.0万人次/(km·日)以上。我国内地城市中,广州、深圳客流强度较高。网络规模较大的部分城市客流强度近年开始下降,包括北京、上海等网络发展延伸到客流条件较差的城市边缘区的城市。另外一些城市网络化程度较低,客流强度不大。

各国城市轨道交通的运营实践表明:

(1)城市轨道交通是大容量运输工具,其运营的经济性亟须强有力的客流支撑。多数系统客流强度在1.5万人次/(km·日)以下时难以维系盈亏平衡,政府扶持不可或缺。

(2)对多数大城市来说,中心城区范围300km线网基本可以实现较好的覆盖,线网规模的继续扩大可能意味着客流强度的下降,从而增加政府的运营补贴负担。

(3)城市轨道交通运营企业的财务可持续性需要票款之外的经营收入支撑,如何利用其覆盖的高密度人口区域的商机是城市轨道交通运营企业经营管理的重要课题。

城市轨道交通系统的建设资金多来自地方政府的财政收入。当这些投入无须从运营收入中抵扣时,客流强度较大的系统可望通过一定的经营扶持策略来维持其市场化运行。

1.3　城市轨道交通系统的分类

城市中车辆在固定导轨上运行并主要用于城市客运的交通系统称为城市轨道交通系统。各国对城市轨道交通的分类各有差异,常用的分类方式有以下几种:

(1)按运能范围及车辆类型划分,城市轨道交通可分为市郊铁路、地下铁道、轻轨交通、单轨交通、有轨电车、自动导向交通、小断面地铁、胶轮地铁、索道等类型。

(2)按构筑物形态或轨道敷设方式划分,城市轨道交通可分为三类:位于地下隧道内的称为地下铁路;位于地面的称为地面铁路;位于地面高架桥上的称为高架铁路。

(3)按高峰小时单向运输能力划分,城市轨道交通系统一般可分为三类:高峰小时单向运输能力在3万人次及以上的称为高运量城市轨道交通系统;在1.5万～3万人次的称为中运量城市轨道交通系统;在1.5万人次以下的称为低运量城市轨道交通系统。

(4)按导向方式划分,城市轨道交通系统可分为两类:轮轨导向指利用轮轨承重并导向的系统,如地下铁道、轻轨交通、有轨电车等方式;导向轮导向则指导向装置与承重装置相异的系统,如单轨交通和胶轮地铁。

(5)按轮轨的材料划分,城市轨道交通系统可分为钢轮钢轨系统和胶轮钢筋混凝土系统。地下铁道、轻轨交通、有轨电车属前者,单轨交通和自动导向交通属后者。

参考《城市轨道交通运营管理规范》(GB/T 30012—2013)规定,城市轨道交通包括地铁系统、轻轨系统、单轨系统、有轨电车、磁浮系统、自动导向轨道系统和市域快速轨道系统七大类。下面分别介绍不同类型城市轨道交通系统的运营特性。

1.3.1　地铁系统

地铁系统指线路全部或大部分位于地下隧道内、全封闭且单向小时运输能力可达3万人次以上的城市轨道交通系统,一般简称地铁。地铁系统容量大、速度快、安全、准时、舒适、占地少,但建设成本较高。一般在用地紧张、客运需求量大的城市中心区域采用。

我国地铁车辆有A、B两种类型,A型车长度22.0～23.6m,车体宽3.0m,定员可达310人;B型车长度19.0～19.5m,车体宽2.8m,定员230～250人(立席均按6人/m²计算)。地铁列车最高速度一般为80～100km/h,运营速度为35～40km/h;列车编组通常为4～8辆,少数达10～12辆。列车运行的最小间隔时间可达到75s,单向小时最大运输能力可达3万～6万人次。

从不考虑拆迁的工程造价看,地下线路造价较地面线路高约2倍,高架线路较地面线路高约1倍。为降低建设工程造价,考虑广泛存在的征地拆迁困难,地下、高架的线路敷设方式较地面线路更容易实施。不过,我国城市土地资源紧缺,为充分利用地面土地的增值性,更多地采用地下形式也具有现实合理性。

地铁的另一种革新形式是直线电机系统。它指由直线电机牵引,轮轨导向,运行在小断面隧道、地面和高架专用线路上的中运量城市轨道交通系统,有时也称小断面地铁。

从运输能力看,早期的直线电机系统多采用小型车辆、高架线路,直线电机系统被归为中运量系统。如多伦多 Scarborough 线、温哥华 SkyTrain Expo 线以及东京都 12 号线。东京都 12 号线最小曲线半径为正线 100m,侧线 80m,最大坡度 5.5%,列车编组 6 节,车厢定员 90～100 人,直流 1500V 供电,列车最高速度 70km/h,单向小时最大输送能力 29000 人次;我国广州地铁 4 号线、5 号线和北京首都机场线也属于这类系统。直线电机系统车辆自重轻、爬坡能力强(6%～8%)、线路曲线半径小(最小尺寸 50m)。由于断面较一般地铁断面小,加上采用较小曲线半径和较大坡道,该系统可降低建设成本和维护成本。

1.3.2　轻轨系统

轻轨系统概念是在有轨电车基础上发展起来的。一般指电气牵引、轮轨导向、车辆编组运行在专用轨道上的中运量城市轨道交通系统,单向小时运输能力为 1.5 万～3.0 万人次。轻轨系统车体小、轴重轻,设计速度也较低;多应用于中密度城区或交通走廊。

轻轨系统内涵较宽,实际中易产生分歧。轻轨系统有三种类型,第一种是源于传统有轨电车的轻轨系统,有时直接称为有轨电车,由电气牵引、轮轨导向、单车或两辆编组,运行在城市路面线路上。如 20 世纪早期各国的轻轨系统,典型的有斯图加特的轻轨系统、曼彻斯特的轻轨系统。由于其行驶在城市道路中间,速度慢、噪声大、舒适度差、安全性和准时性较差,单向高峰小时输送能力通常在 1 万人次以下。

第二种是新建的现代化轻轨系统。1978 年,国际公共交通联合会(UITP)将在有轨电车基础上发展而成的中运量新型有轨电车称为"轻轨交通(Light Rail Transit,LRT)"。典型的有伦敦的道克兰轻轨系统(Dockland Light Railway),采用移动闭塞,列车无人控制,采用独享路权的地下或高架线路。

第三种是利用原有城市间铁路或城市市郊铁路线路走廊提供城市交通服务的轻轨系统,如美国的洛杉矶轻轨系统等。

轻轨车辆宽度为 2.2～2.4m,定员在 100 人左右。新式轻轨车辆为适应客运需求,宽度可达 2.5～2.6m。近年各国研制的新型轻轨车辆有 4 轴车、6 轴单铰接车和 8 轴双铰接车三种车型,定员在 130～270 人间,行车间隔可缩小到 2min 及以下,单向小时能力可达到 1.5 万人次左右。

轻轨系统修建周期短、工程投资少、运营成本低,可适应陡坡急弯,是一种较好的中运量轨道交通工具。

1.3.3　单轨系统

单轨系统又称单轨或独轨铁路,是由电气牵引、具有特殊导向装置、列车编组运行在专用轨道梁上的中运量城市轨道交通系统。单轨系统一般为高架设计,有跨座式和悬挂式两种形式。现存最早的电力单轨铁路是德国伍珀塔尔市在 1901—1903 年修建的一条电力驱动、长约 13km 的悬挂式单轨铁路。当时主要用于游乐,该条轨道现仍在运营中。

跨座式单轨与悬挂式单轨系统的车辆形式有所不同。跨座式单轨系统的车辆较宽,约为 3m,定员 140～190 人,其中座席为 30～40 人。悬挂式单轨系

冲绳的单轨系统
运行示例

统车辆宽度在 2.6m 左右,定员 100 ~ 160 人,其中座席 40 ~ 50 人。单轨系统列车编组通常为 4 ~ 6 辆,最高速度可达 80km/h,旅行速度约 30km/h。单轨系统道岔转换慢,列车折返时间较长,行车间隔不易压缩。单轨系统单向小时运输能力在 0.8 万 ~ 2.5 万人次,适宜于市区街道空间较窄的短距离线路。

1.3.4 有轨电车

有轨电车实际上是最早形式的城市轨道交通,德国西门子 1881 年制造了世界上第一辆电力有轨电车。1890—1920 年世界上很多大城市都有有轨电车。这种电车在街道行驶,无独立路权。20 世纪中期以后,随着私家车、公共汽车及其他路面交通的发展,有轨电车与道路车辆冲突严重,在一些大城市陆续被淘汰。不过,人口密度不高的一些欧洲大陆城市仍保留了这种形式的轨道交通。20 世纪 70 年代以后,随着能源危机、环境污染、道路交通拥挤的加剧,改进版、部分甚至完全独立路权的现代有轨电车又重新出现在许多城市。

现代有轨电车在地面交通流量较大的区域可以采用立交形式,造价一般不到地下铁路的五分之一,速度与能力也低于地铁,设计时速不超过 80km,单向小时运输能力在 1.0 万人次以下。西门子公司制造的 8 节编组、加拿大庞巴迪公司制造的 7 节编组列车是全世界较长的有轨电车,最大载客量超过 500 人。

我国第一条有轨电车 1906 年在天津通车,20 世纪 50 年代时上海、北京、大连等 60 多座城市都有有轨电车。改革开放以后,随着小汽车发展,旧式有轨电车逐渐退出舞台。由于地铁造价过高,2007 年以来不少城市尝试建设新型有轨电车。到 2023 年底,全国有 23 个城市提供有轨电车运营服务,运营里程接近 600km。

参考中国城市轨道交通协会的统计,到 2024 年底,全国 12168.77km 城市轨道交通线路中,地铁制式线路占 76.27%,市域快轨占 13.37%,有轨电车占 6.77%,轻轨占 1.84%,自动导向轨道系统占 0.08%,单轨系统占 1.19%,磁浮系统占 0.48%。

1.3.5 磁浮系统

磁浮系统是一种利用电磁原理承载并控制列车运动的轨道交通方式。磁浮系统可分为高速磁浮与中低速磁浮两种。

目前比较成熟的高速磁浮系统有两种类型。一是德国的 TR 系统(Transrapid),其利用安装在机车和导轨上的电磁铁相互吸引而产生的纵向和侧向的磁吸力来进行悬浮和导向,通过同步直线电动机原理驱动。1980 年兴建了埃斯兰德(Emsland)试验线,1984 年开始载人试验。TR 列车的运营速度为 400 ~ 500km/h。另一种是日本的 ML 系统(Maglev),其通过机车上的超导磁铁和地面线圈的感应电流产生纵向和侧向的电磁斥力来进行悬浮和导向,利用电磁极性转换产生的引力和后方斥力进行驱动。1997 年 3 日在日本山梨县建成长18.4km 的磁悬浮铁路试验线首期线路。ML 列车的运行速度在 500km/h 之上,但还没有商业运营线路。

中低速磁浮列车指速度在 120km/h 以下的系统。与高速磁浮不同的是,低速磁浮列车采用短定子异步直线电机,具有工程造价较低,转弯半径小、爬坡能力强、运营维修成本也相对较低等优势,为中等规模城市和旅游景区提供了一种中运量轨道交通解决方案。

目前,我国只有浦东机场线属于高速磁浮系统运营线路。海外不少高速磁浮系统虽论证多年,但限于客流条件与经济性,一直未能推进到实用层面。

已投入运营的中低速磁浮系统有日本航空公司(JAL)研发的 HSST 系统,该系统 2005 年在名古屋市爱知高速交通东部丘陵线投入运营。线路长 8.9km,从藤丘站到八草站设 9 站,连接名古屋市内到爱知世界博览会会场,最高时速 100km,采用 3 节编组无人驾驶技术。韩国 2014 年 7 月投入运营了仁川国际机场—仁川龙游的中低速磁浮线路,全长 6.1km,最高时速 110km。我国第一个中低速磁浮系统是由中车株洲电力机车有限公司与国防科技大学等高校研发制造的,最高时速 120km。该系统 2016 年 5 月在长沙投入运营,线路全长 18.55km,连接长沙火车南站与长沙黄花国际机场,设机场站、榔梨站和高铁站 3 个车站,预留两座车站,列车编组 3 节。2017 年北京 S1 磁浮线开通试运营,该线全长 10.2km,全部为高架线,共设置 8 座车站,运营时速为 100km。列车由中车唐山机车车辆有限公司研制,采用 6 辆编组。2022 年 5 月湖南湘西凤凰县开通运营了凤凰磁浮旅游观光快线。该线长 9.12km,设 4 站。该系统与长沙机场磁浮一样由中车株洲电力机车有限公司研制,列车 3 节编组,设计时速 100km。

1.3.6 自动导向轨道系统

自动导向轨道(Automated Guideway Transit,AGT)系统的轨道采用混凝土道床、车辆采用橡胶轮胎,由一组导向轮引导车辆运行,列车运行可自动控制。狭义的自动导向轨道系统指由电气牵引,具有特殊导向、操纵和转折方式的胶轮车辆,单车或多节编组运行在专用轨道梁上的中运量系统。

1964 年,日本建成了一条橡胶轮胎 AGT 系统,现已有 10 余条线路在运行。1983 年,法国里昂也首次建成 AGT 系统,称为 VAL。美国达拉斯沃斯堡机场的 People Movers 系统、摩根城的 Personal Rapid Transit 系统及我国广州的 APM 线实际上也属于这种系统。

自动导向轨道系统线路长度通常为 5~15km,以双线为主,但也有环形单线和网状线路;最大坡度可达 7%~10%,最小曲线半径可达 10~30m。车辆为轻小型,车体宽度在 2m 左右,长度为 4~8m,电力驱动,动力从侧面供给,交流、直流均可;定员 20~80 人,最高速度 60km/h 左右。列车通常采用短编组,大多为 2 辆编组,也可以单车运行或 6 辆编组运行,单向小时运输能力为 0.8 万~2.5 万人次。

1.3.7 市域快速轨道系统

市域快速轨道系统指由电气或内燃牵引、轮轨导向,运行在城市中心与市郊、市郊与市郊、市郊与规划新城间,以地面专用线路为主的城市轨道交通系统。我国近年发展较快的市域(郊)铁路基本属于这种类型。

市域快速轨道系统一般可利用能力富裕的干线铁路,承担城市交通在郊区的功能扩展,沟通城市中心与边缘区、市郊地区间的联系。虽然市域快速轨道系统终点站可引入城市中心区,但多数车站设在郊区,线路长度一般为 40~80km,站间距为 2~4km,高峰期最小行车间隔为 5min 左右,客流强度为 1.0 万人次/(km·日)以下。

1.4 城市轨道交通系统运营管理的特性

城市轨道交通系统涵盖土木建筑、机械、电机电器,以及电子技术、自动控制、信息传输等专业领域。从运营功能看包括三大系统:一是列车运行系统,包括隧道、站台、线路、车辆、牵引供电、信号、通信、控制中心、车站行车等;二是客运服务系统,涵盖车站及其照明、售检票及计算中心、导向及预告措施、消防、环控、自动扶梯、电梯、车站服务等;三是维修保障系统,包括为保障上述设备性能良好,使其能随时重新投入运行而需具备的物质、人力、信息及管理等要素组成的各种系统。

城市轨道交通系统
运营管理工作的特点

作为大城市公共交通的组成部分,城市轨道交通系统运营的目标是综合利用系统内的各项设备与子系统来提供可满足旅客运输需求的各类服务。城市轨道交通系统的运营管理不同于城市间铁路等其他类型轨道交通系统,其特征可描述如下。

1.4.1 企业的公益性

城市轨道交通行业由于运输主业难以盈利,社会资本进入的积极性不高。与城市间其他轨道交通企业相比,城市轨道交通运营企业一般需要所在城市提供不同规模的运营补贴才能维持其可持续发展能力,这也是由城市轨道交通运营服务的公益性决定的。这里,公益性指服务于公众利益、促进社会公正和公平并以公共利益最大化为价值取向的行为与活动。

公益性特征决定了城市轨道交通服务产品的票价便宜性。由于城市轨道交通服务的主要对象是城市通勤、通学出行群体,这类出行的特点是频率高,每天一个往返,一个月出行可达 22 天及以上,且属于强制性出行;这类服务的经济性关乎居民生计。城市轨道交通系统属于城市公共交通体系的组成部分,其运营服务具有较强烈的公益性特征。因此,维系较低票价率是其服务产品定价的基本原则。

按平均人次支出与平均运距的大小测算,我国城市轨道交通的票价率大致在 0.23 元/(人·km)左右;由于城市轨道交通有最低服务水平要求,多数城市轨道交通运营企业列车的全天平均满载率仅在 20%。由这个满载率与票价率水平决定的运营企业票款收入实际上不到直接支出的一半。不足的部分主要依靠政府补贴。

当地城市为城市轨道交通运营企业提供补贴的理由有三方面:一是城市轨道交通运营企业为所在城市居民的通勤出行提供了高效、便利的服务;二是城市轨道交通的运营拉动了沿线房地产等相关业务的发展,为城市发展带来了较大的外部效益;三是城市轨道交通运营业务本身为相关城市居民带来了就业等一系列福利,改善了城市形象,整体上提升了城市交通服务的品质。

1.4.2 运营的公交化特性

城市轨道交通的公交化运营特性主要体现在以下几方面:

(1)随到随走的乘车模式。与城市间铁路不同,城市轨道交通实行与传统地面公交相同的乘降管理模式,乘客随到随走,不用对车次。这也是服务通勤出行的重要条件。

(2)按间隔管理的行车组织机制。与城市间铁路强调充分利用运输能力、较多关注列车运行的正点率不同,城市轨道交通列车运行组织与管理更多关注不同时间段、不同车站的列车行车间隔。这是由城市轨道交通系统需求时空差异大、行车间隔短、乘客坐车可以随到随乘的机制决定的。行车间隔是城市轨道交通线路交通供给大小的标志,也是乘客服务水平高低的标志。

(3)受服务水平约束的平峰运力配置策略。由于城市地区乘客出行时空分布的不均衡性,城市轨道交通平峰时段不追求线路能力的充分利用(开满表),替代的约束条件是最低服务水平,即最大行车间隔或乘客等待时间。

(4)服务的普遍性目标。城市轨道交通系统多修建于人口相对密集、地面道路资源不足的大城市,运营的重要目的是为城市居民尤其是通勤、通学出行者提供快速、安全、准时、舒适、便利的基本出行服务。因此,城市轨道交通运营管理工作的宗旨是要满足高峰期传统城市交通运力不足走廊沿线及相关居民的普遍出行需求,其提供的出行服务应兼顾大众化特性。具体来说,系统列车运行组织过程中,一般以能兼顾所有出行者需求的站站停列车为基本方案,每条线路的列车也应该以站站停列车为主;在特殊事件、空间环境下适当考虑开行快车或其他类型列车。

(5)产品设计中的需求导向理念。城市轨道交通运营的重点是满足乘客在城市市内的出行需求,这些需求具有出行距离短、时间与空间规律性强、客流集中度高等特征。城市轨道交通列车运行准时性好,受道路拥堵及天气等因素的影响小,既是城市居民通勤出行的主要方式,也是有望替代中心城区私家车出行的重要方式。因此,城市轨道交通系统的服务需要按照城市出行需求的时间与空间规律来组织;这与城市间铁路运输服务对车次、对座位号的管理方式完全不同。需求导向的出行服务需要更多关注乘客出行的时间与空间规律,做到既避免过于拥挤,又避免运力虚糜。在早晚高峰时间,要让乘客"到有车坐,到能上车",最大限度地避免发生留乘现象。在其他时间段,要合理确定行车间隔,避免服务水平过低,影响城市轨道交通服务的吸引力。

1.4.3　经营的多元性

城市轨道交通运营企业由于要满足通勤群体出行低价格需求,运营企业票款收入很难覆盖运营支出。同时,城市轨道交通网络多处于城市中心人口密度较高区域,站点客流量大,发挥城市轨道交通场站周边土地的商业价值是利用自身优势改善企业经济性、弥补运营亏损的重要途径。

因此,城市轨道交通运营企业除了提供客运服务的主业外,往往还要致力于其他创收性的经营活动。这些活动包括场站周边的房地产综合开发与销售、物业的租赁性经营与自我经营等。例如,日本东京东急集团2018年房地产、生活服务业、酒店度假业等土地开发业务的收入达到了全部收入的82.5%。香港铁路有限公司2019年交通业务外的其他业务收入占比约为50%。从业务能力看,城市轨道交通运营企业不仅需要运输专业人才,也需要其他专业的多元化经营人才。

1.5 运营管理工作的目标与内容

1.5.1 运营管理工作的目标

城市轨道交通系统运营管理的目标是在国家有关行业发展方针与政策的指导下,在一定城市可用资源的约束下,通过对城市轨道交通既有设备设施的科学组织、管理与运用,为城市社会与经济的运行提供安全、便捷、高效、可持续的客运服务产品,为城市综合交通系统运行目标的实现作出最大贡献。

从运营管理企业角度看,我国城市轨道交通系统运营管理工作主要包括以下六方面。

第一,掌握客流规律。城市轨道交通客运组织工作最重要的基础是客流规律,要最好地满足乘客出行需求,需要掌握乘客出行的时空规律。由于城市运行的复杂性,居民住地分布与岗位分布间的时空关系等规律具有显著的动态特性,运营部门必须将客流调查、统计与分析工作制度化、系统化,才能奠定做好整个客运服务工作的基础。

第二,做好全网络运营组织工作。1969年建成的北京地铁1号线是我国第一条地铁,2024年上半年已有18个城市的城市轨道交通运营里程超过200km。不少城市从开始运营到成网运营往往只有十来年,网络化运营需要更多考虑线路之间以及网络运力与客流时空分布之间的关系。这对提高城市轨道交通系统的服务水平、降低运行成本具有重要意义。

第三,推进交通服务的一体化。城市轨道交通是公共交通的组成部分,与其他公共交通方式间的换乘组织不可避免。建立与城市间铁路运输、地面公共交通系统、机场等平行系统间的协调运营机制,包括建立大客流下运输组织、综合枢纽换乘组织、综合客运信息服务体系等协调机制,不断改善方式间的衔接效率,对提高公共交通出行效率、优化资源利用具有重要价值。

第四,做好安全与应急管理工作。城市轨道交通系统能力大、客流集中,但线路的灵活性差,反恐与应急能力有限。目前城市轨道交通车站采用了与民航类似的安检系统,可提高安全水平,但也会影响通过能力,改变应急处置环境。另外,节假日、大型活动、意外事件下的运营组织与车站管理问题也值得研究。

第五,运营补贴模式。城市轨道交通系统建设投资大、运营成本高,其城市交通的公益性特征决定其难以通过提高票价来寻求经营盈亏平衡。因此,如何结合各城市社会与经济发展的具体情况,从票价、运输组织等方面研究提出改善经营、进行合理补贴的方法,是一个重要课题。

第六,人才培训。我国城市轨道交通行业发展迅速,每年新投入运营的线路里程超过500km,按每公里定员50人测算,全行业需要增加2.5万人以上新员工。新员工的入职以及老员工专业技能的提高都离不开业务培训与考核。城市轨道交通运营企业应研究建立制度化的员工培训机制,不断提高城市轨道交通从业员工的专业技能,从而更好地适应城市轨道交通系统发展的要求。

1.5.2 运营管理工作的内容

城市轨道交通运营企业的管理工作的内容包括运输管理、安全管理、市场营销管理、人力资源管理、财务管理与信息化管理。其中运营管理工作又包括列车运行组织与调度指挥、车站(站区)管理、乘务管理、运营设备维修与管理等。

1)运输管理

(1)列车运行组织与调度指挥。

列车运行组织与调度指挥工作是城市轨道交通系统的核心,其内容是根据乘客出行需求的时空规律编制行车计划,全过程监督按运行图行车,针对任何运行偏离,提出列车运行调整方案,并指挥各部门按实现方案的目标协同工作,以保障列车运行安全与行车组织秩序。列车运行组织与调度指挥工作由调度指挥中心实施,一般由值班主任(调度)领导,下设行车调度、电力调度、环控调度、维修调度等专业岗位。

(2)车站(站区)管理。

车站(站区)是城市轨道交通系统的重要组成部分,是运营企业与服务对象关联的平台。车站(站区)管理的核心任务是以行车计划为基础,安全、迅速、方便地组织客流集散。城市轨道交通车站管理工作的复杂性与客流量、车站规模等有关,一般可将相互联系的一组车站合并为站区,设立站区长。车站(站区)的日常管理采用站区长领导下的值班站长负责制,值班站长负责当班期间车站的行车、客运、票务、卫生等工作。

(3)乘务管理。

乘务管理指对列车驾驶员的管理。列车驾驶员是行车安全最直接的责任人。合理制定值乘方案、安排驾驶员作息时间,不断提高驾驶员业务技能,对确保行车安全十分重要。

国内城市轨道交通常用的值乘模式主要是轮乘方式,优点是可以精减人员、提高效率。网络化环境下,由于每条线路条件不同,驾驶员的工作制度可根据实际情况进行调整。

列车驾驶员的素质直接关系到系统运营水平。参考《城市轨道交通列车驾驶员技能和素质要求　第1部分:地铁、轻轨和单轨》(JT/T 1003.1—2015)相关规定,列车驾驶员基本素质要求主要包括以下几方面。

从身体素质看,驾驶员作为一线行车人员要有较好的基本素质:如年龄在18~55岁,身高在160~190cm,裸眼视力0.8以上,无色弱、色盲等视力症状,听力正常,心理健康,无运动功能障碍或妨碍安全驾驶的疾病。

职业道德素质方面,驾驶员须有良好的职业道德意识与社会责任感,驾驶习惯良好,操作文明,遵章守纪,服从指挥,能严格按照相关规章制度要求行车。

从业务技能素质看,驾驶员应具有技校、中专及以上学历。理论上,除应具备安全、法律法规与轨道交通基础知识外,还应掌握城市轨道交通行车、车辆、线路、通信信号、供电与乘务管理等专业知识,以及运营线路的相关知识。

驾驶员专业性强,技能要求高。驾驶员上岗前,一方面应接受不少于300学时的理论知识培训和不少于2个月的岗位技能培训,并通过相关测试;另一方面应在有经验的驾驶员指导下完成至少5000km的实际驾驶操纵。

驾驶员上岗后,每年还应接受不少于80学时的继续教育,每3年参加并通过1次继续教育考试。离岗6个月以上的驾驶员须通过学习考试后方能继续上岗。

(4)运营设备维修与管理。

设备的维修与管理是运营管理的重要组成部分,其任务是保证各项设备系统以良好的状态投入运营。为强化运营设备维修与管理工作的系统性,运营企业在城市轨道交通设计与安装过程中就应介入,具体内容包括设备的功能、操作方式、安装和维护要求等。这样,使工程建设过程能充分兼顾运营要求,为运营投产后的良好维修与管理奠定基础。

设备维修一般有全部外协、全部自修和部分外协三种方式。全部外协是指将设备系统所有级别修程的维护、检修委托给一个有经验的企业进行,自己只从事管理协调和监督。全部自修是指运营企业建立独立、完整的设备设施维修系统,自行承担全部维修任务。这种方式投资大,需要人员较多,如果管理不当会使企业背上沉重包袱。部分外协是指将部分通用设备的维护委托给专业维修企业或制造厂,或将较高等级的修程委托给专业企业,自己只负责日常养护维修和临时性应急抢修工作。这种方式可减少对维修的一次性投资和生产人员数量,降低运营成本。

2)安全管理

城市轨道交通安全指不发生行车、客运、人身伤亡、火灾爆炸、设备设施等事故的状态。城市轨道交通是城市重要的基础设施,关系到居民的工作与日常生活,社会影响面巨大。

安全在城市轨道交通中的意义有:

(1)安全是运输产品的首要质量特性,是城市轨道交通运营生产的头等大事。

(2)安全是实现效益的保证。城市轨道交通作为公益性事业,一旦发生事故,不仅企业的经济效益受损,同时也将使政府形象受损,甚至影响社会的稳定。

(3)安全在轨道交通行业受到普遍重视。安全管理在城市轨道交通行业都有常设机构或部门,名称虽各不相同,但职能大同小异。例如,新加坡地下铁道设有运营部、设备部、财务部、安全部等。日本东京地铁有专门的"安全防灾研究室"。

安全管理网络具有层次性,每层次的安全目标要依靠下一层次的努力来实现,层层分解,最后到基层单位、车间、班组。事实上,安全管理网络的形式说明安全管理要通过行政、经济、教育、法律等手段来保障。一般来说,在最高层设安全委员会,由行政最高领导担任委员会的主任。

3)市场营销管理

城市轨道交通市场营销指通过交易过程来满足人们出行需求的一切活动,营销管理指为实现满足乘客"安全、快速、舒适、经济"的出行需求目标,在市场范围内,开展各项以创造、建立和维持城市轨道交通企业与被服务乘客间互利方案的分析、规划、执行与控制等工作。城市轨道交通企业根据目标市场的需要及乘客欲望、知觉与偏好分析,来设计运输服务产品,以提供有效的服务设计、定价、沟通方法,服务目标市场。

城市轨道交通运营企业的各种营销计划和活动的最终目标可归纳为以下三点:

(1)最大限度地吸引客流。客流量越大,运营企业的资源利用效率越高,运营效益越好;良好的客流有利于实现城市轨道交通运营企业服务大众的目的,也利于更好地实现建设目标。

(2)使消费者得到最大限度的满意。城市轨道交通市场营销的任务就是随着旅客需求、欲望的改变,随时调整企业的服务组合,以更好满足旅客的需求。

(3)实现城市综合交通结构目标。城市轨道交通是城市公共交通的重要组成部分,深刻影响着城市运行的效率,直接决定着城市公交结构目标能否实现。

4)人力资源管理

人力资源管理是指为了实现企业运行目标(向社会提供有效的产品和服务),通过"吸引、挽留、激励和提高"来最好地满足企业运行所需的人力资源需求。

从人力资源管理过程看,包括人力资源的获得、整合、激励、调控、开发五个方面:

(1)获得:对组织成员进行招聘、选拔与委任。

(2)整合:使分散在组织机构中的不同层次、不同部门、不同岗位和不同地区的组织成员建立和加强对组织目的的认识和相应的责任感。

(3)激励:通过各种有效的手段激发、增强组织成员在达成工作目标过程中的满意感,以提高组织成员的劳动积极性和劳动生产率。

(4)调控:考核组织成员的工作绩效,并做出相应的升迁、降级、解雇等决策。

(5)开发:有针对性地对组织成员进行培养,充实其日后进一步发展的基础,并指导其今后的发展方向和道路。

人力资源管理的另一项工作内容是岗位管理。岗位管理是人力资源管理过程的起点和核心。岗位管理应确定企业每一个岗位应有的权力、责任以及任职资格要求,从而为人力资源获得明确的要求,为调控提供依据。岗位管理一般应对担任该职务人员的工作内容、应负责任以及任职资格进行研究和描述,最终形成职务说明书(提出书面描述)。它包括六个方面具体内容:工作内容、工作对象、工作岗位、工作时间、工作方法、工作目标。岗位管理需在岗位分析的基础上展开。岗位分析一般由企业高层领导、典型职务代表、人力资源部门代表、职务分析专家和顾问共同组成工作小组或委员会来协同完成。

5)财务管理

一般来说,财务管理是在一定的整体目标下,对资产购置(投资)、资本融通(筹资)和经营中现金流量(营运资金),以及利润分配四方面内容的管理。财务管理的目标有四方面:一是产值最大化,二是利润最大化,三是股东财富最大化,四是企业价值最大化。

城市轨道交通运营企业由于其公益性,在资金筹措、票价制定、投资决策等方面有其自身特征,不能以企业价值最大化作为决策的主要依据。不过,城市轨道交通运营企业应当通过加强内部的财务管理来提高自身的生存和获利能力,使企业得以发展。

城市轨道交通运营企业财务管理主要有以下几个基本内容:

(1)资金筹集管理。

为了维持企业的生产运营,首先必须筹集一定的资金,垫支于生产过程中的各事项。城市轨道交通系统的资金来源,除了票款以及经营性收入之外,主要来自政府补贴。不同城市政府补贴的申请程序、使用与审计方法都有所不同,财务管理部门应当按照财政部门的相关规定,及时而经济地筹集相关资金。

(2)资金分配和运用管理。

城市轨道交通企业筹集到的资金,必须经过适当的分配,才能运用于生产过程的各个方面。由于城市轨道交通运营企业生产过程各个环节对资金的需要量与生产活动本身的特点以及各种生产要素之间的比率有关,财务管理部门必须根据这种比率关系来分配、调度资金,才能保证企业生产活动的顺利开展。

（3）资金补偿管理。

资金被运用于生产后,将随运营活动产生消耗和形态转化。城市轨道交通运营企业的产品是旅客的空间位移,为实现这种空间位移,需要运用各类设备、耗费现金流量与人的劳动,即形成生产成本。运输产品的生产成本和其他费用应从票款等收入得到补偿,补偿的资金重新投入运营,从而维持生产的可持续性。资金补偿管理包括两方面内容:一是控制生产运营支出,降低消耗水平,从而降低运营成本;二是保证消耗的资金得到及时足额的补偿。前者的目的是提高所得与所费的比率,后者的目的是实现资金的良性循环。

（4）票务管理。

城市轨道交通的运营收入主要是票款收入。票务管理工作的核心是制定票制、票价和售检票管理,具体内容包括车票流向、票款收入以及自动售检票系统的运行及其监视、控制、协调、指挥与调度。票务管理可以通过设立票务管理中心来实现,其内容包括对日常票务业务工作实施组织与管理、按公司宏观票务政策要求组织具体实施方案等。

票务政策规定了票务政策原则、票价方案、收费体系、清分体系以及收入与票务相关软硬系统的管理制度等。城市轨道交通的票价制定要根据运营成本、其他交通方式票价水平、城市经济发展和市民生活水平等因素综合考虑。随着经济和技术的发展,越来越多的城市轨道交通采用了自动售检票系统。它不仅可以方便乘客、减少运营人员和运营成本,而且对客流组织、收入审核、决策分析起着重要作用。

6）信息化管理

城市轨道交通系统的车辆、通信、信号、票务等系统均有各自独立的计算机控制和管理系统。建立有效的网络信息系统,开发和利用网络信息资源,充分发挥各自系统的优势,有利于更好地进行企业管理,树立良好的企业形象,为企业带来巨大的经济效益。

城市轨道交通运营企业的信息化管理工作的主要内容包括以下三个方面:

（1）建立企业内部网,制定企业信息发布的计划和策略。

（2）组织企业的信息资源,确立发布的信息资源结构。

（3）针对信息资源网络化管理的特点,建立数字化、多媒体的信息服务系统。

城市轨道交通企业信息化的主要任务有:

（1）建立企业信息基础设施,包括信息设备、通信网络、数据库和支持软件等。

（2）建立信息资源管理标准,保证信息采集与开发的标准化、规范化。

（3）按信息资源管理标准开发企业集成信息系统。

除了上述信息化管理的内容外,城市轨道交通运营还涉及其信息资源管理。城市轨道交通的信息资源管理主要包括以下内容。

（1）运营信息主要指标和信息管理。

①运营数据主要包括按日、月、季、年统计的客流量,高峰小时客流量,断面客流量,实时客流量,以及客运收入统计、车票销售收入统计、线路或区段收益清算等。

②设备维护包括制订年度维修计划、维修成本核算、备件库存、设备更新改造、技术开发等,这些计划的执行和完成情况应由主管部门统一协调管理。

③运营安全与可靠性包括列车运行情况,如正点率、列车运行计划兑现率,以及对于突发性事故处理等信息。

④服务质量指乘客通过各种途径对城市轨道交通运营服务质量进行的评价,以及城市轨道交通运营服务人员在安全生产、服务质量上要达到的目标。

(2)内部信息和外部信息管理。

按信息来源,信息资源管理可分为内部信息管理和外部信息管理。

①内部信息指运营管理产生的信息,包括发展积累的各种资料及档案信息。具体如下:

a. 列车运行系统中有关车辆运行、维修、保养等资料。

b. 票务管理系统中有关客流量统计、运营收入统计、财务结算等资料。

c. 机电设备系统中车站设备的运行信息,维修、保养资料,供电、供水、通信等数据。

d. 客运服务系统中有关车站服务设施、服务环境、乘客意见反馈、服务质量等信息。

e. 物资管理系统中有关企业资产、运营成本、设备供应、物资采购等资料和信息。

f. 技术保障系统中有关技术资料、技术文档、技术交流、科研项目发布等信息。

g. 物业管理系统中有关房产管理、商业开发、配套设施建设等信息。

②外部信息指外部为企业活动提供的与企业运营关系密切相关的信息。具体包括:

a. 国家的法律和法规,上级部门的方针、目标和政策。

b. 城市交通建设的总体规划和发展方向。

c. 时效性的社会活动、道路状况等综合信息。

d. 与行业相关的其他运营系统的信息,如公交运营、城市交通"一卡通"系统、城市轨道交通设备生产、供应厂商等市场动态信息。

复习思考题

1. 试分析比较道路交通与城市轨道交通系统运营特性的差异。

2. 城市轨道交通系统主要有哪些形式?各具有什么特点?

3. 分析地下铁道与轻轨交通技术经济特征的差异,结合实例说明不同制式的适用性。

4. 分析我国不同类型(规模、财力)城市的城市轨道交通发展的阶段性特征。

5. 选择我国某个城市,分析其城市交通发展的政策,并与国外类似城市进行比较。

6. 查阅资料,分析磁浮铁路的技术经济特性。

AI 辅助学习研讨题

利用 AI 工具(如 DeepSeek、Kimi 等)生成下列讨论题的报告或 PPT。

讨论题(1):分析"有轨电车"与"轻轨系统"的异同。

要求:利用 AI 工具,从概念与城市实践两个层面分析"有轨电车与轻轨系统的异同",生成研讨报告或汇报文件(PPT)。

讨论题(2):从城市与城市间两个不同角度,分析城市客运交通公益性与城市间客运交通公益性的内涵,比较其差异。

要求:利用 AI 工具,分析国内外对上述问题看法或认识的差异,提出你的观点,完成讨论报告或汇报文件(PPT)。

第 2 章
管理模式与运营企业组织

　　城市轨道交通系统管理模式与运营企业组织架构对运营效率和服务保障
有重要的影响。本章简介了城市轨道交通系统管理的基本模式以及我国城市
轨道交通系统管理模式的演变,结合实例介绍了我国城市轨道交通运营企业的
基本模式、管理架构及其类型特点。

2.1 管理模式中的基本机制

城市轨道交通系统管理模式中的核心问题是政府与运营企业间的关系。因此,管理模式的分类可以从两者间关系的角度来分析,包括官民合办、官办民营和民办民营等。

城市轨道交通的运营应满足城市居民的出行需求并实现预期的经济效益目标。在经济性方面,多数城市的城市轨道交通由政府出资建设,也有部分城市由政府与企业合作建设。由于城市轨道交通的公益性,大多数城市的轨道交通运营存在亏损情况,这些运营亏损由政府补贴。不过,也有部分城市如香港、东京等地的城市轨道交通,不同程度地实现了盈利甚至投资回收。

我国城市轨道交通运营企业应该建立科学合理的运营管理机制,不断提高管理水平以改善财务经营状况,减轻政府补贴压力,从而促进城市轨道交通的可持续发展。为实现这一目标,应重点建立以下四方面的机制,即政府支持机制、企业商业化运作机制、服务能力保障机制和与其他公交运营商的协作机制。

2.1.1 政府支持机制

政府在城市轨道交通发展各阶段中始终处于举足轻重的地位,尤其是运营管理,需要政府的政策导向、政策支持,甚至资金的扶持。从政府与运营企业间的关系看,以下四方面的问题需要充分重视。

(1)作为公益性服务的提供单位,政府需要明确城市轨道交通运营企业在公共资源利用方面的优先权,并尽量通过法律法规形式向全社会公示。

(2)在城市轨道交通沿线两侧一定空间范围,尤其是郊区新线所经区域,政府可划拨一定土地作为城市轨道交通运营企业开展多种经营之用,其收益用来弥补运营费用的不足。

(3)政府需要给予城市轨道交通企业一定程度的价格自主权,包括在一年不同时间与城市不同空间范围、针对不同群体的价格调整权。

(4)城市轨道交通运营企业经营中遭遇财务困难时,政府应予补贴,以消除其后顾之忧。

2.1.2 企业商业化运作机制

尽管城市轨道交通企业属于公益性企业,但追求效益与效率的企业原则依然是其发展的重要原则。政府给予公司多元化经营自主权,可以减少政府财政负担。城市轨道交通企业在政府给予或不断争取的多元化经营权限范围内,可以建立业务拓展机制。比如香港地铁采用"地铁 + 物业"商业开发模式,将地铁站点与商业物业经营规划统一,除了传统的票务收入,还通过物业开发、广告和零售等多个渠道实现盈利。

2.1.3 服务能力保障机制

城市轨道交通系统是城市运行中的重大的、公益性的基础设施,也是深受公众关注的社会服务系统。城市轨道交通系统的运营企业有义务向公众提供规划与建设过程中预期的、安全的、可靠的交通服务,并具有在日常运行受到干扰时提供基本服务的保障能力。

一般说来,服务能力保障机制包括以下三方面的内容。

(1)对全市范围内不断变化的客流的适应机制。城市的发展会导致客流分布在时间与空间上的变化。例如,新居民区、商场和对外交通枢纽等大型客流集散点的开通运行,以及地面相关道路与公交线路的调整,均可能影响城市轨道交通系统客流的变化,这些变化需要运营企业对网络运输能力进行及时调整。

(2)重大与突发事件下的客流响应机制。大型活动、极端天气和突发事件等将产生非常态的交通需求,城市轨道交通作为一种大容量、快速的公共交通工具,应建立应对这些变化、及时提供相关服务的机制。

(3)服务质量监管机制。运营企业服务能力保障机制涉及公众对运营企业的评价,与服务质量监管密不可分,是维持政府对企业的信任、保证得到来自政府的不间断支持的基础。

2.1.4 与其他公交运营商的协作机制

城市综合交通系统是一个庞大的网络系统,为城市出行者提供全方位的服务。一般说来,出行者需要利用多种方式或多家运营商提供的服务才能完成出行过程。在这种条件下,建立公共交通运营商之间的协作机制具有重要意义。

城市轨道交通运营企业的协作机制主要包括以下三方面内容。

(1)服务衔接机制。运营层面的衔接机制重点在时刻表衔接方面,包括与其他运营商经营的城市轨道交通线路、铁路与公路对外交通车站、其他地面公交线路首末班车时间的衔接、换乘站车辆到发时间的衔接以及能力匹配问题。

(2)客票及其价格的协调机制。不同运营商各自经营不同线路,提供不同空间甚至时间段的服务,然而,对于出行者来说,多次购票是很不方便的。在多运营商的综合交通网络上,旅客的"一票出行"是十分必要的,同时运营商需要建立票款收入的清分制度。

(3)信息一体化机制。为出行者提供出行全过程的信息,包括路径选择、动态诱导以及其他相关信息。城市轨道交通系统是多方式出行过程中的主要环节,向出行者开放列车运行信息,提供尽可能完全、准确的预告,这有利于提高吸引力。

2.2 城市轨道交通管理模式的发展

2.2.1 管理模式的要素及其相互关系

从全生命周期看,城市轨道交通系统的发展过程可分为投资、建设、运营以及监管四个基本环节。各环节的持续时间、重点任务与运行管理要素不同,在城市轨道交通发展阶段不同的城市可以有不同的组织管理模式。

投资指城市轨道交通系统发展过程中所需要的资金筹措与资产管理。由于城市轨道交通投资项目公益性强,直接盈利能力较差,很多情况下其建设资金的部分甚至大部分都由政府提供,其余部分可采用贷款或其他融资方式解决。当政府投资占全部或主要部分时,投资管理的代理人实际上就是政府。

建设指城市轨道交通工程组织以及建设过程中的监督与管理。一般地,城市轨道交通工程投资大,建设可采用分段招标方式,建设完成验收后交由运营部门运营。

运营指合理运用城市轨道交通系统设施设备,高效组织相关人员为乘客提供安全、便捷、可靠和高效的出行服务。由于城市轨道交通多由政府投资建设,我国运营部门或企业也多由政府有关部门直接管理。

监管指对城市轨道交通系统运营部门或企业是否实现了预定的交通服务目标进行监督,包括监管责任主体、监管内容、监管方法、监管处置等。

图2-1是墨尔本市现代有轨电车系统上述四大职能间关系的一个例子。

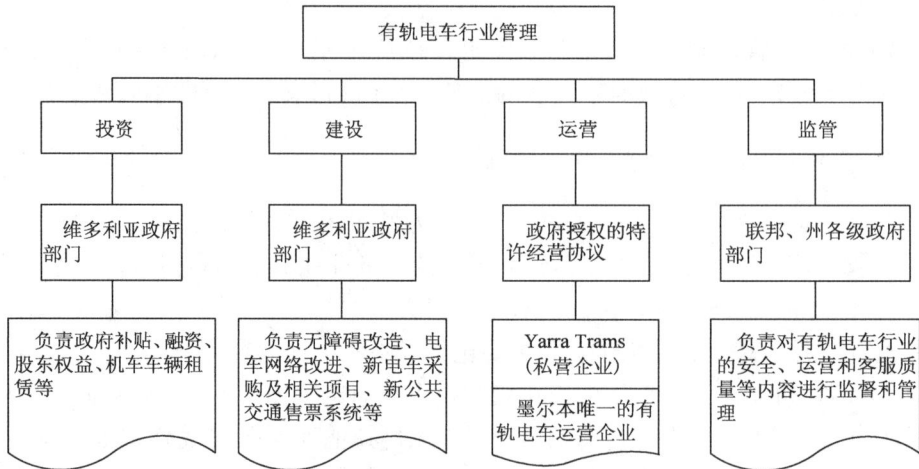

图2-1 墨尔本市现代有轨电车行业管理架构

从图2-1可以看出,墨尔本市现代有轨电车行业管理由政府主导,其中投资、建设和监管由政府部门管理,运营部门为享有政府特许经营权的私营企业 Yarra Trams 公司。该公司与其他公共交通企业在规划、票务系统、绩效评价指标体系和监督管理办法与制度等方面类似,组织架构全面、票价制定方法与政府补贴模式协调较好、绩效评价指标体系完整、监督管理办法与制度完善,实现了多种公共交通方式的一体化运营。

在城市轨道交通系统发展的不同阶段,四大职能间的关系可以有不同形式。一般来说,大致可分三类:全面管制型、委托运营型以及放松管制型。

(1)全面管制型:政府部门对轨道交通行业实行全过程控制,内容包括制定发展政策、建设和维护相关设施、规划设计运营线路、确定票价体系、财政预算和成本结算等。运营方负责车辆的维修和企业员工的管理。

全面管制体系下,不同公共交通方式之间容易实现服务协同,具体可通过站点设置和票务联合来实现。该模式下,运营企业绝大多数属于公有制,也有半公有制的或私有制的企业;但它们与公有制企业一样,必须按政策运作,在政府确定的运营体系下提供服务,缺乏生产自主权,生产效率较低,管理较松散,该模式下一般由政府对成本实行完全补贴。运营企业没有亏损风险,运营安全性较好;但政府财政压力较大,补贴额度一般居高不下。

(2)委托运营型:管理机构和运营企业分离开来,双方通过缔结委托代理合同,共同管理和运营城市公交事务。管理方主要负责政策制定和网络规划及维护,并对代理方提供的服务进行评估,即监管合同的履行情况。运营方获得运营授权合同后,自主组织经营,有时还可以制定独立的票价体系,开发特色服务种类。

委托运营管理模式建立通过竞争进入市场的机制,运营者必须通过竞争(如提供更好的服务质量和要求较少的政府补贴额度)才能获准进入市场,从事运营活动。政府补贴额度一般在签订合同前确定,且可与年度最终服务质量指标完成情况相关联,进而督促运营企业提高运营服务质量。实际补贴额度与委托代理双方的信息对称程度有关,在信息较透明情形下,有利于降低政府补贴额度,但对运营企业有一定的风险。

(3)放松管制型:放松管制意味着管理部门对轨道交通行业的干预仅限于维持市场秩序,保证安全运营,创造公平有序的竞争条件。城市轨道交通服务不再是为了社会公益,而是以盈利为目的。无论哪种所有制的运营企业,都必须自负盈亏,不再获得政府的财政补贴。

这种管运机制以市场竞争理论为依托,通过引入自由准入制刺激竞争,从而改进效率,建立不断改善服务的机制。该模式的适用前提是有充分完善的市场竞争,特点是政府财政补贴压力较小;不过,该模式存在运营企业亏损甚至破产的风险。

上述三种模式的特点见表2-1。

三种模式的特点

表2-1

管理模式	市场结构	市场行为	市场绩效	代表城市
全面管制型	政府部门实行全过程控制,行业处于垄断状态	票价由政府制定,目标是达到一定的成本回收率,使社会福利最大或提高公共交通的竞争力	效率较低,管理松散,制度烦冗,资源经常过剩,政府补贴很高	旧金山
委托运营型	管理机构和运营企业分离开来,双方通过缔结委托代理合同,共同管理和运营城市公交事务	票价一般由政府和企业协商制定,政府补贴与服务质量挂钩,可保证补贴效用的发挥	技术效率比规模效率更重要,有利于提高运营服务质量	伦敦、巴黎、墨尔本
放松管制型	政府部门仅限于维持市场秩序、保证安全运营、监督票价。企业自负盈亏,无政府补贴	票价制定的原则是为了实现利润最大化,但票价修订要获得政府批准	效率较高,制度严谨,需提高服务质量吸引客流,运营企业风险较高	香港

一般来说,全面管制型经济效率较低,欧洲较早采用该模式的城市都进行了改革。放松管制型需要有较好的市场与政策环境,在政府管制公共交通票价时和运营初期难以实施。通过招标授予经营权的委托运营模式在提高城市轨道交通运营服务质量、将市场力量引入城市轨道交通行业从而降低政府补贴压力等方面更为成功,且不会破坏不同公交方式的协同性,这是不少欧洲城市公交改革时纷纷选择此模式的缘由。因此,委托运营管理模式较适合城市轨道交通系统的运营初期,尤其是在政府管制票价的大背景下。

必须指出,行业管理需要有全面合理的监督管理制度(涵盖运营、安全与资产管理),以约束企业完成承诺的服务质量与安全、经济指标。安全与应急管理不仅涉及运营企业,还涉及社会其他相关部门。此外,采用委托运营管理模式时,资产所有权和使用权分离,这需要建立健全资产管理制度,以保证资产的良好运转与保值增值。

2.2.2　我国城市轨道交通管理模式的类型

我国城市轨道交通发展迅速,管理体制的变化调整也比较频繁。纵观我国大中城市地铁事业的发展,根据投资、建设、运营以及监管四要素及其之间的相互关系,我国城市轨道交通管理模式可概括为"一体化"和"专业化"两种类型,且两种类型管理模式下监管环节通常都由政府部门负责或政府授权第三方机构参与特定的监管工作。

1)"一体化"管理模式

"一体化"管理模式是指投资、建设、运营和商业资源开发及监管实行一体化管理,又可以根据分公司是否具备独立法人资格划分为独立法人和非独立法人两类。

该模式的优点体现在:在投资、建设、运营及监管一体化管理体制下,各环节之间的衔接紧密、协调性强、管理效率高,且有利于优化资源配置,降低成本。但是该模式也存在着可能导致垄断而缺乏竞争和创新动力,对于大型城市的一体化管理难度较大、专业化水平不足以及资金压力过大和风险过于集中等问题。

2)"专业化"管理模式

"专业化"管理模式是指投资、建设、运营和商业资源开发及监管分专业由不同的主体进行负责管理,又可以分为投资、建设、运营、监管全分开和部分分开两类。这种模式需要确保各个环节之间的有效协调与监管,才能达到最优的管理效果。

该模式的优点是:通过分开管理,不同主体可以专注于其负责的环节,专业分工有助于提高每个环节的效率和质量,且有助于明确责任和实施问责机制;可以引入多元投资,不同环节可以通过公私合作等模式吸引不同的投资者,降低政府投资压力,增强轨道交通发展的资金灵活性;还可以通过引入竞争机制来提高服务质量和效率,并推动技术创新。但是该模式也存在着协调性不足、多主体沟通不畅、信息不对称造成管理效率低;出资人无法自己对建设实行有效管理,投资方偏重压缩成本,未必能为建设提供良好的资金条件;规划建设与运营存在脱节,不利于整体优化;各部门的资源调配难以统一,可能导致资源浪费或重复建设;监管部门需要协调多个环节的监管工作,监管难度增加等问题。

2.2.3 我国城市轨道交通管理模式的演变

不同城市在城市轨道交通发展的不同阶段可能采用不同管理模式。一般来说,城市轨道交通建设初期,网络规模小,规划建设任务重,运营业务相对简单,不同职能合并管理的情况较多见。随着网络规模的扩大,各方面职能日益复杂,分开管理具有必要性。不过,我国国情下分开后各职能的协调存在问题,因此各城市的做法也有所不同。

1)北京地铁管理模式演变

北京是我国内地最早开通地铁的城市。苹果园至北京站、全长23.6km的一期工程于1965年7月动工,1969年10月通车。该工程主要以战备为主,兼顾交通。北京地铁的管理模式可分为五个阶段。

第一阶段,建设初期的摸索阶段(1965—1984年)。1970年4月,铁道兵北京地下铁道运营管理处成立,隶属于铁道兵第十二师。北京地铁划归北京市政府领导,1981年成立了北京市地下铁道公司,隶属于市公交总公司。

第二阶段,成熟运转阶段(1984—2001年)。1984年5月,根据地铁运营管理和新线建设的需要,地铁公司升格为局级公司,1989年北京市地下铁道公司更名为北京市地下铁道总公司。在市政府直接领导下负责全市轨道交通的建设和运营管理,同时直接参与轨道交通规划的研究与编制。

第三阶段,改革探索阶段(2001—2003年)。2001年7月,随着北京成功申奥,北京市决定加大城市轨道交通投资、建设力度,将北京地下铁道总公司改组为国有独资、独立法人的北京地铁集团有限责任公司。改制后,公司在市政府财政的支持下,承担城市轨道交通建设的融资、新线建设和建成后的运营管理。同时,以投资形式设立北京市轨道交通建设管理有限公司(简称"建管公司")和北京市地铁运营有限公司。地铁建设公司和地铁运营公司作为独立企业法人的北京地铁集团的全资子公司,依法独立承担民事责任。

第四阶段,三分开体制(2003—2016年)。为适应城市轨道交通发展需要,2003年,北京市再次调整地铁管理体制,成立北京市基础设施投资有限公司(简称"京投公司"),撤销原地铁集团。京投公司与建管公司和北京市地铁运营有限公司均为市国资委出资设立的国有独资公司。京投公司为市国资委对基础设施出资人代表,并作为业主方,与上述另外两家公司建立市场化的委托契约关系,委托其负责包括安全在内的轨道交通的建设和运营;监管公司由北京市交通委员会负责。形成类似"四分开"的管理格局。2005年,京投公司组建北京轨道交通路网管理有限公司,启动北京市轨道交通指挥中心工程建设,引入香港铁路有限公司,2006年京投公司、北京首都创业集团有限公司和香港铁路有限公司共同出资成立了北京京港地铁有限公司(简称"京港地铁"),以公私合作(PPP)模式参与投资、建设和运营地铁4号线、大兴线、14号线与16号线,以委托运营方式管理大兴线,以租赁经营模式运营17号线。2011年,运营公司通过股权划转成为京投公司的子公司。2016年北京市轨道交通运营管理有限公司成立,2019年8月被运营公司收购。

第五阶段,ABO模式(2016年至今)。2016年4月市政府对北京轨道交通进行了改革,提出实行授权(Authorize)-建设(Build)-运营(Operate)的ABO模式。ABO协议授权京投公司组织和开展北京市轨道交通的前期规划、融资、投资、建设管理、运营调度指挥、运营管理、资产管理、车辆基地及沿线周边土地综合开发利用、多种经营等全产业链的整体业务,期限30年。2020年8月京投公司与建管公司合并重组,新的京投公司拥有轨道交通基础设施投融资与管理、轨道交通建设管理服务、轨道交通运营、轨道交通装备制造以及相关资源经营与服务"五大业务板块"。

2)上海地铁管理模式演变

上海首条地铁1990年开工,1993年投入运营,其管理经过了以下几个阶段。

第一阶段,"两分开"体制。2000年前,上海市城市建设投资开发总公司负责轨道交通的投资,上海市地铁总公司负责城市轨道交通的建设、运营及部分政府监督职能。这一阶段上海市地铁总公司实际上不是真正意义的企业,而是政企合一的机构。

第二阶段,"四分开"体制。2000年4月,市政府将投资、建设、运营三个环节组成了三个独立的公司,将监管职能按不同内容划归不同政府部门,形成所谓的"四分开"体制。

"四分开"体制有利于划清各公司和有关政府部门的职责,取得了一些成效。不过,由于我国规划、建设与运营分属政府多个部门管理,分开制给政府各主管部门带来的协调难度随着网络规模的扩大而越来越大。

第三阶段,"三分开"体制。为解决上述矛盾,2004 年 4 月上海市政府将投资、建设合并,成立申通集团及轨道交通建设指挥部,统一协调指挥全市轨道交通投融资和规划建设;"四分开"改为"三分开"。

第四阶段,"两分开"体制。投资与建设最终是为运营服务的,投融资、建设职能与运营职能的分开导致运营部门难以介入城市轨道交通的规划与设计方案优化。因此,2005 年 7 月上海市政府将运营公司整体划转申通集团,实现了投资、建设和运营一体化管理,监管独立,即所谓的"两分开"。2010 年,上海世博会的举办进一步推动了城市轨道交通的发展,地铁线路大幅扩展,形成了较为完整的交通网络。面对巨大的资金需求和运营管理挑战,上海市政府开始引入更多市场机制,特别是通过公私合作模式来解决融资和管理问题。政府通过 PPP 模式引入社会资本参与轨道交通项目的建设和运营,并通过合同约定方式确保服务质量和运营效率。同时,政府通过建立强有力的监管机制来平衡公共利益与市场化运作的需求。2021 年开通的上海轨道交通 14 号线是采用 PPP 模式建设的,上海申通地铁集团有限公司与社会资本合作,共同完成线路的建设和运营。

第五阶段,"一体化"体制。2024 年 7 月,上海申通地铁集团有限公司正式接管上海申铁投资有限公司(上海申铁),这也标志着上海市域铁路已开启投资、建设与运营管理"一体化"模式。

综上所述,"一体化"管理模式主要适用于城市轨道交通网络规模较小或者线网较为成熟稳定的城市,专业化管理模式主要适用于城市轨道交通处于快速建设阶段的城市。

2.3　城市轨道交通运营企业组织

2.3.1　城市轨道交通运营企业的特点与问题

1)运营企业的特点

企业特点可以从国家特定法令和条例规范约束下的企业内、外部关系的行为准则角度来分析。城市轨道交通运营企业一方面要明确经营中财产的归属主体与经营主体的产权边界;另一方面要确定企业的市场竞争地位、经济利益,以及既受市场规律支配、又有独立意志的企业行为。

城市轨道交通运营企业的主要特征包括以下几方面。

(1)产权特征。

城市轨道交通企业财产的所有权属于投资者,企业拥有出资者投资形成的全部法人财产权,享有民事权利,并承担民事责任。我国城市轨道交通企业基本上为国有企业,国有企业资产属于国家;少数为有限转让经营权的合资企业。例如,北京京港地铁有限公司是一家以 PPP 模式运营的公司,协议期限为 30 年。从公司股份占比看,北京首都创业集团有限公司和香港地铁有限公司各占 49% 股份,北京市基础设施投资有限公司持有 2% 股份。从特许经营分工上,北京市政府负责地铁土建部分的投资与建设,北京京港地铁有限公司负责车辆、信号等设备的投资和建设。目前,京港地铁参与了北京地铁 4 号线、14 号线、16 号线的投资、建设与运营,以委托运营方式运营大兴线、以租赁经营模式运营 17 号线。这种合作模式有助于实现公共基础设施的高效运营,也促进了私营资本的参与和市场竞争的引入。

（2）责任特征。

公司制中，出资者按投入资本享有所有者权益。这种权益包括三方面：第一，享有资产收益权，资产增值后，投资者获得相应收益；第二，享有重大决策权，出资者有权利用股东身份对重大问题表达意见；第三，作为股东有权选择经营与管理公司的管理者。管理者不合格时，出资者可通过规范的方式重新做出选择。我国城市轨道交通建设由地方政府出资，企业资产属于地方政府；合资企业一般应按股份享有相应的权利与责任，这些责任都是有限责任。

（3）经营边界特征。

城市轨道交通运营企业属于公益性企业，财务上难以自负盈亏，需要政府扶持。这种扶持除了直接的财政补贴、税收减免、水电优惠之外，让企业经营部分有较强盈利能力的资源也是一个重要方面。例如，城市轨道交通的运营能给沿线土地带来较大的增值作用，不少城市会将城市轨道交通场站周边土地划拨城市轨道交通企业经营，经营的利润可直接补贴运营亏损部分，从而减轻政府财政压力。

2）城市轨道交通运营管理中的问题

城市轨道交通企业作为国有公益类企业，与商业类企业有所不同。国有公益类企业考核的重点是成本控制、产品服务质量、营运效率、保障能力与社会评价。我国城市轨道交通一般由政府主导，企业化特征并不突出。这种体制往往存在三个问题。

（1）成本管控意识淡薄。

国有公益类企业的经营者成本管控意识淡薄，对装备投入、服务标准、支出控制的经济性论证不足，容易产生运行效率低下、浪费严重等问题。

（2）为乘客服务的意识不到位。

公益性企业的根本是为公众提供便捷的服务。成本管控不良会招致更大亏损，最终需要政府更多补贴，在补贴不足时会牺牲服务水平。此外，城市轨道交通面对的乘客构成复杂，作为公益性企业的企业员工待遇一般很难达到较高水平，这也会影响员工的积极性，进而影响服务质量。

（3）经营创新动力不足。

隶属地方政府的国有公益性企业，在经营过程中可能面临上层的决策干扰，过多决策须经上级审批，容易导致决策过程烦琐，模糊了责任边界，使运营企业缺乏足够的运营自主权和创新经营的积极性。

城市轨道交通作为重要的城市基础设施，显著的社会公益性特点使得它难以自负盈亏。城市轨道交通运营企业应按照政企分开、权责明确、产权清晰和经营科学等现代企业模式进行管理。换言之，城市轨道交通运营企业的改革要将它从单纯的社会公益型转变为向社会公益型与企业效益型相结合的方向推进。具体做法包括：由事业型体制转变为企业型体制；由单纯城市轨道交通经营型企业转变为以公共运输为主、集综合开发与多元经营于一体的企业。这些目标的实现离不开运营企业独立法人地位的确定，构筑科学合理的法人治理结构。

2.3.2 城市轨道交通运营企业的组织

1）资产与经营的关系类型

根据城市轨道交通资产属性及运营企业性质，其运营管理模式可分为以下六种。

(1)有竞争条件下的官办官营模式。

有竞争条件下的官办官营模式下,线路为政府所有,由政府委托两家及其以上的运营商运营。韩国首尔采用了这种模式。

首尔城市轨道交通系统由政府出资修建,包括首尔地铁和首尔铁路系统两部分;分别由首尔地铁公司(SMSC)、首尔快速城市轨道交通公司(SMRT)和韩国国家铁路公司(KNR)三家国有公司运营。地铁企业从运输税务系统得到补助金,但每年仍有亏损。市政府为弥补亏损通过发行债券注入额外资金。城市轨道交通企业不用缴纳所得税、城市建设税和营业税。

有竞争条件下的官办官营是一种带有计划性质的市场竞争模式,政府作为业主给企业的补助较为优厚,企业不过分重视盈利,票价带有福利性。多家经营创造了一定的竞争环境,客观上提高了企业的主观能动性。

(2)无竞争条件下的官办官营模式。

无竞争条件下的官办官营模式下,线路为政府所有,由一家运营商独家经营,或虽有两家以上运营商但按行政区域划分独立经营;政府给予相应的补贴。伦敦、纽约、北京、柏林、巴黎都属于这种模式。

纽约城市轨道交通系统由纽约市运输局(Metropolitan Transportation Authority, MTA)管理。MTA 是纽约州政府下属机构,负责管理市内公共交通系统。MTA 董事会成员主要由纽约州政府指定,部分由纽约市市长或郊区各县指定。纽约城市轨道交通系统的补助来自市、州和联邦政府拨款,运营收入约占总支出的65%,补贴资金来自政府税收。

欧美国家城市轨道交通客流密度较低,运营收入大多不能覆盖成本,一般采用无竞争条件下的官办官营模式,由非营利性的公共团体代表政府管理城市轨道交通,票价带有极大的福利性,主要靠补助金支持日常开销。

(3)官办半民营模式。

官办半民营模式下,线路为政府所有,由政府股份占主导地位的上市公司经营。采用这种模式的典型城市是香港。

香港铁路有限公司是一家上市公司,第一大股东为香港特区政府。虽然是市场化运作,但香港特区政府为公司提供担保,多方面主导地铁公司的经营。因此,香港地铁不能算完全民营的模式,只能算作半民营。政府委任有关人员组成香港铁路有限公司董事局,按商业原则运作,政府靠法律手段规范其市场行为。2000 年,香港特区政府对铁路公司再度进行股份制改造,让高层主管及员工持部分股,公司 10% 的股份通过上市私有化,由公司改组的香港地铁有限公司成立。2007 年 12 月,香港地铁有限公司取得九广铁路公司所经营的铁路网络服务专营权,香港地铁有限公司的中文名称改为"香港铁路有限公司"(简称"港铁公司")。港铁公司负责运营 9 条本地城市轨道路线组成的港铁系统、过境铁路、轻铁系统和机场铁路,也是全球少数能在公共交通营运中有盈利、不需要政府补贴的城市轨道交通系统运营商。

(4)官办民营模式。

官办民营模式下,线路为政府所有,由民间股份占主导地位的上市公司经营。新加坡城市轨道交通系统的运营管理属于这种模式。

新加坡快速城市轨道交通公司(SMRT)的最大股东为一家私人企业,负责新加坡城市轨道交通系统的运营。新加坡国土运输局(Land Transport Authority, LTA)是新加坡城市轨道交通系统的建设者和所有者,拥有城市轨道交通的所有权和建设权并承担建设费用,同时也是运行规则的制定者。LTA通过与SMRT签订租借合同授予SMRT城市轨道交通系统线路的经营权,并对SMRT的运输行为进行约束。

新加坡城市轨道交通系统是将建设和运营分开的一种管理模式,国土运输局(LTA)在线路建成后交付运营公司管理。其特点有三:一是政府负担城市轨道交通系统建设费用,并制定运营水平和规则,以保证城市轨道交通的公共福利性质;二是运营公司完全民营,第一大股东为私人投资公司;三是淡化运营中的政府职能,运营公司虽无线路所有权,但政府不干涉运营公司收入也不对运营开支进行补贴。

(5)多种经济成分构成的模式。

多种经济成分构成的模式即公私合营,该模式下线路归政府和地方公共团体所共有,同样由政府和地方公共团体共同组织经营。比如,东京的城市轨道交通系统引入了多种经济成分,包括政府投资、商业贷款、民间投资、交通债券等。

(6)私办私营模式。

私办私营模式下,线路由私人集团投资兴建,由私人集团全权经营。比如,曼谷轻轨的建设和运营由私人控股的曼谷大众交通系统公共有限公司(Bangkok Mass Transit System Public Limited,BTS)负责。泰国政府通过特许经营协议约束轻轨建设和运营以及BTS的股本结构、票价范围等。

该模式能最大限度地激发私人投资者的兴趣,但在票价、线路走向等问题上政府与私人投资者仍不可避免地存在冲突;政府难以保证城市轨道交通作为公共福利事业的本质。城市轨道交通投资回收期长,私人投资者需有在初期亏损情况下偿还贷款利息的心理准备。该模式也有利于私人投资者严格控制建设和运营成本。

2)运营机构结构模式与组织

城市轨道交通的运营管理是一个系统工程,其功能可分两个子系统(图2-2):一是体现城市轨道交通基本功能的旅客运输管理,主要任务是组织列车运行和进行客运服务;二是运营设备维修管理,它的任务是确保供电、车辆、通信信号、机电等系统状态良好,使城市轨道交通系统安全、可靠、高效的运行。

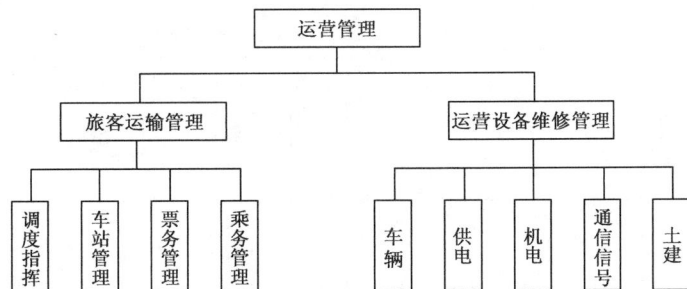

图2-2 运营管理机构的功能模式

一般来说,城市轨道交通发展初期,由于网络规模小,其运营管理通常采用以专业划分为主线的直线型组织架构,按照运营公司、职能部门(生产部门)、科室(车间)、班组四个层级管理。这种非网络化运营阶段的典型架构如图2-3所示。

上述架构具有决策效率高、专业分工明确等特点。不过,随着技术发展与精细化管理的要求,这种模式专业划分不够细、部门交叉多、交付责任不清晰,已逐渐被淘汰。

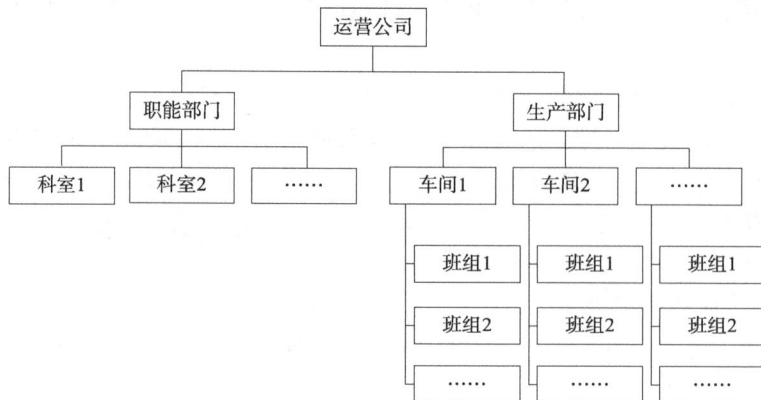

图2-3 非网络化运营阶段的典型架构

3)企业组织机构的基本类型

企业组织指实现企业宗旨和目标的框架体系与机构设置方法。企业管理的层次和机构设置重点要明确企业各部分的排列顺序、空间位置、聚散方式以及各要素间的相互关系。

城市轨道交通运营企业的类型可以从不同角度划分。从经营的独立性看,可以分为独立法人的公司制、非独立法人的分公司或事业部制;从专业化角度看,可以分为基于区域划分的全专业管理模式与基于专业分工的部门管理模式。下面介绍几种常见的组织类型。

(1)集团全资或控股下的独立法人(子)公司模式。

由具有独立主体资格、享有独立法人地位和独立事权的运营公司全权负责城市轨道交通相关线路的全部运营管理业务。运营业务的独立公司又分两种类型:一是隶属或由市城市轨道交通集团公司控股的公司;二是直属市政府或主管部门、与城市轨道交通的投资及建设等公司平行(分开制)的公司。

图2-4为某市地铁集团公司主要架构。集团下设全资子公司下的地铁运营公司与建设公司、资源开发公司并列;规划发展、资产管理在直属职能部门,与地铁运营自身相关的物业管理由全资的地铁资源开发公司负责;涉及跨行业、跨部门的创收工作由控股公司负责。

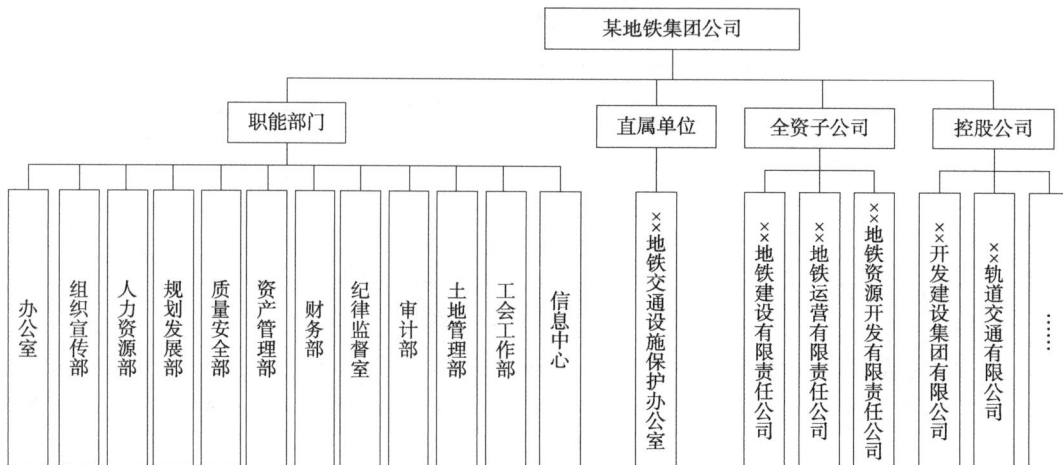

图2-4 某地铁集团公司架构

地铁运营公司的事业部内设运营管理事业部、招标采购事业部和后勤保障事业部，城市轨道交通的具体运营业务分别由客运、车辆、乘务、通号、工务、供电与机电七个专业分公司负责，包括相关设备设施的维保工作。某地铁运营公司架构如图2-5所示。

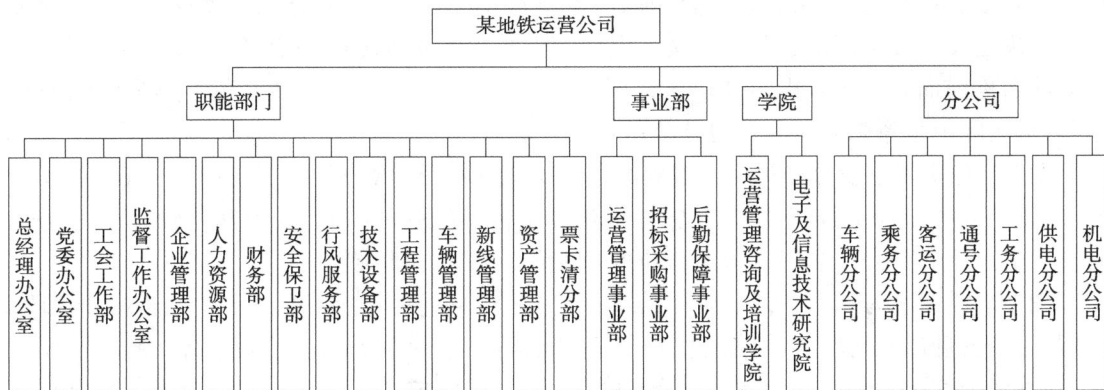

图2-5 某地铁运营公司架构

该模式中，包括设备采购在内的运营业务相对完整地由集团下属的、独立法人的运营公司负责，利于各专业间的协调。随着轨道交通线网规模的不断扩大，独立法人的运营公司成为强化运营公司的独立自主能力的一个重要方向。

图2-6是另一个网络规模较大的地铁运营有限公司的架构。该地铁运营公司除设直属处室外，下设5个运营分公司和通号、供电、机电、线路4个分公司以及建筑维护公司、地铁科技发展公司。运营公司不负责土地等资产开发与创收业务，仅开展旅客运输服务组织以及运营设备设施的维修养护管理工作。

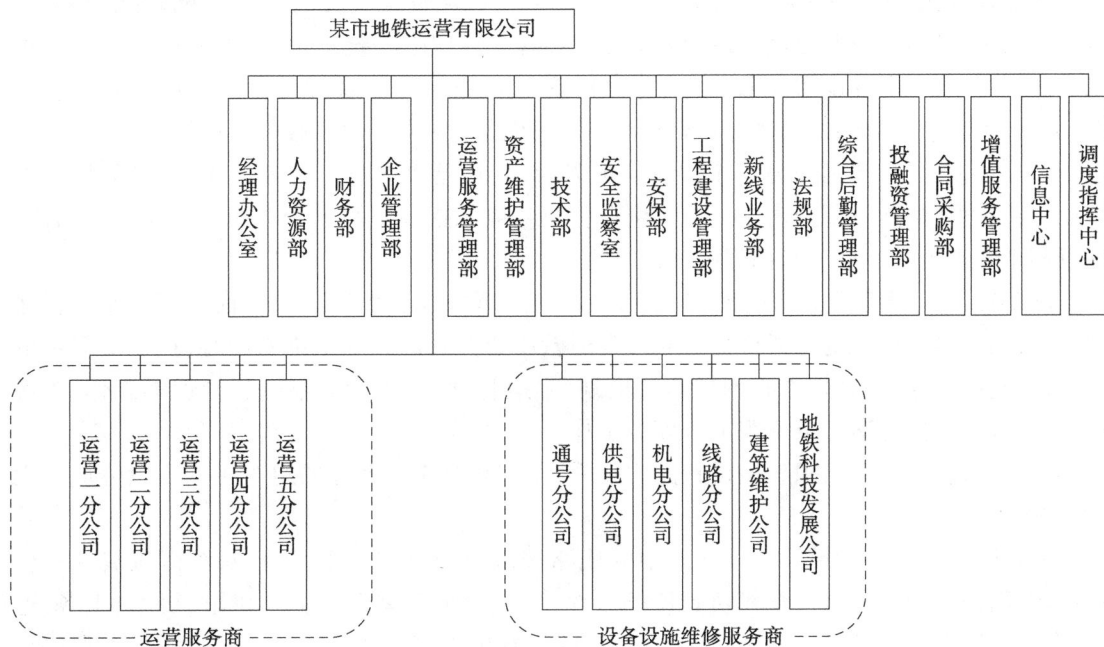

图2-6 某市地铁运营有限公司架构

（2）集团下设分公司模式。

第二种常见模式是集团下设负责运营管理的分公司。分公司指在业务、资金、人事等方面受总公司管辖而不具有法人资格、不承担民事责任的分支机构。分公司成立应向公司登记机关登记，可领取营业执照。分公司的所有资产属于总公司，财务统一核算，主要业务由总公司决定。分公司能以总公司名义并根据其委托开展业务。严格说来，分公司不是公司，分公司名称前面必须冠以集团公司名称，分公司没有董事会等经营决策和业务执行机构和章程，这实际上也意味着总公司对分公司负无限责任。

图2-7是集团下设分公司模式架构案例。该案例中，运营分公司下设站务中心、乘务中心、调度票务中心以及通号、机电、供建、车辆等设备设施管理中心，车辆基地管理由综合管理部负责。运营分公司全权负责运营业务与相关设备设施的维保工作。

图2-8描述了另一个运营分公司的案例。分公司下设生产调度、营销、安全质量管理、法规、后勤管理以及所辖各线路的检修中心等部门。运营业务由生产调度室、线路乘务中心、各站区与客运营销部门负责，包括售检票、客流量监控、客运组织、行车组织、人身伤害等。设备设施的维保工作由分公司下属的综合维修中心等负责。

（3）集团下设运营事业部制模式。

第三种典型模式是运营事业部制模式。事业部制概念是从自由资本主义过渡到垄断资本主义后，在企业规模大型化、企业经营多样化、市场竞争激烈化条件下出现的一种分权式组织形式；其特点是"集中政策，分散经营"，即在集权领导下实行分权管理。

地铁集团的运营事业部也称运营管理中心。事业部或中心可以视线网规模大小下设多个运营分公司或分中心。图2-9是某市运营管理工作架构。可以看出，运营管理中心与负责建设管理和经营管理(土地开发)的中心并列。

图2-10是运营管理中心的内部架构，下设多个区域性运营分公司及线网管控中心、大修公司与运营物资公司。运营设备设施维保由运营管理中心统一协调、大修公司负责。可以看出，各分公司专业配置比较齐全，除开展客运业务与乘务管理外，可独自承担线路、供电、通号、车辆、车站设备设施的日常维保。高等级的维保工作由大修公司承担。

图2-11是事业部制的另一个示例。可以看出，运营事业总部与建设事业总部、房地产事业总部并列，投融资部分由全资投资企业负责。应急指挥中心置于集团公司职能部门内，这有利于处理突发事件下跨部门的协调工作。

图2-12为运营事业总部的架构。可以看出，运营事业总部按区域管辖范围下设多个运营中心，涵盖设备设施的日常维保业务。与运营中心并列设有基地维修中心，负责高等级的车辆检修业务。线网管控中心承担运营策划、客运管理、收入清分与应急管理等工作，资源经营中心负责部分广告、资讯服务等商务工作。

综上所述，从运营组织架构设置的实践看，城市轨道交通企业的组织机构可以分成两大类型。

一是区域化为主的模式。将网络中的线路按区域划分成若干区域，每个区域成立相应的区域运营管理基层单位，全权负责所辖线路站务、乘务等客运业务与供电、机电、工务、通号、车辆等设备设施的日常维保工作；高等级的维修仍需要专业公司负责。该模式主要以广州、重庆、西安、青岛等城市地铁为代表。

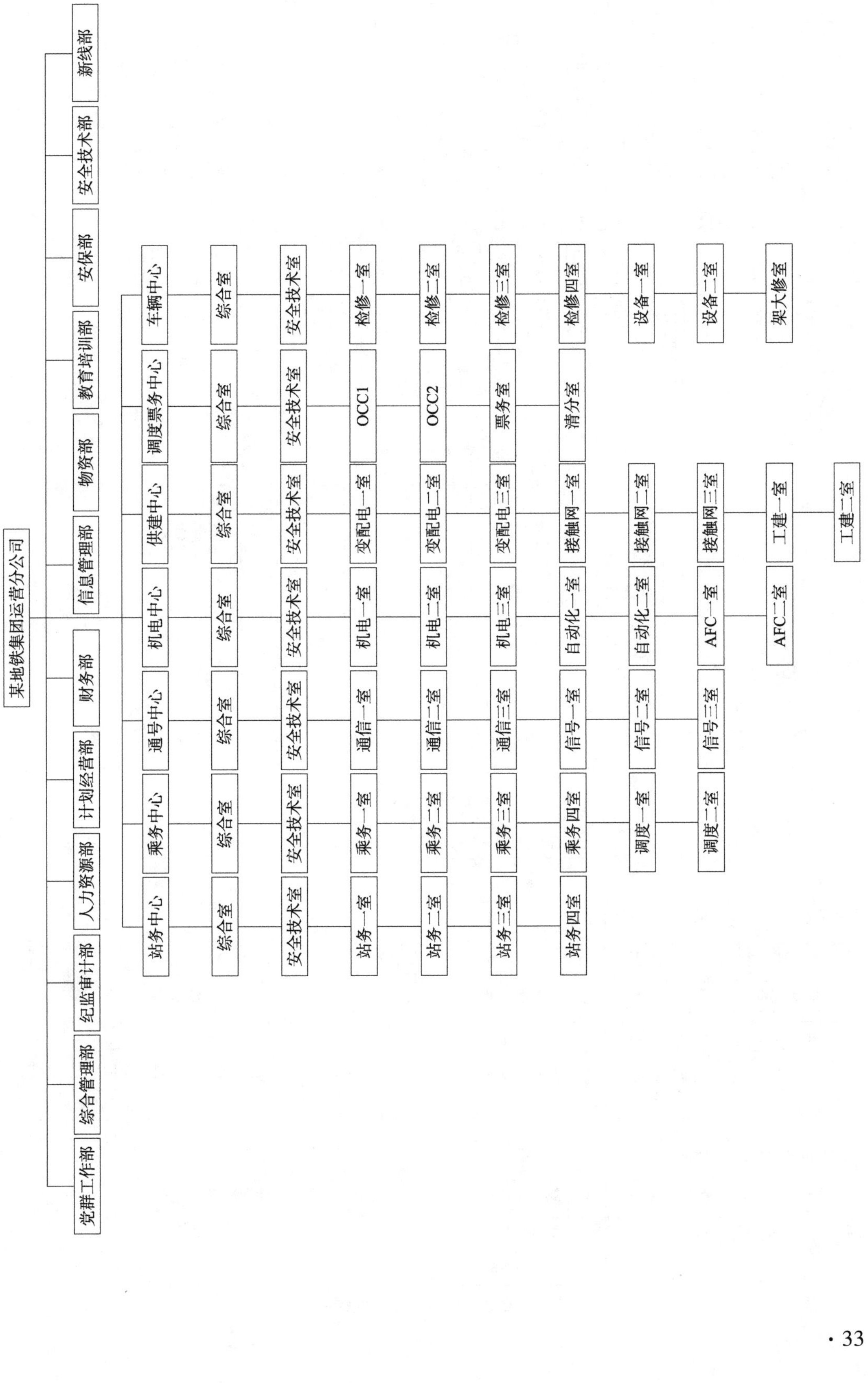

某地铁集团运营分公司

党群工作部 综合管理部 纪监审计部 人力资源部 计划经营部 财务部 信息管理部 物资部 教育培训部 安保部 安全技术部 新线部

站务中心 乘务中心 通号中心 机电中心 供建中心 调度票务中心 车辆中心

综合室 综合室 综合室 综合室 综合室 综合室 综合室

安全技术室 安全技术室 安全技术室 安全技术室 安全技术室 安全技术室 安全技术室

站务一室 乘务一室 通信一室 机电一室 变配电一室 OCC1 检修一室

站务二室 乘务二室 通信二室 机电二室 变配电二室 OCC2 检修二室

站务三室 乘务三室 通信三室 机电三室 变配电三室 票务一室 检修三室

站务四室 乘务四室 信号一室 自动化一室 接触网一室 清分室 检修四室

调度一室 信号二室 自动化二室 接触网二室 设备一室

调度二室 信号三室 AFC一室 接触网三室 设备二室

AFC二室 工建一室 架大修室

工建二室

图2-7 集团下设分公司模式架构案例

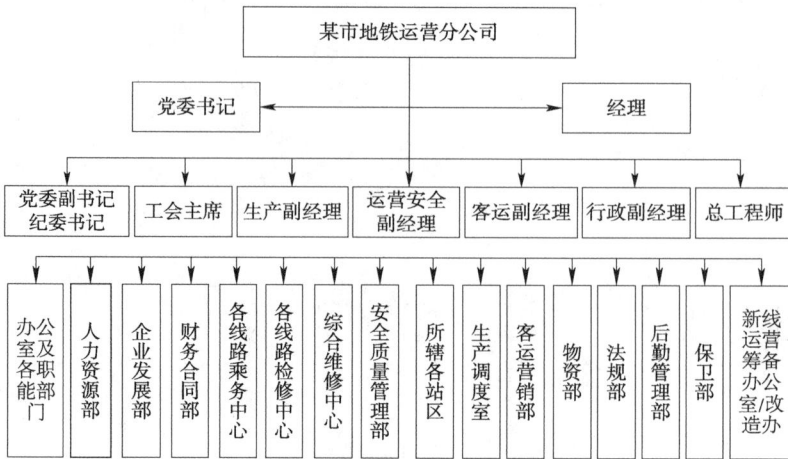

图 2-8 某运营分公司组织结构

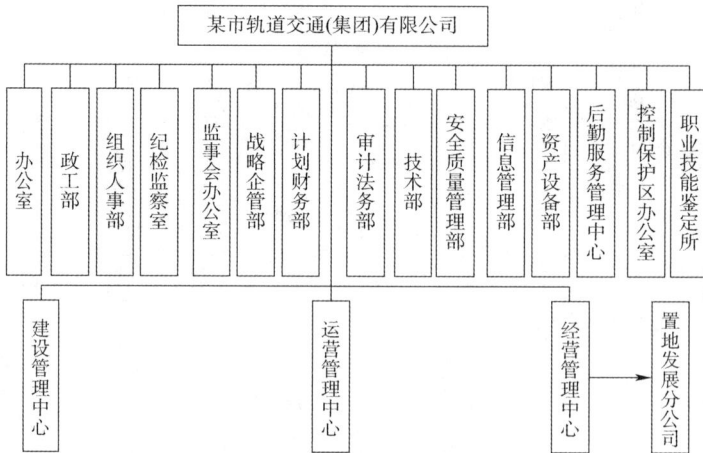

图 2-9 某市运营管理工作架构

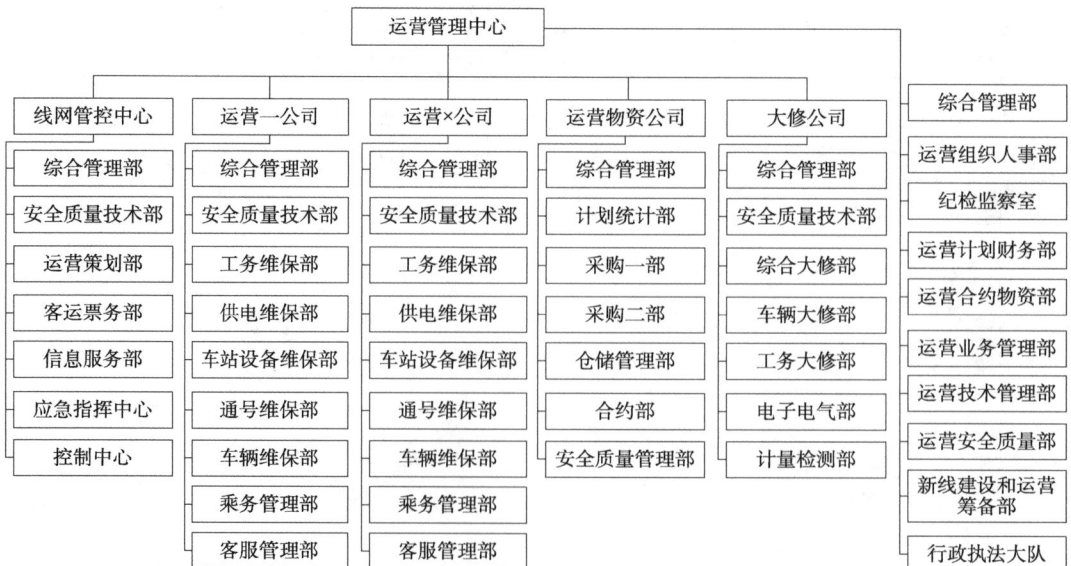

图 2-10 运营管理中心的内部架构

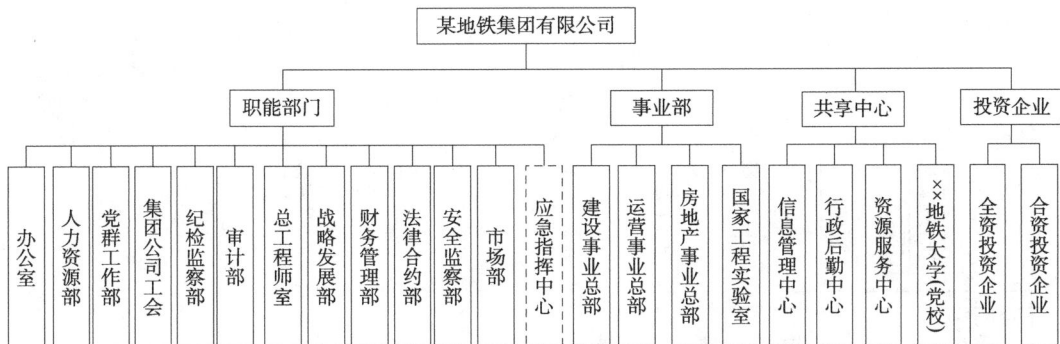

图 2-11　事业部制运营管理模式案例

二是专业化为主的模式。一般是在一个运营公司内,按专业要求,将站务、乘务等客运业务与供电、机电、工务、通号、车辆等设备维保专业分别成立相应的专业分公司或专业生产中心,客运业务与维保业务需要通过跨专业、跨单位的合作来解决。采用该模式的主要有上海、成都、南京、郑州等城市地铁。

相对来说,区域化为主的模式日常工作比较容易协调,但基层部门有时为了降低成本,可能使设备设施的维保质量下降。专业化为主的模式有利于提高维保质量,不过这种模式需要厘清专业间的责权利机制,否则可能会产生过度维保,不利于提高资源利用效率,降低运营成本。

4)城市轨道交通运营的其他业务

除了核心的轨道交通运营与维护工作,城市轨道交通运营企业还可能会涉及多种其他相关业务。这些业务通常与轨道交通主业有紧密联系,既能补充运营企业的收入来源,也能提高整体运营效率,增强企业的市场竞争力。

城市轨道交通相关业务主要包括以下几方面:

(1)物业开发与商业运营。

轨道交通站点和线路的建设往往带动了周边区域的经济发展,特别是在站点、换乘枢纽等位置,物业和商业开发有巨大的潜力。轨道交通企业通常通过成立子公司或合作方式,参与这些物业开发项目。物业开发与商业运营为企业带来了额外的收入来源,同时还能通过合理的空间利用和商业规划,提升轨道交通站点的乘客流量,反哺主业运营。

(2)广告与媒体业务。

地铁站和列车内部是重要的广告资源。轨道交通企业通常会利用这些空间进行广告投放和媒体宣传,以创造收入。广告与媒体业务可以为企业提供一定的收入补充,不仅帮助分担运营成本,还可以提升企业的品牌形象和市场认知度。

(3)智慧交通与信息化服务。

随着智慧交通的发展,轨道交通企业逐步引入智能票务系统、乘客出行大数据分析、智能车站管理、App 开发、移动支付和实时信息推送等信息化服务。智慧交通技术提高了轨道交通的运营效率和乘客满意度,促进了信息化与智能化管理的融合,有助于降低运营成本、提升服务质量。

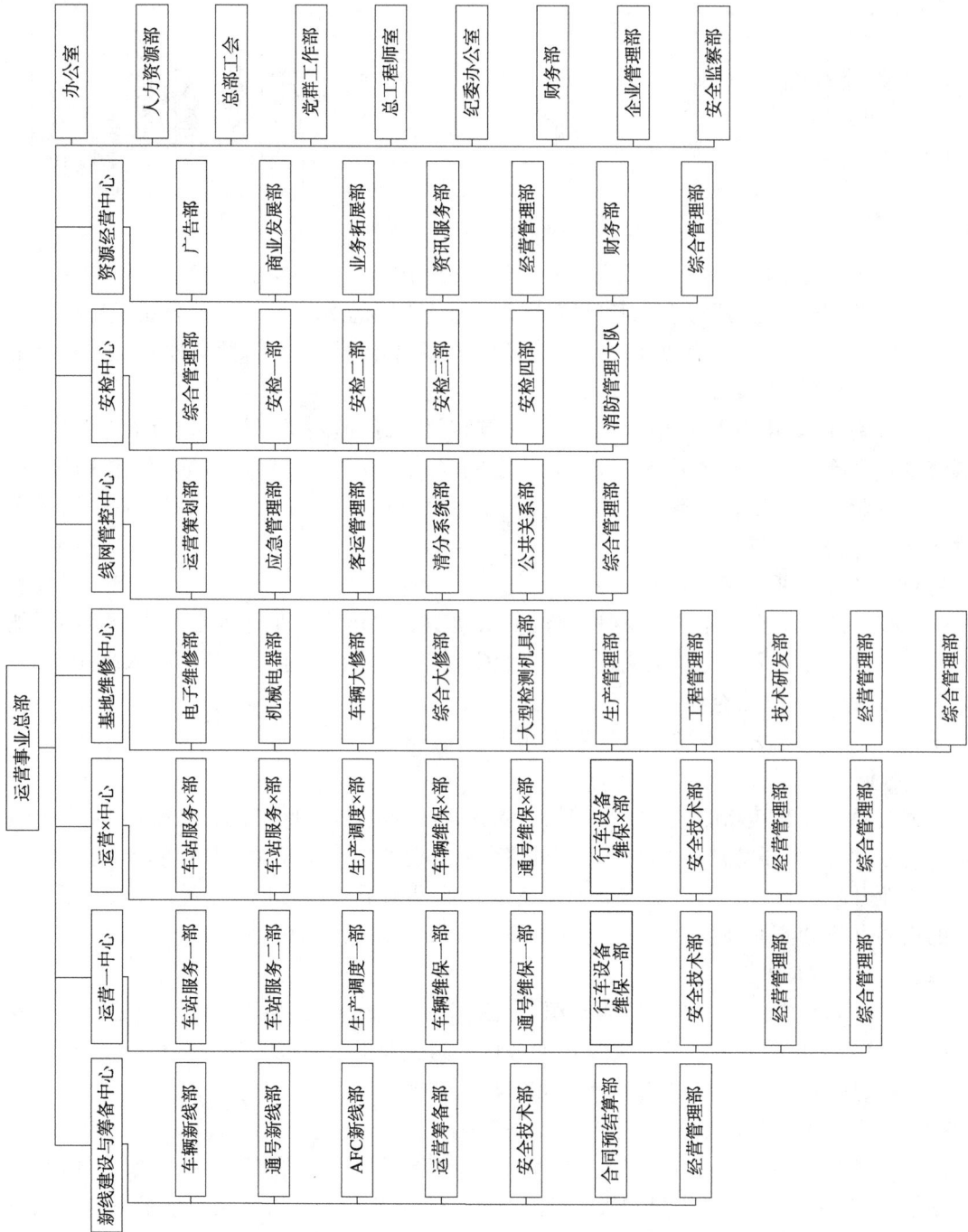

图2-12 运营事业总部架构

(4)配套公共交通业务。

轨道交通的核心功能是为乘客提供高效的公共交通服务,为了进一步完善出行体验,运营企业通常会考虑提供与轨道交通相关的其他公共交通服务,如地铁接驳公交、共享单车和停车场服务等。这些服务能够增加轨道交通站点的便捷性,提高乘客对地铁服务的依赖性,从而提升客流量,增加主业收入。

(5)培训业务。

城市轨道交通是一个技术性与服务性强的行业,需要对员工的业务能力与思想素质开展持续的培训。一般的培训业务包括三方面:一是新员工的入职培训,我国各城市每年有大量新线投入运营,按照每公里定员 40~50 人推算,每年各个岗位都需要引进不少新员工,这些员工上岗前一般需要经过培训,并通过规定的考核。二是晋职培训,老员工退休后,后续员工需要晋升,新晋员工在业务技能上需要提高,这也是培训的重要内容。三是科技发展下新技术、新组织模式的应用需要对员工进行培训,以提高运营企业的运行管理效率、安全管理水平与总体服务能力。

复习思考题

1. 简述国内外城市轨道交通系统的运营管理模式及其特点。
2. 简述城市轨道交通系统如何体现现代企业制度的要求。
3. 试述城市轨道交通运营企业的组织结构类型及其特点。
4. 试述不同阶段的城市轨道交通应采用什么类型的管理模式。
5. 分析不同类型城市轨道交通系统管理模式的利弊。
6. 系统阐述城市轨道交通运营管理过程中政府的职能与作用。

AI 辅助学习研讨题

利用 AI 工具(如 DeepSeek、Kimi 等)生成下列讨论题的报告或 PPT。

讨论题(1):分析国内外城市轨道交通系统在管理模式上的差异。

要求:利用 AI 工具,分析我国与欧美国家城市轨道交通系统管理的主要模式,并对各自特点进行比较分析,生成研讨报告或汇报文件(PPT)。

讨论题(2):以广州为例,分析城市轨道交通管理模式的变化过程及各阶段的特点。

要求:利用 AI 工具,分析城市轨道交通管理模式的变化影响因素,完成讨论报告或汇报文件(PPT)。

第3章
城市轨道交通设施与设备

设施与设备是城市轨道交通系统为乘客提供出行服务的物质基础。本章简要介绍了车辆、供电、信号、通信、车站、车辆段等部门设施设备以及相关软件系统的基本知识及其工作原理,为做好城市轨道交通运营设施设备的管理提供支撑。

3.1 车辆系统

3.1.1 车辆系统概述

城市轨道交通车辆是技术含量较高的机电设备,其选型和技术参数不仅是确定线路技术标准的基础,也是确定设备规模的重要依据。各城市的城市轨道交通车辆的类型、形式、技术参数不尽相同,但基本结构类似,一般由车体、转向架、车钩缓冲装置、制动装置、受流装置、车辆电气系统和车辆内部设备等组成。

1) 车辆的编组

城市轨道交通车辆按有、无动力分为带有动力牵引装置的动车(M)和本身无动力牵引装置的拖车(T)两大类。前者又可分为带受电弓的动车(Mp)和不带受电弓的动车(M);后者则可细分为带驾驶室的拖车(Tc)和不带驾驶室的拖车(T)。地铁车辆或轻轨车辆一般都采用电动车组编列运行。

全动车编组运行这种编组的优点是摘编方便、编组灵活,可以充分利用黏着,发挥再生制动或电阻制动的作用,减少基础制动带来的粉尘污染,容易实现大的加减速度,有利于缩短停站时间;北京地铁1号线是典型案例。

动、拖混编:"四动加两拖"或"六动加两拖"这种编组形式虽然动车数量减少,但起动和制动的加减速度仍可以满足列车牵引及行车间隔要求;动车的减少可以显著节省投资和维修费用;常见的列车有8节编组、6节编组和4节编组。带驾驶室的车应在列车两端,其他车型在列车中间。如6节编组的形式可以是 Tc-Mp-M-Mp-M-Tc,也可以是 Tc-Mp-M-M-Mp-Tc,8节编组的形式可以是 Tc-Mp-M-Mp-M-Mp-M-Tc,也可以是 Tc-Mp-M-M-Mp-Mp-M-Tc。

城市轨道交通
车辆的类型

车辆编组与配置

2) 车辆的分类

按车体宽度及容量不同,车辆可分为 A(3m)、B(2.8m)、C(2.6m)、D、L 以及单轨六种车型。A、B、C 为不同车体宽度的钢轮钢轨系列车型,D 为低地板车型,单轨型为胶轮系列车型,这五种为黏着牵引车型。L 型为直线电机系列,是非黏着牵引车型。

3.1.2 车体及设施

车体指除去转向架后的车辆上部结构。车体的主要功能是容纳乘客与司机,承受和传递载荷,安装传动机构、电气设备和内部设施。《地铁设计规范》(GB 50157—2013)规定,城市轨道交通车体结构设计寿命不应低于30年。

近代城市轨道交通车辆车体均采用整体承载的钢结构或轻金属结构,以达到在最轻的自重下满足强度的要求,一般包括底架、端墙、侧墙及车顶等。

1) 车体的材料

城市轨道交通车辆的车体材料从早期的钢质材料发展到现在的不锈钢和铝合金。

(1) 钢制车体。

国内早期生产的车辆采用钢制薄壁筒形整体焊接结构。20世纪80年代前采用普通碳素钢,自重大、腐蚀严重;20世纪80年代后开始采用含有铜、镍、铬等金属的耐腐蚀低合金钢,使车体自重减轻10%~15%,但仍不能满足车辆减轻自重和防腐蚀的需要。

(2)不锈钢车体。

不锈钢耐腐蚀性好。半不锈钢(包板为不锈钢,骨架为普通碳素钢)或全不锈钢车体还可免除车体内壁涂覆防腐涂料和表面油漆,在保证强度、刚度前提下,减小了板厚,实现了车体薄壁化、轻量化,也提高了使用寿命。不锈钢车体自重比普通碳素钢可减轻1~2t。

(3)铝合金车体。

铝合金车体进一步实现了车体轻量化。铝制车体结构中,主要承重构件采用大型中空截面挤压铝型材,提高了构件刚度,减轻了车体自重。全车底架、侧墙、车顶用大型中空截面的挤压铝型材料拼焊而成,比钢制车体焊接工作量减少40%,工艺简化,重量可减轻30%~40%。可保证车体承载结构在使用期内(25~30年)不维修或少维修。

从发展看,绿色化是车体的发展趋势,轻量化是实现轨道车辆绿色和低碳化的关键技术。使用钢、铝合金等金属材料的传统地铁车辆,由于材料特性限制,遭遇减重瓶颈。碳纤维具有轻质、高强度、抗疲劳和耐腐蚀等优点,是轨道车辆轻量化的理想材料。2024年6月,中车青岛四方机车车辆股份有限公司联合其他单位发布了全球首列商业化的碳纤维地铁列车。该列车重量较传统地铁车辆降低了11%,且更节能,利于地铁车辆绿色升级。

2)车体的基本结构

车辆壳体主要由底架、侧墙、端墙和车顶四大部件组成。壳体不仅从强度上要保证乘客安全,还要有利于减轻车辆自重。

支撑车体的车辆底架是由各种纵向和横向钢梁组成的长方形构架,承受上部车体及装载物的全部重量,再通过上、下心盘将重量传给走行部。

钢制车体的侧墙由边梁、立柱、窗立柱、横梁和墙板等零部件组成。铝合金车体的侧墙,左右一般各设有5个车门和4个车窗;侧墙上部与车顶部件组合在一起。端墙由弯梁、车厢贯通道、立柱、墙板组成。

车体的车顶由边梁、弯梁、纵向梁、顶板和车顶端部组成。不锈钢车体的车顶由波纹顶板、车顶弯梁、车顶边梁、侧顶板、空调机组平台等组成。铝合金车体的车顶,两侧小圆弧部分采用中空截面挤压铝型材,中部大圆弧部分为带有纵向加强杆件的车顶板,其长度与车顶等长,车顶组装时仅留下几条与车顶等长的纵向长焊缝。

车体内部设置照明、通信、空调、车门开闭装置、座椅、扶手或拉杆、拉手等。车门采用集中电气自动控制的风动拉门,也有采用电气驱动的车门。整列车车门由司机或自动控制系统控制,车门数量与开度大小须满足停站时间内上下乘客的时间要求。

3.1.3　转向架

转向架是车辆的走行部分,位于车体与轨道之间;用于牵引和引导车辆沿轨道行驶,同时承受和传递来自车体与线路的各种载荷,并缓和各类冲击力。

转向架一般由构架、轮对轴箱装置、弹性悬挂装置和中央牵引装置等组成。转向架分动车转向架(图3-1)和拖车转向架两种,其结构基本相同。动车转向架较拖车转向架多设了牵引电动机、联轴节、齿轮箱、齿轮箱悬挂装置

转向架结构总体与工作原理

以及动力轮对等部件。

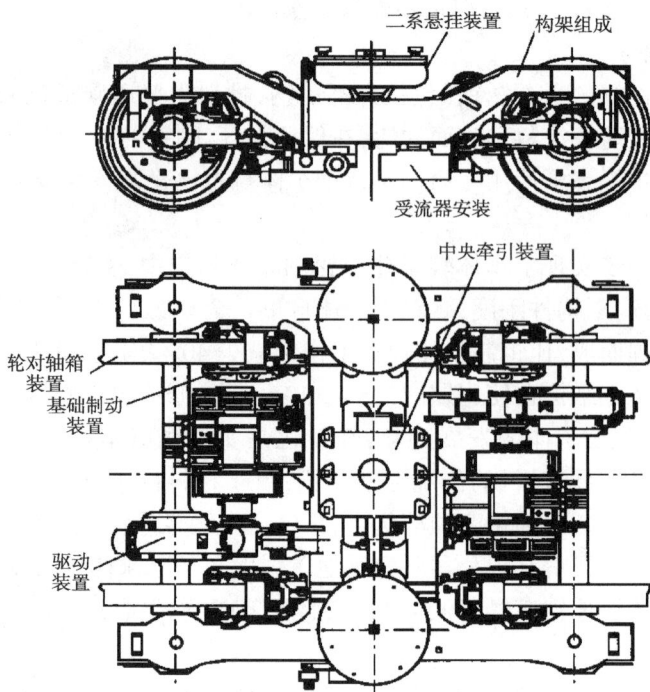

图 3-1 动车转向架

转向架的主要组成部分如下。

1)构架

构架将转向架的零部件组成一个整体,是转向架的基础,承受并传递车体与轨道间的各种作用力。构架由左、右侧梁以及一根或多根横梁与端梁组成,构架上设有相关设备的安装座,侧梁是主要承载梁,其结构确定了轮对位置。构架常见的损坏形式是裂纹和变形。

2)轮对

轮对由一根车轴和两个相同的车轮在轮轴连接区域牢固结合在一起组成,承担车辆全部载荷,引导车辆沿钢轨运行;同时还承受从车体、钢轨传来的各种力。

轮对轮缘的内侧距是影响运行安全的要素。轮缘内侧距有严格的规定:我国地铁车辆轮对,内侧距为(1353±2)mm。轮缘内侧距应保证在任何线路上运行时轮缘与钢轨之间有一定的游间,以减少轮缘与钢轨的磨耗;在最不利情况下,轮对踏面在钢轨上仍须有足够的安全搭接量,不致造成脱轨;以保证车辆安全通过道岔。

3)轮对轴箱装置

轴箱装置将轮对和构架联系在一起,将轮对沿钢轨的滚动转化为车体沿线路的平动,将车辆重量及各种载荷传递给轮对;利用润滑减少磨耗,降低运行阻力,防止燃轴。

轴箱装置按轴承特性分为滚动轴承轴箱和滑动轴承轴箱装置。滚动轴承可显著降低车辆的起动阻力和运行阻力,改善车辆走行部分的工作条件,减少燃轴事故,减轻维护和检修工作量,也降低了运营成本。我国轨道交通已基本实现滚动轴承化。

轨道交通车辆允许轴重一般为 10～25t,多用滚动轴承。滚动体形状分为圆柱滚动轴承、圆锥滚动轴承和球面滚动轴承。我国北京地铁 DK3 型转向架采用圆柱滚动轴承。

4）弹性悬挂装置

为减小线路不平顺和轮对运动对车体的影响，在轮对与构架或构架与车体（摇枕）之间设有弹性悬挂装置。弹性悬挂装置包括弹簧装置、减振装置和定位装置。

5）制动装置

制动装置的作用是传递和放大制动缸的制动力，使闸瓦与轮对之间的转向架内摩擦力转换为轮轨之间的外摩擦力，产生制动效果，使运行中的车辆在规定的距离范围内停车。

3.1.4　制动系统

制动系统是保障列车安全运行的手段。按电动车组动能的转移方式，制动方式可以分为两类：一是摩擦制动方式，即动能通过摩擦转变为热能，然后消散于大气；二是动力制动方式，即把动能通过发电机转化为电能，然后将电能从车上转移出去。

1）摩擦制动

摩擦制动是利用两物体之间的摩擦产生制动作用，通过摩擦将列车的动能转换为热能，散到大气中。常用的摩擦制动是闸瓦制动，此外还有盘形制动和磁轨制动。

（1）闸瓦制动。

闸瓦制动利用铸铁或合金材料制成的闸瓦压紧车轮踏面，通过两者间的摩擦来产生制动力。目前采用的多为合成闸瓦，也有半金属闸瓦或粉末冶金闸瓦。闸瓦制动的制动功率不宜过大。

（2）盘形制动。

盘形制动是在车轴上或在车轮辐板侧面装设制动盘，用制动夹钳将合成材料制成的两个闸片紧压在制动盘侧面，摩擦产生制动力，使列车停止前进。

（3）磁轨制动。

磁轨制动是在车体或转向架的下部设有电磁铁，制动时将电磁铁放下，与钢轨相吸，利用二者间的摩擦产生制动。磁轨制动可获得较大制动力，常作为紧急制动的补充手段。

2）动力制动

动力制动也称为电制动，在制动时将电动车中的牵引电机转变为发电机，使车辆运行动能转化为电能。对这些电能的不同处理方式形成了不同方式的动力制动。

（1）电阻制动。

将制动产生的电能送到电阻上，使之变成热能释放于大气，称为电阻制动。它能提供较稳定的制动力，但车辆底架下需安装体积较大的制动电阻箱，还要强迫通风冷却，现已较少采用。

（2）再生制动。

将制动产生的电能反馈到接触网，称为再生制动。再生制动具有节约能源、不污染环境的优点。城市轨道交通车辆的减速、停车十分频繁，采用再生制动一种较理想的方式。由于动力制动的效率随车辆速度的降低而下降，一般在高速时施行再生制动，当速度降到一定程度后则采用摩擦制动。

综上所述，车辆的制动方式一般有再生制动、电阻制动（以上两种统称为电制动）和摩擦制动 3 种方式，它们也被称为第一、第二和第三优先级制动。随着列车速度的下降，电制动力不断减弱,摩擦制动成为最后阶段的制动方式。

3.1.5 牵引系统

牵引系统通过受流器从架空接触网或第三轨接收电能,由车载变流装置向转向架上的牵引电动机供电,使电能转化为机械能,通过齿轮传动箱和轮对,驱动电动车(组)运行。

目前世界各国采用的牵引电动机有两大类,即旋转电动机和直线电动机。

1)旋转电动机

旋转电动机又可分为直流牵引电动机和交流牵引电动机。直流牵引电动机在城市轨道交通电动车辆上应用较早,目前仍占有一定比重。随着技术的发展,体积小、容量大、可靠性高、维修量小的三相交流异步牵引电动机被大量采用,逐步替代了直流牵引电动机。我国电动车辆几乎都已采用交流牵引电动机。

2)直线电动机

直线电动机是异步感应直线电动机的简称,其工作原理与旋转式感应电动机类似。直线电动机的车辆取消了传统旋转电动机从旋转运动转换成直线运动所需的机械减速传动机构,噪声低,重量轻。直线电动机的应用使电动车辆转向架的结构更简单,可降低工程造价。

不过,直线电机牵引系统的缺点是效率低,仅为旋转电机效率的70%;另外需铺设一条与线路等长的感应轨,也增加了投资。

采用直线电动机牵引的车辆已在日本、加拿大、美国一些线路上得到应用。我国广州地铁4号线是首次采用直线牵引电动机车辆的线路。此后,采用直线电动机牵引的车辆分别在北京地铁首都机场线、广州地铁5号线、6号线等多条线路投入商业应用。

牵引电机的结构
与工作原理

3.1.6 辅助系统

城市轨道交通车辆辅助系统指为牵引系统以外的所有用电系统,如列车空调、客室照明、设备通风冷却、电气电子装置、蓄电池充电等供电的系统。辅助系统供电网络包括辅助逆变器(给 AC 中压和 DC 低压供电)、蓄电池、中压总线、低压总线、所有控制器、断路器、继电器、接触器等;其中,辅助逆变器是该系统的核心,蓄电池主要为列车运营时失去外来供电情况下提供临时供电,也是列车停放后重新激活的电源。

3.2 供电系统

3.2.1 供电系统概述

城市轨道交通的供电系统为列车提供动力,也为辅助设施如照明、通风、空调、排水、通信、信号、防灾报警、自动扶梯等提供电力。供电中断不仅会造成地铁运营的瘫痪,还会危及乘客生命安全和造成财产损失。因此,城市轨道交通供电按重要性定为一级负荷,高于一般的工业和民间供电。一级负荷应由两路独立的电源供电,当任何一路电源中断时,另一路仍应能满足城市轨道交通重要负荷的全部用电需要。

城市轨道交通供电系统的组成如图3-2所示。城市轨道交通供电系统按功能可分为外部电源、主变电所、牵引供电系统、动力供电系统和电力监控系统。同时,牵引供电系统又可分成牵引变电所与牵引网系统,动力供电系统又可分成降压变电所与动力照明。

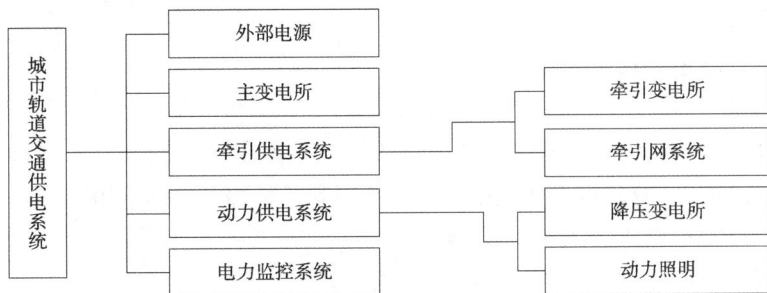

图3-2　城市轨道交通供电系统的组成

供电系统按区域划分为集中供电、分散供电和混合供电三种方式。

(1)集中供电方式。

集中供电方式是指在城市轨道交通沿线均衡地设置多座主变电所的供电模式。主变电所从城市电网引入110kV或其他电压等级的电源,引入的电压等级越高,主变电所的数量越少。由于城市110kV或220kV公用变电所容量大、供电能力强,主变电所接引电源时,对城市公用变电所的改造工程量较小。城市轨道交通供电系统目前多采用集中供电方式,采用这种供电方式的城市有上海、广州、南京、香港、德黑兰等。

(2)分散供电方式。

分散供电方式不设主变电所,各牵引变电所、降压变电所或电流开闭所分别由城市轨道交通沿线城市电网就近引两路相互独立的35kV或更低电压等级的电源供电。分散供电方式要求城市电力系统的变电所留有足够的备用容量,保证城市轨道交通电源的可行性、可靠性。沈阳地铁、长春轻轨、北京地铁5号线等采用分散供电方式。

(3)混合供电方式。

混合供电方式是前两种方式的结合,以集中供电方式为主,个别地段就近引入城市电网电源作为集中供电方式的补充。此种供电方式不利于城市轨道交通供电系统的管理。若城市轨道交通线路很长,穿越城市中心及郊区,可考虑混合供电方式。北京地铁1号线采用混合供电方式。

接触网供电方式

牵引供电系统组成

3.2.2　变电所及设备

城市轨道交通系统内各用电单位对供电的需求有差异,供电负荷也需要分类。城市轨道交通变电所分为主变电所、牵引变电所、降压变电所三大类。

1)主变电所

(1)主变电所的作用。

主变电所将来自城市电网的110kV电源降为中压35kV电源。主变电所的设置应尽可能靠近负荷中心。主变电所一般采用多线路供电电源共享的设计,以避免配置重复和资源浪费。条件允许时,尽量将主变电所建在地面上。

主变电所至少应设置两台主变压器,正常时两台主变压器同时运行,其容量应能满足一

台主变压器因故退出运行时,另一台主变压器能够担负本所供电区域内的城市轨道交通高峰小时牵引负荷和一、二级动力照明负荷用电。

如主变电所以不同电压等级向附近牵引变电所、降压变电所供电,主变压器可采用三相三线圈有载调压变压器。

(2)主变电所的主要设备。

①110kV 开关。

主变两路 110kV 进线,每路设三台 110kV 开关:两台在进线侧,其中一台称为进线开关,作为从市网引入 110kV 电源的开关,另一台为备用开关。设于主变侧的开关,称为主变压器开关,通过它将 110kV 电压送入主变压器。

②主变压器。

主变压器将 110kV 的交流电降至 35kV 交流电。当市网电压发生波动时,通过设置于主变的"有载调压开关"及时调整输出稳定的电压。

③35kV 开关。

经主变压器降压后输出的 35kV 电压,通过 35kV 母线配送至各个牵引变电所和中心降压变电所,35kV 开关是负责该电路的开关装置。

35kV 开关有分段开关、进线开关(或称母线进线开关)和出线开关(或称馈线开关)三类。分段开关的作用是当某一段母线失电后,将另一段未失电母线的电源提供给失电母线,恢复 35kV 供电。进线开关和出线开关,分别负责通、断 350kV 变压器的输入或输出线路。

④各类闸刀(也称隔离开关)。

闸刀也是开关设备的一种形式,负责接通或切断所接入的电路,完成设备的倒闸操作。根据其作用,可分为隔离闸刀、接地闸刀、负荷开关等。

隔离闸刀一般安装在设备的两端。与电源相连一侧的隔离闸刀,能使设备与高压电源之间构成电气隔离,便于设备的安全检修。

接地闸刀的作用是在检修时提供检修设备的可靠接地,保证检修人员和设备安全。

⑤自动监控设备。

变电所自动监控设备,用于对变电所电气设备的监测与控制,并负责远程控制和数据采集,根据供电系统运行状况,自动切换电气设备和实施故障自动切除,为城市轨道交通供电系统的安全、高效运行提供保障。

⑥直流电源设备。

所有变电所都设有为监控设备提供直流电源的直流屏。直流屏将变电所的交流电整流输出为稳定的直流电,该直流电也是蓄电池的浮充电源。当变电所两路交流电源都失电时,直流屏自动将输出切换至蓄电池,蓄电池为监控设备、应急照明及紧急疏散标志等供电。如两路交流电均失电,蓄电池可提供 1~2h 供电,为故障抢修、乘客疏散和事故处置赢得时间。

2)牵引变电所

(1)牵引变电所的作用。

牵引变电所将中压 35kV 电源降压整流后变成供轨道交通列车使用的 1500V 直流电,向牵引电网提供。牵引变电所整流机组负荷等级为重牵引负荷(Ⅳ类)。

牵引变电所的数量、容量及选址应考虑牵引供电计算要求、线路情况、接触网和沿线车站的形式等要求,以满足远期高峰小时车流密度、车辆编组及车辆形式对牵引供电的要求。

牵引变电所一般设置在站台层,同一车站同侧的牵引变电所与降压变电所合建,以方便安装调试。相邻牵引变电所之间距离为 2~4km。

(2)牵引变电所的主要设备。

①35kV 开关。

一个牵引变电所一般设有 4 台 35kV 开关:1 台进线开关、1 台联络开关和 2 台整流变压器开关。进线开关设在从主变电站输入的电路中,用于通、断 35kV 电源进路。联络开关,作为备用电源开关,可将本站或邻站电源引入或送出。两台整流变压器开关,分别将 35kV 电源送入两台整流变压器。

②整流变压器。

整流变压器将 35kV 电压的三相交流电整流降到供给整流所需电压。为确保可靠供电,一个牵引变电站一般须设置两台整流变压器。

③整流器。

整流器是将交流电压变换为直流 1500V 电压的整流设备;同样在牵引变电站也设两台整流器,以确保供电可靠。在整流器柜的下部设有正、负极的输出端。

④正极闸刀。

正极闸刀布置在整流器正极端与正极母线之间,接通或断开 1500V 直流的对外输出电路,通常设两台。

⑤负极闸刀。

电动列车电机的回流电流,经钢轨、回流箱、回流电缆、负极闸刀等,流回至整流器负极端。负极闸刀负责接通或断开回流电路,通常设两台。

3)降压变电所

(1)降压变电所的作用。

降压变电所负责向车站、区间动力系统、照明系统提供电源。每个车站均设有降压变电所,功能是将中压 35kV 或 10kV 电源降压为低压 380/220V。

降压变电所一般以来自主变电所或相邻车站牵引变电所或降压变电所的两路 35kV 或 10kV 交流电为输入电源。35kV 或 10kV 侧及 0.4kV 侧均采用单母线分段形式,中间设母联开关。

每座降压变电所设两台电力变压器,正常时两台变压器分列运行,同时负担其供电范围内的动力、照明负荷供电,负荷率为 70% 左右。当一台变压器故障退出运行时,自动切除三级负荷,另一台变压器可以承担全部一、二级负荷,保证轨道交通的正常运行。在换乘枢纽站、车辆段等用电负荷较大的车站,还需设置跟随式降压变电所。

(2)降压变电所的主要设备。

①10kV 开关。

降压变电所设有 7 台 10kV 开关:其中 I/II 段母线,有 10kV 进线开关各一台;10kV 联络开关各一台;变压器 10kV 开关各一台;10kV 分段开关一台。

I/II 路 10kV 进线开关,从中心变电站或邻站接收电源;10kV 联络开关,将电源转送至邻站;变压器 10kV 开关,将电压送入各自降压变压器。

②电力变压器。

电力变压器是将电压从10kV降至0.4kV的设备。

③0.4kV开关。

降压变电所的0.4kV开关包括变压器0.4kV开关、0.4kV三类负荷开关、0.4kV馈线开关和0.4kV分段开关四种。变压器0.4kV开关连接在降压变电所0.4kV侧,将电压送入0.4kV母线。0.4kV三类负荷开关与0.4kV母线相连,向三类负荷供电。0.4kV馈线开关与0.4kV母线相连,向各类重要负荷供电。0.4kV分段开关是0.4kVⅠ/Ⅱ段母线的自动切换开关。突发故障时,分段开关能自动切换到未失电的母线,以保证供电。分段开关也有人工切换功能。

3.2.3 牵引供电系统与供电形式

牵引供电系统由牵引变电所和牵引网系统组成。牵引网是向电动列车供电的直接环节。

1)牵引供电系统组成

一般将接触网(轨)、馈线、钢轨、回流线统称为牵引供电系统。

(1)牵引变电所:为一定区域内电动车组提供牵引电能的变电所。

(2)接触网(包括架空接触网和接触轨):经列车受电器向列车提供电能的导电网。接触网占牵引网的绝大部分,关于牵引网的讨论中,主要是针对接触网而言的。

(3)回流线:连接轨道和牵引变电所的导线,通过回流线将轨道中的回路电流导入牵引变电所。

架空接触网组成

(4)馈线:连接牵引变电所和接触网的导线,它将经牵引变电所整流后合乎城市轨道牵引电压的电能馈送给接触网。

(5)电分段:为便于检修和缩小事故范围,将接触网分成若干段的装置称为电分段。

(6)钢轨:承载列车的同时被用来作为牵引电流回流回路的一部分。

接触轨形式

2)供电形式

目前,城市轨道交通的供电形式主要为第三轨(接触轨)和架空接触网两种。

(1)第三轨(接触轨)。

接触轨指沿走行轨道一侧平行铺设的附加轨,故又称第三轨。在净空受限线路和电压等级较低时多采用第三轨。第三轨的优点是车辆受电靴与第三轨接触面较大且对其磨损极小,维护简单;此外,隧道中第三轨可降低净空,减小开挖土方。

第三轨的接触方式有上接触式、下接触式和侧面接触式三种。

上接触式亦称上部受流。受流器滑靴从上压向接触轨轨头,接触轨顶面受流。受流器的接触力由向下作用的弹簧的压力调节,受流平稳。上接触式施工作业简便,轨头上部通过支架安装不同类型防护板。不过,该方式接触轨表面易附着杂物、粉尘、冰雪等,对取流有一定影响;另外,该方式只能从顶部和线路外侧对接触轨进行防护,防护不严密,安全性稍差。

下接触式亦称下部受流。下接触式的第三轨的轨头朝下,通过绝缘肩架、橡胶垫、扣板收紧螺栓、支架等安装在底座上。优点是防护罩从上部通过橡胶垫直接固定在第三轨周围,安全性好。此外,下部受流方式中列车受流器的上抬力与第三轨的挠度方向相反,有助于提

高受流质量,在挠度允许范围内可增大第三轨支架的间距,从而弥补其安装结构复杂、费用较高的不足。显然,若采取第三轨方式,下接触式当为首选。

侧面接触式亦称侧面受流,即将接触轨的轨头端面朝向走行轨,集电靴从侧面受流。侧面受流存在防护不够严密、安全性稍差等问题。

(2)架空接触网。

架空接触网指架设在走行轨道的上部的接触网。由电动列车(车辆)顶部伸出的受电弓与之接触取得电能。按线路形式可分为地面架空式和隧道架空式;按悬挂方式又可分为架空柔性接触网和架空刚性接触网。

①地面架空式接触网。

a.接触悬挂:包括承力索、吊弦和接触线。

b.支持装置:包括腕臂、拉杆和绝缘子。其作用是用以支持接触悬挂,将其负荷传给支柱或其他建筑物的结构。

c.定位装置:包括定位器和定位管,作用是保证接触线与受电弓的位置在规定范围内。

d.支柱与基础:用以支承接触悬挂和支持装置,并将接触悬挂固定在规定高度。

地面架空式接触网属于架空柔性接触网,弹性好。根据接触悬挂结构的不同,又分为无承力索的简单悬挂和有承力索的链形悬挂两种。悬挂的接触线采用具有高导电率的铜或铜银合金硬线。由于城市轨道交通列车最高运行速度一般为80km/h,因此在选用柔性接触网的形式时,一般采用带补偿的弹性简单悬挂和全补偿简单链形悬挂两种形式。

②隧道架空式接触网。

安装在绝缘子上的馈线通过连接线与接触线连接,使接触网受电。接触线由带棒式绝缘子的调节臂固定,一端固定安装在隧道洞顶一侧的弹性支架上。调节臂功能是调整接触线与轨面间的高度;弹性支架通过调节臂使接触线与受电弓之间保持足够弹性与良好接触。

隧道架空式接触网有些属于架空柔性接触网。它弹性好,但增大了地铁隧道横断面与土建费。采用冷拉电解铜接触线易磨损,且检测维护需用接触网检测车,维修周期短,费用高。

③架空刚性接触网。

架空刚性接触网又称刚性悬挂,不同于传统柔性接触网。架空刚性接触网采用绝缘子悬挂刚体导线,降低了上方空间。这种悬挂结构简单,由汇流排、支撑装置、绝缘子、接触线(单根)及架空地线等组成。架空刚性接触网可分为"T"形和"∏"形刚性悬挂两种。

一般来说,刚性接触网结构简单、占用空间小,主要用于地下段隧道区间。柔性接触网占用空间较大,弹性较好,一般用于地面场段及高架段。

我国内地城市轨道交通系统采用不同类型的接触网,如北京地铁1号线采用第三轨模式,上海、广州和深圳地铁则较多采用架空接触网模式,包括柔性悬挂和刚性悬挂。

3.2.4　电力监控系统

电力监控系统(Power Supervisory Control and Data Acquisition System,SCADA)由控制中心电力调度子系统(主站)、变电所综合自动化子系统(被控站)及通信通道三部分组成,是提高地铁供电系统运行的可靠性、安全性、经济性、实现电力调度自动化与现代化、提高调度管理的效率和水平的基础。

1）电力监控系统的功能

（1）电力调度子系统具备单控和程控功能，能实现对各变电所主要开关设备的控制，并在模拟显示屏上显示、打印并输出操作内容。遥控方式包括通过选点式、选站式和选线式对供电系统的主要运行参数遥控遥测。

（2）对城市轨道交通供电系统设备运行状态进行实时监视和故障报警。

（3）实现屏幕画面显示、模拟盘显示或其他方式显示，并打印运行日报、月报等统计表和故障信息。

（4）具备自检和自恢复功能，实时监测软、硬件设备状态，在故障情况下实现互备设备自动切换。当软件由于某些原因处于死机状态时，能够自动恢复系统运行。

（5）提供友好的人机界面，实现系统维护功能。

（6）支持主、备通道的切换功能。

2）电力监控系统的组成

（1）主站。

主站一般设在城市轨道交通控制中心大楼内。主站配置有计算机网络、服务器、调度工作站、系统维护工作站、前置通信处理、行调显示终端节点设备，并设置实时数据、程序、统计报表、画面复制等打印机及实时监控供电系统的模拟盘（或投影仪）等外围设备。重要设备按冗余配置，系统还配置有不间断电源装置。

（2）被控站。

被控站设在主变电所、牵引降压混合所、降压变电所；采用分层分布式变电所综合自动化系统，主要由站级管理层设备、所内现场通信网络、间隔设备层单元组成，具有对变电所及其供电范围内供电设备的保护、控制、信号、测量及自动装置、远程通信等功能。

（3）通信通道。

由于主站设在控制中心，各变电所综合自动化子系统在车站，信息的上传下达主要通过以太网通信通道传送。变电所综合自动化子系统采用集中管理、分散分布式结构，通过所内及远程数据传输和相关动作，实现继电保护、监视控制、自动控制等功能。变电所综合自动化子系统的通信网络一般采用以太网或以太网与现场总线并存模式。

轨道电路概念

城市轨道交通
信号系统概述

3.3 信号系统

3.3.1 信号系统概述

城市轨道交通信号系统是"信号、联锁、闭塞"的集合，由各类信号显示、轨道电路、道岔转辙装置等设备及其他附属设施构成。

信号系统是确保列车运行安全、最大限度发挥线路运输能力、提高列车运行速度与运输效率、提升服务质量、降低工作人员的劳动强度和运营成本的重要系统。

3.3.2 联锁设备

为保证行车安全、高效率指挥行车和调车、改善行车人员劳动条件,需要在轨道交通系统中所有信号机、轨道电路及道岔等相对独立的信号设备、机械与电气自动控制设备、远程控制设备、计算机设备等设备间打造一种相互制约、互为控制的关系,这种关系称为联锁。实现联锁关系的设备称为联锁设备。

联锁设备技术上经历了机械化、电气化和电子化三个阶段,形成了电锁器联锁、电气集中联锁与计算机联锁三种联锁方式。电锁器联锁为非集中控制的联锁方式,现已被淘汰。我国城市轨道交通系统使用的联锁设备有电气集中联锁和计算机联锁两大类。最常见的电气集中联锁设备是6502电气集中联锁,新建的城市轨道交通线路常用计算机联锁。

1)6502电气集中联锁

6502电气集中联锁是电气集中联锁领域中应用最广的设备。上海地铁1号线、北京地铁1号线车辆段、广州地铁1号线车辆段等均采用该设备。6502电气集中联锁设备分为室内和室外两部分。室内设备包括控制台、继电器组合及组合架、电源屏、区段人工解锁按钮盘和分线盘等设备。室外设备包括色灯信号机、转辙机、轨道电路、电缆及电缆盒等设备。

2)计算机联锁

计算机联锁利用微型计算机对车站作业人员的操作命令及现场表示的信息进行逻辑运算,从而实现对信号机及道岔等进行集中控制,使其达到相互制约的目的。

下面以应用较广泛的TYJL-Ⅱ型计算机联锁系统为例介绍计算机联锁设备的组成。TYJL-Ⅱ型计算机联锁系统是双机热备系统,已用于北京地铁1号线四惠车辆段、广州地铁2号线车辆段、深圳地铁车辆段等。TYJL-Ⅱ型计算机联锁系统包括显示设备、监控机、联锁机、执行表示机(执表机)、现场设备等,其结构如图3-3所示。

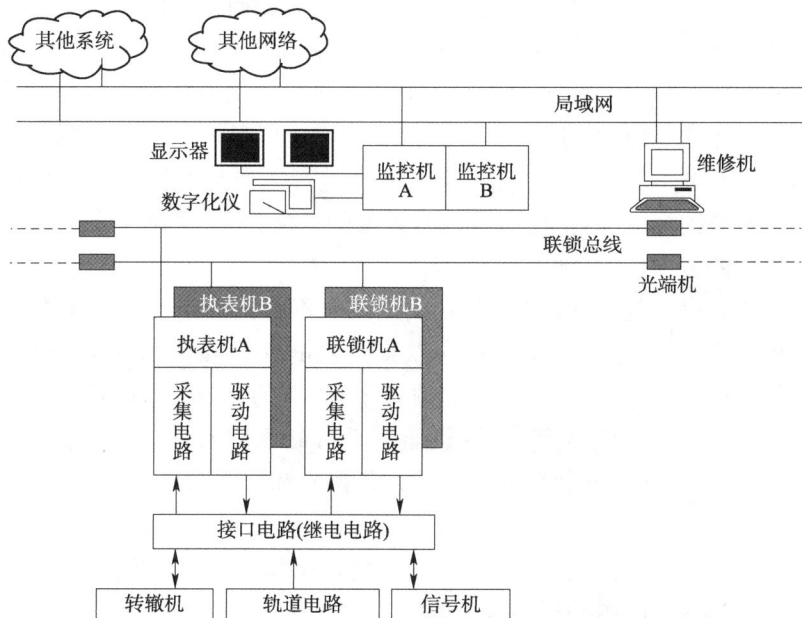

图3-3 TYJL-Ⅱ型计算机联锁系统结构

（1）显示设备：提供信号图形显示功能，包括数字化仪、显示器等。

（2）监控机：作为人机接口，一方面接收来自控制台的操作命令，向控制台提供图像、语音、文字等信息；另一方面与联锁机进行信息交换，向联锁机提供初选的操作命令，并接收来自联锁机的道岔、信号、轨道电路等信息。此外，监控机还向其他系统，如电务维修机、调度监督系统等提供站场信息。

（3）联锁机：根据现场信号设备状态和控制台操作命令，实现信号设备的联锁逻辑处理功能，完成进路确选和锁闭，发出转换道岔和开放信号等控制命令。

（4）执行表示机：通过由继电电路构成的输入/输出接口，接收并执行来自联锁机的控制命令，采集并向联锁机发送现场设备信息。

（5）现场设备：现场设备保留电气集中的设备，道岔控制电路、信号机点灯电路、轨道电路等仍采用现有的成熟电路。

（6）其他设备：其他设备还包括与其他系统连接的网络、电务维修机等设备。其中电务维修机能够再现一月之内系统的操作信息、故障诊断信息等，为维修工作提供便利。

3.3.3　列车自动控制系统

传统的信号系统以地面信号显示为依据，驾驶员按行车规则操纵列车。目前，各国城市轨道交通的信号系统大都采用列车自动控制（Automatic Train Control，ATC）系统。ATC系统包括列车自动防护（Automatic Train Protection，ATP）系统、列车自动运行或列车自动驾驶（Automatic Train Operation，ATO）系统和列车自动监控（Automatic Train Supervision，ATS）系统三个子系统。

1）列车自动防护系统

ATP系统是ATC系统的核心，主要功能是防止列车进入前方列车占用区段和防止超速运行的设备。其工作原理是：将信息（包括来自联锁设备和操作层面上的信息、地形信息、前方目标点信息和容许速度信息等）从地面传至车上，从而得到列车当前容许的安全速度，据此实现对列车速度的监督和管理。ATP系统由ATP轨旁设备和车载设备两部分组成。

ATP系统的具体功能包括：监督列车运行速度，实现列车超速防护控制；检测列车位置，实现列车间隔控制和进路的正确排列；防止列车误退行等非预期的移动；为列车车门、站台门等的开闭提供安全监控信息；执行车载信号设备的日检；记录司机误操作。

（1）ATP轨旁设备。

ATP系统的轨旁设备包括ATP轨旁单元、点式应答器、轨道电路或计轴器等。

ATP轨旁单元主要是计算机，负责对所获得信息的处理和信息的发送以及接收。ATP计算机从安全角度被设计成至少包括两个（或多个）独立的、结构相同、使用相同程序的计算机通道，数据同时输入两个（或多个）计算机通道平行处理。列车运行时，通过ATP轨旁设备向列车传递有关信息，并由安装在列车上的设备接收和处理这些信息。

（2）车载设备。

ATP系统的车载设备主要包括车载主机、驾驶状态显示单元、速度传感器、列车地面信号接收器、列车接口电路、电源和辅助设备等。

车载主机根据地面传递到车上的限速信息，计算出两信息点之间的速度控制曲线，实现列车超速防护的功能。列车正常运行时,该控制曲线对列车没有速度限制。当列车的实际速度达到或稍有超过最高限速时,发出报警,提醒司机降速。如果司机没有反应,系统会自动启动制动器并记录,一般先启用常用制动,如果继续超速,将采取紧急制动。

2)列车自动运行系统

ATO 系统车载设备根据列车运行计划,以及列车运行速度、线路限速和目标速度等信息,实时计算列车所需要实施的牵引力或制动力值,通过接口电路,由列车的牵引系统或制动系统完成对列车的加速或减速控制。ATO 系统的主要功能包括:列车的自动驾驶、列车区间运行速度控制、车站精确停车、列车自动折返(AR)、跳停和扣车等。ATO 系统的设备一般包括 ATO 轨旁设备和车载设备两部分。

ATO 系统实现列车自动驾驶,它需要 ATP 系统和 ATS 系统提供支持。ATP 系统向 ATO 系统提供列车的运行速度、线路允许速度、限速和目标速度,以及列车所处位置等基本信息,ATS 系统向 ATO 系统提供列车运行作业和计划。

(1)ATO 轨旁设备。

ATO 轨旁设备由地面信息接收发送设备和轨道环线组成。这些轨旁设备把信息通过轨道环线发送到线路上,由列车 ATO 车载设备进行接收和处理。地面信息接收发送设备的谐调控制部分安装在信号设备室内,轨道环线安装在线路上。

(2)车载设备。

ATO 系统车载设备包括车载 ATO 模块、ATO 车载天线、人机界面等。下面简要介绍车载 ATO 模块与 ATO 车载天线。

①车载 ATO 模块。

车载 ATO 模块是 ATO 系统的核心组成部分,它包含硬件和软件两部分。车载 ATO 模块从车载 ATO 子系统获得必要的信息,如列车运行速度和列车位置等,车载 ATO 模块软件对这些数据进行实时处理,计算出列车当前所需的牵引力或制动力,向列车发出请求,列车牵引或制动系统收到请求指令后,对列车施加牵引或制动,对列车进行实时控制。

车载 ATO 模块与列车的牵引和制动系统相互作用,实现列车区间自动运行和在站台区的精确对位停车。

②ATO 车载天线。

ATO 系统的车载模块与地面设备之间的信息交换通过 ATO 车载天线来完成,以实现 ATO 系统与 ATS 系统之间的信息交换。

ATO 车载天线一般安装在列车第一列编组的车体下,它接收来自 ATS 的信息,同时向 ATS 系统发送有关的列车状态信息。

3)列车自动监控系统

ATS 系统主要是实现对列车运行及所控制的道岔、信号等设备运行状态的监督和控制,给行车调度人员显示出全线列车的运行状态,监督和记录运行图的执行情况,在列车因故偏离运行图时及时做出调整,辅助行车调度人员完成对全线列车运行的管理。ATS 系统由控制中心设备、车站设备、车辆段设备、列车识别系统及列车发车计时器(TDT)等组成。

ATS 系统的主要功能有:集中监视和跟踪全线列车运行情况,自动记录列车运行过程,自动生成、显示、修改和优化列车运行图,自动排列进路,自动调整列车运行追踪间隔,信号系统设备状态报警,记录调度员操作,运营计划管理和统计处理,列车运行情况模拟及培训,与其他系统接口等。

(1)控制中心设备。

控制中心设备属于 ATS 系统,是 ATC 的核心,用于状态表示、运行控制、运行调整、车次追踪、时刻表编制及运行图绘制、运行报告、调度员培训、与其他系统的接口。

控制中心 ATS 设备主要包括:中心计算机系统、综合显示屏、调度员及调度长工作站、运行图工作站、培训/模拟工作站、绘图仪和打印机、维修工作站、不间断电源(UPS)及蓄电池。其中,综合显示屏、调度员及调度长工作站设于主控制室,控制主机、通信处理器、数据库服务器、维修工作站设于设备室,运行图工作站设于运行图室,绘图仪和打印机设于打印室,培训/模拟工作站设于培训室,UPS 设于电源室,蓄电池设于蓄电池室。

(2)车站设备。

车站分集中联锁站和非集中联锁站,设备不同。

①集中联锁站设备。

集中联锁站设有一台 ATS 分机,是 ATS 与 ATP 地面设备和 ATO 地面设备接口,用于连接联锁设备和其他外围系统,采集车站设备的信息,传送控制命令,使车站联锁设备能接受 ATS 系统的控制,以实现车站进路的自动控制。为从联锁设备取得所需数据,ATS 分机配备了采用可编程控制器的远程终端单元,且采用模块化设计,扩展十分容易。它还控制站台上乘客向导系统的列车目的显示器、列车到发时间显示器和发车计时器(DTI)。

②非集中联锁站设备。

非集中联锁站不设 ATS 分机。非集中联锁站的列车识别系统(PTI),乘客信息系统(PIS)和 DTI 均通过集中联锁站的 ATS 分机与 ATS 系统联系。有岔非集中联锁站的道岔和信号机由集中联锁站的计算机控制,通过集中联锁站的 ATS 分机接收 ATS 系统的控制命令。

(3)车辆段设备。

①ATS 分机。

车辆段设一台 ATS 分机,用于采集车辆段内存车库线的列车占用及进/出车辆段的列车信号机的状态,在控制中心显示屏上显示以上信息,以便控制中心、车辆段值班员及车辆管理人员了解段内停车库线列车的车次及车组运用情况,正确控制列车出段。

②车辆段终端。

车辆段派班室和信号楼控制台室各设一台终端,与车辆段 ATS 分机相连,根据来自控制中心的实际时刻表建立车辆段作业计划。车辆段联锁设备,通过 ATS 分机与控制中心交换信息,实现段内运行列车的追踪监视。

(4)列车识别系统。

PTI 设备由地面查询器环路和车载应答器组成,负责 ATS 车次识别及车辆管理。

(5)列车发车计时器。

TDT 设备设于各站,为列车运行提供车站发车时间、列车到站晚点情况的时间指示,提示列车按计划时刻表运行。

3.3.4 移动闭塞信号系统

移动闭塞信号系统(Moving-block Signaling System),或移动闭塞,也可称为基于传输的(Transmission-based)或基于通信的(Communication-based)信号系统。移动闭塞是目前线路能力利用效率最高的列车闭塞方式。与固定闭塞方式相比,移动闭塞采用连续的车地通信方式,能更有效地发挥时间与空间潜力,获得更小的安全行车间隔。

移动闭塞中列车速度限制主要取决于两列车间的距离。后行车与前行车的间距应满足前行列车发生事故(如颠覆等)或闭塞设备发生故障时,后行车能及时停车并不至于与前行车相撞。列车间的最小间距 $L_{Headway}$(m)为:

$$L_{Headway} = L_B^{common} + L_{action} + L_{safe} + L_l \tag{3-1}$$

式中:L_B^{common}——后行车常用制动距离,m;

　　　L_{action}——紧急情况出现时驾驶员采取制动所需的反应时间内列车的走行距离,m;

　　　L_{safe}——后行车停车车头与前行车尾部的安全距离,m;

　　　L_l——列车长度,m。

前行车对后行车的速度限制要求一般按常用制动曲线计算,闭塞系统根据后行车离前行车后部安全停车点的位置按常用制动曲线推算后行车的限制速度。当后行车在空间上闯入这一曲线时,闭塞要求后行列车采用常用制动,保证行车安全。这一原理可用图 3-4 表示。

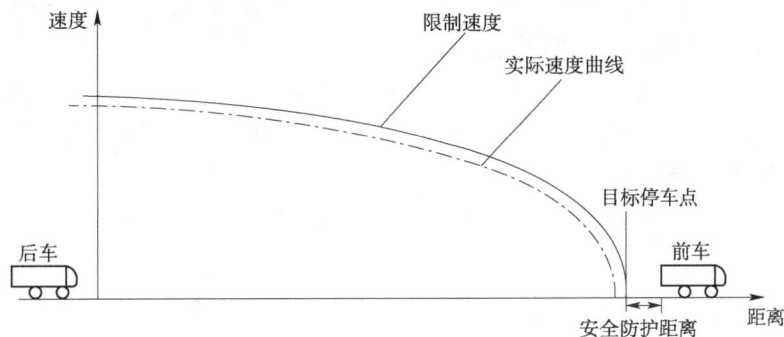

图 3-4　移动闭塞间隔示意图

移动闭塞可最大限度压缩列车间隔,最小可达 60s。地铁信号系统的发展趋势主要体现在系统的兼容性上。2016 年 12 月,重庆市轨道交通(集团)有限公司发布了地方标准《重庆轨道交通列车控制系统(CQTCS)标准》(DBJ50/T-250-2016),要求不同厂家的信号设备符合该标准,以实现互相兼容和互联互通。例如,重庆地铁 4 号线、5 号线和环线的信号供应商分别为浙江众合科技股份有限公司、中国铁路通信信号集团有限公司和交控科技股份有限公司;通过该技术规范可推动基于通信的列车自动控制系统(CBTC)各子系统间接口的标准化,采用具有较好互通互换性的 LTE-M 车地无线通信系统可解决列车数据漫游问题。装备不同制造商车载设备的列车在不同制造商地面信号设备的线路间可以实现不停车、不降级的跨线运行。

3.4 通 信 系 统

3.4.1 通信系统概述

城市轨道交通专用通信系统将各站客流量、沿线列车运行状况等信息及时传送到调度指挥中心,并将调度指挥中心发布的调度命令以及各种控制信息传送至各车站的执行部门和机构,使城市轨道交通系统的运行始终处于有条不紊的状态。

通信系统主要设备和模块应具有自检功能,通过适当的冗余,实现故障时自动切换与报警,控制中心可监测和采集车站设备运行和检测的结果。

城市轨道交通通信系统一般由传输系统、电话系统、调度系统、闭路电视系统、乘客信息系统等组成。

3.4.2 传输系统

传输系统是整个通信网络的纽带,为通信各子系统以及电力系统、信号系统、自动售检票系统、消防报警系统、办公网络等提供传输通道,将各车站、车辆段、停车场的设备与控制中心的设备连接起来。

光纤(光导纤维)通信是以光波为载频,以光导纤维为传输介质的一种通信方式,具有传输频带宽、容量大、成本低、损耗低、重量轻、抗干扰能力强、保真度高和工作性能可靠等优势,已成为城市轨道交通通信传输的主要手段。

城市轨道交通的传输网络通常采用环形结构。这种结构由两个环路组成:一个主环路负责传送信息,另一个备用环路在系统运行时持续监测,确保随时能够启动。一旦主环路发生故障,备用环路立即接管。

根据业务需求,控制中心和车站业务点的连接可采用星形、总线型或网状型网络结构。

通讯网的组成

星形网络以中央节点为中心,但过于依赖中央节点,且组网成本高,布线也较为复杂。

总线型结构通过一根总线(如同轴电缆)连接各节点设备,实现网络功能。总线型网络的数据传输是广播式的,节点故障时隔离相对便捷,但传输介质故障时,故障诊断需要在全网络各站点进行,整个总线可能受影响,易导致数据碰撞和线路争用现象。

网状型网络中,节点间可任意连接;其结构可分为全连接和不完全连接两种形式。全连接结构下,每个节点都与网络中其他节点直接连接;不完全连接结构需依赖其他节点转接通信。网状型网络节点路径多、局部故障不影响整体运行,但建网不易且控制机制较复杂。

3.4.3 电话系统

电话系统为城市轨道交通的管理、运营和维修人员提供语音服务。电话系统主要分为公务电话系统和专用电话系统。

1)公务电话

公务电话是企业内部电话网;主要用于地铁内部各部门间的电话联系,为地铁运营、管理、维修等部门的工作人员提供服务。公务电话系统能与线路指挥中心(OCC,又称运营控制中心、调度指挥中心)、路网控制中心(TCC)公务电话交换机连接,实现地铁内部各线间的电话互通;地铁公务电话系统也能与公用电话网连接,实现地铁用户与公网用户间的通信。

2)专用电话

专用电话系统是为控制中心的调度员、车站值班员、车辆段(停车场)值班员、各车站的保安人员等提供直线电话服务功能和组呼功能,以组织指挥行车、运营管理,确保行车安全。专用电话还可为轨旁电话、机房电话和一些内部电话提供自动交换功能。

根据地铁公司运营需要和业务性质,专用电话系统主要包括调度电话、站内电话、站间电话以及区间电话。

(1)调度电话。

调度电话是服务于行车调度、维修调度、电力调度、环境调度、防灾调度等的电话。

调度电话采用以各调度子系统的调度员为中心的一点对多点的通信方式。调度员可按个别呼叫(呼叫单独一个用户)、组呼(按调度台的不同分组方式,呼叫某一组调度分机用户)或全呼(呼叫调度台系统中的所有调度分机用户)等方式呼叫调度辖区范围内相关的所属用户并通话,并接受所属用户的呼叫通话。通话方式为全双工方式,也可根据需要设置为单呼定位通话方式。调度台与调度台之间可进行通话。

调度员一般使用键控式操作台或触摸式操作台,调度分机根据使用人员的具体需求配置,如车站值班员需要与多个调度联系,一般采用键控式操作台;变电所值班员只与电力调度联系,一般采用电话机。

(2)站内电话。

站内电话可提供车站内部人员的直接通话和本站值班员与相邻车站或大区间值班员的双向热线通话,同时也能使乘客或车站工作人员在紧急情况下使用紧急电话。

站内电话由车站电话交换机、车站值班台和电话分机组成。车站电话交换机通常采用小型程控交换机与公务电话交换机相连;车站值班台设在车站控制室,供值班人员使用,一般用数字电话实现;电话分机由站内用户用普通电话机连接,一般一个车站有几十门分机。

(3)站间电话。

站间电话是为相邻两站(包括上行和下行)值班员办理行车有关业务使用,车站值班员一般使用按键式操作台作为值班台,站间通话单键操作即可接通。站间行车电话是保证安全行车的专用电话设备。它是供相邻两车站值班员之间联系有关行车业务联系的电话。站间行车电话应具备直线电话功能,即任一方摘机不必拨号就可以与对方站建立通话。这种直线电话功能也可以利用程控交换网在相邻两站的行车电话机之间建立专用的双向热线来实现。

(4)区间电话。

区间电话的作用是实现驾驶员、区间维修人员与邻站值班员及相关部门联系通话。区间电话有两种设置形式:一种是区间通话柱,一种是轨旁电话。由于区间通话设施在室外或隧道内,环境较差,其设备需要满足防潮、防火、防燥、防尘、防冻、防破坏性等要求。

区间电话一般分为区间专用电话和区间直通电话两种模式。区间专用电话用户摘机后需要拨号呼叫,由车站分机根据所拨号码转接;区间直通电话用户需选择通话用户,一般包括上下行车站、行调、电调、信号、通信、线路桥梁等,摘机后直接接通。

3.4.4 调度系统

城市轨道交通无线集群调度系统一般分为行车调度通信子系统、站务通信子系统、车辆段调度通信子系统、维修调度通信子系统、公安调度通信子系统、防灾调度通信子系统六个无线通信子系统。

行车调度通信子系统负责完成正线行车调度员与机车驾驶员的通信联系,传送行车指挥话音和数据指挥命令。呼叫方式采用选号呼叫,行车调度员通过行车调度台完成对机车驾驶员的一对一个别选呼,并可以发送数据指令和接收列车上传来的信息。

站务通信子系统负责完成车控室内勤人员与车站外勤人员及本站控制内列车驾驶员间通话。车站人员与驾驶员间通话由调度派接,在本站采取组呼方式进行通话。

车辆段调度通信子系统负责完成段、场内的行车调度员与机车驾驶员的通信联系,传送行车指挥话音和数据指挥命令。

维修调度通信子系统提供维修调度、各专业调度员及本专业维修人员的无线调度通信,一般采取组呼方式。不同专业分组,专业之间的通话,可由维修调度临时派接通话。

公安调度通信子系统、防灾调度通信子系统提供公安、防灾调度员、沿线指挥人员和抢险救灾人员之间的调度通信(采用组呼方式)。此系统在突发事件情况下启用,由网络调度员通过动态重组功能设置临时通话小组,将应急指挥人员、各专业的抢修人员、车站值班人员等组成一组以适应现场抢险应急需要。

3.4.5 闭路电视系统

闭路电视系统(Closed Circuit Television,CCTV)也称电视监控系统负责对各车站主要生产装置、设施、关键设备及重要部位进行全面实时监视,为控制中心调度员、各车站值班员、公安值班人员等提供有关列车运行、旅客疏导、防灾救火、突发事件等现场视频信息。

城市轨道交通CCTV既可由车站值班员控制,也可由控制中心的列车调度员、环境控制调度员控制,当控制中心设有总调度台时,可由总调度员控制。城市轨道交通CCTV分为控制中心闭路电视监控设备和车站闭路电视监控系统两部分。

1)控制中心闭路电视监控设备

控制中心的各调度台上配备一定数量的监视器和一个带键盘的控制台。每位行车调度员和防灾调度员可通过键盘操作来选择他所希望了解的某车站、某区域的客流情况或突发事件图像。控制中心或各个车站的图像切换设备应能对众多输入的图像信息进行自动顺序扫描,具体扫描顺序应能通过预先编程确定。顺序扫描显示过程中,调度员发现某画面需特别引起注意,可按选择键选看该画面,并对重要事件做录像处理。

2)车站闭路电视监控系统

车站闭路电视监控系统在售检票大厅、乘客集散厅、上下行站台、自动扶梯等场所以及设置消防及变电设备设施处设摄像机。摄像机的安装位置、数量及安装方式应综合考虑乘客流向、乘客聚集地等因素。

车站闭路电视监控系统为客车站值班员和车站防灾值班员提供车站内的实况图像;站台区的摄像机还可为司机提供旅客上、下车及车门关闭信息。它也受中央控制室的控制,为调度员提供摄像画面。车站值班员可从控制台发出两类控制信号:一类是图像切换或选择信号,即将值班员室的监视器与所需监视的现场的摄像机相连接;另一类是控制云台转动和摄像机调焦。车站闭路电视监控系统还可通过监视器向通信维修人员提供信息。

3.4.6　乘客信息系统

乘客信息系统(Passenger Information System,PIS)以计算机及多媒体应用为平台,以车站和车载显示终端为媒介向乘客提供信息。乘客信息系统一般可提供乘车须知、服务时间、列车到发时间、列车时刻表、管理者公告、政府公告、出行参考、股票信息、媒体新闻、赛事直播、广告等实时动态的多媒体信息;在火灾、阻塞及恐怖袭击等非正常情况下,提供动态紧急疏散提示。车载设备通过无线传输实时或预录信息,经处理后在列车客室液晶显示屏(LCD)上播放,使乘客通过正确的服务信息引导,安全、便捷地乘坐轨道交通。

1)乘客信息系统的组成

乘客信息系统从控制功能上分为四个层次:信息源、中心播出控制层、列车车载播出控制层和车站播出显示终端设备。

信息源主要设备为视频流和数据服务器,向整个系统发放网络视频和数据,能够同时提供多种视频标准的视频。

中心播出控制层主要负责信息的采集、编辑和播出,并且对系统内的播出设备进行集中的播出控制管理。通过对各个车站的播出设备进行集中控制,各个车站乘客信息系统实现无人值守的运行,降低了人为操作带来的失误和故障。

列车车载播出控制层主要通过车厢显示器显示列车车厢状况、播放新闻、通知注意事项等,同时提供广播、磁带、小型光盘(CD)、小影碟播放娱乐服务;车载乘客紧急报警装置为乘客紧急情况发出报警信息,应有防止误操作功能。扬声器提供车内广播,为乘客提供语音信息。

车站播出显示终端设备应显示即将到来的列车信息及车站状况信息;可及时编辑指定信息,并发布到指定的显示屏,提示乘客注意;还可进行整个车站某组的工作状态切换,实现对车站所有播放设备的控制。

2)乘客信息系统的功能

(1)实时信息显示。PIS采用同屏幕多区域信息并行发布的形式,使屏幕不同区域信息根据数据库信息的改变实时更新。

(2)紧急疏散功能。提供紧急疏散的功能——紧急灾难告警模式。通过PIS与消防、公安、监视系统的结合,预先设置多种紧急灾难告警模式,一旦发生紧急状况,立即中断正常信息发布,通过声音与图像的形式提醒乘客紧急避险,指示正确的疏散通道。

(3)广告发布功能。提供广告发布平台。可播出文字、图片、影音多媒体等多种形式的咨询信息,吸引乘客的注意力,提高城市轨道交通运营公司的运营效益。

3.5 车 站 设 备

3.5.1 车站设备概述

城市轨道交通车站设施运营、维护所需的各类机电设备统称车站设备；主要由机电设备监控系统、消防系统、环控系统、照明系统、电梯与自动扶梯、给排水系统、防淹门系统、屏蔽门系统等组成。

3.5.2 机电设备监控系统

城市轨道交通机电设备监控系统（Equipment Monitoring Control System，EMCS）指对车站、区间隧道、控制中心等建筑的通风空调设备、给排水设备、照明设备以及站内其他机电设备进行集中监控和管理的综合自动化系统。EMCS通过计算机系统实时监控和动态跟踪所控制设备的运行情况，根据运营需求发出相应的动态调整指令。

它为乘客创造舒适、安全可靠的乘车环境；在火灾状态下，配合相关系统的运行，协调设备控制，降低设备故障率，减少维护及营运成本。

EMCS主要包括工作站、服务器、各种设备控制器、终端设备、交换机及网络系统等部分。其监控对象包括通风空调系统、给排水系统、电扶梯系统、照明系统以及其他接口设备等。通风空调系统涉及隧道通风系统和车站空调通风系统两部分，包括区间隧道通风系统、车站隧道通风系统、车站公共区通风空调系统（大系统）、设备用房通风空调系统（小系统）等分系统。给排水系统监控对象为电动蝶阀、液位传感器，排水泵、污水泵、雨水泵、废水泵等各类水泵；此外，EMCS还监控站台以及出入口的电梯与自动扶梯。照明系统的监控对象不仅包括节电照明、工作照明、导向照明，还包括事故照明电源。

通过对通风空调系统、消防报警系统、给排水设备、自动扶梯、照明设备、屏蔽门等设备运行状态的监控，在火灾发生时，系统能接收到火灾报警系统信号，自动启动防灾工作模式，协调排烟风机、通风机、气体灭火装置、消防水系统等设备工作，确保人员和设备安全。

3.5.3 消防系统

城市轨道交通中涉及消防方面的系统有很多，如火灾自动报警系统（Automatic Fire Alarm System，FAS）[①]、水消防系统、自动气体灭火系统、机电设备监控系统、防排烟风机等。本节主要介绍火灾自动报警系统、水消防系统及自动气体灭火系统。

1）FAS

FAS一般由传输网络、消防电源、火灾警报触发器件、火灾报警装置、防灾通信设施、灭火设施及其他具有辅助功能的装置组成。传输网络宜采用独立的光纤环形网络，网络节点间的光纤宜与通信系统应统一敷设，并设主电源和直流备用电源。主电源应按一级负荷供电设置在防灾控制室，由两个可自动切换的独立电源组成。直流备用电源宜采用火灾报警

---

① 也称火灾报警系统（Fire Alarm System，FAS）。

装置内的专用蓄电池。

FAS 主要设置在车站站厅、站台、区间隧道、车辆段(停车场)、一般设备用房和管理用房等处所,由中央控制管理级、车站监控管理级和现场控制级三级监控管理系统组成。FAS 应具有可靠性、实用性、先进性、经济性,且符合国家现行的有关强制性条文规定。

(1)中央控制管理级。

中央控制管理级 FAS 设置在控制中心,作为地铁消防的指挥和控制中心,监视地铁全线下属所有区域的火灾报警、消防联动和故障情况。中央监控管理级在运营控制中心(OCC)配备防灾报警主机,FAS 主机由两套火灾报警控制器和 OCC 两台互为热备用的 FAS 监控总站(操作员工作站)组成。FAS 主机通过 FAS 专网与各防灾报警分机保持通信。

中央控制管理级 FAS 的具体功能包括:实现全线消防集中监控管理;接收由车站火灾监控报警系统所发送的火灾报警信息,实现声光报警,进行火灾信息数据存储和管理;接收、显示并存储全线火灾报警设备、消防设备运行状态信息;存储事件记录和人员的各项操作记录,具备历史档案管理功能;实时打印火灾报警发生的时间、地点等事件记录。

(2)车站监控管理级和现场控制级。

车站控制室火灾报警控制器通过总线与现场设备组成所辖站点的火灾报警系统,负责所辖车站的火灾报警处理及联动控制,并通过 FAS 专网与其他车站的火灾报警控制器及控制中心操作工作站进行通信,报告火灾报警、系统故障、联动控制及消防设备运行状态等信息。

车站监控管理级 FAS 的具体功能包括:接收、存储、打印监控区域火灾报警信息,显示具体报警部位;向中央级 FAS 发送车站级火灾报警信息,接收中央级火灾自动报警系统发布的消防控制指令等。

现场控制级 FAS 主要功能是火灾监控与报警,其设备包括火灾传感器、手动报警器、感温电缆和紧急电话插孔等。能对站内设备用房、站厅、站台、设备用房区域、列车及消火栓箱等进行火灾自动探测。

2)水消防系统

水消防主要包括消火栓灭火系统和自动喷淋灭火系统两部分。

(1)消火栓灭火系统:设在车站管理用房、站厅层、站台层、出入口、车站和区间风道内,区间隧道内每 100m 设一个消火栓。发生火灾时,打破消火栓的玻璃,将信号传送到车站综合控制室,由报警控制器主机确认后自动和远动控制消防泵启动灭火。

(2)自动喷淋灭火系统:设置在车站票务房间、易燃的库房、备品库及商业区部分。发生火灾时,现场温度升高使闭式喷头上低熔点合金熔化或玻璃球爆裂,喷头即行喷水灭火。这时管网中水压力下降,压力开关把信号送给综合控制室,经确认后自动或远动控制喷淋泵的启动,车站综合控制室立即显示着火部位,并设声音报警。

3)自动气体灭火系统

自动气体灭火系统设于地下车站变电所、通信设备室、信号设备室、环控电控室、公共无线引入室等重要电气设备场所。气体灭火剂有多种,如 1301、FM-200、CO_2 及细水雾等。这些专用设备应根据不同部位的环境条件、器材安装、设备特点等要求选择。

在车站公共区,要以消火栓系统为主,使整个车站覆盖在消火栓保护范围。在相对封闭且仪器众多、设备复杂的车站设备用房,应以气体灭火系统为主。在车站站厅、站台层及设备用房内应设手提式灭火器。车站管理用房、设备用房多采用干粉灭火器,站厅、站台的共用部位常常采用泡沫灭火器。

3.5.4 环控系统

环境与设备监控系统(Building Automatic System,BAS)简称环控系统,是 EMCS 的主要集成子系统。车站的 BAS 设备包括分站控制器、区域控制器、计算机、打印机、温度传感器和湿度传感器。

BAS 能监视车站机电设备的运行情况,通过遥控开关控制空调和通风系统。火灾发生时,BAS 可接收消防报警信号,根据情况调整车站空调和通风设备运行状态。整个系统由微处理器监测和控制,系统的控制要求和参数可在键盘上输入,也可通过键盘命令直接对设备进行控制。系统的运行情况可在终端显示,并由打印机打印记录。

1) 分站控制器

车站分站控制器包括空调通风系统、各类水泵和风机,多设于环控电控室或环控机房内,用于监视和控制所属设备。每台分站控制器装配有两个微处理器,一个负责管理控制器间的通信,另一个负责数据处理。此外,分站控制器上有控制管理程序。

2) 区域控制器

当所控制的设备距离分站控制器较远时,可在就近设置区域控制器,用于监视和控制附近设备的运行。

3) 计算机和打印机

BAS 的设备控制中心一般与消防报警设备一起设在车控室,并配带键盘的终端及高速打印机各一台。打印机主要用于打印报警信息和历史检测数据。BAS 的计算机以及消防报警系统的打印机都放置在同一个工作台上,与终端和环控电控室的主分站控制器相连。

4) 温、湿度传感器和检测控制设施

站台、站厅空调通风系统的新风口处应设置温度和湿度传感器,用于监测大气温度和湿度。空调箱和表冷器后设置温度检测器,在除湿季节控制露点温度。在回风管中应安装温度和相对湿度传感器,以监控车站内环境温度和湿度。这些检测器应直接连接到分站控制器,将测量值传送至分站控制器并进行计算和分析。

3.5.5 照明系统

位于地下的地铁车站建筑物长期没有自然采光,必须根据其特点对照明系统进行合理设计,以保证乘客的舒适度和环境的明亮程度。车站照明应能够辅助乘客更好地完成乘车等活动,并能够保证在特殊、危险时刻人员疏散活动的顺利进行。

照明系统又称为低压照明配电系统。一般来说,车站照明系统采用220V 的低压电压,从低压配电室里引电到照明配电室、蓄电池室。照明系统根据地铁不同的照明需求,又可以分为工作照明、事故照明、导向照明。

工作照明:是车站最常见的照明,主要集中在公共区、设备区和区间隧道。

事故照明:为应急电源(EPS)。设置场所与工作照明相同,但采用的电源和供电模式略有差别。在断电情况下,事故照明应能自动生效,保障车站的照明。

导向照明:为车站的指引照明,分为一般导向照明和应急导向照明两类。一般导向照明用于站内的乘车线路图、周边布局图等。应急导向照明多应用于安全出口指示灯和疏散指示灯上,能够引导乘客在发生突发事件时迅速撤离现场。

车站照明系统控制方式分为就地级控制、照明配电室集中控制和站控室集中控制三种。

1)就地级控制

在设备及管理用房进门处设置的就地开关箱(盒),控制设备及管理用房的一般照明。

2)照明配电室集中控制

照明配电室可设置集中控制的照明,包括一般照明、应急照明及广告照明。正常情况下,配电箱所有开关均应全部合上,以便就地级控制和站控室集中控制各场所的照明。

3)站控室集中控制

站控室内设有照明控制柜,通过柜面上的转换开关和按钮,实现对站台、站厅公共区的一般照明、广告照明的手动/自动控制转换和人工控制及区间隧道一般照明的手动控制。

智慧化是照明系统发展的必然趋势。地铁智能照明控制系统主要用于车站公共区(站台层、站厅层)和出入口的正常照明。智能照明控制系统根据地铁车站照明设计中所确定的区域、不同时段的客流量,自动控制各个区域的亮度,从而达到地铁车站的视觉要求,并有效节约能源。广州地铁18号线采用了白云电器开发的智能照明系统,车站的日均耗电量相较于传统的照明系统下降了30%。

3.5.6 电梯与自动扶梯

电梯与自动扶梯是城市轨道交通系统的重要组成部分,它担负着运送大量客流的任务,将地面上需要乘坐城市轨道交通列车的乘客迅速、安全、舒适地送入地下站台或高架站台以及将地下站台或高架站台上下车的乘客送到地面,对客流的及时疏散具有重要作用。

1)电梯

轨道交通系统电梯是车站无障碍通行设计的组成部分,通常为以电动机为动力、具备残疾人服务功能的垂直升降设备。

电梯的基本结构由电力拖动系统、曳引系统、导向系统、轿厢系统、门系统、重量平衡系统、电气控制系统、安全保护系统等八大部分组成。

2)自动扶梯

自动扶梯是沿着循环运动的斜坡固定向上或向下输送乘客的电力驱动设备。自动扶梯通常根据客流流线安装在站台至站厅间、出入口以及过街隧道等位置。

自动扶梯由桁架、梯级、裙板、扶栏、驱动链、梯级链、减速机、电动机、主驱动轴、梯级链张紧装置、导轨、扶手带驱动装置、扶手带、梳齿板、控制系统、安装装置等组成。

3.5.7 给排水系统

给排水系统由给水系统和排水系统构成;给水系统可供各站正常生产、生活用水;排水系统主要排出各车站、区间内产生的生活污水,以及生产、冲洗、结构渗漏和消防废水及散开部分的雨水等。

给排水系统设备设施主要包括水源井、水池、水泵、给排水管道、阀门、消火栓、水泵结合器及电保温等。车站和地下区间隧道内设消防用水系统。

1)给水系统

给水系统包括消防给水系统和生产、生活给水系统。

(1)消防给水系统构成。

①消防给水水源。

车站由市政管网引入消防水水源,对于没有市政管网的车站,由自备水源井、消防水池提供消防水源。

②地下车站及地下区间隧道消防给水系统。

地下车站及地下区间隧道消防给水系统采用与生产、生活分开的独立的给水系统。车站由市政管网或由自备水源井、消防水池通过一根 DN150 消防水管,引入车站消防泵房,经消防加压泵加压后,供车站、区间消防用水。

(2)生产、生活给水系统构成。

每座车站采用独立的生产、生活给水系统。车站生产、生活给水管从市政管网引入 DN80 或 DN100 生产、生活水管,或由车站自备水源井进入车站,形成给水管网。

2)排水系统

地下车站排水系统主要包括污水系统、废水系统、局部及临时排水系统。地面车站排水系统主要包括污水系统、废水系统及雨水系统。排水系统的功能如下。

(1)给水系统为地铁提供水源,满足地铁生产、生活及消防用的水量、水质、水压要求。正常运营时,为乘客和城市轨道交通工作人员提供城市自来水,满足饮水要求,同时提供空调冷冻、冷却系统循环水等生产用水,满足用水要求。发生火灾时,为消防救灾提供消防用水,其用水量、水压满足规范要求。

(2)排水系统将城市轨道交通车站区间生活污水、生产废水、消防废水、雨水分类集中,就近排入城市雨水、污水排水系统,满足城市轨道交通要求。

3.5.8 防淹门系统

为防止因突发事故造成隧道破裂后河水涌进地铁站而造成事故扩大,特在过江段两端的地铁站端部与隧道接口处或区间内设置防淹门系统,以便发生事故时能紧急关闭闸门,封闭过江隧道,保护地铁站设备和人身的安全。

防淹门可分为平开式防淹门、下落式闸门和平推式闸门。

1)平开式防淹门

平开式防淹门绕门轴旋转,也称人字门。其优点包括:

(1)闸门平时只需放在平行于隧道两侧、列车运行方向的小洞室内即可,启闭机的机房可设在隧道两侧的空间位置处。

(2)具有良好的密封性。门之间、顶部及侧面均无缝隙,辅助液压装置推动楔形橡胶,使其挤压在轨道及道床处,实现较好的密封效果。

(3)关门时可采用采用橡胶等密封材料密封接触网位置,不会损坏接触网,对防淹门检查更方便。

2）下落式防淹门

下落式防淹门通过启闭设备上提或下放闸门，也称为潜孔式平板滑动门。其优点包括：

（1）结构较简单，包括一扇滑动门、门框、一个启闭装置及两个锁定装置。

（2）控制系统相较于平开式防淹门更简单。

（3）可通过在防淹门上装设楔形密封橡胶，实现与导轨及道床间的密封。

3）平推式闸门

平推式闸门是通过闸门的左右移动来实现开启或闭合的。这种门结构简单，在隧道一侧需要设置一个大于闸门尺寸的洞室放置闸门和启闭设备。但该闸门不适合城市轨道交通使用，因其密封性差，并且闸门的启闭会与电缆、消防管道等设备的布置有冲突。

防淹门系统由机械设备和控制系统两部分组成。机械设备包括门叶、门槽埋件、启闭设备及锁定装置等。门叶采用平面滑动钢闸门，启闭设备采用双钩电动启闭机。控制系统是指对安装于车站的防淹门系统的机械设备进行监视和控制的设备系统，包括隧道液位传感器、PLC、综合后备盘（IBP）及信号系统和控制电缆的通信接口等。

3.5.9 屏蔽门系统

屏蔽门系统指设于站台边缘、将站台区域与轨道区域相互隔开的一套机电一体化的机电设备系统。列车未进站时，屏蔽门关闭，保证乘客候车安全；列车进站时车门与屏蔽门严格对准后，车门与屏蔽门联动开启，供乘客上下车，乘降结束后，车门与站台门同步关闭。

屏蔽门有两种类型：一是封闭式屏蔽门，沿站台边缘和站台两端头设置，一般应用于地下车站，功能是提高乘客乘车的安全性、节约能耗以及增强地铁运营的经济性；二是半高式屏蔽门，安装位置与封闭式屏蔽门基本相同。半高式屏蔽门高度比前一种屏蔽门低，空气可以通过屏蔽门上部流通，多应用在地面或高架车站。

站台屏蔽门设有应急门、端头门。应急门可作固定门使用；当进站列车无法停靠在允许误差范围位置时，可由乘客在轨道侧打开对应的列车门后推动应急门解锁装置，或由站台工作人员在站台侧用专用钥匙打开应急门疏散乘客；应急门使用后须确保关闭与锁紧。端头门是工作人员通道，可在轨道侧推动端头门推杆解锁，或由工作人员在站台侧用专用钥匙打开。

3.6 车辆段与综合基地

3.6.1 车辆段

车辆段是城市轨道交通系统中对车辆进行运用管理、停放及维护的场所。车辆段的主要检修设施设备如下。

（1）车辆段主要运用检修设施。车辆段主要运用检修设施有停车列检库、洗车库、不落轮镟修库、静调库、双周检或三月检库、定临修库或临修库、大架修库、内燃机车轨道车库、试车线以及设备维修车间、蓄电池检修库、救援办公室、备品备件库等。

（2）车辆段主要运用检修设备。车辆段工艺设备包括数控不落轮镟床、列车自动清洗机、架车及转轨设备、内燃机车、起重运输设备、电源设备、专用工艺设备、机电检修检测设备、仪器仪表及电器/电子检测设备、通用机电设备、清洗设备、转向架检修/检测设备以及救援设备等。其中，数控不落轮镟床、列车自动清洗机、架车设备的主要功能如下。

①数控不落轮镟床。

数控不落轮镟床可以在地铁车辆在整列编组不解列、车下转向架轮对不落轮的条件下，对车辆单个轮对的车轮踏面和轮缘的磨损、缺陷表面进行削加工。

②列车自动清洗机。

列车自动清洗机是用于对地铁列车外表面实施自动洗车作业的专业设备（有些还具备进行淋雨试验的功能）。列车长期在隧道、地面和高架线路上高速运行，其车体端面和表面会吸附很多灰尘或其他脏物，长期累积影响车辆外表面美观，应予及时清洗，完成车身两侧（包括车门、窗玻璃、侧顶弧圆面）及车端面（包括端面肩部）的洗刷工作。

③架车设备。

架车机组最高平面与地面轨道同一水平面，由两个独立的车体架车机和转向架架车机组成。该架车机组不但能提升列车，还能轻易落下车辆中任意一个转向架或轮对。

3.6.2 综合基地

综合基地主要任务是负责设备设施的维修，包括综合维修中心与物资总库。

1）综合维修中心

综合维修中心由工建车间、供电车间、通号车间、机电车间和自动化车间等组成。

工建车间承担轨道、桥梁、路基、隧道、车站建筑、所有地铁地面建筑等建筑物、构筑物的检查、维护工作。

供电车间承担变电所设备、接触网和高中压电缆线路及相关设备、电力监控设备、线路杂散电流防护设备的运营管理、巡检、维护、检修工作。

通号车间承担通信、信号系统、列车上通信广播设备和信号设备的运营管理、巡检、维护、检修工作。

机电车间承担各种机电系统及设备的运营管理、巡检、维护、检修工作，包括环控系统空调设备、给排水系统（水泵、电机）、屏蔽门、防淹门、自动门、电梯与自动扶梯、各种小型运输车辆、低压电气设备及线路等。

自动化车间承担各自动化系统及办公计算机系统的测试、维护工作，包括自动售检票系统（AFC）、BAS、FAS、门禁、综合监控系统等。

各系统设备以及线路、隧道等建筑物的大修，宜结合城市轨道交通线网运营模式统筹考虑检修方式，现各城市轨道系统较多考虑社会化服务。

综合维修中心的设备有接触网作业车（检修车、架线车、放线车）、接触网检测车、钢轨打磨车、钢轨检测车、轨道平板（吊）车、钢轨机械、道床机械、工务仪器及探伤设备等。

2）物资总库

物资总库承担本线范围内运营和检修所需的各种材料、机电设备、机具、备品备件、配件、钢轨、劳保用品，以及其他非生产性固定资产的采购、存放、保管和供应工作。物资总库

车辆运用、检修库房和车间及其主要设备

主要设施是各种库房、料棚和材料装卸线站,主要设备有起重运输设备、自动化立体仓储设备和普通可调式工业货架等。

3.7 自动售检票系统

3.7.1 自动售检票系统概述

城市轨道交通自动售检票系统(Automatic Fare Collection System,AFC)是综合运用计算机技术、网络技术、现代通信技术、自动控制技术、智能卡技术、大型数据库技术、机电一体化技术、模式识别技术、传感技术、机械制造技术以及统计、财务等专业知识,来实现城市轨道交通的售票、检票、计费、收费、统计、清分结算等全过程自动化的乘客出入管理系统。AFC可减少票务工作人员的工作量,提高运行效率和效益,减少逃票漏票。AFC还可减少现金流通,杜绝人工售检票过程中的各种漏洞和弊端。通过对客流、运营收入等信息的汇总分析,AFC可增强客流分析预测能力,合理调配资源,提高经营管理水平。

3.7.2 自动售检票系统构成

城市轨道交通的自动售检票系统涉及路网业务、线路业务、车站处理、终端处理和车票媒介等内容。根据业务和层次,其结构包括五个层次。AFC的框架结构如图3-5所示。

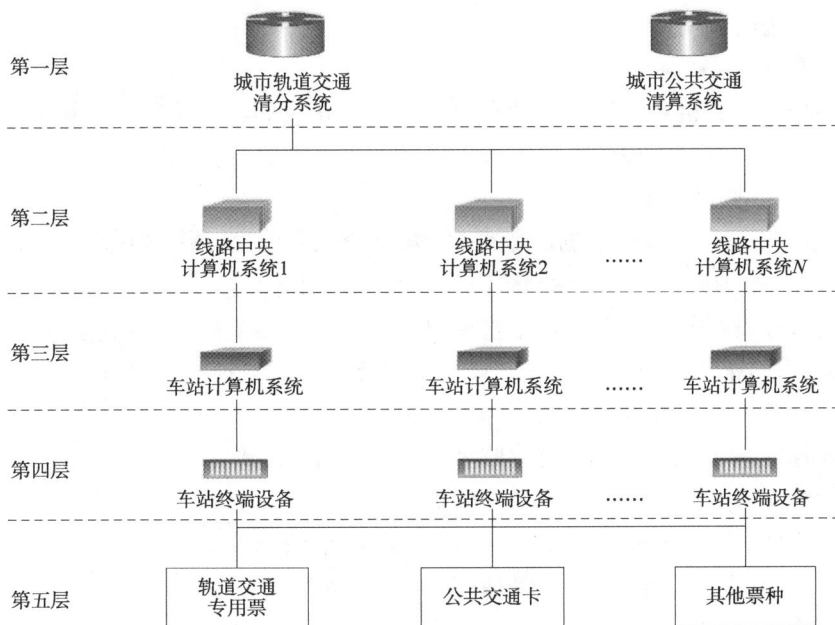

图3-5 AFC的框架结构

第一层:票务清分系统(ACC,也称清分子系统)。用于实现轨道交通内部各线路间的账务清分,以及轨道交通与其他公共交通"一卡通"间的清分。ACC还可用于对路网内客流的实时监视。

第二层:线路中央计算机系统,也称线路中心、线路子系统(LC)。负责采集全线路的售检票数据、设备状态数据和其他运营数据,处理各条线路票务工作。根据需要向一个或者多个车站、单个或者一组终端设备下达运营参数和设备控制指令。

第三层:车站计算机系统(SC)。负责采集车站范围内的售检票交易数据、设备状态数据和其他运营数据,根据需要向单个或者一组终端设备下达运营参数和设备控制指令。

第四层:车站终端设备。面向广大乘客的车站终端设备,包括进出站闸机、自动售票机、自动充值机、车站票务系统、自动验票机。

第五层:车票。车票是乘客乘车的唯一有效凭证。

1)票务清分系统(ACC)

ACC 由服务器、磁盘阵列、磁带机、工作站、交换机和路由器等局域网设备、打印机、不间断电源及分拣编码机等组成。ACC 可对各种明细数据及统计数据进行深入分析,为各业务部门进行运营管理决策提供有力的支持。

ACC 的基本功能如下。

(1)设置和下发运行参数、票价表、降级运行模式、交易清分数据、黑名单及车票调配信息。

(2)向城市公共交通清算系统上传"一卡通"车票的原始交易数据,接收系统下发的黑名单等系统控制参数。

(3)对车票进行跟踪管理,并提供车票交易的历史数据和车票余额等信息的查询及黑名单管理。

(4)管理系统时钟同步。

(5)管理系统密钥。

(6)车票分拣编码机对系统发行的车票进行初始化、编码、分拣和管理。

(7)接收和处理线路中央计算机系统上传的各类车票交易数据。

2)线路中央计算机系统(LC)

LC 由数据库服务器、历史数据库服务器、数据交换服务器、报表服务器、运营管理服务器、通信服务器、网管服务器、交换机等组成,主要功能如下。

(1)系统管理:权限管理、系统安全管理、日志管理、灾难复原、后台监控等。

(2)数据管理:采集、储存、处理车站计算机上传的各种数据。

(3)数据分析:卡、客流等方面的统计与分析。

(4)票务管理:管理票卡使用流程、监督票卡使用、制定黑名单等。

(5)运营管理:运营参数管理、设备管理等。

(6)财务管理:收益交易管理、报表管理、对账管理、清算管理等。

(7)其他功能:数据库管理、网络管理、时钟同步功能。

3)车站计算机系统(SC)

SC 票务管理终端安装在车站 AFC 票务室,主要完成车站票卡和现金库存管理,操作员一般为客运值班员。SC 监控终端安装在综合控制室,主要完成车站设备监控管理,操作员一般为行车值班员。

4)车站终端设备

车站终端设备包括自动检票机、自动/半自动售票机、自动增值机、自动验票机、初始化处理机等。

（1）自动检票机。

自动检票机称为闸机。分入站闸机、出站闸机、出入站兼用闸机和特殊通道闸机；根据阻挡方式分为三杆式、门式、拍打式等。各种闸机可以对各类车票进行读写操作和合法性确认，如入站时能在车票上写进站信息，出站时计算乘车费用、余额显示及回写、扣除车费等。出站闸机设有记名储值票的信用自动增值功能，用于记录各储值票出闸时票额不足情况下的自动增值，并有紧急状态放行功能。

（2）自动/半自动售票机。

自动售票机用于乘客自助式购买单程票和不记名储值票，能防伪识别指定的硬币和纸币，具有自动找赎功能，根据乘客投入的钞票以及乘客的有关操作，完成一系列集成电路卡（IC卡）的授权操作，并通过传动机构将IC卡输出给乘客。

半自动售票机用于辅助票务员处理各种售票与查询业务，包括售票、退票（储值票）、补票（单程票）、挂失（记名储值票）、充值（储值票）、验票、换卡等。

（3）自动增值机。

自动增值机用于乘客自助式对已购买的储值票用现金或银行转账两种方式进行增值，具有分析储值票和自动显示余额功能。用现金增值时，能自动防伪识别人民币纸币；用银行卡转账增值时，可根据乘客提供的银行卡和储值票，将指定的银行账户中的存款金额通过有关操作转入储值票中，并自动打印银行卡使用交易单。

（4）自动验票机。

自动验票机协助乘客自助查询所持车票的固有信息和历史记录，包括车票的卡号、使用有效期、剩余金额、最近交易记录等。

（5）初始化处理机。

初始化处理机设置在票务中心，用于将采购来的IC卡初始化成可以使用的地铁车票，同时进行相关处理，并具有编码和票面打印等功能。

5）车票

车票由单程票、储值票两种基本形式的车票构成。

单程票按用途可分为普通单程票、应急票、乘次票、优惠票（老人、学生、儿童及非高峰时段）、纪念票（普通纪念票、旅游纪念票）、出站票、员工票、测试票等。单程票还可以根据需要预留若干票种供轨道交通定义和开发使用。

储值票由清算系统统一编码发行。常见的非接触式集成电路卡适用于轨道交通及城市其他公交领域。储值票有如下几种常用类型：普通成人卡、老人卡、儿童卡、纪念卡、专用地铁员工卡、通用地铁员工卡、测试卡等。储值票还有一些预留类型，如礼品卡、广告卡、学生卡、军人卡、残疾人卡及个性化VIP卡，可在行业需要时采用。

3.7.3 支付系统

地铁诞生初期，由于电子支付尚未普及，主要使用纸质车票，乘客使用现金购票并进行一票一检的验证。电子支付技术的发展，非接触式IC卡取代了纸质车票。随着科技的发展，地铁支付进入智能化时代。随着近年移动支付技术的发展，二维码、近场通信（NFC）、人脸识别等新兴支付方式开始普及,乘客购票的便捷性和支付体验得到了进一步提升。

1)二维码支付

整个过程由乘客自主完成。乘客可以通过使用地铁专用的支付App或第三方软件(如支付宝、微信),购买虚拟的二维码电子票。乘客进站时,只需在手机相关App上生成二维码,并在具备二维码识别功能的检票机上扫码即可进站。二维码支付避免了现金交易,极大缩短了进出站的时间。

2)NFC支付

NFC支付采用SWP-SIM模式,利用具备NFC功能的智能手机模拟地铁储值票,使手机成为"地铁卡",实现离线移动支付功能。这种方式不影响地铁现有AFC的安全性,无须实体卡,可在ACC票务中心系统内进行业务处理。NFC售检票过程直接与地铁AFC对接,获取相关密钥和数据,实现车票预制和空中发卡。通过与系统模块对接,可更新乘客应用电子钱包,处理其价值,并在需要时删除手机应用中的数据,取消手机车票功能。

3)人脸识别

应用人脸识别技术的乘客无须携带实体卡或手机,只需站在售票口前,系统通过摄像头捕捉和识别乘客的面部特征,实现自动门禁开启和票务扣费。

人脸识别技术显著提升了乘客的出行便利性和效率。乘客无须排队购票或刷卡,大大节省时间。高准确度的人脸识别技术有效防止票务欺诈和漏检,同时提升系统的智能化水平,为城市轨道交通的运营管理带来便利。

人脸识别技术在自动售检票系统中带来诸多优势,不过,在应用过程中,需遵守法律法规,保障乘客的合法权益和个人信息安全。

3.8 线路及设施

3.8.1 轨道与路基

1)轨道

轨道一般由钢轨、轨枕、道床、道岔、连接零件及其他附属设备组成。轨道结构应具有足够强度和稳定性、耐久性、绝缘性及适量弹性,且养护维修工作量小。

(1)钢轨。

钢轨指两条平行分布的、安装在轨枕之上的由钢铁材料制成的金属构筑物,是轨道的主要部件。钢轨由轨头、轨腰和轨底组成,应具备足够强度、稳定性和耐磨性。钢轨的类型是以每米长度的重量来表示的,如50kg/m(北京地铁)、60kg/m(上海地铁、广州地铁)等。

(2)轨枕。

轨枕支承钢轨,保持钢轨的位置和轨距,并将各向压力传递到道床上。轨枕除要有坚固性、弹性和耐久性,便于固定钢轨,除可以抵抗轨道框架结构的纵向和横向位移外,还应价格低廉、制造简单、易于铺设养护。轨枕按材料分为木枕、混凝土枕、钢枕、塑料轨枕;按构造及铺设方法分为横向轨枕、纵向轨枕、短轨枕和宽轨枕。

（3）道床。

道床是指路基之下、轨枕之上的部分，分为碎石道床和整体道床（混凝土道床）。整体道床坚固稳定，整体性好，轨道建筑高度小，节省投资，轨道维修工作量少。

道床能够支撑轨枕，把轨枕上传来的压力均匀地传给路基，固定轨枕的位置，阻止轨枕的纵向和横向移动，缓和机车车轮对钢轨冲击。此外，道床还能够排水，减轻对轨道的损伤。

（4）道岔。

道岔是车辆从一股道转入或跨越另一股道时必不可少的设备。道岔的基本形式有线路的连接、交叉、连接与交叉三种。

城市轨道交通的道岔类型多样，可以分为单开道岔、三开道岔、交叉渡线等。标准道岔号数（用辙叉号数来表示）有 6 号、7 号、9 号、12 号、18 号、24 号和 38 号等。地铁常用的道岔号数为 12 号、9 号、7 号。参考《地铁设计规范》（GB 50157—2013）规定，正线道岔型号不应小于 9 号，在侧线通过高速列车的地段需铺设大号码道岔，车场咽喉区应采用不大于 7 号的道岔。

道岔编号越大，地铁列车允许的通过速度越高。例如，9 号道岔的直向通过速度不小于该路段的设计速度，侧向通过速度限速 30km/h；12 号道岔的侧向通过速度限速 45km/h。

（5）连接零件。

连接零件分为接头连接零件和中间连接零件（扣件）两种。接头连接零件是连接钢轨与轨枕之间的扣件，中间连接零件是将钢轨紧紧地扣在轨枕上。

（6）其他附属设备。

列车运行时由于纵向力的作用，钢轨可能会产生纵向移动，有时还会带动轨枕一起移动，这种现象叫"轨道爬行"。轨道爬行往往引起轨缝不匀、轨枕歪斜等线路病害，对轨道的破坏性极大，严重时还会危及行车安全。通常，设置防爬设备能够有效地防止轨道爬行。

2）路基

路基与桥梁、隧道相连，共同构成线路。轨道结构敷设于路基基面之上，承受车辆荷载，同时把载荷传递给支承轨道结构的路基基础，并引导列车运行。

路基由两部分组成：路基本体和路基设备。

（1）路基本体。

按线路设计要求铺设轨道而构成的部分称为路基本体。根据路基断面结构，路基本体由路基面、路肩、边坡、路基基底和基床组成。

①路基面：路基本体中为形成轨道铺设条件和确保线路正常运营而构筑的构造面。

②路肩：路基顶面两侧无道砟覆盖的部分。

③边坡：肩边缘外两侧的斜坡，其作用是增强路基的稳定性。

④路基基底：路堤下地基内承受路堤及轨道、列车等载荷作用的部分。

⑤基床：路基面以下受到列车动载荷作用和受水文、气候四季变化影响的深度范围。基床由基床表层和基床底层两部分组成。

（2）路基设备。

路基设备是路基的组成部分，是为确保路基本体的稳固性采用的附属工程措施。其包括排水设备和防护、加固设备两大类。

3.8.2　桥梁与隧道

桥梁与隧道为永久性结构,应符合工程结构抗震和相应的技术规范要求。桥梁与隧道应确保线路具有良好的稳定性、平顺性、耐久性,其结构构造便于检查和养护。

1)桥梁

高架结构的桥型选择应兼顾城市的景观要求。高架结构与公路、铁路立交或横跨河流时,其桥下净空应满足行车、排洪要求。

桥梁由五大部件和五小部件组成,五大部件指桥梁承受运输载荷的桥跨上部结构与下部结构,包括桥跨结构(或称桥孔结构、上部结构)、支座系统、桥墩、桥台、墩台基础。五小部件指直接与桥梁服务功能有关的部件,也称桥面构造,包括桥面铺装、防排水系统、栏杆、伸缩缝、灯光照明。

桥梁按属性有不同的分类方法。

(1)按结构,桥梁分为梁式桥、拱桥、钢架桥、缆索承重桥(斜拉桥和悬索桥)四种基本体系,此外还有组合体系桥。

(2)按主要承重结构所用材料,桥梁分为混凝土桥(包括砖、石、混凝土桥)、钢筋混凝土桥预应力混凝土桥、钢桥和木桥等。

(3)按跨越障碍物性质,桥梁分为跨河桥、跨线桥(立体交叉)、高架桥和栈桥等。

(4)按上部结构的行车道位置,桥梁分为上承载式桥、下承载式桥和中承载式桥。

(5)按使用年限,桥梁分为永久性桥、半永久性桥和临时桥。

高架线路的区间桥跨结构,宜采用工厂预制的钢筋混凝土或预应力混凝土梁。梁的跨度大于30m时,可采用后张预应力混凝土梁或钢梁。高架车站可采用钢筋混凝土框架结构,站内行车轨道部分的桥跨结构应与站台部分的梁板脱开。同一条线路各高架车站的结构应力求统一。高架桥上应考虑管线设置或通过要求,并设有紧急进出通道和防止列车倾覆的安全措施,在必要地段设置防噪屏障,还应设有防水、排水措施。

2)隧道

隧道即地下通道,为行人、脚踏车、机动车、铁路车辆、水或其他特定对象包括军事及商业物流提供通道。城市轨道交通地下隧道是专门为城市轨道车辆提供通道的建筑物。

隧道结构由主体建筑物和附属建筑物两大部分构成。主体建筑物是为保持隧道的稳定而修建的,由洞身衬砌和洞门组成,包括必要时在洞口加筑的明洞。附属建筑物指为保证隧道正常使用,方便养护、维修作业,以及满足供电、通信等方面需要的各种辅助设施,如隧道防排水设施、避车洞、电缆槽、运营通风设施、下锚段衬砌及洞口缓冲结构等。

隧道有矩形、拱形、圆形、多圆形及椭圆等断面形式。矩形断面分单跨、双跨两种,其内轮廓与区间隧道建筑限界接近,应充分利用内部净空。

3.8.3　线路标志与限界

1)线路标志

线路标志表示轨道交通线路建筑物及设备的状态、位置及各级管理机构管界范围。

为保证列车运行安全及驾驶员需要,线路沿线的各种标志包括公里标、百米标、圆曲线与缓和曲线始终点标、警冲标、坡度标、警示标、竖直线标、车挡表示器、停车标等。在城市轨道交通中,线路标志通常设在按计算里程方向线路的右侧。

(1)公里标、百米标:表示正线每公里、百米距离该线路起点的长度。

(2)圆曲线与缓和曲线始终点标:表明所向为直线、圆曲线和缓和曲线,设于直缓、圆缓、缓圆、缓直各点处列车运行方向的右侧。

(3)警冲标:设置在两会合线路间距离4m的中间,防止列车在两会合线路之间发生冲突。线路间距离不足4m时,设在两线路中心线最大间距的起点处。在线路曲线部分所设道岔附近的警冲标与线路中心线间的距离,应按限界的加宽部分增加。

(4)坡度标:设置在线路变坡点列车运行方向右侧,标明其所向方向的上下坡度值、长度。图3-6d)的左图表示从该位置起线路为上坡道,坡度为6.2‰,长度为256m。

(5)警示标:设置于列车运行方向的右侧,可以警告、提示列车司机注意安全、加强瞭望或者操作的有关注意事项。

(6)竖直线标:用以表明竖曲线的起点和终点里程,包括竖曲线起点标和竖曲线终点标。其分别设置在竖曲线的起、终点处的列车运行方向的右侧。

(7)车挡表示器:便于司机以及车辆调度员确认车挡位置。

(8)停车标:规定列车的停车位置。

常见线路标志图示如图3-6所示。

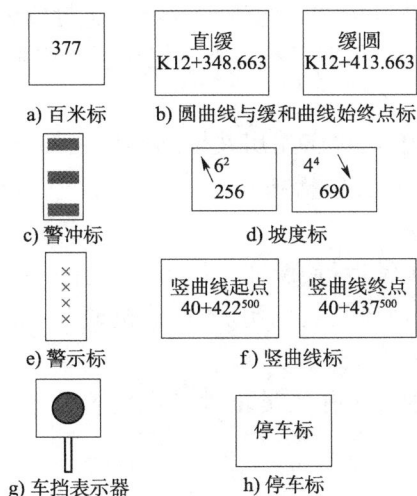

图3-6 常见线路标志图示

2)限界

限界指保障城市轨道交通安全运行、控制车辆断面尺寸、控制沿线设备安装尺寸及确定建筑结构有效净空尺寸的坐标参数。限界越大,安全度越高,但工程量和工程投资也大。

限界一般分为车辆限界、设备限界和建筑限界。

(1)车辆限界。

车辆限界指车辆在平直线路上正常运行状态下所形成的最大动态包络线,用以控制车辆制造及站台和站台门的定位尺寸。车辆限界应根据车辆的轮廓尺寸和技术参数,并考虑其静态和动态条件下的横向和竖向偏移量,按照最不利情况组合后综合确定。

(2)设备限界。

设备限界是在车辆限界基础上,考虑轨道轨距以及水平、上下行方向、高低等可能出现最大容许误差时引起车辆的附加偏移量,以及在施工、列车运行中不可预计因素在内的安全预留量。设备限界是一条保证列车等移动设备在运营过程安全的轮廓线,任何其他部分不得侵入此轮廓线内。接触网限界属于设备限界的辅助限界。

(3)建筑限界。

建筑限界是在行车隧道和高架桥等结构物最小横断面内轮廓线基础上,再考虑其施工误差、测量误差、结构变形等因素,满足固定设备和管线安装需要的限界。换言之,建筑限界以内、设备限界以外的空间是为各类误差、设备变形和其他管线安装预留的空间。

3.8.4 车站建筑

车站建筑由车站主体、出入口及通道、通风道及地面通风亭(仅地下车站)以及其他附属建筑物等四大部分组成。下面主要介绍前三部分。

1)车站主体

车站主体是列车的停车点,为乘客提供集散、换乘服务,也是运营设备设置的中心和办理运营业务的场所。

车站主体可分为乘客使用空间和车站用房。乘客使用空间又可分为非付费区和付费区。非付费区是乘客未正式进入车站前的流动区域。非付费区是乘客集散的区域,一般设置售检票设施和其他公用设施。付费区是为乘客提供候车服务的设施,包括站台、楼梯和自动扶梯及其他乘客服务设施。

车站用房包含运营管理用房、设备用房及辅助用房三部分。运营管理用房是保证车站正常运营条件和营业秩序的房屋,包括站长室、行车值班室、业务室、会议室、售票室、广播室、问询处、保卫处和清扫员室等。

设备用房是为保证列车正常运行、保证车站内具有良好环境条件及在事故灾害情况下能及时排除灾情的区域,包括通风与空调用房、通信机械室、变电所、综合控制室、机电设备用房、公区用房等。

辅助用房是为保证车站内部工作人员正常工作生活设置的用房,包括卫生间、茶水间、更衣室、储藏室等。

2)出入口及通道

城市轨道交通车站出入口是供乘客进出地铁车站的通道式建筑物,是车站与外界的联系通道。出入口的设计和布局直接影响车站的客流吸引和疏解能力。

车站出入口布置应与主客流的方向相一致,与过街天桥、过街地道、地下街、邻近公共建筑物结合或连通。兼作过街地道或天桥时,其通道宽度及其站厅相应部位应计入过街客流量,同时考虑轨道交通夜间停运时的隔离要求。

3)通风道及地面通风亭

通风道及风亭是为满足地下车站通风要求设置的。地下车站四周封闭,空气不流通,客流量大、机电设备多,站内湿度较大,空气较为污浊,为给乘客创造一个舒适的乘车环境,需设置通风与空调系统。风亭的功能是将地面新鲜空气送入地下车站。

地面风亭的设置应与地面建筑相结合。地面风亭的位置、数量与通风和空调方式有关，须根据周围环境和环控要求综合确定。车站出入口数量应进出站客流量及其方向确定，满足各方向进出站客流对能力的要求。

复习思考题

1. 简要分析城市轨道交通设施设备的发展趋势。
2. 简述城市轨道交通车辆的分类及其主要组成系统。
3. 简要描述城市轨道交通供电系统按区域划分的主要方式。
4. 简要分析城市轨道交通信号系统的主要功能和组成部分。
5. 简述城市轨道交通通信系统的主要组成部分及其基本功能。
6. 试分析城市轨道交通车站设备的类型、主要功能和作用。
7. 试述自动售检票系统的基本功能及其类型。
8. 分析轨道的主要组成部分及其功能。

AI 辅助学习研讨题

利用 AI 工具（如 DeepSeek、Kimi 等）生成下列讨论题的报告或 PPT。

讨论题（1）：分析不同城市轨道交通信号系统及其效率的差异。

要求：利用 AI 工具，调研不同城市轨道交通信号系统的概念及其应用现状，分析准移动闭塞系统的概念内涵，生成研讨报告或汇报文件（PPT）。

讨论题（2）：分析不同城市中城市轨道交通车辆类型与主要特征参数差异。

要求：分析不同类型车辆的主要参数特征，重点比较其经济性及其可能对运营带来的影响，完成讨论报告或汇报文件（PPT）。

第 4 章
车站工作组织

　　城市轨道交通车站是列车停靠点,也是提供并实现客运服务的公共场所。车站客运工作旨在组织乘客安全、迅速、便捷地乘坐城市轨道交通出行。本章结合某城市地铁站区管理工作的案例,在对站区(车站)工作组织架构及岗位职责介绍的基础上,梳理了车站客流组织的相关内容,提出车站主要设施设备的设置与运用应符合客流流线要求,并重点阐述车站大客流组织与控制措施。

4.1 站区(车站)工作组织

4.1.1 站区(车站)工作组织架构与各岗位职责

城市轨道交通的车站管理一般分片按大站区管理,一个站区包括相互关联的一个车站群,按所辖车站业务量规模不同,一般所辖车站数在 4~12 个。站区是客运管理与服务的责任主体,实行集中领导、统一指挥的原则。

站区组织与管理工作实行层级负责制。各站区设站区长 1 名;副站区长人数及分工可结合站区实际工作的需求确定,一般可设分管行车及施工、分管票务及客运、分管培训管理及新线参建等岗位。各车站岗位由值班站长、值班员和站务员组成,车站每班组设值班站长1 名,值班员分设行车值班员、客运值班员,站务员按岗位分设服务中心岗(售票员)、站台岗、厅巡岗等。鉴于近年票务电子化迅速,车站票务管理工作量日趋减少,为提高生产效率,客流量较少的车站客运值班员职责可由值班站长兼任。此外,值班站长还需要监督车站委外工作(如安检等),并协调进行人员管理,确保安全、顺畅地开展全站客运工作。图 4-1 为站区管理的一般架构。

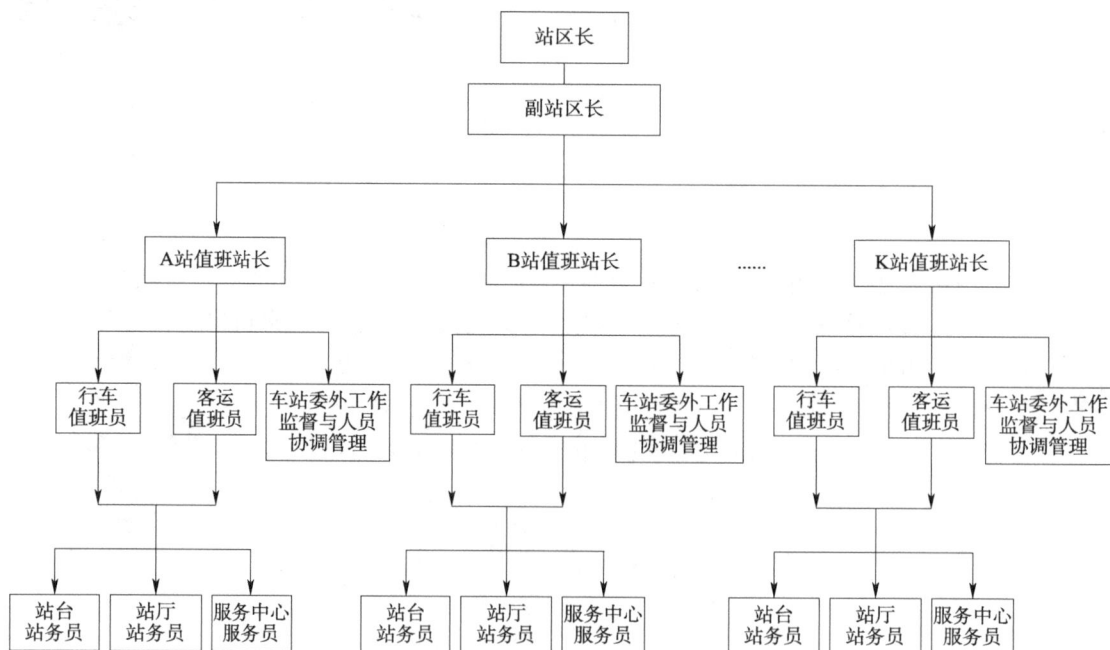

图 4-1 站区管理的一般架构

车站班组成员一般实行"四班两运转"或"四班三运转"的排班制。"四班两运转"为12h 制,采用"1 白班 1 夜班 2 天连休";"四班三运转"一般采用 8h 制的"早中夜休"模式,该模式下夜班主要工作是配合与车站相关的夜间施工维修工作。根据客流情况,还可设置高峰岗。各城市根据岗位职责要求,车站客运服务人员岗位有不同设置。

表 4-1 给出了某地铁运营公司站区(车站)各岗位职责划分的一个案例。

某地铁运营公司站区(车站)各岗位职责划分案例 表4-1

岗位名称	岗位职责
站区长	站区长代表运营单位在所辖车站(站区)行使属地管理权,其岗位职责包括: ①全面负责所辖站区管理工作。根据工作目标和要求,制订车站工作计划,组织车站员工实施。 ②全面负责车站安全管理。负责组织做好车站保卫综治工作,定期组织开展车站安全宣传、安全教育和安全检查,落实车站安全隐患的整改措施。 ③全面负责车站客运服务工作。监督指导车站客运服务人员为乘客提供优质服务
副站区长	副站区长负责协助站区长开展车站管理,指导核查车站值班站长及以下岗位工作落实情况,提出改善要求,完成上级交办的其他工作。副站区长按不同分管职责可作如下划分

	分管安全、行车、施工的副站区长岗位职责: ①分管站区安全管理工作,承担消防安全、保卫综治管理工作。 ②分管站区施工管理工作。 ③分管站区行车组织工作	分管票务、客运服务的副站区长岗位职责: ①分管站区票务工作。 ②分管站区客运服务工作。 ③分管站区保洁委外管理工作	分管培训管理、新线参建的副站区长岗位职责: ①分管站区培训工作,开展在岗业务培训。 ②分管站区新线参建工作

车站值班站长	车站值班站长(简称值班站长)在站区长领导下负责本班工作期间的各项车站管理工作,其岗位职责包括: ①负责组织落实车站各项运营工作。在运营控制中心调度员指挥下组织本班员工落实相应工作,按程序要求及时向站区长汇报工作开展情况。 ②负责本班安全管理工作。发生突发事件时,根据应急预案和上级指令及时采取措施。 ③负责本班客运服务工作。监督、指导车站客运服务人员为乘客提供优质服务。 ④巡视、检查车站设施设备状况。发现故障、异常情况时要及时处理并按程序上报

车站值班员	行车值班员	行车值班员在值班站长领导下开展相关工作,岗位职责包括: ①白班主要负责车站行车组织工作。在值班站长领导下,执行运营控制中心下达的调度命令,做好车站行车组织工作;负责操作、监控车站行车相关设施设备,掌握车站客流情况,发现故障、异常情况及时按有关程序处理和报告。 ②夜班还要负责车站夜间施工作业。主要包括施工作业登记及施工安全管理等。 ③协助值班站长完成上级交办的其他工作
	客运值班员	客运值班员在值班站长领导下开展相关工作,岗位职责包括: ①负责当班的票务管理工作、客运服务工作。主动向值班站长汇报本班客运设施设备运作情况和各岗位工作情况,发生异常情况,及时处理并上报。 ②协助值班站长完成上级交办的其他工作

岗位名称		岗位职责
站务员	服务中心岗(售票员岗)	车站服务中心一般设于站厅付费区跟非付费区的分界处,服务中心岗(售票员)岗位职责如下: ①处理乘客票务事务。车票发售,票卡储值,处理无法过闸票卡,交清及确保票款安全。 ②接待并妥善处理乘客问询和投诉。按规定管理站厅边门使用,完成上级交办的其他工作
	站台岗	站台岗位主要负责站台区域的行车安全及客运组织工作,具体岗位职责如下: ①负责站台区域旅客乘降及安全工作。组织乘客排队候车,监控乘客上下车的状态,关注站台门与车门情况,防止夹人夹物;加强站台巡视,发现携带易燃易爆有毒危险品的乘客,劝其改乘其他交通工具并及时报车控室,确保站台门以内区域的安全。 ②负责站台接发车、紧急停车按钮操作及清客。按站台岗接发列车标准和要求接发列车,监视列车运行状态,配合司机/车辆运维检修工处理紧急状况;处理接发列车过程中的突发事件,遇到危及行车安全的情况,及时按压紧停按钮并通知司机,汇报车控室;需要清客时,按规定进行清客工作。 ③负责站台端门开启/关闭。与车控室核对进出端门人员,按要求开启、关闭端门;完成上级交办的其他工作
	厅巡岗	厅巡岗负责站厅出入口等处的安全管理及客运组织工作,岗位职责如下: ①巡视并确保出入口及站厅安全。留意乘客携带的物品和可疑物品,严禁乘客携带"三品"进站;在出入口、站厅范围发生的客伤事件、治安事件,要及时赶到,保护现场,寻找两名及以上目击证人,发现有故意损坏或偷窃站厅设施设备行为时及时制止,留下肇事人,及时报车控室。 ②辅助站厅相应的客运组织工作。帮助乘客,回答乘客询问,处理乘客事务,指引乘客到服务中心进行车票的处理,留意站厅乘客购票的情况,发现排长队或大客流时及时报车控室,协助值班站长、值班员做好客流组织工作;巡视AFC设备的状态及站厅各种设施设备、告示、导向贴纸等的状态,发现异常及时报车控室,并协助处理。 ③其他岗位顶岗等。负责顶替服务中心岗、站台岗休息,完成上级交办的其他工作

4.1.2 车站工作基本程序及开关站流程

城市轨道交通车站全天运营时间不应少于15h,遇节假日、大型活动、恶劣天气以及衔接火车站或者机场的线路有火车、飞机大面积晚点的,运营单位可能会适当延长运营时间。作为直接面向乘客的平台,车站的日常工作需要有严谨的程序。

值班站长是具体执行当班期间车站全面管理工作的责任人,表4-2是某地铁运营公司值班站长日常相关工作程序的一个案例。

某地铁运营公司值班站长日常相关工作程序案例　　　　表4-2

序号	工作程序
1	主持或参加交接班会,了解本班相关工作
2	交接班,确保掌握上一班情况和交接的工作事项
3	监控行车值班员及客运值班员交接
4	传达各类运营生产信息,布置相关工作

序号	工作程序
5	履行岗位职责,处理当班期间的各项事务
6	与客运值班员共同完成打包票款、补币、补票、更换钱箱、清点钱箱、开尾箱等工作
7	定时巡查:检查设备区内设备状态、巡视公共区内卫生及设备运作情况、巡视各岗位员工和非站务工作人员作业情况。完成巡站后,做好记录,填写相关台账
8	检查站务人员关键环节作业情况:售票员结账、客运值班员配票、票务处交接情况
9	组织召开中班接班会,向中班员工布置工作
10	处理落实文件的工作,交班工作安排,布置完成相关工作
11	晚班应掌握当晚维修养护与施工计划,并向行车值班员强调夜间施工注意事项
12	做好与末班车相关的客运组织工作,执行关站程序
13	运营结束后,确认所有售票员的票务处钥匙已回收,做好记录
14	登记当天全站员工的工时
15	完成晚上施工作业:监控施工请销点作业过程,防护设置及撤除,监控施工过程,履行配合施工的职责
16	完成运营前检查工作
17	核查行车值班员填写的运营日况信息表
18	审核当天票务报表
19	运营开始前与客运值班员完成补币、补票等票务工作
20	执行开站程序
21	开站后巡查早班员工上岗情况,检查并更换乘客监督窗相片

作为直接面向乘客服务的基层班组负责人,值班站长要做好车站内部员工的管理工作,组织全站当值员工为乘客提供优质服务。具体业务包括开关站操作组织、夜间站内施工配合、配合进行运营前线路检查与设备测试、处理车站邮箱邮件、委外业务开展的监督与人员协调管理等。同时,还要负责本站客流的组织与控制,有效处理乘客投诉、表扬、建议、客伤等事件。车站发生突发事件或事故时,及时启动应急预案,并牵头处置,有效控制事态发展,尽快恢复车站运营秩序。

为做好上述工作,值班站长需要具备五方面的能力和素质:一是领导管理能力,能够切实履行对本班次员工的领导与管理职责,包括对保洁、安检、商铺人员等委外业务驻站单位实施属地化管理;二是应急处理能力,在突发事件发生时,能够迅速启动应急预案,控制事态发展,减少人员伤亡及财产损失;三是沟通协调能力,与乘客、员工、上级和相关部门进行有效沟通,确保信息畅通;四是监督指导能力,在通晓相关规章制度的基础上,对车站的运营情况进行监督,确保全站工作严格符合各项规章制度;五是多任务综合处理能力,能够同时开展客运服务、安全管理、票务管理等任务的工作。

车站行车值班员是车站范围行车工作的直接责任人,在地铁车站控制室(也称车控室或综控室)工作,其主要职责有三方面:一是在行车调度员的指挥下通过协调车站内各部门、各工种的工作执行列车运营时刻表,确保车站运营工作的顺畅性;包括信号系统故障时,按行车调度员命令以替代行车法组织列车运行。二是通过监控设备实时观察车站行车设备、消防设备、环控设备、自动售检票设备等车站设备的运行状况,确保与本站所辖地铁相关环节的正常运行;三是车站设施设备维修施工作业管理,包括对轨行区施工作业请点、销点、防护等,确保施工作业安全。

车站行车值班员一般需具备行车值班岗位相关的专业技术背景,以及该工种技能等级证书和上岗操作证。表4-3是某地铁运营公司行车值班员日常相关工作程序案例。

某地铁运营公司行车值班员日常相关工作程序案例 表4-3

序号	工作程序
1	参加车站组织的交接班会,落实相关工作
2	交接班,接班人要确保掌握上一班情况和交接的工作事项
3	阅读文件,传达各类运营生产信息,执行相关工作
4	通过CCTV监控列车运行状态、站台乘客上下车情况及站台工作人员情况,播放相应广播
5	监控车站ATS、FAS、智慧车站综合管控平台等设备,定期查看设备室的运行状态、温度
6	监控CCTV,掌控车站各岗位人员动态及客流情况,按规定向OCC汇报,做到合理调配
7	完成运营时间的施工作业办理
8	晚班接班后,须掌握当晚施工计划,提前做好预想
9	做好与末班车相关的客运组织工作,执行关站程序
10	按规定时间转换环控模式
11	完成夜间施工作业
12	完成运营前检查工作
13	填写运营日况信息表
14	检查钥匙、备品情况,确保能满足当天运营需要
15	执行开站程序
16	确认各岗位到岗情况

地铁车站客运值班员是车站管理架构中的中层核心岗位,主要职责包括三方面:一是车站内运营安全管理工作;二是面向旅客服务的客运设备的监视与管理,包括照明、自动扶梯系统、自动售检票系统等;三是车站客运组织与管理工作,包括乘客安全状态,并负责向乘客发布列车到站、列车目的地、车站出入口和天气等信息。发现故障、安全隐患或突发事件,及时采取有效措施妥善处理。

车站客运值班员一般需要具备良好的沟通能力和应急处理能力。表4-4为某地铁运营公司客运值班员日常相关工作程序案例。

某地铁运营公司客运值班员日常相关工作程序案例　　　　　表4-4

序号	工作程序
1	检查、清点票务室内现金、车票等状态及数量,登录票务管理系统并做好线上交接
2	检查文件、通知,核实上一班完成或未完成的工作,了解清楚接班中存在疑点的问题
3	参加车站组织的交接班会,落实相关工作
4	填写车站票务报表台账,了解班中AFC设备运转情况,及时更换钱箱票箱、清点钱箱、配票结账,按时完成解行,检查指导服务中心岗工作情况,进行必要的复核、查账等,负责处理车站各项票务事务
5	巡视车站,发现站厅异常情况及时处理,无法处理及时汇报值班站长
6	运营开始或结束时,负责协助值班站长完成车站的清客、开关站
7	班后检查各类台账、报表填写情况,退出票务管理系统,与下一班客运值班员做好交接

各城市轨道运营公司车站开关站流程存在差异,以某轨道运营公司为例,其车站开关站流程见表4-5。

车站开关站流程　　　　　表4-5

序号	时间	内容	责任人
		开站操作流程	
1	轨道车到站前	检查轨行区照明(应急照明除外)按时间表开启	行车值班员
2	首班载客列车到站前50min	通过CCTV确认PIS按时间表开启	行车值班员
3	首班载客列车到站前30min	完成TVM补币补票工作,并现场确认TVM、闸机投入正常服务	值班站长、站务人员
4	首班载客列车到站前30min	在SC上确认AFC设备已投入正常服务	行车值班员
5	首班载客列车到站前20min	确认公共区照明(应急照明除外)按时间表开启	行车值班员
6	车站开启第一个出入口前	完成扶梯、站内电梯开启(含出入口及站外电梯五方通话测试),各中心根据出入口电梯及站外电梯位置确定开启时间	站务人员
7	车站开启第一个出入口前	领齐服务中心门钥匙、边门钥匙、售票盒、对讲机等备品到岗	服务中心岗
8	车站开启第一个出入口前	领齐站台门钥匙、对讲机等备品到岗接车	站台岗
9	首班载客列车到站前10min	完成所有出入口开启、车站通过CCTV做好各出入口开启情况的监控	值班站长(或值班站长指定人员)、行车值班员
10	首班载客列车到站前10min	检查开站广播按时播放	值班站长
11	首班载客列车通过时	确认环控系统按时间表开启	行车值班员

续上表

序号	时间	内容	责任人
		关站操作流程	
1	末班载客列车到站前30min	检查环控系统按时间表关闭	行车值班员
2	单向末二班载客列车开出后	检查单向末班车广播按时播放	行车值班员
3	单向末班车开出前3min	检查单向服务终止广播按时播放	行车值班员
4	单向末班车开出前3min	安排员工至TVM处引导乘客，直至双向末班车均开出	站务人员
5	末班车开出前3min	在SC/智慧车站综合管控平台上关闭所有TVM、进站闸机，检查双方向停止购票进站广播按时播放	行车值班员
6	末班车开出后	检查关站广播按时播放	行车值班员
7	末班车开出后	巡视站台，确认无乘客滞留	站台岗
8	最后一班开关门列车出清后	离开站台	站台岗
9	末班车开出后	确认全部乘客出站后，收拾钱、票，注销BOM，返回票务室	服务中心岗
10	末班车开出后	关闭出入口	值班站长
11	关站后10min内	完成扶梯、电梯关闭	站务人员
12	末班载客列车出清后10min	确认轨行区照明按时间表关闭	行车值班员
13	末班载客列车出清后15min	确认公共区照明模式（应急照明除外）、PIS按时间表关闭	行车值班员

4.1.3　车站管理范围

车站开启

参考交通运输部2018年发布的《城市轨道交通运营管理规定》，车站出入口5m范围内不得停放车辆、乱设摊点等，妨碍乘客通行和救援疏散。车站出入口50m范围内不得存放有毒、有害、易燃、易爆、放射性和腐蚀性等物品。不少城市定义了地铁设施设备保护区，如西安市规定地下车站结构外边线外侧50m内，地面车站、高架车站结构外边线外侧30m内，出入口、通风亭、冷却塔、集中供冷站、主变电站、控制中心、地面站房等建筑物、构筑物外边线和车辆段（停车场）用地范围外侧10m内都属于保护区范围。

各车站日常管理工作的地域范围一般为车站内部及出入口5m范围内。站区长、副站区长、值班站长在紧急情况下，可调动保安、保洁、安检等委外单位驻站工班人员及车站范围内的其他工作人员，参与车站应急处置。

4.2　车站客运组织

车站客运组织主要内容包括售检票、乘客进出站、换乘和乘车疏导，以及突发情况处置等。车站根据客流流线组织乘客进出站、换乘，客流流线设置、设施设备布局应综合考虑反恐防范、安检、治安防范和消防安全需要。

4.2.1 乘客服务流程

城市轨道交通服务需要将进入系统的乘客从其出发站输送到目的站,并为他们提供安全、便利、舒适、快捷的乘车与候车环境,最大限度地使乘客满意。乘客在城市轨道交通系统完成一次乘车的流程如图4-2所示。

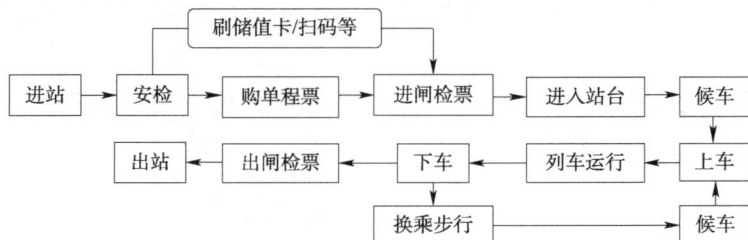

图4-2 乘客在城市轨道交通系统完成一次乘车的流程

上述环节相关的运营工作人员应对图4-2中流程涉及的各环节提供优良服务;车站地区的具体服务内容包括以下几方面。

(1)乘车流线引导标志:乘客进、出站与换乘流线的每个分叉口应设立明显的分流导向标志,引导乘客识别前往下一目的地。实际上,地面城市轨道交通车站附近也应设置导向标志,引导乘客进站。

(2)跨系统安检互认:与火车站、长途客运站、机场等相衔接的车站,提供的安检场地应为安检互认提供便利,尽量减少重复安检,提高通行效率和服务水平。

(3)问询服务:为乘客提供标志标识之外的信息服务,分为人工服务和自助式服务。车站计算机查询平台,宜为乘客提供出行线路、票价以及各类票卡的金额查询。自动售票机也可实现部分查询功能。

(4)站台乘客乘降组织:未安装屏蔽门的站台上,须经常提示并监督乘客在列车车门未完全打开之前,不要越过黄色安全线。车站广播系统可为乘客预报列车进站信息,有电子自动显示系统的车站可通过电子显示牌预告下一列车的到达信息。

(5)进出站辅助:部分乘客在车站可能还需要额外的帮助,如携带大件行李的人、行动有障碍的人、需要补票的人等。对这些人群应尽量提供帮助。

4.2.2 车站客运组织的基本原则

城市轨道交通车站客流密度大,客运组织要求在车站有限的空间内,保证客运组织方案有序、畅通、安全。车站客运组织工作应遵循以下几个原则。

(1)尽量避免各种流线相互交叉干扰。综合考虑进站流线、出站流线、换乘流线,合理运用售检票设备、出入口、楼梯,保证乘客流线简单、明确,避免交叉、对流。

(2)最大限度缩短乘客走行距离,避免流线迂回。一般要首先保证流量最大乘客的流线最为便捷通畅,兼顾其他乘客流线。

(3)完善车站诱导系统。快速分流,减少客流集聚和过分拥挤现象。

(4)满足乘客在车站流动的方便性、安全性、舒适性要求。妥善安排步行流线、恶劣天气下的应急方案,合理运用无障碍通道,保证站内照明与视野,以应对突发事件。

车站客运组织工作可划分为进站客流组织、出站客流组织和换乘客流组织三部分。

4.2.3 进出站客流组织

一般来讲,进站客流组织比出站客流组织要求高,因为进站客流组织的环节比出站客流组织的环节多,闸机进站、站台候车及乘降环节均容易发生客流聚集,进站客流组织要求平稳有序安全,而出站客流组织重在快速疏散。

进站客流组织包括以下程序:进站安检→进入非付费区→ 购票 →进站闸机检票→楼梯或通道→到达站台→ 候车 →乘车。

出站客流组织包括以下程序:下车→站台→楼梯或通道→ 补票 →通过出站闸机→出站。

城市轨道交通车站在管理上分为付费区和非付费区两大功能区域,付费区为付费进入的区域,以进出站闸机为划分边界。乘客可在自动售票机、售票窗口购票,不需要购票的乘客持储值卡或其他乘车凭证,直接通过进站闸机检票进入付费区,将没有购票环节。城市轨道交通乘客一般站台候车时间较短,甚至没有候车环节,但由于列车运能不足等原因导致乘客在站台大量聚集,可能造成安全隐患,因此,候车极可能成为车站客运组织工作重点关注的一个环节。

4.2.4 换乘客流组织

换乘站客流量较大,客流流线复杂,客流组织相对于其他车站更为复杂。根据换乘站站型的不同,应考虑采用不同的客流组织方法。其基本原则是缩短换乘路径,提高换乘效率,减少换乘客流与本站进出站客流的交叉、干扰,确保客运安全。

末班车换乘过程

(1)同站台换乘。当岛式站台的两侧可停靠两条不同线路的列车时,可考虑采用这种换乘方式;这也是最高效的换乘方式。同站台换乘的客运组织需要关注站台容量能否满足高峰期有一定乘客滞留时两列车同时到达情况下站台的负荷,实际工作中,要密切监控站台负荷度,拥挤超过警戒线时须及时果断采取措施,或改善楼梯、自动扶梯的进出效率,或控制列车进站间隔,以免发生乘客聚集、拥挤、踩踏甚至跌落站台。

(2)站厅换乘。换乘乘客从本线站厅经另一条线路的站厅或者两站共用的站厅到达另一条线路列车的换乘方式。这种情况下,双方向下车客流一般朝一个方向流动,易于流线隔离,可减少站台上人流的交织,但换乘走行距离较长。

(3)通道换乘。两条线路间的换乘乘客须通过设置单独的换乘通道才能实现换乘。当通道宽度允许时,不同方向的换乘客流应尽量进行物理隔离,同时应协调好换乘客流与进出站客流流线,避免换乘客流与进出站客流的大范围交叉。

(4)站外换乘。乘客在付费区以外进行换乘,这种换乘方式往往是客观条件不允许或者车站分阶段性建设等原因造成的。这种换乘方式需要乘客过闸机出站后再重新进站乘车,换乘时间和换乘距离一般较长,给乘客带来极大不便,应尽量避免。

　　我国早期建设的城市轨道交通换乘站普遍存在换乘设施能力不足、换乘时间长、换乘方向不均衡、换乘标识不完善、瓶颈处设施冲击大、换乘流线交叉等问题。究其原因,既有规划层面线网结构不够完善、换乘客流估计不足、换乘站位置不合理的问题,也有运营层面线路运力匹配不良、流线设计不合理的问题。因此,运营部门对换乘站设计方案论证的参与对于改善我国换乘站客运组织具有重要意义。

4.3　车站客运设施设备运用

4.3.1　车站客运设施设备

　　城市轨道交通车站客运服务设施包括站厅、站台、出入口、通道、自动扶梯、照明系统、标志系统、信息服务与广播系统、空调系统、车站机电系统、设备用房、管理用房、生活用房等,有的车站还设有屏蔽门系统。

　　城市轨道交通车站按站台形式可分为:岛式站台车站、侧式站台车站、混合式站台车站。按车站在线路所处的位置可分为:始发站、中间站、换乘站、终点站。根据地理环境差异,车站的配置方案也多种多样。车站类型不同,客流流线会存在一定的差异。

　　城市轨道交通车站的规模应能满足远期预测客流集散量的需求,并设置与之相适应的出入口数;车站出入口设置与地面建筑相结合,能够方便乘客,也可避免过度集中可能导致的拥挤。车站的大小在很大程度上取决于站台的长度与宽度即站台容量,站台容量应满足远期预测客流的要求,换乘站站台的宽度应满足高峰期换乘客流的要求。

　　车站的选址、站厅及站台的规模、出入口及通道宽度是在建设时根据预测客流量确定的,运营阶段不能改变。不过,在运营过程中如何正确设置售、检票位置,合理布置付费区,合理引导旅客对客运组织起着十分重要的作用。

4.3.2　车站客运设施设备运用原则

　　车站客运设施的运用一般应考虑客流流线特点,以保持客流畅通为原则。

　　(1)售、检票位置与出入口、楼梯应保持一定距离。售、检票位置一般不设置在出入口、通道内,并尽量保持与出入口、楼梯有一定的距离,从而保证出入口和楼梯的畅通。

　　(2)售、检票设备前应留有一定空间。售、检票位置一般选择站厅内宽敞位置设置,以便于售、检票位置前客流的疏导,避免排队时拥挤。

　　(3)售、检票设备应根据出入口分布适度集中布置。城市轨道交通车站一般有多个出入口,所以从减少乘客走行距离角度来考虑的话,应设置多处售、检票设备。不过,设置过多售、检票设备会占用较大空间,且易造成设备利用的不平衡,增加管理难度。

　　(4)应尽量避免客流流线交叉。流线交叉会降低客流速度与效率,也不利于车站安全管理。对客流流线分离的方法包括空间上分开设置进、出车站检票设备,尽量分隔进站乘客与出站乘客所经路径,从而避免交叉对流。

客运组织设备、
设施的运用

4.4 车站大客流组织与管理

4.4.1 大客流概念

大客流指城市轨道交通系统建设与运营中客流预测工作未预期到的、显著超过正常运营状态客流水平的较大客流。部分城市将车站大客流定义为:客流规模超过车站容纳量(能力)70%时为车站大客流。

大客流可分为常态大客流及偶发性大客流。工作日早晚高峰、周末等经常性的造成局部交通流聚集或拥挤、具有一定时空规律的大客流可归为常态大客流;由于节假日、地区性大型活动、极端天气、突发事件以及交通管制等特殊情况造成的大客流可归为偶发大客流。偶发大客流又可分为可预见大客流及突发性大客流。

根据大客流对车站可能造成的危害程度、波及范围、影响程度、行车中断时间、人员伤亡及财产损失等,将车站大客流分为一般、较大、重大三个等级。

(1)一般级,即Ⅲ级大客流,指站台虽出现拥挤,但城市轨道交通运营秩序未受到严重影响,通过车站及邻站支援能够处置的突发大客流。

(2)较大级,即Ⅱ级大客流,指站台、站厅都较为拥挤,城市轨道交通运营秩序受到一定影响,以轨道交通运营公司为主能够处置的突发大客流。

(3)重大级,即Ⅰ级大客流,指站台、站厅和出入口都较拥挤,预计持续超过30min,城市轨道交通运营秩序受到严重影响,可能或已造成人员伤亡、财产损失等后果。

以北京地铁为例,2024年国庆节期间,因部分道路管控及车站封控引发客流转移,王府井、西单、珠市口、崇文门、和平门5座邻近核心区的地铁车站累计日均进出站客流超过60万人次,最高日进出站总量超过80万人次,均大幅度超过平日客流,被认定为大客流。

车站大客流处置原则大客流需遵循"安全第一、分级控制、合理引导、及时疏散"的处置原则。现场应遵循由内至外、先控制入闸的进站客流,再控制换乘客流原则,车站可根据客流及受影响情况果断采取相应客流控制措施,全线网同步协调。换乘站应遵循"谁主管、谁负责"和"属地管理、统一指挥"原则,由站台、站厅滞留乘客密度较大的车站统一指挥,换乘衔接车站协同配合,建立换乘站线路之间相互统一协调的快速信息处理反应机制。

4.4.2 大客流特征分析

实践证明,客流既是动态变化的,也是有一定规律的。要掌握大客流的时间、空间动态变化规律,必须进行调查、统计与分析。只有通过不断积累,才能掌握不同类型大客流的基本规律,并据此制定相应的运输组织方案,为乘客提供良好的出行服务。

大客流特征调查涉及客流发生的时间与分布特征,不同节假日、不同活动类型、不同突发事件以及不同程度的极端天气可能导致的大客流规律可能是不同的。运营部门需要根据不同的情况和不同的需要开展相关调查和统计分析,为制订良好的行车计划奠定基础。

1）节假日客流分析

节假日是指国家规定的、每年都执行的全国性假日。表4-6是国家公布的2025年我国节假日及放假天数。

2025年我国节假日及放假天数 表4-6

节日名称	一般放假时间	放假天数
元旦	放假1天,一般结合临近的周末	3
春节	放假4天,一般结合临近的两个周末	8
清明节	放假1天,可能结合临近的周末	3
劳动节	放假1天,一般结合临近的周末	5
端午节	放假1天,可能结合临近的周末	3
中秋节	放假1天,可能结合临近的周末	1
国庆节	放假3天,可能结合临近的周末	7

一般说来,时间越长,客流特征越复杂。节假日客流分析的内容主要包括:

(1)客流成分指客流构成,如学生、外出务工人员、旅游出行人员、探亲人员等。

(2)时间特征指客流发生的时间分布特征,如第1天与第2天可能不同,很多情况下还要分析节假日开始前后的客流特征。

(3)空间特征指客流发生的空间分布特征,如不同线路、不同车站与区间的分布等。

(4)影响范围主要分析大客流条件对城市轨道交通相关设施可能产生的影响及其后果,包括出入口、售检票设施设备、通道、站台、楼梯与自动扶梯等。

(5)疏解要求是指根据上述内容和国家有关政策,提出客流疏解的要求。

2）客流数据获取

客流分析的基础是客流数据,目前主要通过相应客流调查或大数据方式获取客流数据。

(1)乘客情况抽样调查。

通过问卷方式进行,包括乘客构成情况调查和乘客乘车情况调查两项内容。

乘客构成情况调查在车站进行,调查人数按全天在车乘车人数的某比例,内容包括年龄(老、中、青),性别(男、女),居住地(本地、外地),出行目的(工作、学习、购物、游览、访友、就医、其他)等。调查时间可选择在客流较正常的运营时间段。

某类乘客乘车情况调查可在储值票发售点或其他地点进行,如对持储值票乘客进行调查。被调查人数取某类乘客总数的一定比例,调查内容有年龄、性别、职业、家庭住址、到达车站的方式(步行、骑自行车、乘电汽车)和时间、上下车站、下车后到达目的地的方式(步行、骑自行车、乘电汽车)和时间、乘坐列车比过去乘坐电汽车节省的时间等。

(2)断面客流目测调查。

断面客流目测调查是一种经常性的客流抽样调查,根据需要,可选择一或两个断面进行调查,一般是对最大客流断面进行调查,调查人员用目测估计各车辆内的乘客人数。

(3)节假日客流调查。

一种专题性客流调查,重点对春节、元旦、国庆节、双休假日和若干传统节日期间的客流进行调查。调查的内容包括机关、学校、企业等单位的休假安排,都市旅游业、娱乐业的发展程度,城市居民生活方式的变化等。该项调查一般是通过问卷方式进行的。

(4)大数据方式。

目前,随着大数据技术的推广应用,基于 AFC 数据、交通"一卡通"数据、全球定位系统数据、手机信令数据、社交媒体数据、视频采集数据、智慧交通平台数据等多方式获得的数据常被用作轨道交通大客流分析,旨在更全面、精准捕捉客流特征。

4.4.3 车站大客流组织方法

大客流往往是在节假日与旅游高峰期、举办重大活动(大型体育赛事、音乐会等)、发生恶劣天气等情况下发生。大客流给轨道交通运营带来的风险包括:①导致车站出现大量乘客滞留,造成踩踏事件发生;②造成车站运营秩序紊乱,影响乘客出行效率;③造成列车延误,引发乘客投诉对公司造成负面影响。因此,运营公司须在保证疏散客流安全前提下,尽快疏散客流。

车站大客流组织的主要措施包括:

(1)增加列车运能。根据大客流的方向,在大客流发生时,利用就近的折返线、存车线组织列车运行方案,实施增开临时列车,增加列车运能,从而保证大客流的疏散。

(2)增加售、检票能力。售、检票能力不足是大客流疏散的主要障碍,车站在设置售、检票位置时应考虑提供疏散大客流的通道。在大客流疏散时,可采取事先准备足够的车票,在地面、通道、站厅增加设置售票点,增设临时检票位置等措施来疏散大客流。

(3)采取临时疏导措施。对客流进行疏导是一项重要的临时措施,包括出入口、站厅疏导,站厅、站台扶梯以及站台疏导。出入口、站厅疏导主要根据临时售、检票位置,限制客流方向,保持通道畅通和出入口、站厅客流的秩序。站厅、站台扶梯以及站台疏导主要是为了保证客流均匀上下扶梯和尽快上下列车,保障站台候车安全。疏导措施有设置临时导向、设置警戒绳或隔离栅栏、采用人工引导以及通过广播宣传引导等。

(4)采取客流控制措施。临时客流控制措施指在出入口外采取措施(如利用铁马等备品)控制乘客进站速度,延长大客流疏散的时间;车站可通过乘客信息系统、广播等形式及时告知乘客。常态化采取客流控制措施的车站应公布采取客流控制措施的日期、时段等信息,并对客流控制措施的效果持续评估,可以取消的,应及时取消。针对不同的大客流等级及状态,客流控制措施存在差异。

(5)关闭出入口,车站退出服务。大客流往往是难以预测的,因此为了保证大客流发生时疏散客流的安全,在难以采用有效的措施及时疏散客流时,可采用关闭出入口措施,车站退出服务,但枢纽车站一般不适用。

表 4-7 为某城市轨道交通运营公司发布的 Ⅰ~Ⅳ 级客流控制措施。车站根据客流量,可逐步或越级启动各级控制措施,以缓解车站大客流压力。

图 4-3 是某市运营公司在某次大型体育赛事期间车站大客流组织情况,为避免换乘通道处客流对冲采取的一种限时段的换乘客流组织方式。在赛事结束前 1h,将原来南北两条双向换乘通道改为单向通道,形成"顺时针"单向换乘组织,减少不同方向的客流对冲。

某城市轨道交通运营公司发布的 I ~ IV 级客流控制措施　　　　表 4-7

客流控制等级	控制区域	控制措施
IV 级	在付费区采取措施控制站台乘客数量	(1)在站厅与站台的楼梯、扶梯连接处设置控制点； (2)改变扶梯走向； (3)通过停用扶梯及引导乘客走楼梯等方式减缓乘客走行速度； (4)在付费区设置回形线路等
III 级	在非付费区采取措施控制进入付费区乘客数量	(1)关闭部分进站闸机限流； (2)在进站闸机口设置铁马等实现分批进闸； (3)在非付费区、换乘通道设置回形线路等
II 级	在站外采取措施控制进入非付费区乘客数量	(1)在出入口外设置铁马等备品限制乘客进站； (2)在出入口外设置回形线路
I 级	关闭车站	车站关站、退出服务(枢纽车站不适用)

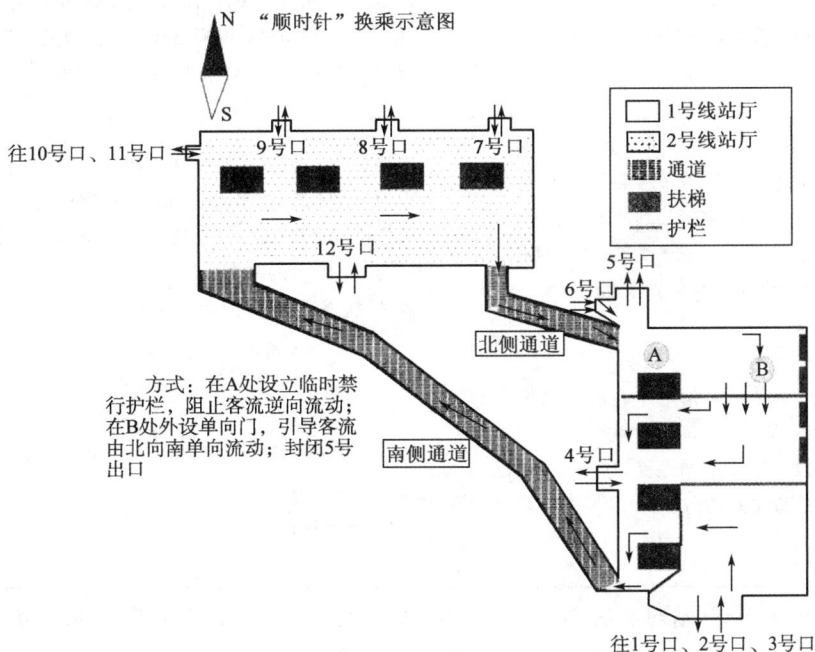

图 4-3　城市轨道交通车站大客流组织示意图

4.4.4　车站大客流控制模式示例

大客流控制可以从车站、线路、线网三个层面入手,在单个车站层面无法有效疏解时,需要线、网多种客流控制模式相结合。

车站层面大客流管控措施主要有以下三种。

(1)临时疏导措施:在客流大、留乘严重时,可通过广播、自媒体或人工引导等方式提前通知未进站乘客改乘其他地面交通方式,或引导已进站乘客尽量避开车站拥挤区域或相关设备设施,避免拥挤度的进一步加剧。

(2)客流控制措施:当客流超过预警值时,及时启动客流控制措施。例如,设置客流控制点控制进站速度、改变扶梯走向增加绕行与排队长度以获得更大客流缓冲空间、关闭部分售票机与进闸机控制进站客流流速、打开备用出站通道引导出站乘客快速离开车站等。

（3）停止进站：出现极强客流而无法疏解可能危及安全时，应立即报告行车调度员，并提出建议管控措施；经行车调度员批准可采取停止乘客进站措施，同时建议上级部门增派地面公交疏导工具。

表4-8为某城市轨道交通运营公司发布的车站三级控制模式示例。

某城市轨道交通运营公司发布的车站三级控制模式示例　　　　表4-8

站控	等级划分标准	控制措施
Ⅲ级	Ⅲ级站控是指站厅客流达到额定人数50%，且站台客流达到额定人数60%，运营秩序未受到较严重影响，通过车站及邻站支援能够处置的突发大客流	在空间允许的情况下，设置"S形""回形"隔离栏杆布局，延缓乘客进入站厅的速度，在换乘通道、站厅安检点及进站闸机处合理利用隔离栏杆对客流进行分流、引导，在换乘通道、站厅至站台扶梯处实施客流控制，通过变更换乘通道自动扶梯、站厅至站台的自动扶梯方向或关停等方式，延缓换乘客流进站速度及乘客进入站台的速度
Ⅱ级	Ⅱ级站控是指站厅客流达到额定人数70%，且站台客流达到额定人数70%，客流持续增加，运营秩序受到一定影响，以公司为主能够处置的突发大客流	控制安检速度，关停部分自动售票机、进站闸机或将闸机设为只出不进，在出入口、站厅、换乘通道及安检处设置隔离栏杆，实行分批放行，控制乘客进入车站、付费区的速度，已经进入站台的乘客，工作人员应尽快引导乘客快速上车离站，换乘站视情况控制换乘客流
Ⅰ级	Ⅰ级站控是指站厅客流达到额定人数90%，且站台客流达到额定人数80%，客流继续增加，运营秩序受到严重影响，已经或可能造成人员伤亡、财产损失等后果的突发大客流	关停进站方向电扶梯、无障碍电梯及所有售票系统，在出入口及换乘通道设置隔离栏杆，将出入口及换乘通道设为只出不进，禁止乘客进入车站，必要时可关闭部分或全部出入口，并张贴告示

不难看出，单个车站对大客流的管控主要基于客流规模、大客流发生的位置（如站台、站厅、通道、楼扶梯或安检与闸机等）分别采取如前所述的相应措施。

复习思考题

1.试述城市轨道交通站区客运工作组织架构。

2.简述城市轨道交通的客运服务流程，并结合服务流程分析如何提高客运服务质量。

3.简述城市轨道交通车站客流组织的基本原则。

4.简述城市轨道交通车站换乘的几种方式及其特点。

5.简述城市轨道交通车站大客流时间和空间分布的基本特征。

6.简述城市轨道交通车站大客流处置原则。

7.简述应对城市轨道交通车站大客流的组织措施。

8.思考城市轨道交通车站限流与封站的原因及影响。

AI 辅助学习研讨题

利用 AI 工具(如 DeepSeek、Kimi 等)生成下列讨论题的报告或 PPT。

讨论题(1):自选车站,设计某典型大客流场景(如高峰大客流、节假日大客流)下的应急演练脚本,重点描述大客流发生时不同岗位的分工以及采取的措施。

要求:设计合理的大客流场景,利用 AI 工具完成"典型大客流场景下车站客流组织应急演练方案"的报告或汇报文件(PPT)。

讨论题(2):客运服务质量提升是车站工作的重要内容,涉及服务要素众多。请自选车站,从客运服务角度分析当前存在的不足,并给出潜在改进策略。

要求:挖掘不少于 3 方面的服务不足,针对不足给出改进措施(包括设施设备、管理、服务措施等)并评价改进效果;完成讨论报告或汇报文件(PPT)。

第5章
运行计划编制

城市轨道交通系统是一个复杂的、技术密集型的公共交通服务系统,各部门之间的紧密配合与协调运行是确保提供安全、高效、优质服务的基本条件。本章介绍了城市轨道交通系统的运行计划,具体包括两大部分(图5-1):一是面向乘客服务的计划,包括客流分析与预测计划、列车运行计划以及车辆运用与乘务计划;二是城市轨道交通系统内部安全运行管理计划,包括日常巡检计划、设施设备施工检修计划以及设施设备更新计划等。从运输组织理论看,多部门的协调需要以计划为依据。本章根据我国城市轨道交通系统运行组织过程的实践,分析了运输计划概念及其内涵,介绍了客流计划,行车计划,车辆配备、运用与检修计划,以及日常运输调整计划编制的基本原理与方法。

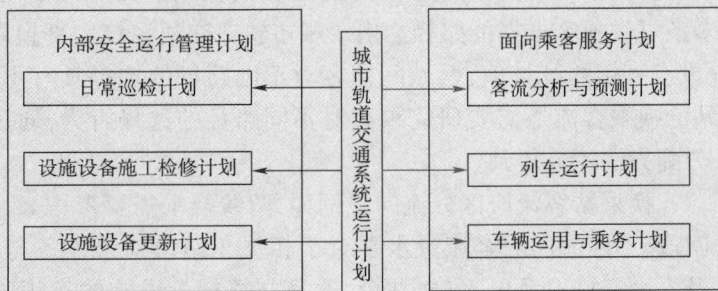

```
内部安全运行管理计划                              面向乘客服务计划

 ┌──────────────┐     城    ┌──────────────┐
 │  日常巡检计划  │ ◀──── 市 ────▶ │ 客流分析与预测计划 │
 └──────────────┘     轨    └──────────────┘
                      道
 ┌──────────────┐     交    ┌──────────────┐
 │ 设施设备施工检修计划 │ ◀──── 通 ────▶ │  列车运行计划  │
 └──────────────┘     系    └──────────────┘
                      统
 ┌──────────────┐     运    ┌──────────────┐
 │ 设施设备更新计划 │ ◀──── 行 ────▶ │ 车辆运用与乘务计划 │
 └──────────────┘     计    └──────────────┘
                      划
```

运输计划概述

图 5-1　城市轨道交通系统运行计划

5.1　客流计划

客流计划指根据城市轨道交通线网直接或间接覆盖区域相关要素的分析预测得到的计划实施时期各线路、车站客流量及其时间与空间分布。城市轨道交通企业是城市公益性交通服务提供商,满足乘客的出行需求是企业运行的重要目标。对这种需求导向型的城市轨道交通系统来说,客流计划是运营企业所有其他计划编制的基础和依据,其质量直接决定着能否实现系统的服务水平目标。

一条线路的客流计划包括全线客流总量、沿线各站到发客流数量、各站分方向发送人数、线路全日分时段断面客流分布、全日分时段最大断面客流图等。

5.1.1　站间 OD 客流

最基本的站间客流资料可用二维矩阵表示,也可称为站间交换量 OD 矩阵。由于城市轨道交通实行进出站刷卡制,历史及现状的站间 OD 矩阵可以根据客流系统的统计得到。未来的站间 OD 矩阵则需要在此基础上结合城市轨道交通网络相关的交通网络配置、客流统计以及最新的土地利用数据进行推算预测。

表 5-1 是某线一个局部的 OD 矩阵案例。

站间客流 OD 表(单位:人次)　　　　　　　　　　　　表 5-1

O	D							
	苹果园	古城	五棵松	万寿路	木樨地	南礼士路	西单	王府井
苹果园	0	539	1869	1261	662	1314	3333	1586
古城	306	0	1154	659	443	831	1635	657
五棵松	1676	1059	0	234	530	897	2615	1915
万寿路	1295	669	234	0	205	317	1554	986
木樨地	755	514	521	213	0	71	442	455
南礼士路	1560	833	1021	374	86	0	627	883
西单	3008	1326	2754	1494	478	627	0	2449
王府井	1640	620	2012	950	484	709	2562	0

根据站间 OD 客流可计算各站上、下车人数。即每行之和为上车人数,每列之和为下车人数。在两条线条件下,还可以分析计算换乘站分方向的换乘客流。网络化程度较高时,两站之间一般存在多条可供乘客选择的路径。由于城市轨道交通系统内部换乘是在付费区完成的,换乘客流并没有直接的统计值,两站间乘客对不同路径的选择具有不确定性。因此,网络条件下换乘站的换乘客流还需要研究乘客对不同路径的选择行为,通过交通网络流量分配方法才能得到。

换乘站客流应区分流向。例如,两线换乘需要考虑 8 个流向。不同时间段、不同流向的客流量水平对于相关车站售检票设备与系统、安检设备及人力安排以及出入口、站台、通道与楼梯等设施的运用与管理具有直接的指导作用。

某城市轨道交通网络
客流时空分布特征

5.1.2 空间分布与断面客流

城市地区的出行与相关小区土地利用以及居住和就业岗位的分布密切相关。城市轨道交通客流空间分布特征指不同空间地点客流的属性特征,主要包括网络上不同线路、线路上不同站点与区间的客流流量和流向。客流的空间分布是运营企业合理编制列车运力计划的重要数据依据,尤其是对于编制不同区段列车运力计划。在实际工作中,对运力配置计划影响最大的是各线路的断面客流分布。

断面客流指给定统计时间段内两相邻车站之间的区间单方向或双方向通过的乘客数量。线路上断面客流量值最大的称为最大断面客流或高断面客流,是确定全线能力配置的基本依据。高峰期间最大断面客流一般称为高峰高断面客流,多数情况下也是线路的最大断面客流。从规划与设计层面看,高峰高断面客流水平是建设阶段确定线路在各个发展阶段下相应运力规模的重要依据,直接决定着系统制式、车辆类型的选择,以及运营设备配置、列车编组模式以及最小行车间隔水平。

图 5-2 是北京地铁 10 号线按站间区间统计的一个预测断面图。

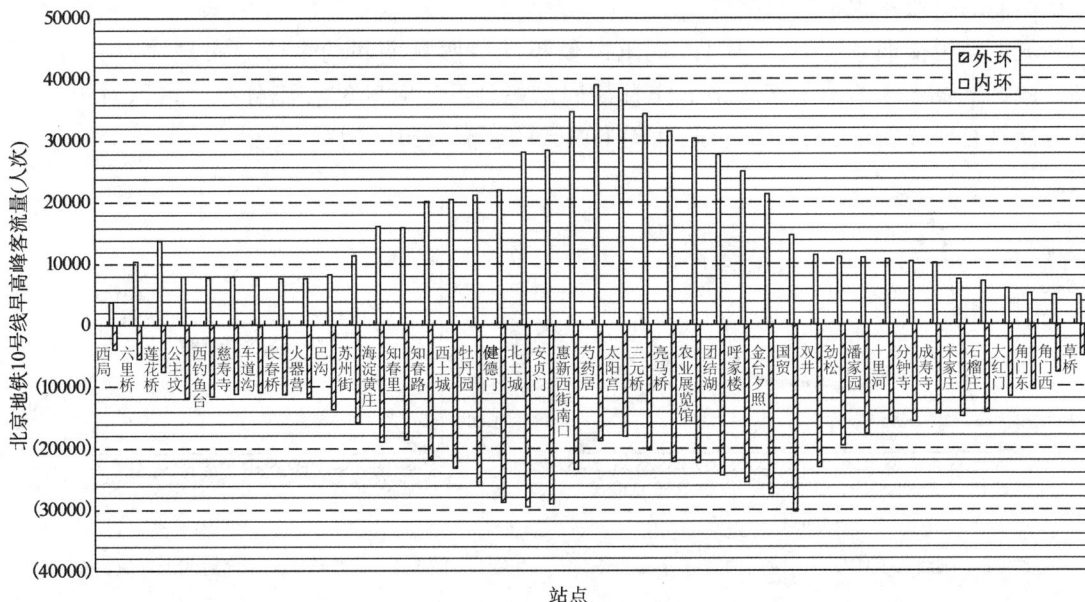

图5-2 预测断面图

断面客流量可以在站间 OD 客流计划的基础上生成。高峰小时的断面客流可以通过高峰小时系数或高峰小时 OD 矩阵来推算。除了全日 OD 矩阵外,由于乘客出行时间的持续性,某局部封闭时间段(如高峰小时)的出行 OD 矩阵实际上并不存在,这类矩阵仅是一种近似,用于推算其他相关指标。

5.1.3 时间分布特征

时间分布特征指统计范围内客流在不同时间段内的数量分布。时间分布特征可通过绝对量或相对量来表示。常用的客流时间分布包括客流在一日内分小时的分布、一周内不同日期的分布、一年内不同月的分布,以及某些特殊日期的分布等。

作为城市交通的组成部分,以准时性见长的城市轨道交通是服务通勤出行的重要手段。近年来,随着城市轨道交通系统的建设,越来越多的乘客从传统公共汽电车转向城市轨道交通。全国城市轨道交通行业完成客运量从2014年的126.7亿人次增长到了2023年293.9亿人次;同期公共汽电车的运量从781.9亿人次下降到380.5亿人次[①]。

高峰期客流是最重要的时间特性指标。体现高峰期时间分布特征的主要指标有高峰小时系数,即高峰期某1h内的出行量占全日总量的比例。不同城市高峰小时系数不同,主要与城市社会与经济运行特征、城市地理与气候环境以及文化背景等因素有关。刻画高峰期客流特征的指标还有超高峰小时系数,即高峰小时内某一时段最大客流量与高峰小时内时段平均客流量的比值。超高峰小时系数主要用于分析设备设施瞬时过载问题。

不同统计对象具有不同的时间分布规律,这需要分别加以研究。以高峰小时系数为例,网络上不同线路、线路上不同站点与不同断面的值不同,需要单独统计观测。

客流的时间分布特征是合理利用城市轨道交通系统资源、降低运营成本、确定不同时间段供给能力与服务水平的依据。

城市轨道交通系统中,工作日、周末以及不同节假日期间的客流分布规律也有较大差异。图5-3、图5-4给出了某线路工作日与周末一日不同时间的客流分布。可以看出,工作日客流具有明显的早、晚高峰特征,而周末白天的客流分布则相对平稳。

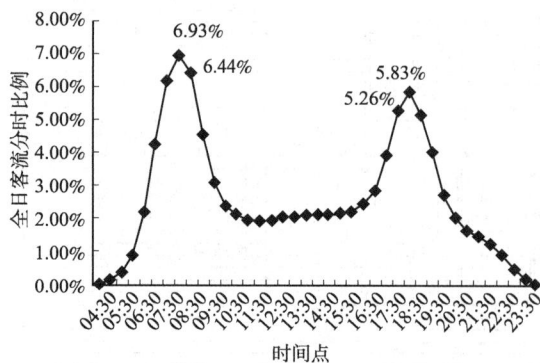

图5-3 某线路工作日不同时间的客流分布   图5-4 某线路周末不同时间的客流分布

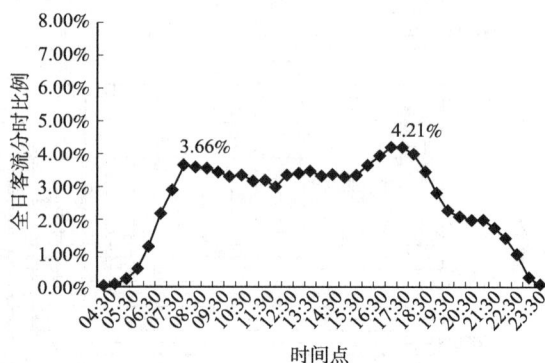

图5-5给出了某城市一年中客流出行分布案例。

从图5-5中不难看出,1月1日为元旦假日,客流量在600余万人次;1月2~3日为工作日,客流超过800万人次;接下来4~5日为周末,客流不足600万人次;1月30日为除夕,1月31日至2月6日为春节假日,这期间客流一度下降到200余万人次。

考虑城市轨道交通线路服务区域的特点,客流时间分布一般还需要区分一日内不同时间段、线路不同方向、不同位置(包括不同车站与区间甚至车站的不同位置)以及线路所经特定站(大型活动导致客流剧变的车站)、特定时期(包括极端天气)等的影响。

城市地区客流具有显著的时间与空间差异性。作为行车计划编制的依据,客流计划需

① 数据来自《中国城市轨道交通运营发展报告》。

要预测提供差异较大的几个典型时间段的客流。一般情况下,需要区分平日、周末(含三天内的节假日)、春节(五天及以上的节假日)三种基本情形;对于一些连接大型活动场所的线路,可能还要预测大型活动举办期间的客流计划。

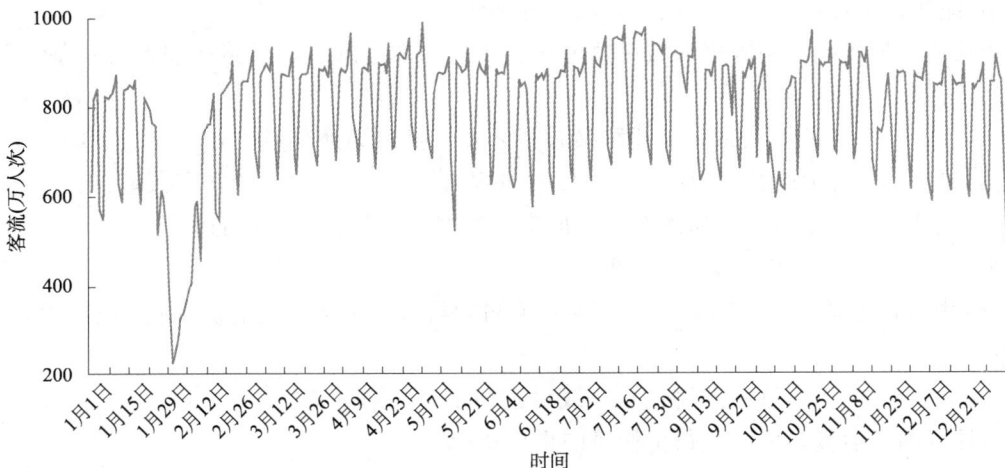

图 5-5　某城市一年中客流出行分布案例

对客流发生的时间分布特征掌握越细,越有利于充分利用有限资源,制订科学合理的行车组织计划,为乘客提供满意的出行服务。

5.1.4　客流指标

客流指标是统计分析客流特征以及评价乘客服务水平的尺度。这些指标分车站和线路(网络)两个层面。

1)车站客流指标

(1)车站进站量 A:统计期内城市轨道交通车站进站乘车的乘客数量,包括闸机检票进站以及根据其他凭证进站的人数。

(2)车站出站量 B:统计期内城市轨道交通车站由闸机及根据其他凭证出站的乘客数量。

(3)换乘站换乘量 T:统计期内换乘站各线路间换乘乘客的总人次数。由于城市轨道交通的换乘是在付费区进行的,因此换乘客流量一般是经交通网络分配后推算得到的。

(4)车站客运量 C:体现客运站工作量的指标,指城市轨道交通车站为乘客提供进站、换乘服务的总人次数,即 $C = A + T$。

2)线路与路网客流指标

(1)线路进站量:统计期内某线路所属各站点进站乘车的总人次数,包括本线进站且出站、本线进站他线出站两部分客流。

从路网层面看,线网进站量指统计期内城市轨道交通网络各线路进站乘车总人次数。路网进站量为各线路进站量之和,也等于全线网各站进站量之和。

(2)线路出站量:统计期内某线路所属各站刷卡出站的乘客总人次数,包括本线进站且出站、他线进站本线出站两部分客流。

同理,线网出站量指统计期内城市轨道交通网络各线路出站的乘客总数量。它也是各线路出站量之和。

(3)线路换乘量:统计期内,从其他线路换入本线的乘客数量,包括该线路的他线进站本线出站、他线进站途经本线后他线出站两部分客流。

线网换乘量指统计期内进入城市轨道交通线网的乘客由一条线路换乘到另一条线路的总人次数,即

线网换乘量 = 线路换乘量之和 = 换乘站换乘量之和

(4)断面客流量:统计期内运营线路某方向相邻两间站1h通过的乘客数量,也称断面客运量。一般地,高峰小时最大断面客流是最常用的概念,对指导设计与运营组织工作都具有重要意义。

(5)线路客运量:统计期内统计线路运送的乘客总人次数,包括进站量与换乘量两部分,即

线路客运量 = 线路进站量 + 线路换乘量

全日线路客运量是评价线路工作量的重要指标。

线网客运量有两个概念,一是城市轨道交通网络中各线路运送的乘客总乘次数,包括线网进站量与换乘量两部分客流;二是网络运送的乘客人次数,一般为各线路进站量之和。

(6)线网换乘系数:统计期内,乘客完成一次出行平均需要乘坐的线路条数。线网换乘系数可通过线网客运量与进站量的比值来计算;即本线进站、他线出站乘客占全线进站客流量的比例。

不难看出,线网换乘系数 = 平均换乘次数 + 1。

(7)线路平均运距:统计期内,乘客在某一线路上一次乘车的平均距离。

(8)线网平均运距:统计期内,乘客在线网内从进站到出站完成一次出行的平均乘车距离。显然,线网平均运距等于线路平均运距与换乘系数之积。

(9)线路客运周转量:统计期内全部乘客在该线路上乘坐距离的总和,单位为人·km。它等于乘客在该线路上的平均乘坐距离与线路客运量之积。

线网客运周转量指各线路客运周转量之和。

(10)不均衡系数:刻画客流在时间或空间分布不均衡性的指标。具体包括以下三个指标。

①方向不均衡系数:某线路单向最大断面客流量与双向最大断面客流量平均值之比,常用的有高峰期最大断面客流不均衡系数。方向不均衡系数常用来刻画客流的潮汐特征。

②断面不均衡系数:某线路单向最大断面客流量与该时段该方向所有断面客流量平均值之比。断面不均衡系数常用来刻画客流的空间特性。

③时间不均衡系数:某线路单向高峰小时断面客流量与该方向所有时段分时最大断面客流量平均值之比。该指标主要用来刻画最大客流断面在时间上的不均衡性。

(11)满载率:载客量与能力之比值。满载率是评价服务质量的重要指标,常用的概念如下。

①断面满载率:单位时间内线路单向断面客流量与该断面运力的比值,也称断面拥挤度。

②最大载客率:线路最大断面客流量与该断面运力的比值,也称最大拥挤度。

③线路平均满载率:统计期内,运营线路上所有列车载客数与能力之比值,即:

$$线路平均满载率 = \frac{线路客运量 \times 线路平均运距}{线路长度 \times 开行列车数 \times 列车定员}$$

若同一线路存在大小交路或不同编组辆数列车,公式中分母按加权和计算。

④线网平均满载率:统计期内,线网中所有上线列车的平均满载情况。计算方法为:

$$线网平均满载率 = \frac{线网进站量 \times 线网平均运距}{线路长度 \times 开行列车数 \times 列车定员}$$

5.2 行 车 计 划

5.2.1 行车计划及其编制依据

行车计划指城市轨道交通系统一日内分阶段开行的列车对数计划。它决定着城市轨道交通系统的输送能力和设备(列车)使用计划,也是列车运行图(时刻表)编制的依据。

与传统城市间铁路基于日开行对数的计划相比,城市轨道交通系统行车计划主要控制行车间隔。换言之,对于城市轨道交通系统来说,当某时期(如高峰期)出现运营延误时,延误期未能开行的列车不需要在另外的时间(如平峰时间)补开,因为城市轨道交通系统的乘客未实行按车次出行的管理模式,延误导致的能力损失会被乘客在其必须出行的时间段中增加的拥挤消化。这体现了城市轨道交通系统运力在高峰时间段与非高峰时间段不具补充性的重要特点。

行车计划编制的主要依据来自以下四方面:

(1)营业时间计划:城市轨道交通系统全日营业时间范围,也称首末车时间计划。它与城市居民的出行特点和文化背景、习惯有关。参考我国《城市轨道交通客运服务规范》(GB/T 22486—2022)规定,城市轨道交通全天营业时间应不低于15h。非营业时间主要用于设备设施的维护和检修。2023年全国城市轨道交通日平均运营服务时长为16.95h,其中北京最长,为18.75h。

(2)客流资料:如全日分时断面分布及最大断面,即一日内不同时间段客流的空间(区段)分布,最大区段称为最大断面。客流断面分布是确定不同区间列车交路方案、开行对数、编组方案的基础。

(3)列车能力指一列车满载时能够运送的乘客数量,与列车编组、车辆定员有关。

$$列车能力 = 列车编组辆数 \times 每辆车定员$$

(4)服务水平要求:一般通过满载率来简单描述,即列车实际载客量与列车能力之比,可从高峰期满载率、平均满载率等角度来分别刻画。

5.2.2 列车运行组织模式

列车运行组织模式决定列车开行的方式,包括列车交路与列车停站方案等内容。

1)列车交路

列车交路指某一类列车运行的空间范围。列车交路计划规定了全部列车运行区段、折返车站以及按不同交路运行的列车对数。列车交路计划编制就是确定列车交路的方法与过程。当线路较长、客流分布不均衡性较大时,通过合理、可行的交路组合来安排列车输送能力是一种充分利用列车与乘务资源、降低运输成本的常见方法。

由于城市轨道交通系统多数中间站没有折返线,列车无法进行折返,采用中间折返的交路要受线路折返条件设置的限制。

(1)列车交路的种类。

根据城市轨道交通线路的特点,列车交路可分为长交路、短交路两种类型。长交路指列车运行于全线的交路(图5-6a),有时也称大交路;短交路则指运行于全线某一段线路的方案(图5-6b),有时也称小交路。

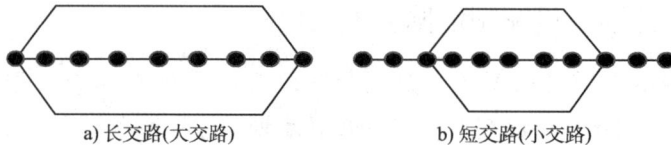

a) 长交路(大交路)　　　　b) 短交路(小交路)

图 5-6　不同类型的列车交路

某一线路上经常同时存在多种交路的组合。根据组合方式的不同,任意两种交路根据其关系可以分为一种对另一种全覆盖的嵌套交路(图5-7a)、两种交路互不覆盖的衔接交路(图5-7b)与两种交路部分重叠的交错交路(图5-7c)三种。图5-7d)是某实际线路上采用的更多类型交路的组合,这种组合交路一般称为混合交路。

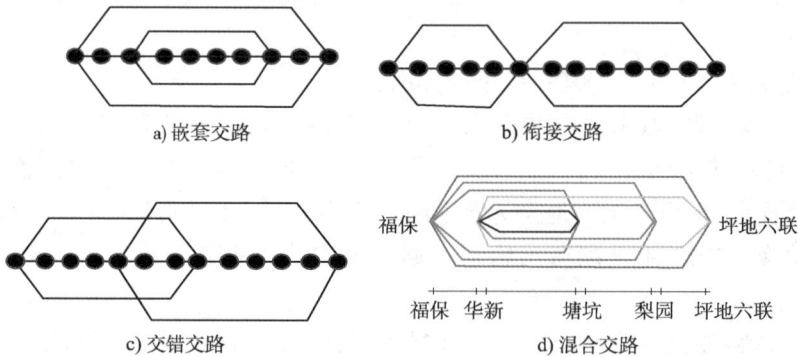

a) 嵌套交路　　　　　　　　b) 衔接交路

c) 交错交路　　　　　　　　d) 混合交路

图 5-7　组合交路的类型

单一的站站停模式的长交路对全线提供的能力相同,一般无法兼顾线路上客流的不均衡性,可能出现部分区段拥挤、部分区段运能浪费的现象,也不利于车辆资源的合理运用。嵌套交路是兼顾线路客流不均衡性的常用方法,但小交路会增加部分"遇车即上"的长距离乘客的换乘。衔接交路一定程度上可促进能力与客流的匹配,但会增加乘客换乘次数,换乘站压力也比较大;除两段线路存在互不兼容问题的特殊线路外一般较少采用。与衔接交路相比,交错交路增加了长距离乘客的换乘点选择,有利于缓解单一换乘站时的运营压力,有时出现在过轨运营的两条线路上。

混合交路组织方式是一种比较经济合理的运营方案,一方面可照顾区段客流不均衡性;

另一方面也可降低不同交路对长距离乘客等待时间或换乘的影响。其多见于距离较长、客流结构比较复杂、车辆编组复杂且保有量不足的线路。不过,这种方式行车组织相对复杂,对车站客运组织管理工作要求较高,需要做好乘客宣传工作,包括不同交路列车的外形标识、短交路列车在折返站的清客组织等。

(2)列车交路计划的确定。

列车交路计划的编制应以线路区段客流量的分析与预测为基础,充分考虑线路条件与客运组织工作要求,基本原则包括以下几方面。

第一,全线客流在空间上的不均衡性是确定列车交路方案的基本依据,也是论证多交路设置必要性的关键。

第二,线路折返条件决定了列车交路方案的可行性。混合交路中较短交路的实现只能选择中间设有折返线的车站,同时还需要分析论证较短交路是否会影响到行车组织的其他环节。例如,是否会影响行车间隔、能否确保列车运行安全等。

第三,短交路设置的综合效果是必要性论证的条件。一般说来,短交路列车会产生额外的作业,如沿线各站列车运行信息告示、折返站列车清客等。其效益是降低高断面列车负荷、节省列车公里与车底运用数量。

(3)列车折返方式。

列车折返方式是设置列车交路需要考虑的一个重要内容。折返方式决定着折返时间,也直接影响列车最小行车间隔。由于大多数城市轨道交通系统的车站没有侧线,折返时间与折返线的配置类型有关。

根据折返线设置情况不同,列车折返分为站前折返和站后折返两种方式。

①站前折返方式。指列车在折返站经站前渡线折返线折返(图5-8a)。列车空走少,折返时间短,乘客同时上下车,可缩短停站时间。不过,列车折返会占用区间线路,影响后续列车运行;客流量大时会影响站台秩序。行车密度高、列车运行间隔短时较少采用站前折返。

②站后折返方式。避免上述问题的一种方法是站后折返,即通过站后尽端折返线折返(图5-8b);此外,列车还可采用经站后环线折返的方法(图5-8c)。

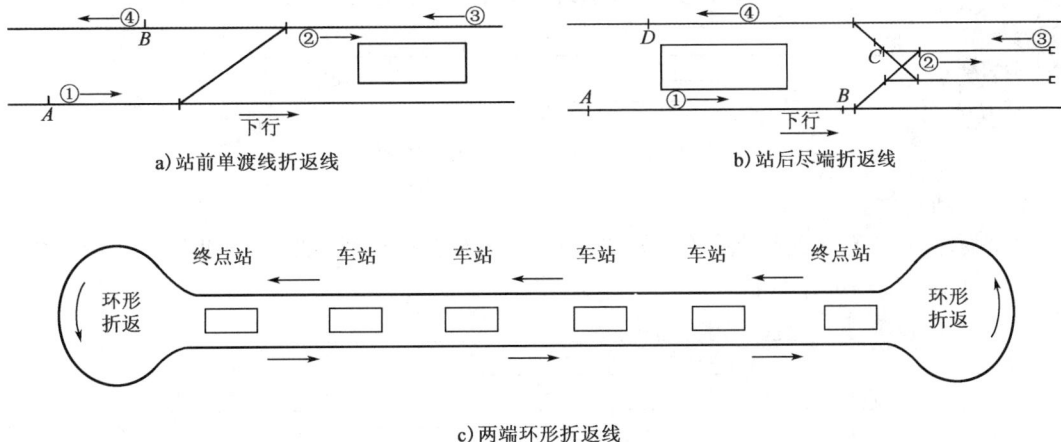

a)站前单渡线折返线　　　　　　　　b)站后尽端折返线

c)两端环形折返线

图5-8　折返线形式及作业过程

站后折返避免了进路交叉,安全性能较好。环形线折返可保证最大通过能力,但施工量大,钢轨在曲线上的磨耗也大。站后折返的主要不足是列车折返时间较长。

2)列车停站方案

列车停站方案规定各列车运行过程中需要停靠的车站。由于城市轨道交通服务的普遍性要求,多数情况下列车应采用站站停的运行模式,所有车站乘客都可上下车。

线路较长时,部分车站进出站客流显著少于其他车站。为提高长距离乘客的出行效率,可以考虑采用快慢车组合开行方案。快慢车组合方案有两种形式:一是在具备越行条件线路上组织快车越行慢车,这会降低被越行列车的旅行速度;二是在不具备越行条件线路上,通过在部分客流量少的车站不停车来提高列车旅行速度,一般在列车间隔相对较大的平峰时段开行。快车越行慢车会增加运行组织工作的复杂性,同时还会造成部分车站间不能直达,导致部分乘客需要在线内换乘。

图5-9是东京地铁5号线东西线停站方案的例子。

图5-9　快慢车开行方案

可以看出,东京都中心区东阳町站(含)以西区段,为站站停开行,以满足城市地区的出行需求;快车在东阳町站以东客流量不大的部分车站(郊区)不停车越行慢车,以满足郊区快速出行的需求。

中心城区具有越行条件的线路不多,较少采用快慢车组合方案。跨越市区与郊区的长距离线路上,郊区路段具有越行条件时,可实施快慢车组合方案。

越行根据方式的不同可以分为站间越行和车站越行两种。

(1)站间越行。

站间越行(图5-10)一般要求越行区段为三线(双向共用越行线)或四线,快慢列车在线路部分区段追踪运行,快车通过越行线越行慢车。

车站越行过程

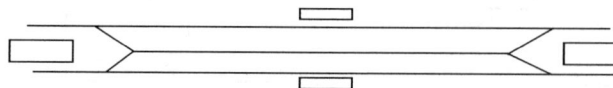

图5-10　站间越行的线路配置形式

(2)车站越行。

车站越行要求越行站配备侧线,如图5-11车站有2条正线(股道Ⅰ、Ⅱ)和2条侧线(3、4),双方向均可组织列车越行。

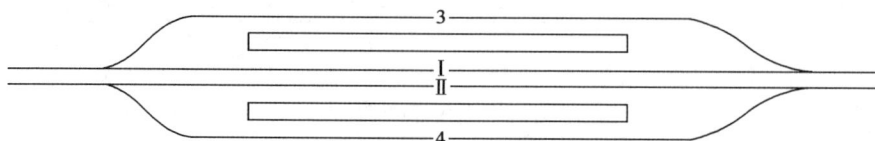

图5-11　车站越行的线路配置形式

快慢车组合模式在日本东京城市轨道交通线路上应用很普遍,这是因为东京地区很多区段属于三线或双复线,快车越行对慢车几乎没有影响。图 5-12 是东京东武东上线开行的 6 种不同停站组合的快慢列车方案,该线全长 64.1km,设 33 站[①]。从最快的列车到站站停列车,其中间停站次数分别为 7 站、8 站、16 站、21 站、23 站、31 站。

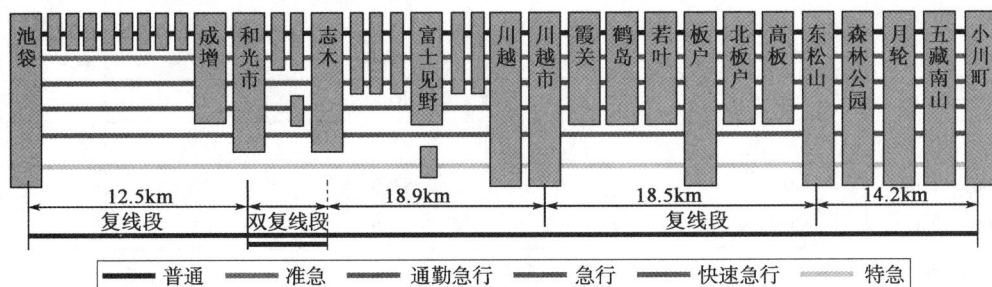

图 5-12 快慢车组合开行方案

5.2.3 运力配置计划

城市轨道交通运力配置计划规定了一日内不同时段、不同区段应提供的列车服务的数量,一般以小时开行列数表示。实际上也可以根据客流量大小在更短的时间段内变更列车服务频率。运力配置计划应以线路上客流的时间与空间分布为基础,它决定了轨道交通系统输送能力和列车运用计划。

某时间段某方向列车开行数量可按下式确定:

$$某时间段某方向列车开行数量 = \frac{该小时列车交路范围内该方向最大断面客流量}{列车交路内一列车的能力}$$

按上述方法计算得到的列车开行数可根据实际情况取整。该交路范围内最大断面上存在多种交路时,上述结果表示各交路开行列车总数量。不同日期断面客流量会有所变化,例如周一到周五为工作日,其客流与周六和周日会有所不同。实际工作中需要针对不同季节、不同日期的客流情况,确定不同的运力配置计划。

我国多数城市按照平日(工作日)、双休日、节日(元旦、春节、清明、端午、五一、十一)、节前(五一前、十一前)以及某些特殊日期(有大型活动时间)分别编制运力配置计划。某一日内则大致按照早平峰(05:00—07:00)、早高峰(07:00—09:00)、午平峰(09:00—16:00)、晚高峰(16:00—19:00)、晚平峰(19:00—23:00)五个阶段来确定运力计划。当运力资源有限时,为节省车底与乘务等资源、降低运输成本,可以按更细的时段划分来配置运力,尤其是客流量较少的早晚发、收车时段,从而获得更好的经营效果。

表 5-2 为某城市轨道交通线路工作日分时列车开行对数计划,该线路采用 B 型车辆、六节编组列车,列车定员为 1460 人,全日列车最大间隔 10min(满足最低服务水平要求)。可以看出,城市轨道交通限于条件多采用双向对称的运力配置,按运力需求较大方向来确定列车开行对数。

[①] 数据来自《轨道上的世界——东京都市圈城市和交通研究》。

表 5-2

某城市轨道交通线路工作日分时列车开行对数计划

时段	上行平均断面客流（人次）	运力配置（列）	下行平均断面客流（人次）	运力配置（列）	双向列车对数（对）
05:00—06:00	950	6	450	6	6
06:00—07:00	12000	12	3600	6	12
07:00—08:00	39200	28	15600	20	28
08:00—09:00	32000	25	16200	20	25
09:00—10:00	18500	20	9200	15	20
10:00—11:00	9500	15	8700	15	15
11:00—12:00	9600	15	8200	15	15
12:00—13:00	10500	15	9300	15	15
13:00—14:00	9800	15	9800	15	15
14:00—15:00	9200	15	10500	15	15
15:00—16:00	8500	15	11200	15	15
16:00—17:00	8700	15	15200	18	18
17:00—18:00	15500	18	27500	20	20
18:00—19:00	14500	18	32500	24	24
19:00—20:00	7500	16	14500	18	18
20:00—21:00	6500	12	10500	15	15
21:00—22:00	4400	11	8300	12	12
22:00—23:00	2340	5	4750	8	8
23:00—24:00	450	6	370	6	6
全天合计	—	282	—	278	302

确定运力配置计划时要考虑线路条件,即设备设施技术水平。由于不同线路最小行车间隔不同,当按客流需求计算的列车开行数量大于最小间隔允许的列车数时,说明该线路需要采取能力加强措施。

参考中国城市轨道交通协会的统计报告,2024 年我国 589 城市,361 条每日实际开行列车数 117224 列,2024 年每条线路平均日开行列车数达到了 324 列。

5.2.4 行车计划指标验算

确定运力配置计划时,一方面应注意通过控制高峰期列车满载率来提高服务水平;另一方面,要注意平峰情况下旅客的最大等车时间,使列车开行数量与客流需求合理匹配。同时,在实际编制运力配置计划时,还要考虑车底数量及周转问题。

运力配置计划确定后,一般还要验算各线路最大断面处的列车负荷,以检验服务水平是否满足要求。列车负荷可按式(5-1)计算:

$$\beta_i = \frac{p_{\max,i}}{n_i \times m \times c_p} \tag{5-1}$$

式中:β_i——列车满载率;

$p_{\max,i}$——该小时单向最大断面客流量,人次;

n_i——某小时 i 应开行的列车数;

m——列车编组辆数;

c_p——一辆车的定员,人。

例如,小时最大客流断面为 36000 人次,车辆定员 240 人,编组 6 节,该小时开行 30 列车,则满载率约为 $36000/(6 \times 30 \times 240) \approx 83.3\%$。

某方向全日列车开行数应为:

$$N = \sum n_i \tag{5-2}$$

全日列车开行数是评价城市轨道交通系统服务能力的重要指标。例如,深圳地铁 11 号线 2024 年工作日全天双方向开行不同交路载客列车数 388 列。

城市轨道交通系统的列车运行图一般为双方向开行列车数量相同的对称运行图,可以用对数来计量。实际工作中也可用发车间隔 I_i 来评价行车计划,即:

$$I_i = \frac{60}{n_i} \qquad (\text{min}) \tag{5-3}$$

或

$$I_i = \frac{3600}{n_i} \qquad (\text{s}) \tag{5-4}$$

全日行车计划确定后可验算全日列车平均满载率,即:

$$\beta = \frac{\sum_i \sum_j \text{OD}_{ij} \times L_{\text{OD}_{ij}}}{\sum_l \sum_k L_{lk} \times n_{lk} \times C} \tag{5-5}$$

式中:OD_{ij}——车站 i 与 j 之间的出行量,人次;

$L_{\text{OD}_{ij}}$——车站 i 与 j 之间的距离,km;

L_{lk}——小时 k 开行的交路 l 的距离(长度),km;

n_{lk}——小时 k 开行的交路 l 的列车数量;

C——列车定员,人。

当只有一种交路(交路长度为 L)时,有:

$$\beta = \frac{\sum_i \sum_j \text{OD}_{ij} \times L_{\text{OD}_{ij}}}{L \times n \times C} \tag{5-6}$$

由于各小时行车量均按最大断面计算,因此 β 值应低于各 β_i 取值。

上述行车方案确定后,可以编制列车运行图。列车运行图编制完成后,还需要验算不同时间段不同区间的列车负荷,以及全天非高峰期旅客最大等待时间;后者可以用列车最大间隔时间的一半来计算。

例如,某城市轨道交通 1 号线平日开行列车数为 725 列,最小间隔 2min05s,最大间隔 8min;双休日开行 614 列,最小间隔 3min,最大间隔 8min30s;位于中心城区的 2 号线平日与双休日均开行 611 列(外环 302 列,内环 309 列),最小间隔 2min,最大间隔 7min。13 号线平日开行 611 列,最小间隔 2min40s,最大间隔 12min;机场线 2014 年开行列车数 220 列(含 20 列回空),最小间隔 8min,最大间隔 12min。另一城市开通的第一条城市轨道交通 2 号线,平日与周末均开行 344 列,其中包括 14 列不载人列车;最小间隔 5min50s,最大间隔 6min15s。

表 5-3 为根据表 5-2 的运力配置计划计算的列车负荷情况。

最大断面负荷验算表

表 5-3

时段	上行最大断面客流（人次）	下行最大断面客流（人次）	单向运力配置（列）	单向列车最大负荷（%）
05:00—06:00	1350	1450	6	17
06:00—07:00	18500	4750	15	86
07:00—08:00	40500	19500	28	100
08:00—09:00	35300	18600	25	98
09:00—10:00	21600	13600	20	75
10:00—11:00	12500	11700	15	58
11:00—12:00	13800	11400	15	64
12:00—13:00	13200	11900	15	61
13:00—14:00	11900	12700	15	59
14:00—15:00	10900	12500	15	58
15:00—16:00	12400	13800	15	64
16:00—17:00	10500	18800	18	73
17:00—18:00	18900	31600	22	99
18:00—19:00	19300	36100	25	100
19:00—20:00	10700	18500	18	71
20:00—21:00	8100	12400	15	57
21:00—22:00	6500	11900	12	69
22:00—23:00	3380	6230	8	54
23:00—24:00	650	530	6	7
全天开行列车数	—	—	308	—

5.3 车辆配备、运用与检修计划

车辆配备计划指为完成全线全日行车计划所需要的车辆保有数量计划。运营车辆数包括运用车数、在修车数和备用车数三部分,即:

运营车辆数 = 运用车数 + 备用车数 + 在修车数

全线运用车辆数应根据不同阶段线路客流预测值、高峰期最小行车间隔、列车编组等指标测算确定。2024 年我国约 12161km 城市轨道交通线路共配备了 12314 组列车,平均每公里线路配车约为 1 列。

5.3.1 车辆运用与检修流程

运营单位应围绕确保运营安全和提升服务水平来开展车辆的运用与检修工作。车辆运用主要通过落实列车运转流程来实施。列车运转流程包括四个环节,即列车出车、列车正线运行、列车收车工作以及列车场内检修与整备作业,如图 5-13 所示。这些工作需要车辆运用部门各岗位的协同配合完成。

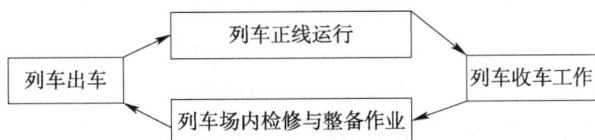

图 5-13 列车运转流程图

1)列车出车

列车出车工作流程分为发车计划、出乘作业及发车作业三部分,从发车计划开始到列车发出结束。发车计划可分为编制、下达发车计划以及检修交车、确认计划两个环节。出乘作业可细分为司机出勤、出车前检查、列车出库三个环节。列车出车工作流程如图 5-14 所示。

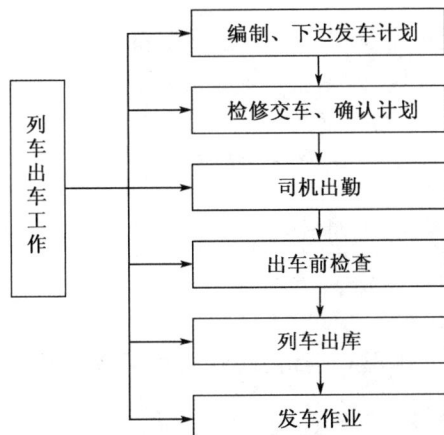

图 5-14 列车出车工作流程图

2)列车正线运行

列车正线运行由列车司机负责,包括正线运行中的信息交流、正线交接班作业等。

(1)正线运行中的信息流转。

①正线列车或其他行车设备发生故障时,司机应及时报告行车调度员故障车次、故障时间、故障现象以及处理结果。

②行车调度员将故障车次/车号、故障情况及其他相关信息通报维修部门。

③司机除汇报行车调度员有关故障信息外,还应将故障信息在报单上记录备案。

④对于运营中列车因故障而导致下线,行车调度员应及时通知车站行车值班员。

(2)正线交接班作业。

①司机在正线交接班时应提前 20min 至出勤地点,出勤方式按部门相应规定执行。

②司机在途中交接班时必须向接班人员说明列车的运行技术状态及有关行车注意事项,并填写在司机报单上,内容包括制动性能、故障情况、线路情况、当前有效调度命令及执行情况以及其他必须交接的情况。

接车作业

↓

列车入库

↓

回库检查及收车

↓

司机退勤

列车收车工作

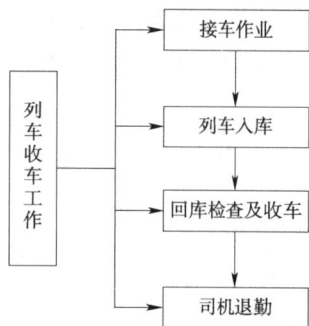

图 5-15 列车收车工作流程图

3)列车收车工作

列车收车工作流程(图 5-15)分为接车作业及回库作业,其中回库作业可细分为列车入库、回库检查及收车、司机退勤三个环节。

4)列车场内检修与整备作业

列车回库后的检修与整备作业包括车辆日常运用的整备、检查和维护作业,具体有列检、周检、月检等方式;需要完成车辆的状态检查、车体清洁、零部件润滑等工作。列检一般需每天进行一次,内容包括对受电弓、电机、控制装置、电气装置、空调、转向架、制动系统、车钩缓冲装置、门控系统、蓄电池等部件进行外观检查和保养,及时处理可能影响行车安全的各类问题。周检和月检需要进行更系统的检查。

5.3.2 运用车配备与检修计划

1)运用车辆数

运用车辆数 N 指为完成日常运输任务所必须配备的技术状态良好的可用车辆数量。它与高峰小时开行的最大列车对数、列车旅行速度及折返站停留时间等有关,计算方法为:

$$N = n_{高峰}\theta_{列}\frac{m}{60} \tag{5-7}$$

式中:$n_{高峰}$——高峰小时开行的列车对数;

$\theta_{列}$——列车周转时间,min;

m——列车平均编成辆数。

考虑到地铁车辆常以动车组形式编组,此时动车组 N 可用式(5-8)计算:

$$N = n_{高峰}\theta_{列}\frac{L}{60} \tag{5-8}$$

式中:L——每列车内动车组组数。

式(5-7)和式(5-8)中,列车周转时间是指列车在线路上往返一次需要的总时间 $\theta_{列}$(min);包括列车在区间运行时间、列车在中间站停留时间以及列车在折返站作业停留时间。

$$\theta_{列} = \sum t_{运} + \sum t_{站} + \sum t_{折停} \tag{5-9}$$

式中:$t_{运}$——列车在线路上往返一次各区间运行时间之和,min;

$t_{站}$——列车在线路上往返一次各中间站停站时间之和,min;

$t_{折停}$——列车在折返站作业停留时间之和,min。

2)在修车辆数

为维系安全、正常的运营,车辆需要定期检修,以预防故障或事故的发生。在修车辆就是指任一时期处于检修状态的那部分车辆。

车辆检修概念涉及车辆检修级别和车辆检修周期。它们是根据车辆设计的性能、各部件在正常情况下的使用寿命以及车辆的运用环境和运用情况(如走行公里等)来确定的。城市轨道交通系统车辆的检修级别包括列检、月检、定修、架修和大修(厂修)五类。

在修车辆数量可根据上述检修周期、综合维修能力、修程修制来确定,一般为运用列车数量的 10% ~15% 。

3)备用车辆数

备用车辆数是为城市轨道交通系统适应可能的临时或紧急运输任务、预防车辆突发故障而配备的技术状态良好的车辆数,这部分车辆数量可按 10% 左右计算。对投产不久的新线,由于车辆状态较好,备用车辆数量可适当减少,以节约投资。

5.4 巡检作业计划

城市轨道交通服务任务繁重,巡检工作是确保系统运行安全的关键环节。城市轨道交通的巡检包括车站巡检、线路巡检、车辆和运营设施巡检等。

车站巡检包括车站设备设施的检查,如灯光照明、楼扶梯、通风空调设备及其他客流服务设施设备等。

线路巡检计划应事先编制线路巡回图。线路巡回图规定了巡检的起止日期与时间、巡回路线、起止位置、重点巡查部位以及交接班的要求等内容,一般由线路工班负责实施。每两天对所辖线路上下行设施设备全面巡检一遍。特殊情况下需调整巡检图的内容时,需由维修部门的维修调度向行车调度员提出申请。

线路巡检的主要任务是轨道设备巡检、线路小补修以及处理侵限障碍物等。巡检应在非运营时间进行,特殊情况下行车调度员可根据实际需要对巡检时间长短做出微调。轨道巡检的内容包括轨道线路、信号设备、车辆设备等的巡检。轨道线路巡检包括轨道的平整度、道面与道砟和道床状态、轨距等指标。

线路巡检发现线路与设备故障及安全隐患时,能消除的应立即消除;消除不了的应及时报告维修调度通知相关人员进一步处理。对不能及时处理、可能危及行车安全的,应设置防护并立即报告控制中心或车站。

巡检人员经过有施工作业的区段时,应由施工负责人出清该作业区的线路。

车辆段内的车场巡检由车辆段工班负责,巡检时间可安排在白天。车辆的巡检应检查车辆内部设施的运行状况及完好性(如车门的闭合性,车厢内空调、屏幕等设备是否运行正常等)发现问题及时修复。

车场线巡检由车场值班主任审批。

巡检人员应做好巡检记录,不得漏检、错检或造假,对巡检结果做出判断,发现异常情况或问题及时上报。

随着科技发展,监控与巡检的技术手段不断改善,各种智能化的监控与巡检设备不断涌现。例如,车载轨道快速巡检系统通过高清摄像机实现数据(包括轨道几何尺寸、轨道运行状态等)自动采集、存取与传输;通过图像处理与识别系统识别轨道结构(包括轨枕、扣件、道砟等)与轨道部件(包括信号、供电设备等)状态,发现设施设备缺陷与问题;通过评估实现故障与问题报警。此外,新型的城市轨道交通综合监控系统可以利用信息与通信技术,集成相关设备设施的运行信息和安全监控数据,实现对系统安全性的监控管理。

这些系统与设备可以实现巡检的自动化与数据的自动处理与传输,从而提升巡检的质量与效率。

5.5 设施设备维修保养作业计划

　　城市轨道交通系统运营时间内原则上不能开展影响行车与客运服务的检修施工作业。为保证运行安全,一般在停止营业后在正线、车站、车场及其线路开展对相关设施设备的维修保养作业,包括必要的检修施工作业。各部门对行车、服务设施设备的检查、养护、调试、维修以及工程车、调试列车的开行,需要在前一周制订严谨的计划,并报主管部门批准。

　　车务部的作业计划一般应向安全技术主任申报,维修部的作业计划向维修部安全调度室申报,车辆部的作业计划向车辆部调度室申报;三大部门之外的可直接向计划管理部门申报。计划管理部门汇总审核批准后再通知各执行部门。

　　施工作业计划按时间可分为以下三类。

　　一是从周一到周日的周计划。包括客车在正线的调试、需开行工程列车(含轨道车)的检查、维修、施工、调试、运输等作业,以及需要停止接触轨供电、可能影响行车和运营服务的设施设备检查、维修等作业;还包括虽不进入线路,但需有关部门配合、需要进入车站或基地的作业。表5-4是周施工计划申请表。

周施工计划申请表 表5-4

填报单位(盖章)　　　　　　填报日期 ____年____月____日　　　　　填报人_____

作业类别	作业部门	作业时间	作业内容	作业区域	接触轨停供电安排	防护措施	施工负责人	备注

　　说明:1.此表一式两份,一份填报单位留存,一份交公司对口部门工程师;

　　　　　2.填报单位必须加盖公章;

　　　　　3.在"备注"栏中应注明需配合的部门及可能影响的范围等事项;

　　　　　4.填报单位没有合资格的施工负责人应由对口部门指派。

　　二是日变更计划。指周计划内因各种原因需要进行变更的日作业项目内容,应提前一天申报;见表5-5。

日变更计划表 表5-5

填报单位_____　　　　填报人_____　　　　　____年____月____日

作业代码	作业部门	作业时间	作业内容	作业区域	供电安排	申报人	防护措施	施工负责人	备注

　　三是临时抢修作业计划。包括运营时间内发生行车设备故障需进行抢修的作业、抢修

后涉及营业时间外继续进行维修的作业以及运营期间发现故障可在运营时间外开展的维修作业等。临时抢修计划由于突发性一般可以通过下达调度命令的形式审批，表5-6给出了临时抢修作业计划申请表样例。

临时抢修作业计划申请表　　　　　　　　　　表5-6

申报人_____　　　联系电话_____　　　　___年___月___日

作业单位		作业名称	
作业区域		作业日期	
作业时间		停止时间	
作业人数		施工负责人	
主要作业内容			
防护措施	封锁区间 停电区间 其他		
配合要求			
工程列车安排			

申报人(签名)：_____　　　　　　　审批人(签名)：_____

运营时间内正线、辅助线发生故障或事故需要抢修时，相关车站应密切配合抢修作业，紧密联系行车调度员。对行车不中断的抢修，抢修人员应先到车站中控室办理有关手续，在得到行车调度员批准并停止接触轨供电、落实安全防护措施后方可进入。对行车中断下的抢修，车站应按行车调度员命令在站台设立"故障/事故处理点"，站务人员应对进出线路的抢修作业人员进行清点核实；抢修作业完毕后，抢修作业负责人须到车站中控室补办请点手续，并办理销点手续。

车场内需要进行抢修作业时，一般由车场值班主任负责封锁相关线路，统筹安排相关作业。属于维修部门所辖的设备故障，由维修部门调度统筹组织处理，并指定一名专业人员负责现场指挥。属于车辆部门所辖的设备故障，由车辆部门值班主任统筹组织处理，并指定一名专业人员负责现场指挥。

运营控制中心(OCC)调度主任、车场值班主任应核对所管辖范围内的作业项目，对有冲突的施工作业及时进行调整。每日运营结束前规定时间，控制中心调度人员应与各车站核对当晚施工作业计划，包括日变更计划。

每项施工作业应设立施工负责人，负责办理请/销点手续、作业期间的组织指挥与安全管理以及与相关部门的联动协调等工作。施工负责人具备相关作业的安全知识与技能，其资格应经运营公司相关管理部门认证。外单位的施工负责人应签订"施工安全协议"，并通过运营公司相关部门的认证。属于危险作业的施工须办理审批手续。

须进入线路的施工作业无论是否需要封锁站间正线线路，均应由车站值班员报告行车调度员，并获其批准。

正常施工作业结束时间应早于运营开始前规定的时间。施工作业结束后,车站、控制中心、车辆基地控制中心相关人员应通过相关设备测试系统设备能否恢复正常工作;需操作道岔的,须在所有施工作业销点并线路出清后方可进行。

5.6 运营设备更新计划

运营设备使用年限应符合国家、行业标准及设备采购合同、设计文件等规定。根据运营设备使用年限、运行状况和更新条件等要求,运营单位应定期制定更新规划,更新规划的编制应结合运营设备实际使用情况和技术评估结论。

达到使用年限后仍需继续使用的运营设备应进行技术评估。符合下列条件之一时,应对设备进行更新:

(1)无法恢复原设计的使用功能,严重影响运营安全或服务水平的;

(2)不能继续使用或不具备维修价值的。

运营设备虽未达到使用年限、但符合以下条件之一时,亦可申报提前更新:

(1)故障率高,严重影响运营的;

(2)在安全方面存在重大风险,经过维修后仍不能消除的;

(3)原设计的功能、性能不能满足当前运营要求的;

(4)备品备件严重短缺,致使维修质量难以得到保证的;

(5)属于国家、行业、地方标准规定淘汰或功能需要提升的;

(6)失去维修价值等其他情况。

新设备的选型及设施设置的核查与检验应包括以下内容:

(1)是否符合运营线路的实际需求,即技术成熟、安全可靠、便于管理、便于维修,符合技术发展趋势;

(2)是否满足既有线路的运营要求;

(3)是否充分考虑了与其他线路的运营兼容性;

(4)是否具有可靠性、经济性和适度先进性。

更新过程中,运营单位应严格执行批复的计划和流程,加强安全管理和质量管控。设备更新完成后,应组织技术核查及质量检验,按规定验收,完成资料归档。技术核查及质量检验应包括以下内容:

(1)更新后的设备是否符合技术方案和相关标准的要求;

(2)原设备存在的缺陷是否消除,新设备是否达到预期的性能和经济效益;

(3)运行指标是否满足运营安全和服务要求;

(4)能耗、环保性能是否符合国家、行业及地方标准的要求;

(5)技术接口是否满足与路网调度指挥系统接入的要求,是否满足路网调度、应急调度指挥、清分清算、运量运力评估及统计分析的要求。

复习思考题

1.简述城市轨道交通运输计划的主要内容。

2.简述车辆检修的类别及其主要内容。

3.试述列车交路的主要形式及其适用条件。

4.简述快慢车开行的客流条件。

5.阐述调度指挥在城市轨道交通运营管理工作中的作用。

6.分析编制运力配置计划时需要考虑的主要因素。

7.简述客流指标及其在计划编制中的作用。

8.简述巡检作业计划的主要内容。

9.简述施工作业计划的管理流程。

10.简述设备更新的基本要求。

AI辅助学习研讨题

请采用AI工具(如DeepSeek、Kimi等)生成下列讨论题的报告或PPT。

讨论题(1):分析"客流量"与"客运量"的异同。

要求:利用AI工具,从两个概念的内涵以及它们在实际工作中的应用两个层面分析"客流量"与"客运量"的异同,生成汇报文件(PPT)。

讨论题(2):从运营角度分析"设备维修保养"与"设备更新改造"两项活动间的辩证关系,深入分析它们在运营管理工作中的作用以及对客运服务水平的影响。

要求:从运营企业角度,分析上述两项工作对行车组织、服务水平的影响,完成讨论报告或汇报文件(PPT)。

第6章
列车运行图编制

　　列车运行图又称时距图(Time-Distance Diagram),是城市轨道交通系统运行的综合计划,也是各部门协同工作、维持全线列车与客运组织秩序、保证系统运行安全和旅客服务质量的前提和基础。本章介绍了城市轨道交通系统列车运行图的基本概念和图形表示方法,总结了城市轨道交通系统列车运行图的分类和特点,探讨了列车运行图的编制方法,重点阐述了城市轨道交通系统列车运行图编制的步骤、主要指标、技术关键,以及网络化列车运行图铺画的基本理论与方法。

6.1　列车运行图的概念及意义

　　列车运行图是一种利用坐标原理描述列车运行时间、空间的二维图解，横、纵坐标分别表示时间和空间。带车次编号的斜直线近似表示列车的时空运行轨迹，也称列车运行线。运行图规定了各次列车占用区间的顺序、列车在各车站到达、出发或通过的时刻、列车在区间的运行时间、列车在各站的停站时间、列车折返作业时间及列车出入段时刻等。此外，列车运行图还可包含车辆周转信息。列车运行图的编制过程就是以满足列车开行计划为目标铺画列车运行线的过程。

　　列车运行组织是一个复杂的过程，需各部门、各工种、各环节相互协调。例如，车站根据运行图规定的列车到、发时刻，安排本站行车和客运工作；车辆维修部门运营前要整备好运营需要的列车数，车辆运转部门根据列车运行图要求确定列车的派出时刻和乘务员的作息计划；工务、通信、信号、供电、机电等部门也要根据列车运行图的规定安排施工计划和维修计划等。

　　运营单位应根据客流需求和设备技术条件合理编制运行图。由于客流差异大，城市轨道交通系统需要采用较城市间铁路更灵活的运行图。当下列条件发生变化时，应编制或调整列车运行图。

　　(1)新线开通或线路延伸段开通运营。

　　(2)客流特征发生变化，与既有运输图提供的能力不匹配。

　　(3)首末班车变更或交路方案发生变化。

　　(4)线路设施设备或技术条件发生重大变化(如线路施工、信号系统升级、设备更新等)。

　　(5)重大活动引发的线路客流的较大波动(如大型体育赛事、大型展览会、文艺活动等)。

　　(6)运输资源条件发生变化(如列车车底、列车驾驶员数量增加等)。

　　(7)相邻线路运力调整导致本线路需求特征出现显著变化。

　　图6-1为城市轨道交通运行计划形成过程。

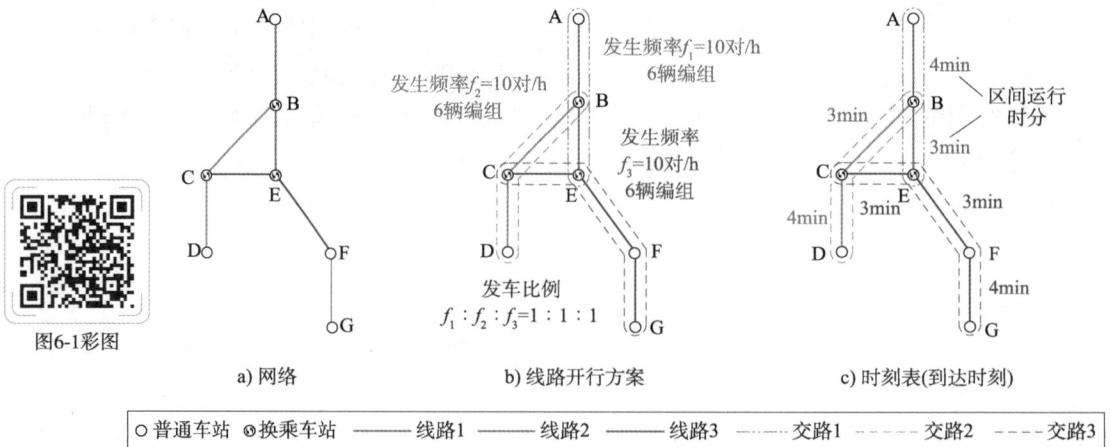

图6-1彩图

a) 网络　　　　　b) 线路开行方案　　　　　c) 时刻表(到达时刻)

○普通车站　◎换乘车站　——线路1　——线路2　——线路3　┅┅交路1　┅┅交路2　- - -交路3

图6-1　城市轨道交通运行计划形成过程

　　图6-2为国内某城市轨道交通线路早06:00—08:00的列车运行图。

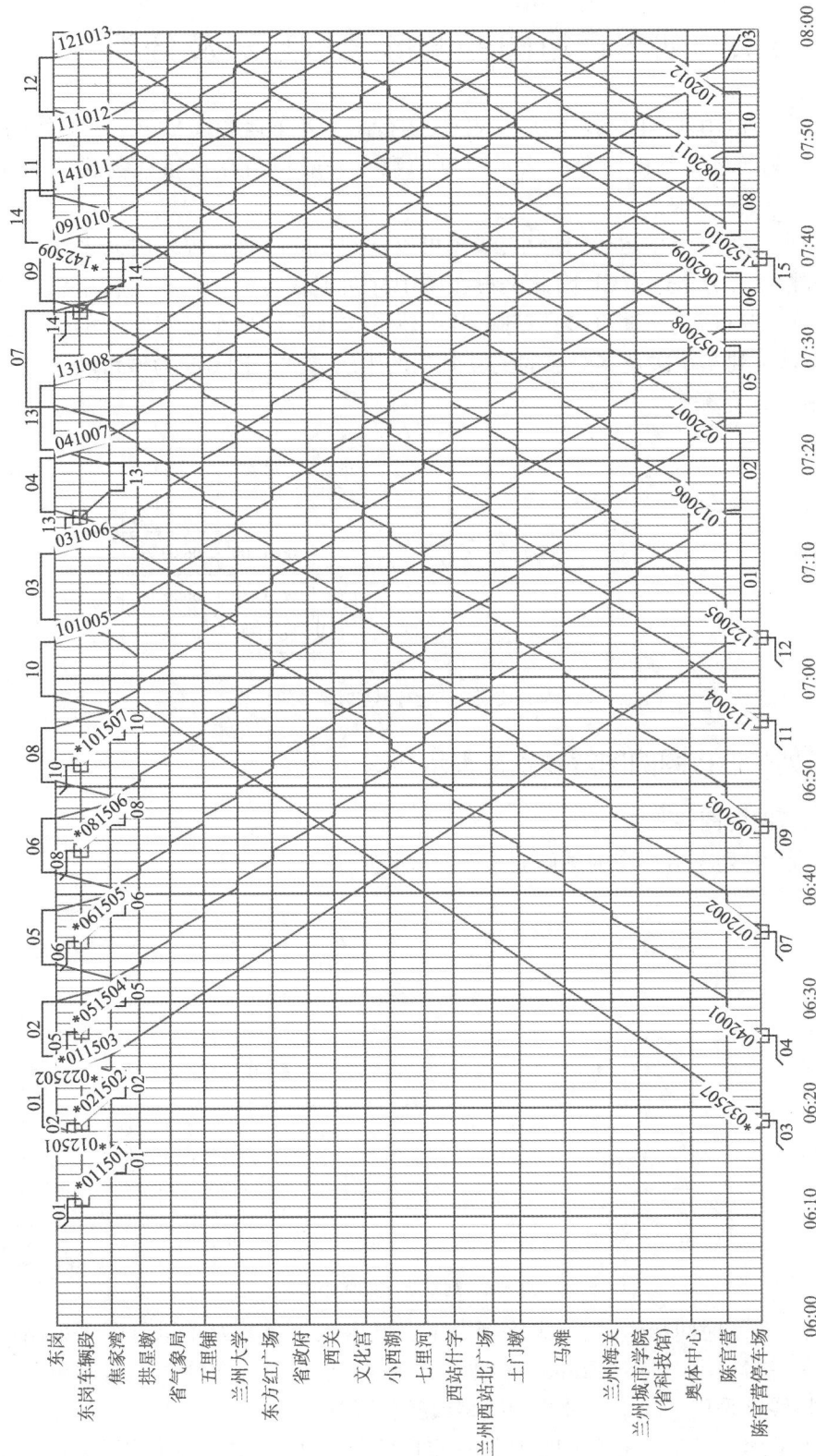

图6-2 某城市轨道交通线路列车运行图一例(早6:00—8:00)

6.2 列车运行图的图形表示方法及分类

列车运行图可以用列车时刻表的形式表示,运行图上列车运行线与车站中心线的交点,即为列车到、发或通过车站的时刻。表示时刻的数字一般填写在运行线与横线相交的钝角处。

城市轨道交通系统列车运行间隔小,最短可以达到 2min 以内,停站时间多在 15~45s,一般采用一分格或二分格运行图,因此不再在图中标明到发时刻。列车运行组织以列车间隔为主导,不对外发布列车运行时刻信息。城市轨道交通系统列车运行组织的这一特征不同于传统铁路基于列车车次及其对应的到发时刻的组织方式。图 6-3 为城市轨道交通列车运行图与时刻表的关系。

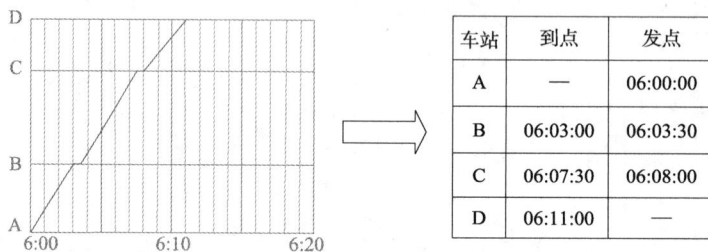

车站	到点	发点
A	—	06:00:00
B	06:03:00	06:03:30
C	06:07:30	06:08:00
D	06:11:00	—

图 6-3　城市轨道交通列车运行图与时刻表的关系

6.2.1　列车运行图的图解要素及表示方法

1)列车运行图的图解要素

以图 6-4 为例,列车运行图的图解要素及含义说明如下。

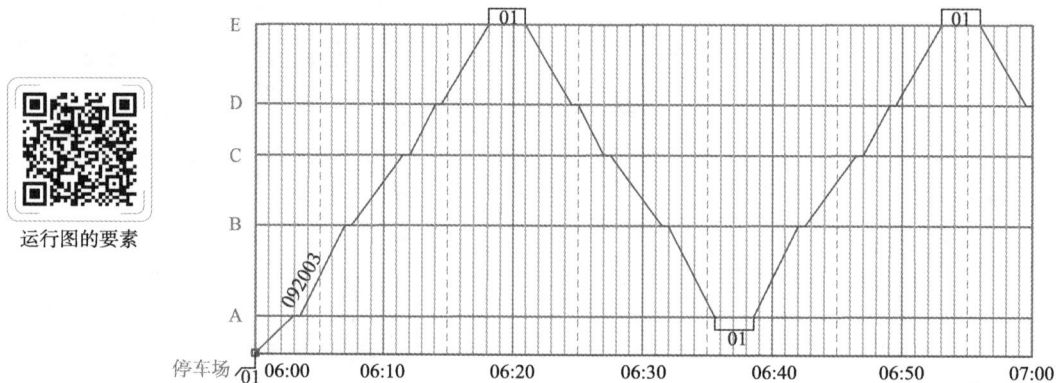

图 6-4　列车运行图的图解要素

(1)横坐标:表示时间变量,按一定比例表示。城市轨道交通列车运行图多采用一分格或二分格,即每一格表示 1min 或 2min。横坐标上垂直、平行的等分线表示时间等分段。十分格线、五分格线宜采用不同于一分格的线型或颜色区分。

(2)纵坐标:表示距离,根据区间里程按一定比例分割,以车站中心线位置定点。纵坐标上水平、平行的不等分线表示各车站或车辆段(停车场)位置。车站和车辆段(停车场)宜采用不同颜色加以区分,如车辆段(停车场)常用红色表示。

(3)斜线:表示列车运行的轨迹(径路),采用直线描述,即假定列车以平均速度运行。一般以上斜线表示上行列车,下斜线表示下行列车。

(4)列车运行时刻:运行图上运行线与车站的交点表示该列车到达、出发或通过的时刻。由于城市轨道交通列车停站时间较短,一般不标明到、发不同时间。

(5)车次与车号:列车运行图上,每列车均有车次编号,车次编号一般按列车类别确定。如专运列车、客运列车、施工列车等。列车车次按发车顺序编排,上行采用双数,下行采用单数。车号指列车车组编号,从列车出车辆段(停车场)直至回车辆段(停车场),车号均保持不变。

(6)车辆周转计划:运行图起始站与折返站上,运行线首尾衔接形成车辆运用的周转计划。

(7)列车运行图编号:某一列车运行图方案的编号。运行图名称中宜包括线路编号、运行图编号、运行图类别等信息。如:"上海轨道交通1号线第149-1号工作日列车运行图"。

2)列车运行图的图解要素表示方法

(1)列车运行线表示方法。

不同列车运行线有不同的表示方法,表6-1列出了常见的列车运行线表示方法。

列车运行线的表示方法 表6-1

列车种类	符号	说明
客运列车	——————	红色实线
临时加开列车	- - - - - - -	红色虚线
专运列车	—→—→—→	红色实线加箭头
排空列车	—○——○—	红色实线加圆圈
救援列车	—×——×—	红色实线加叉
调试列车	——————	蓝色实线
施工列车	——————	黑色实线

目前,城市轨道交通列车运行图对运行线颜色并未统一规定,但运行图中的运行线应与车底周转线同步表示,不同类型的列车宜采用不同颜色或不同线型表示,以作区分。不同城市关于列车运行线颜色的规定不同,下面是一种列车运行线颜色的规定。

①上行客运列车用红色实线表示;下行客运列车用绿色实线表示。

②出、入段用黑色实线表现。

③调试、轧道车线用蓝色实线表示。

以青岛地铁13号线为例,列车运行线颜色规定见表6-2。

列车运行线颜色规定(青岛地铁) 表6-2

序号	运行线类型	运行线颜色	序号	运行线类型	运行线颜色
1	首末班车	黑色	4	正向轧道车	粉色
2	常规列车	红色	5	其他非载客列车	绿色
3	反向轧道车	紫色	6	机场直达快车	橙色

注:某列车兼做首末班车/轧道车/常规列车/非载客列车的情况,以首末班车优先于轧道车优先于常规列车优先于非载客列车标注。

（2）运行图符号含义。

运行图中的时间标识、车次号、车底号宜采用不同字体类型或不同字号加以区分。列车运行图的部分符号及其含义如图 6-5 所示。

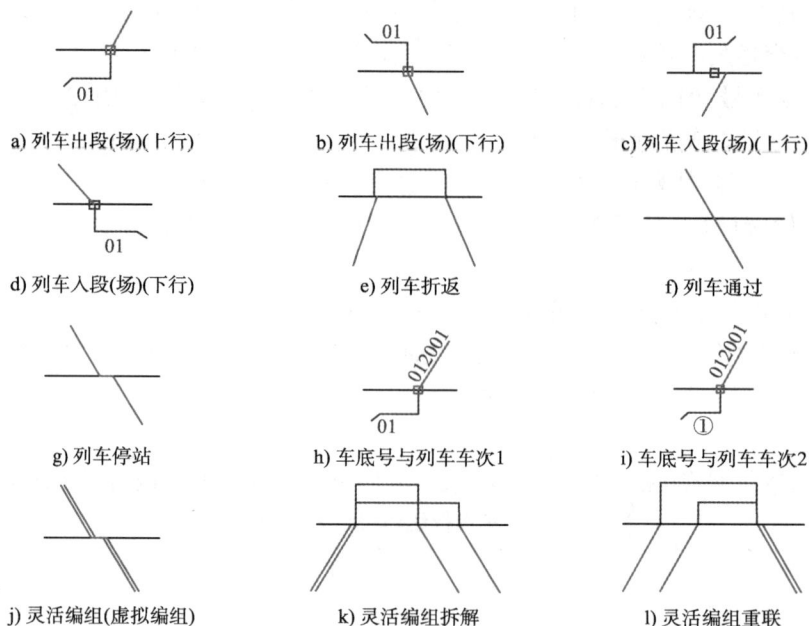

图 6-5　列车运行图的部分符号及其含义

（3）列车车次命名规则。

运行图中每一列车应冠以车次编号即车次号，车次号命名应统一规则。车次信息宜包括线路编号、车底出库顺序号、目的地码等信息。不同城市、不同线路列车车次表示方法有所不同。

①上海地铁某线路：车次号由 5 位（线路编号超过 9 时为 6 位）组成，前 1 位（或 2 位）为线路编号，中间 2 位为出库顺序号，最后 2 位为目的码。如 11296 次表示 1 号线开往莘庄站的 112 次列车。

②北京地铁某线路：列车车次由 4 位数组成，首位表示列车开行方向（"1"为下行，"2"为上行）；第 2 位表示列车性质，"0 ~ 4"表示计划客运列车，"5"表示临时加开列车，"6"表示调试列车，"7"表示救援列车，"8"表示回空列车，"9"表示施工列车；第 3、4 位表示列车运行顺序号。

③深圳地铁某线路：列车车次由 5 位数组成，前 3 位为服务号[可理解为出车辆段（停车场）的次序]；后 2 位为行程号，尾号双数表示上行，尾号单数表示下行。如 00102 次列车表示由车辆段（停车场）发出的第 1 列执行上行方向第 1 个行程的列车。

④西安地铁某线路：列车车次由 6 位数组成，前两位为服务号（可理解为车底号），中间一位为方向号，后三位为序列号。其中服务号用于对正线列车的辨认，在一天的服务中保持不变，有效范围为 01 ~ 99。方向号 1 表示下行列车，2 表示上行列车，后三位为序列号，有效范围 001 ~ 999。如 032001 次列车表示车底编号为 03 的列车担当上行方向第 1 趟运输服务。

⑤重庆地铁某线路:列车车次由 3 位数组成。运用车为 001 ~ 799;临时列车为 801 ~ 849;回空列车为 851 ~ 899;调试列车为 901 ~ 959;救援列车为 961 ~ 999。

(4)列车运行图命名规则。

运行图应有规则统一的命名。不同城市轨道交通列车运行图命名规定有所差异,但总体上有以下两种基本规则。

①运行图名称中包括线路编号、运行图编号、运行图类别等信息。如:"上海轨道交通 1 号线第 149-1 号工作日列车运行图""深圳地铁 11 号线 1139 号工作日列车运行图""深圳地铁 11 号线 1135 号(节假日)列车运行图"。

②运行图由 5 位或 6 位编号表示,其中"××××××"第一位表示运行图类型,正常运行图的编号为 Z×××××,特殊运行图编号为 T×××××,试运行的运行图编号为 Y×××××。第 2 和第 3 位表示线别,后 3 位为运行图顺序号,从 001 ~ 999,第 4 位"1"表示工作日,"6"表示周六周日。

以西安地铁为例,如:西安地铁 1 号线某工作日列车运行图编号为"Z01136"、西安地铁 2 号线特殊列车运行图编号为"T02073"。

以兰州地铁为例,运行图编号为 5 位,运行图类型分为以下几种。

a. 正常运行图分为工作日图和周六日图:工作日图 Z1101 ~ Z1199,第 3 位"1"表示工作日;周六日图 Z1601 ~ Z1699,第 3 位"6"表示周六周日。

b. 特殊运行图 T1801 ~ T1899;

c. 演练运行图 Y1001 ~ Y1099。指前两类运行图之外,在非运营时间或按特殊使用要求编制的运行图。

3)列车运行图车站中心线确定方法

车站中心线有下列两种确定方法。

(1)按区间实际里程比例确定。

车站中心线按区段内各车站间实际里程比例来画横线。采用这种方法时,运行图上的站间距完全反映实际情况,能明显地看出两站间距的大小,如图 6-6 所示。

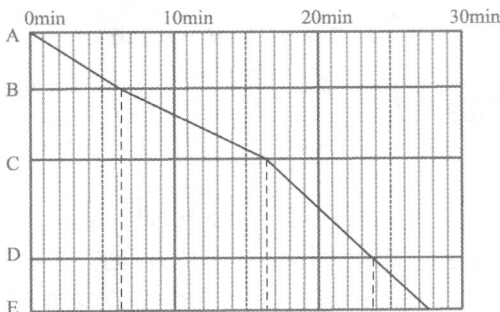

确定车站在运行图上的位置的方法

图 6-6 按区间实际里程比例确定的车站中心线

由于各区间平、纵断面差异,列车运行速度有所不同,这种方法下列车在全线的运行线往往是一条斜折线,既不整齐,也不易发现列车在区间运行时分上的差错,通常不采用这种方法。

（2）按区间运行时分比例确定。

车站中心线一般按区段内各车站间列车运行时分的比例确定。这种方法列车在整个区段运行线大致是一条整齐的斜直线，列车在区间运行时分的差错也容易发现，如图6-7所示。

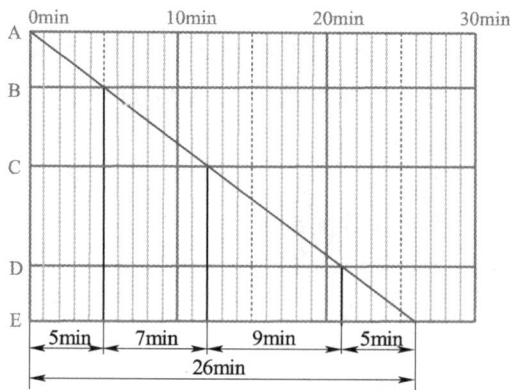

图6-7 按区间运行时分比例确定的车站中心线

4）车辆段(停车场)中心线确定方法

可将车辆段(停车场)虚拟成一个"车站"，根据车辆段(停车场)与车站所处的相对位置，确定车辆段(停车场)中心线在运行图中所处的区间。车辆段(停车场)中心线位置可根据地理位置确定，与接轨车站中心线的间距不宜过小，如图6-8所示。

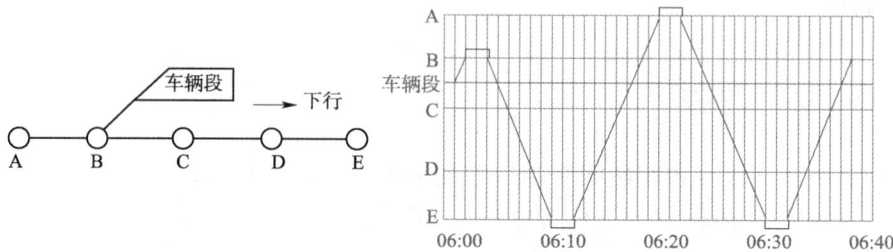

图6-8 车辆段(停车场)中心线确定

6.2.2 列车运行图的分类

1）按照不同时间刻度分类

按照不同时间刻度等级，列车运行图可分如下几种类型。

（1）一分格运行图（图6-9）：横轴以1min为单位，以细竖线加以划分，10min格和小时格用较粗的竖线表示，一分格图主要在编制新运行图和调度指挥时使用。

（2）二分格运行图：横轴以2min为单位，以细竖线加以划分，常用于市郊铁路运行图。

（3）十分格运行图（图6-10）：横轴以10min为单位，用细竖线加以划分，半小时格用虚线表示，小时格用较粗的竖线表示。多用于描述运行图轮廓或调度在日常指挥中绘制实际运行图时使用。

列车运行图的类型

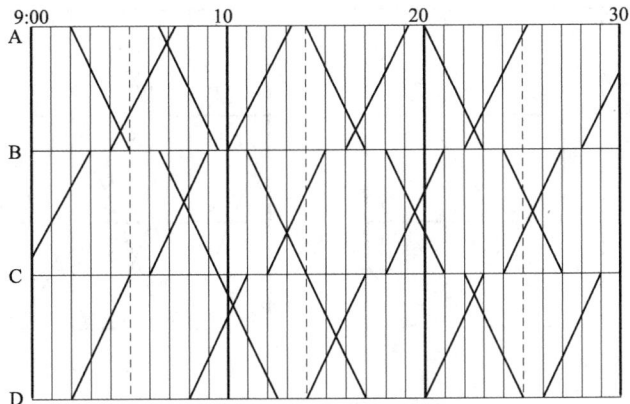

图 6-9　一分格运行图

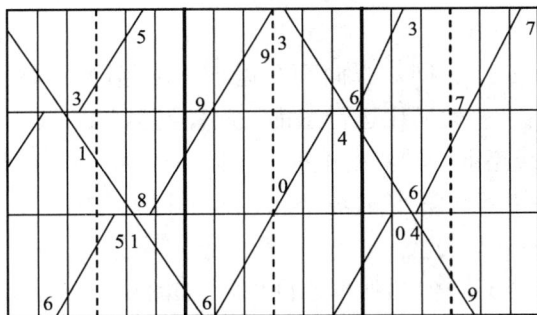

图 6-10　十分格运行图

（4）小时格运行图（图 6-11）：横轴以 h 为单位用竖线加以划分。这种小时格运行图主要在编制宏观的列车方案图和机车周转图时使用。

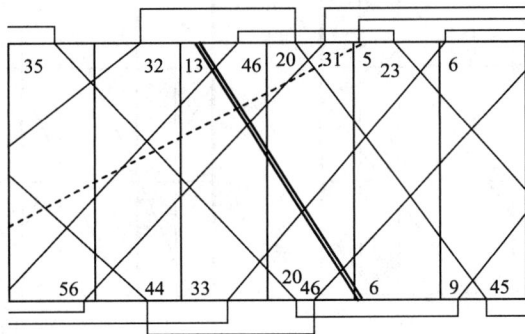

图 6-11　小时格运行图

2）按照区间正线数目分类

（1）单线运行图：上、下行方向列车在同一正线上运行。此时，两个方向的列车必须在车站上进行交会，单线一般出现在距离短、运量不大的市郊地区线路上，单线成对平行运行图如图 6-12 所示。

（2）双线运行图：上、下行列车在各自的正线上运行。此时，上、下行列车的运行互不干扰，可在区间内或车站上交会。不过，列车越行须在有侧线的车站上进行，双线成对平行运行图如图 6-13 所示。

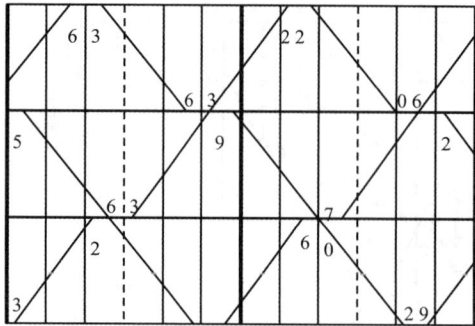

图6-12　单线成对平行运行图

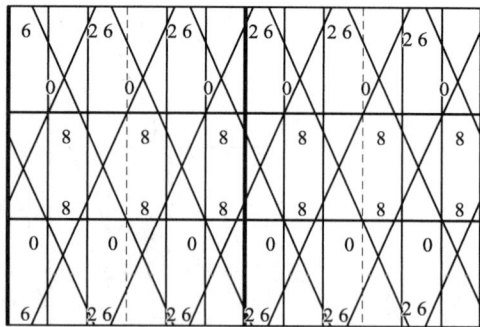

图6-13　双线成对平行运行图

（3）单双线运行图：部分区间单线、部分区间双线的线路上的运行图，单线区间和双线区间各按单线运行图和双线运行图的特点铺画运行线，单双线运行图如图6-14所示。

3）按照列车运行速度分类

（1）平行运行图：同一区间、同一方向列车运行速度相同，运行线相互平行。如图6-12和图6-13所示。一般地铁、轻轨所用运行图都是此种类型。

（2）非平行运行图：线路上行驶着由于种类不同而速度不同的列车，如图6-14所示。在城市轨道交通系统中，除市郊铁路外，通常不采用非平行运行图。

4）按照上下行方向列车数分类

（1）成对运行图：上、下行方向的列车数目相同，如图6-12和图6-13所示。

（2）不成对运行图：上、下行方向的列车数目不同，如图6-15所示。在客流具有明显潮汐特征，采用非均衡运输或单向加密运输组织措施时可使用这类运行图。

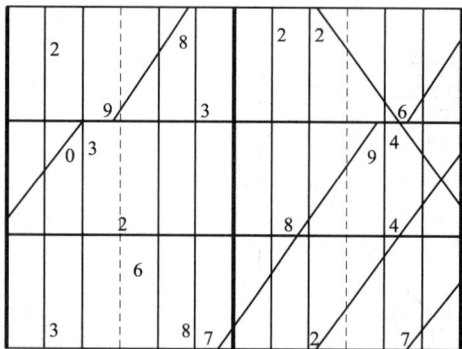

图6-14　单双线运行图

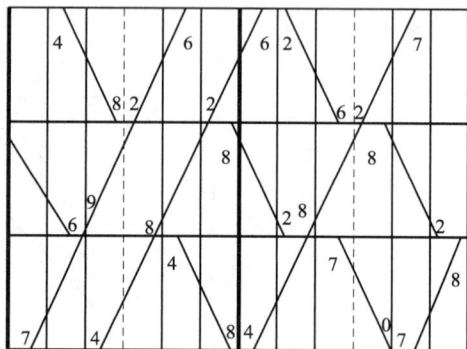

图6-15　单线不成对运行图

5）按照同方向列车运行方式分类

（1）连发运行图：单线线路为提高某一方向通过能力采用的运行图；此时，某方向连续发出两列或多列车，在连发的一组列车之间不铺画对向列车，如图6-15所示。

（2）追踪运行图：自动闭塞线路上同方向列车按最小行车间隔运行，如图6-16所示。

6）按照使用时间分类

城市轨道交通不同时间客流差异较大，不同时间需采用不同类别的运行图。一般而言，城市轨道交通列车运行图分为工作日运行图、周末（周六、周日）运行图、节假日运行图、节假日前一日运行图、施工图、演练图等。城市轨道交通列车运行图类别及适用情形见表6-3。

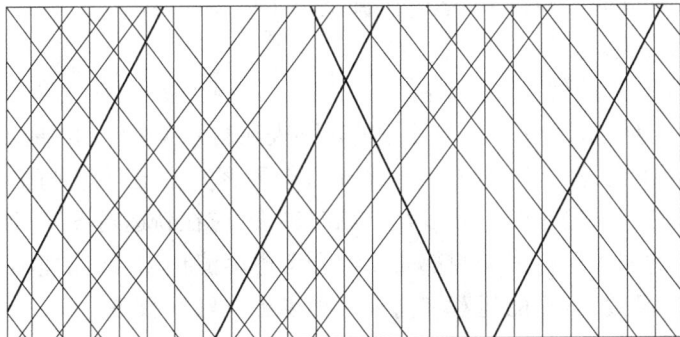

图6-16 追踪非平行运行图

城市轨道交通列车运行图类别及适用情形 表6-3

序号	运行线类别	适用情形
1	工作日运行图	适用于早晚高峰时段客流特征相对固定的工作日
2	周末运行图	适用于周六周日双休日
3	节假日运行图	适用于五一、十一、端午节、清明节、元宵节等节假日
4	节假日前一日运行图	适用于五一、十一、端午节、清明节、元宵节等节假日前一日
5	延长运营时间运行图	适用于大型体育赛事、大型文艺活动等重大活动需要延长运营时间
6	春节暑期运行图	适用于春节期间、暑期等客流相对较低的特殊时期
7	施工图	适用于配合施工作业
8	演练图	适用于试运行演练和日常演练活动

7）按运营交路分类

城市轨道交通系统列车运行图编制会根据不同的线路结构和客流需求采用不同的交路模式，不同交路模式的概念和特点如下。

（1）单一交路列车运行图：所有列车从线路的起点站运行至终点站，并在两端折返。这种模式下易于管理和调度，适用于客流分布相对均匀的线路。

（2）混合交路列车运行图：线路上行驶着两种或两种以上交路的列车。一般大交路或长交路列车跑完全线，而各小交路列车在中间某些站点折返。这种模式可适应区段客流差异大的长距离线路，利于提高运营效率，但日常运行组织与管理工作比较复杂。

（3）Y形交路运行图：由一条主线分叉成两条线路，形成 Y 字形结构，列车可在干线和支线间运行。Y 形交路能灵活覆盖更广区域，不过运行图编制复杂，需考虑主线和支线间的协调。

（4）X形交路运行图：两条或多条线路在某些区段共线运行，形成类似字母"X"的交叉结构。X 形交路可提高线路能力和网络覆盖范围，但需考虑共线区段的列车运行冲突和协调。

（5）含多条支线的线路运行图：一条干线连接多个支线的网络结构，干、支线间可能存在列车转线。编制这类运行图时需要考虑主线与支线之间的换乘和转线需求。

（6）互联互通列车运行图：两条及以上线路之间实现列车跨线运行，形成互联互通列车交路，乘客可在不同线路之间无缝换乘或列车直接通过。这类运行图提高了网络的连通性和灵活性,但对线路间的技术标准和运营协调提出了更高的要求。

8)按使用范围分类

(1)供企业内部使用的列车运行图:它是轨道交通企业组织运输生产的依据,通常以图形或表格形式表达。企业内部有车务人员使用的时刻表和站务人员使用的时刻表两种形式。

(2)供社会使用列车运行图:列车运行图是社会乘客安排出行计划的依据。供社会使用的列车时刻表一般有首末班车时刻表以及车站时刻表,应在新运行图实行之前向社会公布。

每种运营交路的列车运行图编制都需要综合考虑客流预测、线路能力、运营成本和乘客需求等因素,以实现高效、可靠的运营和向乘客提供更友好的服务。

6.3 列车运行图的编制方法

6.3.1 城市轨道交通列车运行图特点

相对城市间铁路列车运行图,城市轨道交通运行图的铺画既有简洁性也有复杂性。简洁性体现在以下两方面:

(1)从列车角度看,由于都是旅客列车,列车类型相对简单,运行速度基本一致;运行图基本上都是追踪、平行运行图。

①双线:双方向列车各行其线,运行图上同方向的运行线没有交叉。

②成对:尽管双方向流量存在差异,但考虑列车周转,一定周期内双方向列车对数一般相同。

③平行运行图:相同种类列车速度基本一致,运行线呈平行状。

(2)从线路条件来看,区间为双线,多数车站没有配线,停车利用正线,一般很少考虑越行与会让。因此,运行图铺画的复杂性相对低。

另一方面,城市轨道交通系统运行图也有其复杂性,主要体现在以下几点。

(1)全线客流量具有较大的空间不均衡性,可能需要配置多种列车交路。这给车底周转计划编制、乘务周转计划的编制增加了复杂性,具体表现为以下几点。

①确保每一条运行线都配备车辆。车辆周转计划应覆盖所有列车运行线,且每条列车运行线只有唯一的一个车组来执行。漏掉运行线或多个车组重复执行同一条运行线都是不合理的。

②符合车辆使用与维保规定。车辆的使用要满足修程修制的规定。

③发车和收车后,在线运营的列车继续保持均一的运营间隔。发车时,表现为运行图上增加一条列车运行线。加线前,应适当调整列车停站时间,留出空当供新车插入,并使运营间隔的减少均匀分布。收车时,表现为运行图上抽掉一条列车线。抽线后,也应该调整前后两列车的停站时间,使运营间隔的增加均匀分布。

④出入段场列车保持均衡。车辆周转计划的编制应使出入段场的列车数保持均衡。全线只设一个车辆段时,出段列车数应等于入段列车数。线路较长时除车辆段外还会增设停车场,这时一般应保证日间从段场出发的列车数与夜间回到段场的列车数相等,且段场之间存在列车的交换,以方便列车的检修。如果出现不均衡的情况,则应做互补的两个车辆周转

计划,隔日执行,使当天不均衡的列车数在第二天得到弥补。虽然采用了不同的车辆周转计划,但是列车运行线不变。

⑤混合交路模式下列车需中途折返,中途折返需要考虑相关车站的折返条件与折返时间。

(2)全日客流量具有较大的时间不均衡性,需要编制平时与周末运行图;特定节假日还需要编制节假日运行图。

(3)在城市轨道交通成网的城市,列车运行图的编制需要考虑到线路间的相互关系,尤其是换乘站的列车接续时间问题;甚至需要编制跨线(过轨)、支线运行图。

(4)城市轨道交通列车间隔短、行车密度高,乘务轮换班、车底出入库活动频繁,运行图的编制需要兼顾各线的具体约束,才能提高计划的可实施性。

(5)由于线路客流时间、空间差异大,运行图服务水平指标的测算比较复杂;采用不同编组的列车也会显著增加运行图编制的难度。

(6)由于站间距短,列车起停频繁,停站时间短,城市轨道交通的列车运行图更适合采用精细化的方法来描述,例如采用一分格运行图。

6.3.2 列车运行图的组成要素

城市轨道交通列车运行图编制与线路条件、折返站布置形式、列车运行方式、列车开行交路类型、车场位置、客流时空分布特征等因素有关。运行图编制包含数据收集、方案编制、铺画优化等阶段,图6-17说明了城市轨道交通列车运行图编制过程中的组成部分。

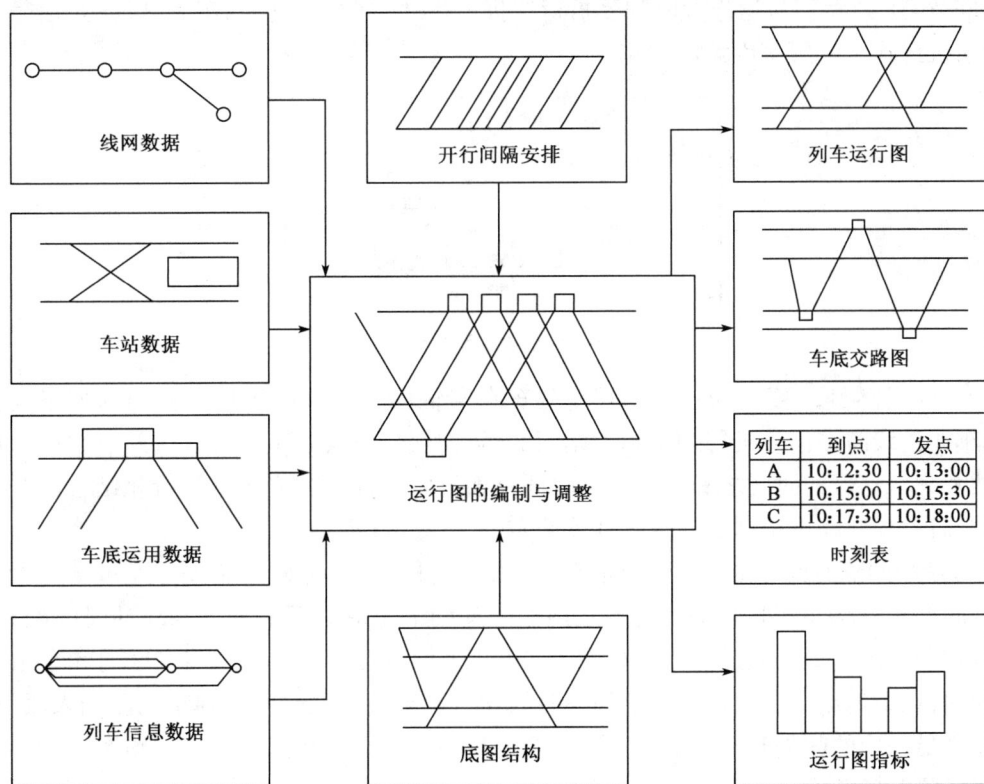

图6-17 城市轨道交通列车运行图编制过程中的组成部分

城市轨道交通列车运行图组成要素在内容上主要有四类:线路要素、时间要素、数量要素和其他相关要素。

1)线路要素

(1)正线数目和区间闭塞方式:决定着列车的运行组织方式。城市轨道交通一般为复线,也有单线和多线的情况,多采用自动闭塞或移动闭塞,列车追踪运行,间隔时间较短。

(2)车站配线数:决定着车站可同时停靠的列车数以及是否可以越行等。城市轨道交通系统车站一般不设配线,每方向仅有一条正线,列车在正线上停车,不能办理越行或会让作业。

(3)折返方式:折返线是列车进行折返作业所必需的设备,折返线数目和折返配置情况决定了可以采用的折返方式和可停留的列车数。

(4)段场衔接正线方式:城市轨道交通系统设有车辆段或停车场,列车日间在线运营、夜间回段场停泊。段场与线路衔接车站位置和衔接方式决定着出车和收车作业地点以及作业方式。

2)时间要素

(1)区间运行时分:相邻车站之间的运行时分,需经列车牵引计算和实际查标后确定。

(2)停站时分:列车停站作业(包括减、加速,开、关车门等),乘客上、下车所需总时间。

(3)折返作业时分:列车到达终点站或在折返站进行折返作业的时间总和。折返作业时分包括列车停站、列车出入折返线时间、司机换向作业时间等,列车在折返站的停留时间示意图如图6-18所示。折返作业时间受折返线折返方式、列车长度、列车制动能力、信号设备水平、司机操作水平等多因素的影响。

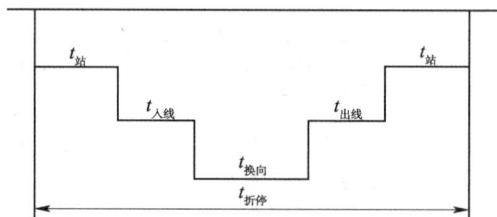

图6-18　列车在折返站的停留时间示意图

(4)出入车辆段(停车场)作业时分:列车在车辆段与正线防护信号机间的列车运行时分,列车在正线防护信号机与列车始发站间的运行时分,以及列车在进入区间正线前等待信号开放和确认信号的时间之和。前两项时间可通过牵引计算和列车试运行相结合的方法计算确定,后一项时间可根据实际观测计算确定。

(5)最小间隔时间标准:间隔时间指保证安全前提下,相邻两列车先后通过某一参考位置的时间差。最小间隔时间是在设备运用极限基础上考虑必要的安全和缓冲时间确定的,直接影响着线路的最大通过能力。根据参考位置的不同,线路上列车间有区间和车站两个间隔时间,在折返站上也有折返到达间隔时间和折返出发间隔时间。列车出段和入段作业,也需要满足一定的间隔时间标准。上述位置上最小的列车运行间隔是该线路实际能够实现的最小间隔时间标准。

(6)运营时间:城市轨道交通运营线路运送乘客的时间。一般说来,各国城市轨道交通系统均有一定的夜间时间(2~6h 不等)用作设备、设施的维修和保养时间,运营时间一般不少于 15h。

(7)停送电时间:每天运营开始前送电和运营结束后停电所需操作和确认时间。

3)数量因素

(1)全日分时段客流分布:通过调查分析,预测得到的客流特性;包括不同车站、区间高峰、低谷时段客流量等,这是影响列车开行频率、列车编组等参数的依据。

(2)列车满载率:列车实际载客量与列车定员数之比。编制列车运行图时,列车满载率应留一定余地,以应对某些不可测因素带来的客流量波动,同时也要考虑乘客的舒适水平。

工作日早、晚高峰时段,当可提供的最大计划运力无法满足运量需求时,宜充分挖掘设施设备潜力,实现运能最大化;当可提供的最大计划运力能满足运量需求时,车厢满载率宜控制在 100% 以下。工作日平峰时段和双休日所有时段的车厢满载率宜控制在 70%以下。

深圳地铁 2024 年 6 月各线工作日早高峰小时断面满载率见表 6-4。其中 4 号线、11 号线、14 号线断面平均满载率超过 85%,4 号线、11 号线和 14 号线最大断面满载率超过100%,因此亟须提升运能。其他线路断面平均满载率均低于 85%,基本满足客流需求。

深圳地铁 2024 年 6 月各线工作日早高峰小时断面满载率　　　　表 6-4

线路	工作日早高峰小时平均值					极值(单日最高)	
	区间	方向	断面流量(万人次/h)	断面运力(万人次/h)	断面平均满载率(%)	最大断面流量(万人次/h)	最大断面满载率(%)
1 号线	宝体—宝安中心	上行	4.76	5.76	82.61	4.99	86.69
2/8 号线	黄贝岭—湖贝	下行	2.63	4.46	58.87	2.76	61.76
3 号线	木棉湾—布吉	上行	3.01	3.82	78.67	3.11	81.46
4 号线	民乐—上梅林	上行	4.92	4.65	105.89	5.17	111.18
5 号线	深圳北站—长岭陂	下行	4.42	5.21	84.95	4.82	92.64
6 号线	上芬—红山	上行	3.26	3.94	82.60	3.39	85.98
6 号线支线	光明—圳美	上行	0.10	1.19	8.41	0.12	9.93
7 号线	黄木岗—华新	下行	1.62	3.16	51.25	1.68	53.18
9 号线	红树湾南—高新南	下行	1.91	3.58	54.05	2.07	58.64
10 号线	南坑—雅宝	下行	3.73	4.71	79.13	4.06	86.19
11 号线	福田—车公庙	下行	4.17	3.64	114.68	4.43	121.85
	南山—后海	上行	4.15	4.24	97.92	4.43	104.44
	岗厦北—福田	下行	3.23	2.33	138.30	3.45	147.93
	福永—机场北	上行	2.71	2.63	103.37	2.83	107.65
	桥头—福永	上行	2.50	2.63	95.12	2.63	100.00
12 号线	上川—灵芝	下行	2.40	2.98	80.74	2.46	82.64
14 号线	罗湖北—黄木岗	下行	4.26	4.22	101.16	4.54	107.63
16 号线	大运中心—大运	下行	0.56	2.23	25.01	0.60	27.00
20 号线	机场北—国展南	上行	0.10	1.98	5.17	0.14	6.88

(3)出入段能力:单位时间内由车辆段(停车场)进入正线,或由正线进入车辆段(停车场)的最大列车数。出入段能力需要与正线的运营能力相匹配,与正线列车的运行间隔相适应,以保证正线列车的服务水平。由于列车入段一般在运营高峰期结束或运营结束后,此时列车行车间隔较大,其入段能力一般不会成为瓶颈,因此需要更多关注出段能力。

例如,京港地铁车辆段(停车场)发车间隔一般按照5min考虑;西安地铁1号线西咸车辆段、灞河停车场和珠泉路停车场最小发车间隔为3min;深圳地铁11号线松岗车辆段最小发车间隔为2.5min,5号线塘朗车辆段最小发车间隔为1.5min。

(4)列车最大载客量:列车最大载客量即一个编制列车按车厢定员计算允许装载的最大乘客数,分定员载客量和超员载客量。以地铁6辆编组A型车为例,列车定员为1860人/列,超员载客量为2790人/列(满载率按150%计算)。

4)其他相关因素

(1)与其他交通方式的衔接:包括大交通系统如铁路、港口、机场、公路交通枢纽等;城市交通方式如公交线路、车站布置、自行车停放、其他车辆停放等。

(2)与大型体育场所、娱乐、商业中心的衔接。这些场所会有突发性的客流冲击城市轨道交通,造成车站一时运力和人力安排的困难。

(3)列车检修作业:为保证列车状态完好,需均衡安排列车运行与检修时间,既使每列车均有日常维护保养时间,又使各列车日走行公里数较为接近。

(4)列车试车作业:检修完的列车除了在车辆基地试验线试车外,某些项目有可能在正线上试车,此时需在运行图编制时考虑周全。

(5)驾驶员作息时间:根据驾驶员作息制度、交接班地点与方式、途中用餐等因素,均衡安排各个列车的运行线。

(6)车站存车能力:城市轨道交通系统的车站大多数无存车线,在终点站、区间个别车站设有停车线,可存放一定数量列车,在日常运行时可作为停车维护用,在夜间可存放列车减少空驶里程,均衡早上运营发车秩序。

(7)列车能耗:在计算、查定电动列车的各区间运行时分时,要协调区间的运行等级、限速与给电时间的关系,尽可能使之达到最佳。同时也要使同一区段同时启动的列车最少。

6.3.3 列车运行图技术参数与指标

1)列车运行图技术参数

列车运行图的编制应充分考虑客流需求、车底折返、车底出入段等因素。编制运行图前需要分析确定的相关技术参数主要有以下方面。

(1)区间运行时分。

区间运行时分是指列车在两个相邻车站间的运行时间标准,采用牵引计算和列车试运行相结合的方法计算确定。计算公式为:

$$T_{运} = t_{纯运} + t_{起} + t_{停} \tag{6-1}$$

式中:$T_{运}$——列车区间运行时分,min或s;

$t_{纯运}$——列车不停车通过两个相邻车站所需的区间运行时分,min或s;

$t_{起}$——起动附加时分,min或s;

$t_停$——停车附加时分,min 或 s。

起停车附加时分应根据车辆类型、列车编组辆数,及进、出站线路的平纵断面等条件确定。由于上下行方向线路平纵断面条件以及列车运行速度的不同,区间运行时分应按上下行方向和各种列车分别确定。

(2)列车停站时间。

在正常运行情况下,城市轨道交通列车在中间车站停站进行客运作业,供旅客降乘。列车停站时间 $t_停站$ 取决于下列因素。

①车站乘客乘降量。

②平均上、下一位乘客所需时间,该项时间取决于车辆的车门数及车门宽度、车厢内座椅布置方式、站台高度和车站客运组织措施。

③开关车门时间。

④车门和车站屏蔽门的同步时间。

⑤确认车门关门状态良好时间。

列车停站时间 $t_停站$ 计算方法为:

$$t_停站 = \frac{(p_上 + p_下)t_{上(下)}}{nmd} + t_开关 + t_不同 + t_确认 \tag{6-2}$$

式中:$p_上$、$p_下$——高峰小时车站上车或下车人数,人;

$\quad t_{上(下)}$——平均每上或下一位乘客所需时间,s;

$\quad n$——高峰小时开行列车数,列;

$\quad m$——列车编组,辆;

$\quad d$——每车每侧车门数,扇;

$\quad t_开关$——开关车门时间,s;

$\quad t_不同$——车站屏蔽门与车门不同步时间,s;

$\quad t_确认$——确认车门关闭状态良好及出站信号显示时间,s。

参考《地铁设计规范》(GB 50157—2013)规定,在有站台门的车站,列车开关门时间不宜大于17s,乘客比较拥挤的车站不宜大于19s;无站台门的车站不宜大于15s。

(3)发车间隔时间。

发车间隔时间即同一线路相邻两列同向列车驶离起点站的时间间隔。它取决于同方向列车间隔距离、列车运行速度。为更好满足乘客出行需求,列车发车间隔时间的设置应以各时段客流量为依据,根据列车编组及列车定员、系统服务水平等因素综合确定。具体计算方法如下:

$$h \leqslant \frac{60 \cdot n \cdot C_v \cdot \alpha}{P} \tag{6-3}$$

式中:h——发车间隔,min;

$\quad n$——列车编组,辆;

$\quad C_v$——车辆定员,人/辆;

$\quad \alpha$——列车满载率,%;

$\quad P$——该运营时段单位小时最大断面流量,万人次/h。

实际计算结果可在满足客流需求的前提下取整。如果计算出的发车间隔大于法定发车间隔,应取法定发车间隔。一般而言,发车间隔应按"高峰满足客流、其他时段满足最低服务水平"要求,具体要求(早晚收发车时段除外)为中心城以内区域最小行车间隔不宜大于5min;中心城以外区域最小行车间隔不宜大于10min。

行车间隔时间的最小值取决于信号系统、车辆性能、折返能力、停站时间等诸多因素,停站时间往往成为最重要的制约因素。因为在高峰小时内,线路上个别车站的乘客集散量可能特别大,导致列车在该站的上、下车时间较长。

我国某城市地铁部分线路列车发车间隔时间如表6-5所示。可以看出,高峰间隔普遍小于平峰间隔,工作日发车间隔普遍小于双休日和节假日。发车间隔最小为1号线高峰时段2min间隔,大部分线路工作日高峰间隔均小于5min,支线或位于郊区的线路发车间隔较大,如6号线支线工作日高峰间隔为7min10s,20号线发车间隔为7min45s。

某城市地铁部分线路列车发车间隔时间

表6-5

线路	时间					
	工作日		双休日		节假日	
	高峰	平峰	高峰	平峰	高峰	平峰
1号线	2min	5min25s	4min12s	6min	3min45s	5min45s
2/8号线	2min30s	7min	3min	6~8min	3min	6~8min
3号线	2min30s	5min	3min15s	5min	3min15s	5min
5号线	2~3min/ 4~6min	5min45s	4min	6min	4min	6min
6号线	3min19s	7min	4min45s	5~8min	4min45s	6min
6号线支线	7min10s	10~12min	7min10s	10~12min	7min10s	10~12min
7号线	3min20s	6min30s	4min	5min55s	4min	5min55s
9号线	3min50s	6min10s	4min25s	5min55s	4min	5min55s
10号线	3min16s	6min30s	4min40s	6~10min	4min40s	6~10min
11号线	2min45s~ 5min30s	6min40s	4min34s	6min	4min37s	6min
12号线	3min48s	6min	6min	8min	6min	8min
14号线	早3min30s 晚3min30s	6min15s	5min	6min15s	5min	6min15s
16号线	4min50s	7min	5min30s	7~9min	5min30s	7~9min
20号线	7min45s	7min45s	7min45s	7min45s	7min45s	7min45s

(4)线路运营时间与首末班车发车时间。

线路运营时间为当日第一班载客列车到达发车站的时间至最后一班列车到达终点站的时间。一般而言,每条线路全日运营时间不宜小于15h。如遇重大活动、节假日等特殊情况,宜根据实际需求延长线路运营时间。

车站的首末班车时刻是每个车站最早到达该站和最晚从该站出发的载客列车时刻(分上下行)。首末班车时间确定,是为了给乘客提供安全、舒适的运输服务,在运营结束后需要对设备、车辆等进行全方位安全隐患排查和修整,为夜间检修施工留出足够的时间。首班车始发站发车时刻不宜晚于 06:00,末班车始发站发车时刻不宜早于 22:00。

首班车发车时间的确定以市区线满足城郊向城区方向出行的需求为基本原则,推算出各线的首班车时间。末班车以市区线满足城区向城郊出行的需求为基本原则,推算出各线的末班车时间。如北京地铁以 2 号线为基准,推算各线的首末班车发车时间。

不同城市、不同线路的运营时间和首末班车发车时间有所不同。表 6-6 为我国部分城市地铁线路工作日运营时间。其中北京、上海、南京等城市地铁开始运营时间均在 06:00 之前。乌鲁木齐地铁 1 号线运营开始时间较晚(07:40),较上海晚了 2h10min,是我国开始运营时间较晚的地铁线路。

我国部分城市地铁线路工作日运营时间 表 6-6

线路名称	运营时间	运营时长	线路名称	运营时间	运营时长
北京地铁 1 号线	04:57—22:51	17h54min	沈阳地铁 1 号线	05:30—23:00	17h30min
上海地铁 1 号线	05:30—22:30	17h	长春地铁 1 号线	05:15—22:39(冬季)	17h24min
广州地铁 1 号线	06:00—22:55	16h55min		05:15—23:09(夏季)	17h54min
深圳地铁 1 号线	06:30—23:00	16h30min	贵阳地铁 1 号线	06:20—23:00	16h40min
南京地铁 1 号线	05:30—23:08	17h38min	西安地铁 1 号线	06:00—23:30	17h30min
天津地铁 1 号线	06:00—22:47	16h47min	兰州地铁 1 号线	06:30—22:30	16h
重庆地铁 1 号线	06:30—23:00	16h30min	昆明地铁 1 号线	06:20—22:10	15h50min
成都地铁 1 号线	06:15—23:00	16h45min	乌鲁木齐 1 号线	07:40—23:30	15h50min

首末班车发车一般有两种模式,一是端点发车模式,即较短线路首末班车从线路两端的终点站发出;二是多点发车模式,指长大线路上为保证中间站服务时间不会太晚采用的多点发车模式。如北京地铁 1 号线上行方向首末班车均采用始发站古城站端点发车,首班车时间为 04:57,全程末班车时间为 22:51,半程末班车时间为 23:33。但下行方向首班车采用多点发车,其中环球度假区站首班车发出时间为 05:09,四惠站首班车发出时间为 04:57,复兴门站首班车发出时间为 05:08,而末班车采用端点发车,从环球度假区站末班车发出时间为 22:55。

表 6-7 为某城市地铁 13 号线首末班车发车时间。该线全长 70km,首班车上、下行方向均采用多点发车模式,其中上行方向 06:00 从四个站同时发车,下行方向 06:15 从三个站同时发车。末班车采用端点发车模式,上、下行方向不同时发车,全程末班车上行方向 21:35 发车,下行方向 22:00 发车。

(5)列车单程旅行时间。

列车单程旅行时间为单程各区间列车运行时分加沿途各车站停站时间之和。由于上、下行单程旅行时间不一定相同,须分别计算。以此作为在列车运行图上铺画上、下行列车运行线的依据。

(6)列车全周转时间及上线列车数。

列车全周转时间是列车在正线区段往返运行一个运行交路所需的时间,等于上、下行列车旅行时间以及折返时间之和。包括列车在区间的运行时间、在各中间站的停车时间,以及在折返站作业停留时间。计算公式如下:

$$T_{周} = \sum t_{运} + \sum t_{站} + \sum t_{折停} \tag{6-4}$$

式中：$T_周$——列车全周转时间，min；

$\sum t_运$——列车在线路上往返一次各区间运行时间之和，min；

$\sum t_站$——列车在线路上往返一次各中间站停站时间之和，min；

$\sum t_{折停}$——列车在折返站停站时间之和，min。

某城市地铁 13 号线首末班车发车时间　　　　表 6-7

类型	方向	车站	车次	时间
首班车	上行	A	112009	06：00
		B	062004	06：00
		C	092007	06：00
		D	052003	06：00
	下行	E	121007	06：15
		F	041005	06：15
		C	081003	06：15
全程末班车	上行	A	072125	21：35
	下行	E	091125	22：00
半程末班车	下行	E	101126	22：15
多点发车线路示意图	⊘上行发车点　　◎下行发车点　　⊗上/下行发车点　　A●━●━●━B●━●━●━C⊗━●━●━D●━●━F⊘━●━●━●━E⊘			

上线列车数指一定时期内完成列车开行计划而需要的列车数的最大值。首先，采用上述方法计算得到全周转时间；然后，通过全周转时间和发车间隔来确定上线列车数。计算方法如下：

$$N_列 = \left\lceil \frac{T_周}{h} \right\rceil = \left\lceil \frac{f \cdot T_周}{60} \right\rceil \tag{6-5}$$

式中：$N_列$——上线列车数，列；

f——发车频率，列/h；

上式中「 ｜表示向上取整。需要注意的是，在计算得到上线列车数后，还需要对全周转时间进行调整，得到最终的全周转时间，即

$$T'_周 = N \cdot h \tag{6-6}$$

$T'_周$ 与 $T_周$ 的关系是：$T'_周 \geq T_周$，增加的时间可以通过延长折返时间来实现。

例如，某线路 $T_周 = 123\text{min}$，$h = 5\text{min}$，则上线列车数为 25 列。计算可得 $T'_周 = 125\text{min}$，最终的全周转时间增加了 2min，则可以通过延长线路两端折返站各 1min 来实现。

(7)列车速度。

常用的列车速度概念包括旅行速度与技术速度。

旅行速度 $V_旅$：列车在运营线路正线上从起点站发车到终点站到达(包含停站时间)的运行速度，单位 km/h。

$$V_旅 = \frac{L}{t_{RT} + t_{DT}} \tag{6-7}$$

式中:L——线路运营里程,km;

t_{RT}——列车在区间的运行时间总和,h;

t_{DT}——列车在各车站(两终点站除外)停站时间的总和,h。

技术速度 $V_技$:车辆在运行时间内,平均每小时运行的里程数。技术速度就是营运车辆的平均行驶速度(不含停站),单位 km/h。技术速度是反映车辆设计速度利用程度的指标。

$$V_技 = \frac{L}{t_{RT}} \tag{6-8}$$

(8)出入车辆段(停车场)时间。

列车出入车辆段(停车场)时间在运行图上为列车从车辆段(停车场)中心线运行至正线的时间,相反为入段时间,且出段时间和入段时间基本相等。在运行图中,该时间一般指从车辆段转换轨至正线的时间。由于出入段方式、出入段线长度以及限速差异,不同场段的出入段时间均不相同,在铺画运行图时,需要根据实际情况确定。如兰州地铁 1 号线东岗车辆段出段时间为 2.5min;西安地铁 1 号线西咸车辆段、灞河停车场和珠泉路停车场出段(场)时间为 3min;深圳地铁 5 号线塘朗车辆段出段时间为 5min。

图 6-19 标明了列车运行图中技术参数的时空关系。

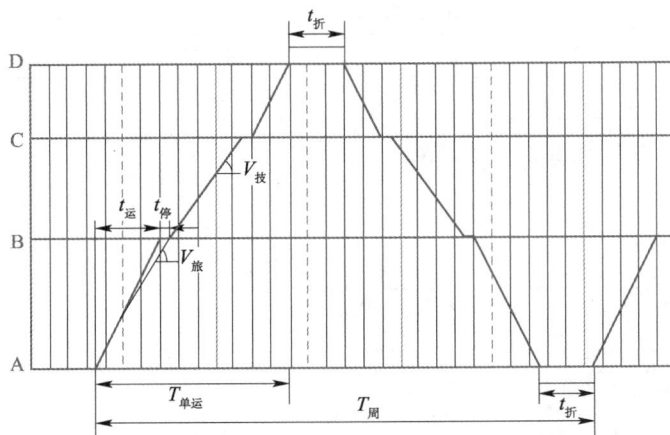

图 6-19 列车运行图技术参数示意图

2)列车运行图技术指标

下面以某城市 1 号线列车运行图为例,说明列车运行图包含的主要技术指标。某城市地铁 1 号线列车运行图主要技术指标如表 6-8 所示。

某城市地铁 1 号线列车运行图主要技术指标 表 6-8

(一)发车间隔及上线列车数	
列车运行图	《T01057》(版本号:231229)
运营时间	05:56—次日 00:40,共计 18h44min
运营里程	41.551km
运行周期	148min18s

峰期划分	高峰	平峰	低峰
时段划分	06:23—10:03/13:03—22:32	10:03—13:03	06:00—06:23/22:32—23:30
上线列车数(列)	50	28	25
发车间隔	2min58s	5min18s	5min56s
断面运力(万人次/h)	2.97	1.66	1.48
备用车	西咸车辆段、灞河停车场和珠泉路停车场各热备1列,共3列		

	(二)多点发车站首末班车发车时间			
首末班车发车时间	车站	首班车		末班车
		上行	下行	
	纺织城站	—	06:00	23:30
	后卫寨站	06:00	06:00	—
	沣河森林公园站	06:00	—	—
	咸阳西站	06:00		23:05

	(三)列车折返时间、运营里程、运行时间、速度	
最小折返时间 (站后折返)	纺织城站	3min40s
	咸阳西站	4min10s
运营里程	41.551km	
旅行速度	上下行均为35.50km/h	
技术速度	上下行均为47.50km/h	
单程行驶时间	上下行均为70min14s(含停站17min45s)	
停站时间	30~60s	

	(四)全日开行列车数			
序号	交路区段	开行列次(列次)	交路参数(km)	运营车公里(车·km)
1	纺织城站—咸阳西站	595	42	149940
2	纺织城站—后卫寨站	41	25	6150
3	后卫寨站—咸阳西站	7	17	714
4	西咸车辆段—后卫寨站	7	1	42
合计	—	650	—	156846

注:全日开行650列次,运营车公里156846 车·km。其中纺织城站—咸阳西站大交路595列次,纺织城站—后卫寨站小交路41列次;空载2列次(含2列次轧道车),载客634列次,共计636列次,运营156090 车·km。

6.3.4　列车运行图编制的主要内容及基本要求

1)列车运行图编制主要内容

城市轨道交通列车运行图编制的主要内容如下:

(1)首末班车方案。

(2)各时段分方向的交路方案。

(3)各时段列车编组方案。

(4)各时段的列车停站方案。

(5)各时段各交路列车行车间隔。

(6)各时段列车出入段(库)组织方案。

2)运行图编制的基本要求

运行图编制应满足的基本要求如下。

(1)应符合规定的各项时间标准,包括:追踪间隔时间、车站的停留时间、区间运行时间、折返线及出入库时间等;

(2)应合理分配各环节冗余时间,使运行图实施时具有良好弹性和抗干扰能力。

(3)宜遵循相关流程的规定,流程包括客流分析、运行图参数修正、全日行车计划编制运行图草图编制、运行图优化调整、运行图审核、运行图发布、运营信息更新等。

(4)应考虑与行车有关各部门工作的综合协调。包括线路、车辆基地、车辆等设施设备的综合运用,也应考虑司机、维保、站务等工作人员的安全和高效作业要求。

(5)应有齐全的关于《运行图实施相关规定》的执行说明文件,规定运行图的主要技术指标以及行车组织技术相关规定。

6.3.5 资料准备

列车运行图是城市轨道交通企业提供商业运输服务、满足运输需求的直接表示。城市轨道交通系统列车运行计划的编制必须充分考虑所有的方面,在编制该计划前,城市轨道交通系统运行图的编制需要一些技术资料准备,这些数据或资料包括以下方面。

(1)全线各区段分时班次计划(决定于需求)。

(2)列车最小运行间隔。

(3)列车在各区间计划运行时分。

(4)列车在各站的计划停站时间。

(5)列车在折返站/折返线上的折返及停留时间。

(6)列车出入车辆段的时间标准。

(7)可用列车或动车组数量。

(8)换乘站能力及其使用计划。

(9)系统开始营业时间和营业结束时间。

(10)列车交路计划,指存在长短交路配合时的情况。

(11)供电系统作业标准及计划。

(12)乘务组工作制度、乘务组数量及工作时间标准。

(13)运行实绩统计。

(14)沿线设备运用及进路冲突数据。

由于城市地区客流的差异,不同时间段要编制不同运行图。例如,周六、周日、工作日、节假日、运动会比赛期间的客流都各不相同,需要考虑编制适合不同客流条件的分号运行图。

6.3.6 列车运行图编制的原则与步骤

1)列车运行图编制的原则

(1)在保证安全可靠的条件下,提高列车的运行速度,缩小列车的运行时分。列车运行速度高是城市轨道交通系统的主要优势,在安全得到保证的前提下,通过提高列车运行旅行速度,压缩折返时间,减少出入库作业时间等方式,提高系统的运行效率和服务水平。

(2)尽量方便乘客。列车发车间隔应尽量选择最小值,以减少乘客候车时间。低谷时段,运行图的最大间隔不宜过大。"小编组 + 小间隔"是一种节省运能并减少乘客候车时间的良策。

(3)充分利用线路能力和车辆能力。通常情况下,折返站的折返能力是限制全线能力的关键,折返作业尽量安排平行作业。能力不足时,还应考虑列车及车厢满载率分布优化的措施。

(4)优化车底运用方案。通过综合考虑高峰时段列车运行速度、折返时间、列车开行方式等要素,使运营列车数量达到最少,从而降低系统的车辆保有量与运营成本。

2)列车运行图编制的步骤

新线开通或客流量、技术设备和行车组织方式发生变化时需编制列车运行图,步骤如下。

(1)按要求和编制目标确定编图的注意事项。

(2)收集编图资料,对有关问题组织调查研究和试验。

(3)对于修改运行图应总结分析现行列车运行图完成情况和存在问题,提出改进意见。

(4)确定全日行车计划。

(5)计算所需运用列车数量。

(6)初步编制列车运行方案。

(7)征求调度部门、行车和客运部门、车辆部门的意见,对行车运行方案进行调整。

(8)根据列车运行方案铺画详细的列车运行图、列车运行时刻表和编制说明。

(9)对列车运行图的编制质量进行全面的检查,并计算列车运行图的指标。

(10)将编制完毕的列车运行图、时刻表和编制说明报有关部门审核批准执行。

3)铺画出初步列车运行图方案后需进一步检查的内容

(1)是否符合规定的各项时间标准,包括:追踪间隔时间、车站的停留时间、区间运行时间、折返线及出入库时间等。

(2)上、下行方向首末班车在始发站的发车时间是否符合运营时间的规定。

(3)各时间段内列车开行数是否符合班次计划。

(4)运行图实施所需的动车组数量。

(5)乘务工作方案是否超过规定标准。

(6)在岛式换乘车站上,要检查车站列车到达的均衡性,避免列车集中到达造成拥挤。

(7)列车在车站折返时,同时停在折返线上的列车数是否超过该车站现有的折返线数。

(8)需要安排调试列车时,一般应安排在低谷客流量较低时开行。

检查中发现问题时,需返回到初始运行图对某些运行线重新修正,直到得到满意运行图。

运行图铺画好后,经批准执行时,需要对车站工作人员、乘务人员以及乘客发布时刻表,表6-9给出了城市轨道交通系统供乘务人员使用的时刻表一般形式,表6-10给出了某城市地铁13号线A站列车时刻表。

表 6-9

城市轨道交通系统乘务人员时刻表一例

车组号	201	202	217	203	204	205	206	207	208	209	201	202	203	204	205	206	207	208	209	210
计划车次（车站名/车次）	001	003	851	005	007	009	011	013	015	017	002	004	006	008	010	012	014	016	018	020
转换轨	▼05:20:00	▼05:22:00	▼05:26:00	▼05:32:00	▼05:38:00	▼05:44:00	▼05:50:00	▼05:56:00	▼06:02:00	▼06:08:00										
光达站	05:30:00	05:32:00	05:36:00	05:42:00	05:48:00	05:54:00	06:00:00	06:06:00	06:12:00	06:18:00	06:40:15	06:49:30	06:59:35	07:10:10	07:18:00	06:24:35	07:30:35	07:36:10	07:42:10	07:48:05
长沙火车南站	05:32:25	05:34:20	05:38:25	05:44:25	05:50:25	05:56:25	06:02:25	06:08:30	06:14:30	06:20:30	06:39:45	06:49:00	06:58:45	07:09:40	07:17:30	07:24:05	07:30:05	07:35:40	07:41:40	07:47:35
杜花路站	05:33:45	05:35:40	05:39:45	05:45:45	05:51:45	05:57:45	06:03:45	06:09:50	06:15:50	06:21:50	06:37:15	06:46:30	06:56:15	07:07:10	07:15:00	07:21:35	07:27:35	07:33:10	07:39:10	07:45:05
沙湾公园站	05:36:10	05:38:05	05:42:10	05:48:10	05:54:10	06:00:10	06:06:10	06:12:15	06:18:15	06:24:15	06:36:35	06:45:50	06:55:35	07:06:30	07:14:20	07:20:55	07:26:55	07:32:30	07:38:30	07:44:25
长沙大道站	05:38:00	05:39:55	05:44:00	05:50:00	05:56:00	06:02:00	06:08:00	06:14:05	06:20:05	06:26:05	06:35:15	06:44:30	06:54:15	07:05:10	07:13:00	07:19:35	07:25:35	07:31:10	07:37:10	07:43:05
人民东路站	05:40:20	05:42:15	05:46:20	05:52:20	05:58:20	06:04:20	06:10:20	06:16:25	06:22:25	06:28:25	06:34:45	06:44:00	06:53:45	07:04:40	07:12:30	07:19:05	07:25:05	07:30:40	07:36:40	07:42:35
万家丽广场站	05:42:10	05:44:05	05:48:10	05:54:10	06:00:10	06:06:10	06:12:10	06:18:15	06:24:16	06:30:00	06:32:20	06:41:35	06:51:20	07:02:15	07:10:05	07:16:40	07:22:40	07:28:15	07:34:15	07:40:10
锦泰广场站	05:43:55	05:45:50	05:49:55	05:55:55	06:01:55	06:07:55	06:13:55	06:20:00	06:26:00	06:31:50	06:31:50	06:41:05	06:50:50	07:01:45	07:09:35	07:16:10	07:22:10	07:27:45	07:33:45	07:39:40
长沙火车站站	05:45:10	05:47:05	05:51:10	05:57:10	06:03:10	06:09:10	06:15:10	06:21:15	06:27:15	06:33:15	06:30:00	06:39:15	06:49:00	06:59:55	07:07:45	07:14:20	07:20:20	07:25:55	07:31:55	07:37:50
袁家岭站	05:46:40	05:48:35	05:52:40	05:58:40	06:04:40	06:10:40	06:16:40	06:22:45	06:28:45	06:34:45	06:28:15	06:38:45	06:48:30	06:59:25	07:07:15	07:13:50	07:19:50	07:25:25	07:31:25	07:37:20
迎宾路口站	05:48:10	05:50:05	05:54:10	06:00:10	06:06:10	06:12:10	06:18:10	06:24:15	06:30:15	06:36:15	06:25:55	06:36:25	06:46:10	06:57:05	07:04:55	07:11:30	07:17:30	07:23:05	07:29:05	07:34:30
芙蓉广场站	05:49:25	05:51:20	05:55:25	06:01:25	06:07:25	06:13:25	06:19:25	06:25:30	06:31:30	06:37:35	06:24:05	06:35:05	06:45:40	06:57:00	07:04:25	07:11:05	07:17:00	07:23:25	07:28:35	07:32:40
五一广场站	05:50:45	05:52:40	05:56:45	06:02:45	06:08:45	06:14:45	06:20:45	06:26:45	06:32:45	06:38:45	06:22:20	06:33:00	06:43:50	06:54:50	07:02:35	07:09:10	07:15:10	07:20:45	07:27:55	07:32:05
湘江中路站	05:52:00	05:53:55	05:58:00	06:04:00	06:10:00	06:16:00	06:22:00	06:28:00	06:34:00	06:40:00	06:21:05	06:31:35	06:43:15	06:54:25	07:02:00	07:08:35	07:14:35	07:25:25	07:28:25	07:30:20

某城市地铁 13 号线 A 站列车时刻表　　　　　　　　　　　　　表 6-10

	工作日(开往 B 方向)		双休日(开往 B 方向)
5	34 41 47 56	5	34 41 48 57
6	02 08 14 21 26 33 40 48 56	6	05 13 21 28 36 43 51 58
7	02 07 13 18 24 29 35 41 46 52 57	7	05 12 19 26 33 40 47 54
8	03 08 14 20 25 31 36 (42) 47 53 (59)	8	01 08 15 22 29 36 43 50 57
9	(04) (10) (15) (21) (26) (32) (38) (43) 49 54	9	04 11 18 25 32 39 46 53
10	(00) (05) 05 13 19 25 31 37 44 51 58	10	00 07 14 21 28 35 42 49 56
11	05 12 19 26 33 40 47 54	11	03 10 17 24 31 38 45 52 59
12	01 08 15 22 29 36 43 50 57	12	06 13 20 27 34 41 48 55
13	04 11 18 25 32 39 46 53	13	02 09 16 23 30 37 44 51 58
14	00 07 14 21 28 35 42 49 56	14	05 12 19 26 33 40 47 54
15	03 10 17 24 31 38 45 52 59	15	01 08 15 22 29 36 43 50 57
16	06 13 20 27 32 39 49 57	16	04 11 18 25 32 39 46 53
17	04 10 15 21 27 32 38 43 49 54	17	00 07 14 21 28 35 42 49 56
18	00 06 11 17 22 28 33 39 45 50 56	18	03 10 17 24 31 38 45 52 59
19	(01) 07 (12) (18) (23) (29) (35) (40) 46 54	19	06 13 20 27 34 41 48 55
20	03 11 19 28 36 (44) 53 59	20	02 09 16 23 30 37 44 51 58
21	06 (12) 18 25 33 41 (49) (57)	21	05 12 19 26 33 40 47 54
22	00 06 (12) 18 25 33 41 (49) (57)	22	01 09 17 25 33 41 (51)
23	(05) (14) (23) 33 43 54	23	(01) (10) (18) (26) (35) (44) 54

注：| 5 | 21 | 表示 05:21。○表示始发站为 A 站,终点站为 C 站。

6.3.7　列车运行图的实施组织

运行图编制完成后,应经过技术主管严格的审核程序后才能正式发布。为了保证新图能够正确和顺利实行,须在实施新图之前做好下列准备工作。

1)实施前审核

(1)技术审核:由技术主管对运行图的合理性、安全性进行审核。

(2)安全审核:确保运行图不违反任何安全规定和标准。

(3)效率审核:评估运行图的运营效率和成本效益。

2)运行图和相关技术文件下发

(1)向运营、调度、客运、维修等相关部门下发新的运行图。

(2)提供详细的技术文件,包括时刻表、交路图、停站时间等。

3）相关人员学习与培训

（1）组织相关人员对新图进行学习，确保了解和熟悉新图的规定和要求。

（2）进行培训和考核，确保员工掌握新图的所有细节。

（3）对列车司机、调度员、站务员等关键岗位进行专项培训。

通过组织上述学习和培训，确保相关岗位员工了解新图实施后的操作流程和应急措施。

4）配套性工作准备

（1）检查和测试所有相关设备，如信号系统、通信设备、自动售票机等。

（2）确保车站服务设施如电梯、扶梯、自动检票机等处于良好状态。

5）应急预案

（1）制定和更新应急预案，以应对新图实施后可能出现的问题。

（2）组织应急演练，确保员工能够迅速有效地处理突发事件。

6）宣传和通知

（1）通过媒体、车站广播、宣传册等方式向乘客宣传新图的变更信息。

（2）提前通知乘客关于新图实施的时间和可能的影响。

（3）在官方网站、移动应用等平台更新列车时刻表。

（4）更新车站内的公告牌、电子显示屏等乘客信息系统。

7）验证和测试

（1）在正式实施前进行模拟运行，验证新图的实际运行情况。

（2）根据模拟运行的结果对运行图进行必要的调整。

8）监督检查

（1）实施新图初期，加强现场监督检查，确保各项规定得到执行。

（2）收集反馈信息，对新图进行实时监控和必要的微调。

此外，运行图实施前还需做好车辆和司乘人员的周转调配计划，更新相关的运营记录和文档，确保文件的一致性和准确性。根据新图的规定，组织各站段修订《行车工作细则》，以确保列车安全运行。

6.4　列车运行图编制中的关键技术

6.4.1　分号列车运行图

在编制运行图之前，一般已经在客流基础上确定了行车计划。行车计划包括涉及列车交路与停站方案的列车运行组织模式、涉及各线全日列车开行对数以及不同时段列车开行数量计划的运力配置计划等，据此可以编制列车运行图。

与城市间交通相比，影响城市交通需求的因素更加复杂。既有沿线影响客流集散规律的城市因素，如土地开发、城市活动等，也有轨道交通网络自身的因素，如新线建设、服务水平变化等。这些因素增加了客流的变化。从计划层面看，需要有适应客流需求变化的分号运行图。

图 6-20 描述了北京地铁客流时段分布与北京地铁 10 号线不同日（2024 年 7 月 22 日—

2024年7月28日)客流规模,可以看出,工作日与周末客流分布特征差异较大,周五客运量最高,周六没有明显峰值。北京地铁10号线的客流统计表明,工作日客流规模较大,尤以周五(最后一天)、周一(第一天)为甚;周六与周日客流量较小,其中周日最低,列车运行计划的编制应以此为依据。

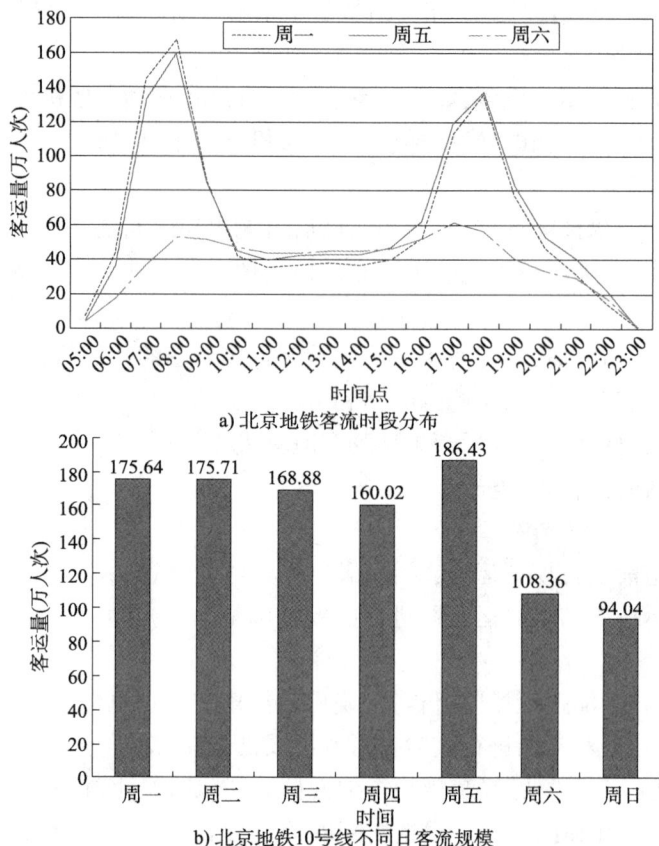

a) 北京地铁客流时段分布

b) 北京地铁10号线不同日客流规模

图6-20　不同时间城市轨道交通客流趋势

6.4.2　列车运营时段划分

如图6-20a)所示,全日运营中,不同时段客流有较大波动,高峰客流较大、平峰客流较小。为此,将全日运营时间划分为不同时段,采用不同发车间隔。不过,运营时段不宜划分过多,以免导致列车频繁出入车辆段(停车场),增加列车调度工作难度,不利于安全运营。

例如,我国上海地铁1号线将工作日划分为4个运营时段,将周末划分为高峰和平峰2个运营时段;西安地铁6号线将工作日划分为早超高峰、晚超高峰、早高峰、晚高峰、平峰、低峰(早晚平峰)6个运营时段,其中早、晚超高峰时段采取单向加密列车的不均衡运输策略;西安地铁1号线将工作日划分为高峰、平峰和低峰(早晚平峰)3个运营时段;深圳地铁将全部线路的工作日和周末均划分为高峰和平峰2个运营时段。

平峰情况下,列车服务模式的选择须考虑列车在几个小时内运行的连续性,并与发车频率需求合理匹配。存在支线或中途折返点时,会出现多个服务频率。这时要根据各自的运行时间协调支线端点的滞留时间和中途折返点的滞留时间,使返回方向上的服务得到合理匹配。

对高峰时段来说,当有多个方向存在时,某一方向上的服务不必与另一方向上的服务完全相同,但要保证与每一个车站的需求频率相匹配,通常考虑到可获得的列车资源、列车投入运行和退出运行的地点以及列车运输能力的限制,包括在延伸站点停靠的限制。

由于不同城市的轨道交通客流特征有所差异,时段划分也不尽相同,具体需要根据实际客流情况做出相应调整。目前,我国城市轨道交通列车运营时段划分主要有以下几种。

1)正常工作日即周一至周五

(1)全日划分为 5 个时段,分别为早平峰、早高峰、平峰、晚高峰、晚平峰 5 个运营时段。

(2)全日划分为 4 个时段,将早平峰和晚平峰两个时段合并为晚平峰,即全日划分为早高峰、平峰、晚高峰和晚平峰 4 个运营时段。

(3)全日划分为 3 个运营时段,将早平峰、平峰和晚平峰三个时段合并为平峰,即全日划分为早高峰、平峰、晚高峰 3 个运营时段。

(4)全日划分为 2 个时段,即高峰和平峰。

2)周六、周日及节假日

(1)全日划分为 3 个时段,即早平峰、高峰、晚平峰。

(2)全日划分为 2 个时段,即高峰和平峰。

不同时段客流不同,运行资源要求也不同。表 6-11 是某地铁部分线路运营时段划分及上线列车数。不难看出:不同时段、不同线路的发车间隔、上线列车数差异较大。高峰时段发车间隔小,所需列车数显著多于其他时段;周末各时段所需列车数少于工作日。另外,不同运营时段内,列车运行交路也可能不同。如 4 号线高峰时段为单一交路,平峰和低峰为大小交路。

6.4.3 列车折返作业组织

大多数城市轨道交通系统的车站没有渡线,列车折返是列车交路设置需考虑的重要因素。一般说来,列车折返方式可根据折返线位置布置情况分为站前折返和站后折返两种。

站前折返时,列车空走少,乘客能同时上下车,可缩短停站、折返时间。不过,这种方式存在进路交叉,对行车安全有一定威胁;客流量大时,可能会影响站台客流秩序。

站后折返避免了前述进路交叉,安全性好。同时,站后列车进出站速度较高,有利于提高旅行速度;站后折返的主要不足是列车折返时间较长。另一种站后折返方式是环形线折返,可保证较大的通过能力;不过,环形线工程量大,钢轨在曲线上的磨耗也大。实际中较少采用。

城市轨道交通列车折返作业时,在折返站同时作业的列车数量与折返方式、折返线数量及布置形式有关,列车折返作业运行线的铺画需要满足相应的约束。同时,列车在折返站作业不仅需满足列车运行间隔时间要求,还需满足折返间隔时间要求,城市轨道交通列车站前、站后折返运行及图示见表 6-12。

表6-11

某地铁部分线路运营时段划分及上线列车数

线路	项目	星期一至星期五					星期六、星期日			
		高峰	次高峰	平峰	次平峰	低峰	高峰	次高峰	低峰	次低峰
1号线	最大上线列车数(列)	50	—	28	—	25	44	—	25	18
	时间范围	06:23—09:51 16:04—20:51	—	09:51—16:04	—	06:00—06:23 20:51—23:30	06:33—21:19	—	06:00—06:33 21:19—22:06	22:06—23:30
	发车间隔	2min58s	—	5min18s	—	5min56s	3min22s	—	5min56s	8min14s
2号线	最大上线列车数(列)	50	—	35	29	22	45	—	30	24
	时间范围	06:23—09:29 16:15—20:24	—	09:29—16:15	20:24—22:39	06:00—06:23 22:39—23:45	06:00—06:23	—	06:00—06:23	06:00—06:23 22:39—23:45
	发车间隔	2min28s	—	3min31s	4min15s	5min37s— 8min45s	2min45s	—	4min07s	5min09s— 8min45s
	大小交路比例	1:1	—	1:1	—	1:1	1:1	—	1:1	—
3号线	最大上线列车数(列)	33	31	23	—	21	33	29	21	—
	时间范围	07:00—09:17 14:27—21:20	—	09:17—14:27	—	06:00—07:00 21:20—23:15	07:30—21:59	—	06:00—07:00 21:59—23:15	—
	发车间隔 (重合段/非重合段)	3min37s/ 7min14s	—	5min13s/ 10min26s	—	5min40s/ 11min20s	3min37s/ 7min14s	—	5min40s/ 11min20s	—
	注：重合段为A—B，非重合段为B—C									
4号线	最大上线列车数(列)	38	31	21	—	20	31	29	21	—
	交路及开行比例	单一交路		大小交路1:1		大小交路1:1	大小交路1:1			

续上表

线路	项目	时间								
		运营时段								
		星期一至星期五					星期六、星期日			
		高峰	次高峰	平峰	次平峰	低峰	高峰	次高峰	低峰	次低峰
4号线	时间范围	06:55—10:07 16:29—22:10	22:10—22:42	10:07—16:29	—	06:00—06:55 22:42—23:00	15:29—23:00	—	06:57—15:29	06:00—06:57
	发车间隔 (重合段/非重合段)	3min29s	3min59s/ 7min58s	5min52s/ 11min44s	—	6min11s/ 12min22s	3min59s/ 7min58s	—	4min16s/ 8min32s	5min52s/ 11min44s
	注：重合段为D—E，非重合段为E—F									
5号线	最大上线列车数(列)	30	—	—	—	19	21	—	19	—
	交路及开行比例(列)	大小交路1:1	—	—	—	大小交路1:1		大小交路1:1	—	—
	时间范围	06:58—09:02 16:29—20:46	—	—	—	06:00—06:58 09:02—16:29 20:46—23:15	07:17—21:33	—	06:00—07:17 21:33—23:15	—
	发车间隔 (重合段/非重合段)	4min05s/ 8min10s	—	—	—	6min28s/ 12min56s	4min59s/ 11min58s	—	6min28s/ 12min56s	—
	注：重合段为G—H，非重合段为H—I									

表 6-12

城市轨道交通列车站前、站后折返运行及图示

约束条件	站台、线路布置图例	运行图图示	约束条件
站前折返			站前折返间隔时间
站后折返			折返线数量及布置形式

6.4.4　环线列车运行图铺画

城市轨道交通线路按照形式可分为环线与直线两类。直线型线路上列车需在两端端点站折返。环线型线路由于没有终点站,列车也无须在这些车站折返作业。为保证运行图格式的统一与列车运行的接续,可将环线某车站(如出入库连接站)虚拟成两个车站,再参考直线运行图的表示形式。列车在线路上某站进行虚拟折返,折返时间为站停时间。城市轨道交通环线型线路列车运行图(单方向)如图 6-21 所示。

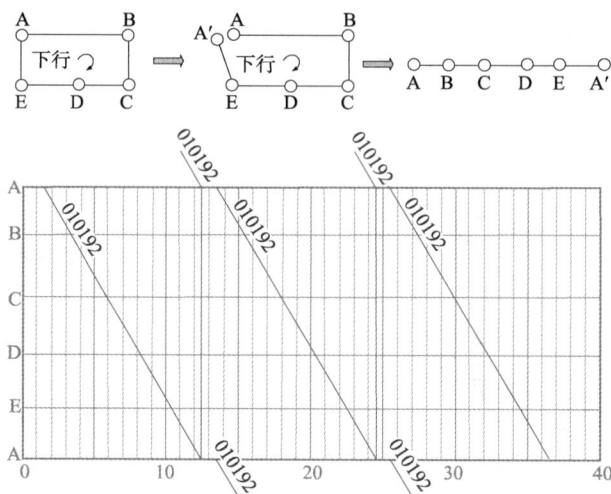

图 6-21　城市轨道交通环线型线路列车运行图(单方向)

6.4.5　列车出入段运行线铺画

车辆段(车场)是城市轨道交通列车停放的场所。日间,列车需要从车辆段(车场)出发;夜间,列车需要回到车辆段(车场)。另外,在早晚高峰前后,部分列车同样需要进行出入段(车场)作业。列车出入段(车场)运行线是指连接车辆段(车场)与车站的运行线。

由于车辆段(车场)在线路中的位置以及出入线的接轨形式不同,列车出入段运行线的铺画也有所差异。城市轨道交通系统中,列车出入段(车场)方式主要有五种,城市轨道交通列车出入段方式及图示见表 6-13。

城市轨道交通列车出入段方式及图示 表6-13

车场、线路布置形式	出入段方式	出段运行线图示	入段运行线图示
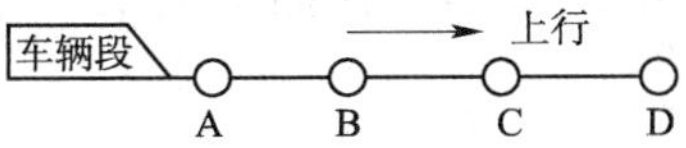 车辆段端部接轨（车辆段—A—B—C—D 上行）	1. 车底单方向出入段	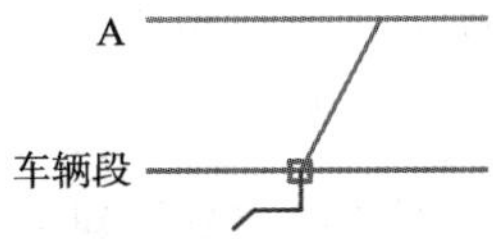	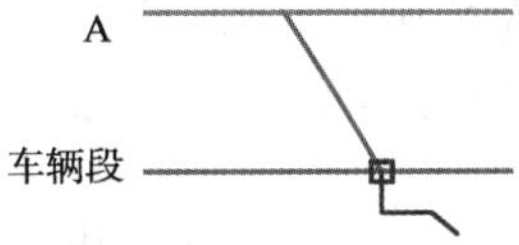
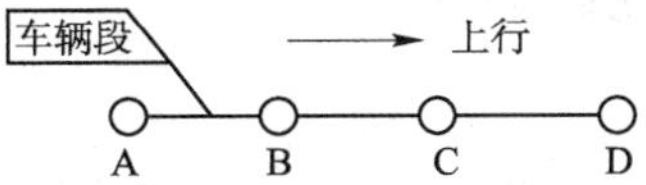 车辆段靠近线路一端中部接轨（车辆段—A—B—C—D 上行）	2. 车底单方向出入段	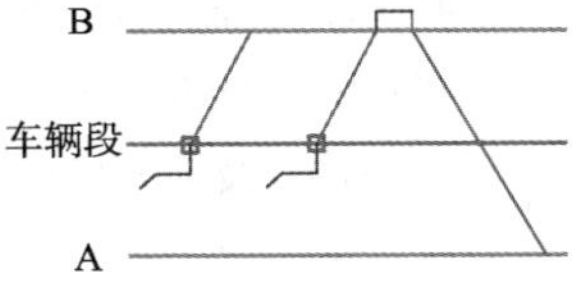	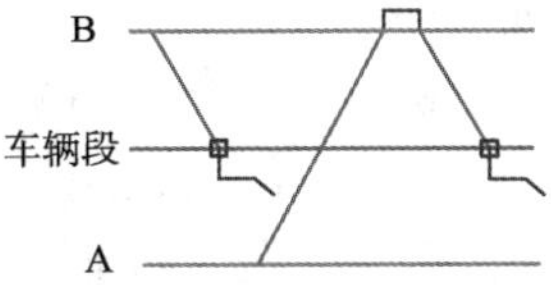
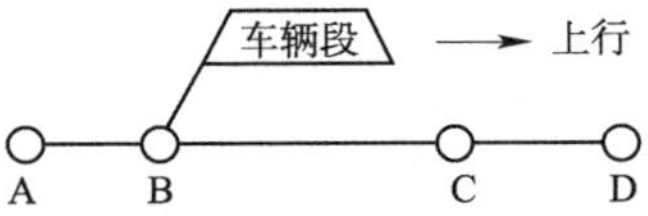 尽端式车辆段中部接轨（A—B—C—D 上行，车辆段在B上方）	3. 车底单方向出入段	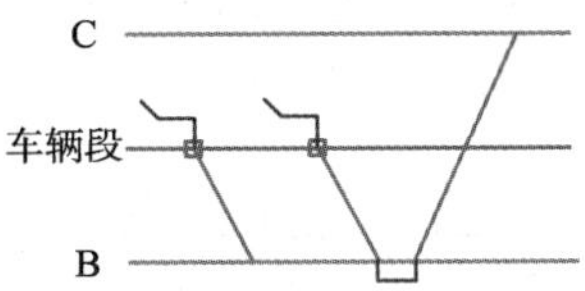	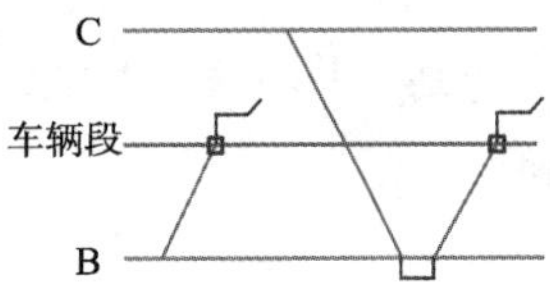
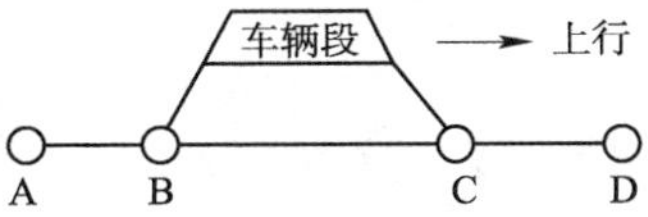 贯通式车辆段中部接轨（A—B—C—D 上行，车辆段在B、C之间上方）	4. 车底分方向出入段	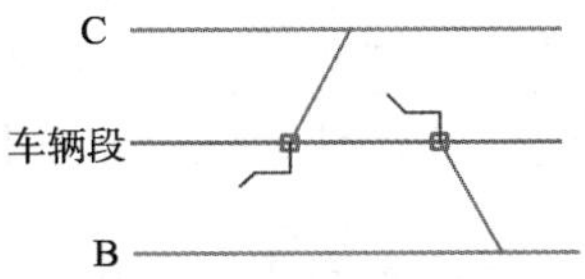	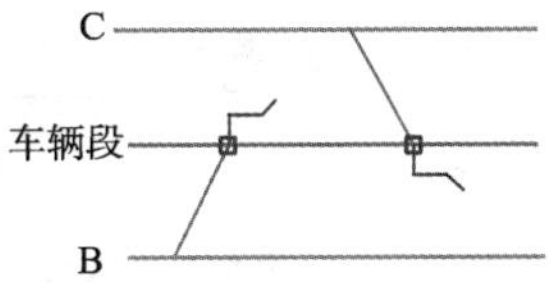
	5. 车底多方向出入段	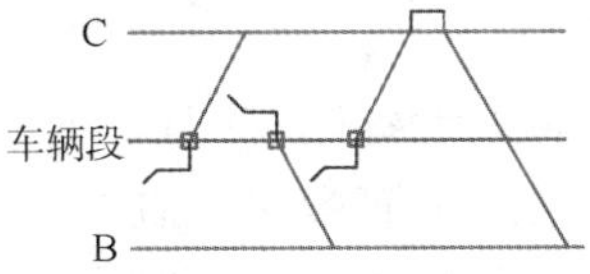	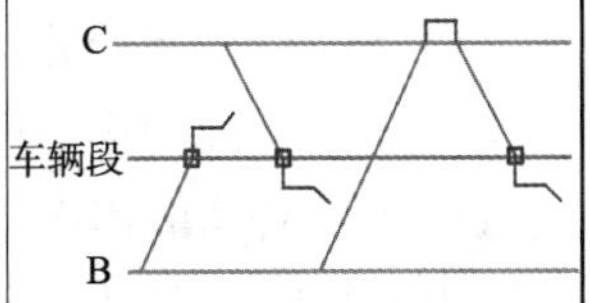

第1种方式中，由于车辆段（停车场）出入段线与正线是端部接轨，列车只能通过一个方向出入段，该方式比较简单。

第2种方式中，车辆段（停车场）出入段线与正线在靠近线路一端的中部接轨。列车出段有两种方式：一是列车从车辆段出段后运行至 B 站，然后驶入上行方向；二是列车从车辆段出段运行至 B 站后，进行折返作业后空驶至 A 站，再从 A 站始发。类似地，入段方式与出段相反。

第3种方式中，车辆段（停车场）出入段线与正线中部接轨，且属于尽端式车辆段，该种方式仅有一个方向可以出车。如果向下行方向发车，则列车可以从车辆段运行至 B 站后发车；如果向上行方向发车，则列车出段后需要在 B 站进行折返作业，然后发车。

第4和第5种方式为贯通式车辆段。列车可从两个方向出入段，能更好地满足运营需要,如首末班车同时发车的需求;但列车运行图编制相对复杂。这里,方式 4 为分方向出入段,比较简单;方式 5 为多方向出入段,较方式 4 增加了一种出入段方式,即列车在向其中一个方向(如下行方向)发车时,列车可以从车辆段沿上行方向到达 C 站,在 C 站折返作业,再从 C 站向下行方向发车,这种方式虽可增加列车出入段方式的多样性,但也增加了列车空驶里程,实际中不常用。

6.4.6　不同时间段过渡运行线的铺画

城市轨道交通客流存在高峰和平峰时间段,列车运行间隔具有多时段差异化特性。在同一时间段内,列车运行线呈现出周期性特点。编制时可先以周期运行线为基础,根据时间段的起始与终止时间来铺画该时间段内的其他运行线。

不同时间段运用车底数不同,这涉及不同时间段列车出入车辆段(车场)的安排,从而形成过渡时间段。过渡时间段列车运行线的铺画是城市轨道交通列车运行图比较难与复杂的部分,铺画时不仅要考虑车底的出入库方式,还要考虑车底的折返要求及列车的运行间隔要求。同时,铺画时还应保证收发车后在线运营的列车继续保持均一的运营间隔,不同时间段列车运行图加线、抽线的铺画过程如图 6-22 所示。

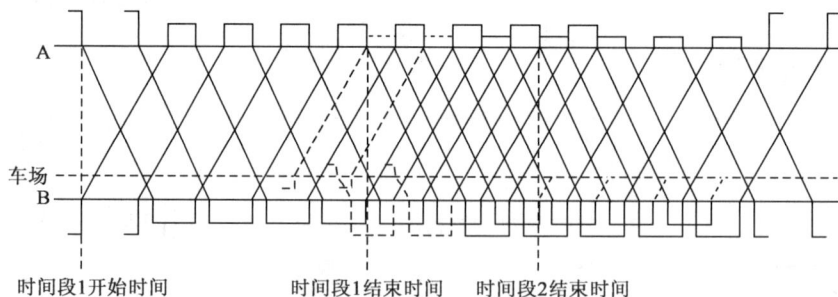

图 6-22　不同时间段列车运行图加线、抽线的铺画过程

1)运行线由疏至密

前一时间段的运行间隔大于后一时间段的运行间隔时,表明后一时间段需要运用的车底数比前一时间段需要运用的车底数多。在前一时间段结束时,会有部分车底出库。这些车底出库线铺画时要考虑出库的合适时间以及出库方式。

这一阶段,部分车底出库上线运行,反映在运行图上增加若干条列车线的过程,运行线的变化由疏至密。这一阶段称为运行图的加线过程。为了保证加线前后列车运行间隔均一,加线前,应适当调整列车停站时间,留出空当供新车插入,并使运营间隔的减少均匀分布。

2)运行线由密至疏

当前一时段的运行间隔小于后一时段时,表明后一时段运用的车底数比前一时段需要运用的车底数要少。在前一时段结束时,会有部分车底入库。这些车底入库线铺画时也要考虑入库的合适时间以及入库方式。

同样,这一阶段部分车底入库,反映在运行图上是需要抽掉若干条列车线,运行线的变化由密至疏。这一阶段称为运行图的抽线过程。为了保证抽线前后列车运行间隔均一,抽线后,应调整前后两列车停站时间,使运营间隔的增加及运营间隔的减少均匀分布。

6.4.7 实际运行图的铺画

列车运行图分为计划运行图与实际运行图两类。实际运行图又称实绩运行图或实迹运行图,是一种对列车实际运行过程的图形化记录。

图6-23中说明了列车计划运行图铺画时用到的部分符号,由于实际运行图完全按照列车实际运行情况铺画,对于实际运行过程中可能出现的停站时间过长、载客通过车站(计划停站)、反方向运行、故障救援以及临时退出运行等情况,应按图6-23~图6-27所示图例绘制。

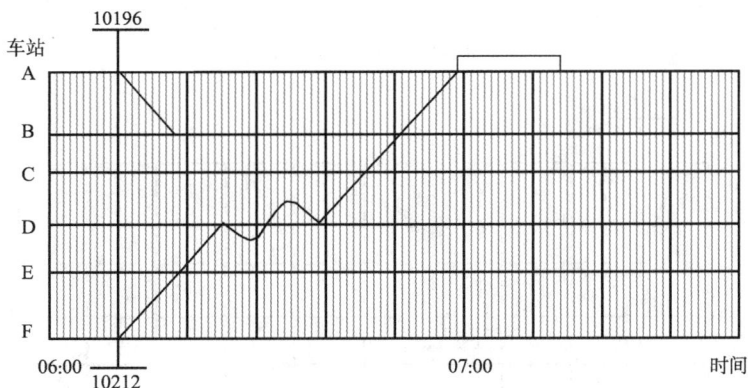

图6-23 列车停站时间过长

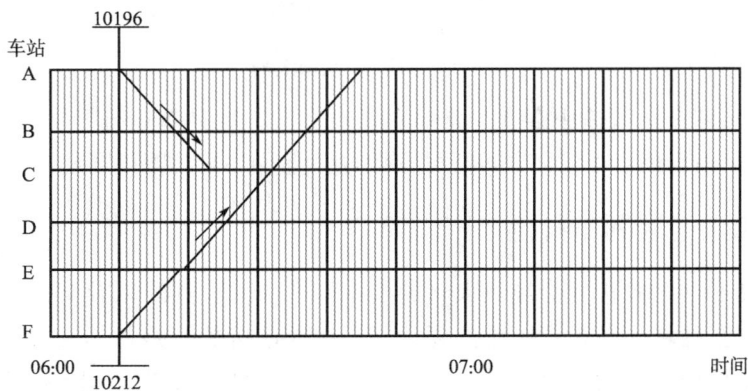

图6-24 列车载客通过车站

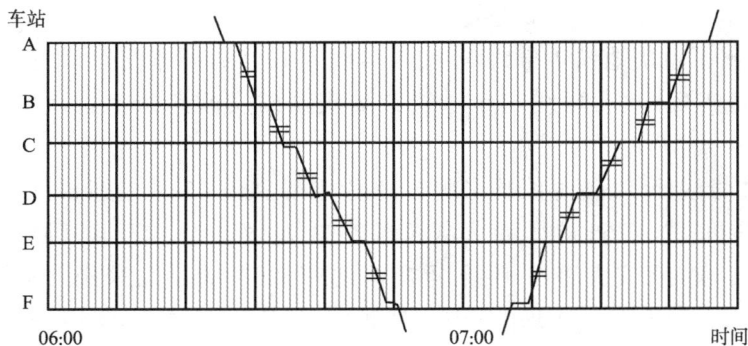

图6-25 列车反方向运行

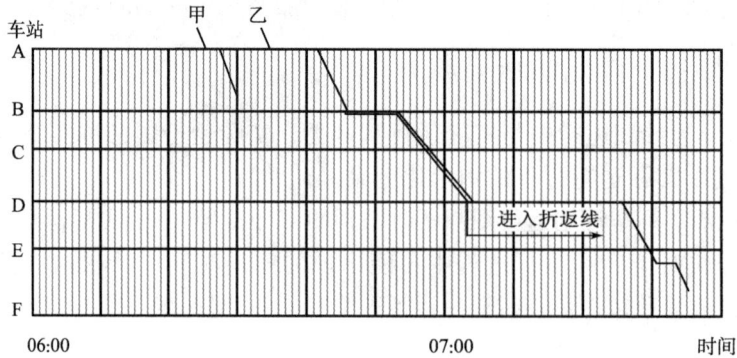

图 6-26　列车故障救援

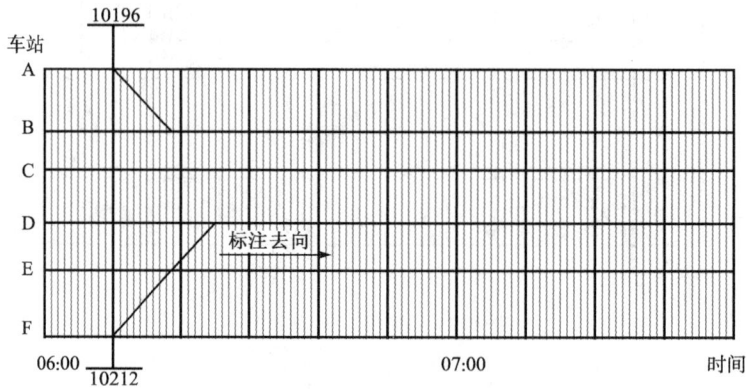

图 6-27　列车临时退出运行

实际工作中,列车运行途中存在异常情况需要标注。在列车运行异常(如清客、迫停、列车冲突等)区段,需简单说明作业时间情况,有时用"蓝圈"或"黑圈"圈起。

6.4.8　枢纽地区列车开行方案验算

城市轨道交通网络的扩大会导致大量的换乘需求,跨线、共线以及某一线路的多交路组织会增加线路交互区域列车运行组织的复杂性。相互连接的线路及其相关车站一般可称为枢纽地区。对于城市轨道交通系统来说,制定恰当的跨线运行方案,协调好相关线路的能力,为旅客换乘提供快速、安全、便捷的服务,是城市轨道交通系统列车运行计划编制的一项重要任务。

图 6-28 给出了重庆地铁 4 号线-环线-5 号线互联互通列车交路示意图。4 号线与环线在民安大道站实现跨线,环线与 5 号线在重庆西站实现跨线。首次实现了三线跨线运营。

重庆地铁 4 号线、环线、5 号线均采用 6 辆编组 As 列车(5 动 1 拖),列车定员 1572 人/列[254 × 2(带司机室) + 266 × 4],最大载客量 2333 人/列。三线互联互通直快列车运营区间为"唐家沱站4 号线民安大道站 环线 重庆西站5 号线跳磴站",采用大站快车的模式,全程共停靠 12 座车站(唐家沱、头塘、重庆北站北广场、民安大道、冉家坝、沙坪坝、重庆图书馆、上桥、重庆西站、金建路、华岩中心、跳磴),与普通车相比,全程少停 16 个站。

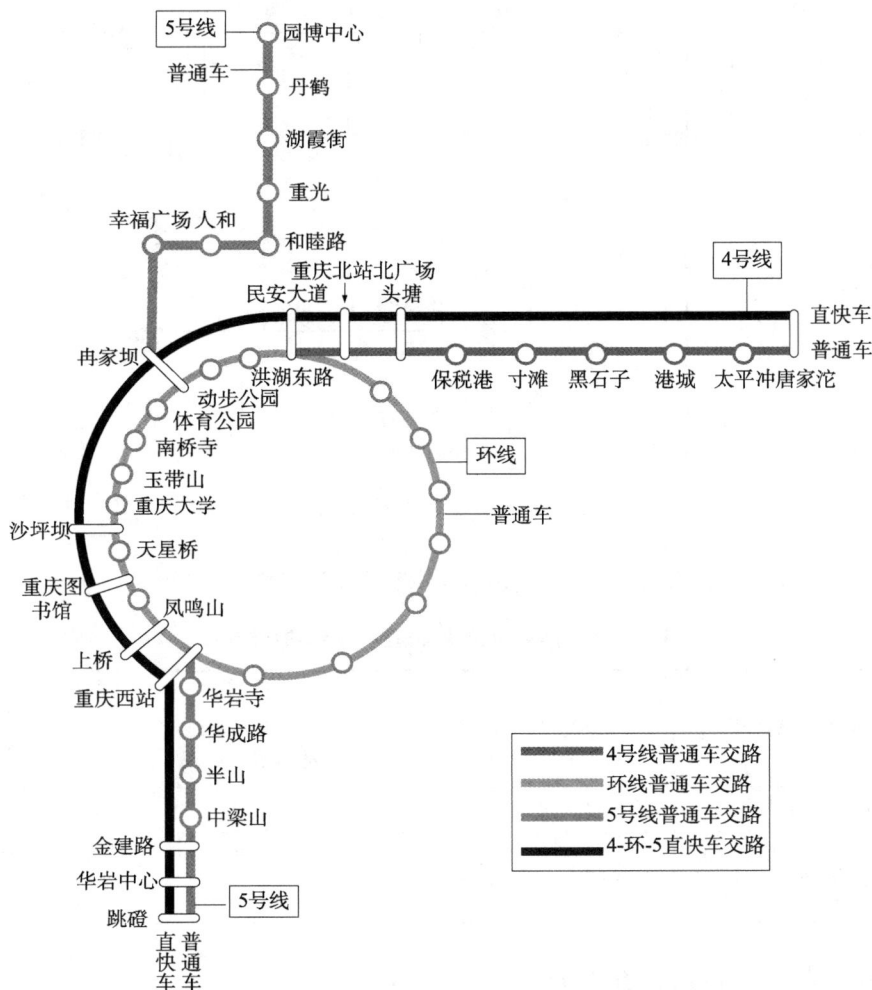

图 6-28 重庆地铁 4 号线-环线-5 号线互联互通列车交路示意图

以位于 4 号线的唐家沱站到位于 5 号线的跳磴站为例,原本乘客需依次乘坐 4 号线、环线、5 号线,历时 92min 才能抵达;开通跨线列车后,乘客可乘坐跨线直通列车,仅停站 10 次,历时 59min,节省 33min,并减少了两次换乘,实现了乘客从"人换乘"到"车换线"的变革,有效节约了乘客出行时间,提升了乘客出行体验。

图 6-29 描述了重庆轨道交通 4 号线-环线-5 号线平峰时段互联互通的行车间隔关系。

如图 6-29 所示,5 号线高峰时段行车间隔为 6min,平峰时段行车间隔为 10min;环线高峰时段行车间隔为 5min,平峰时段行车间隔为 6min;4 号线全天列车行车间隔为 10min。确定跨线快车行车间隔为 30min,满足公倍数和周期性规律。工作日高峰时段,4 号线、环线、5 号线本线列车与跨线列车开行比例分别为 3∶1、6∶1 和 5∶1;平峰时段开行比例分别为 3∶1、5∶1 和 3∶1。跨线直快列车全日双向共开行 52 列次(单向 26 列次),为插入式运营,不影响本线列车的正常运营。

表 6-14 给出了重庆互联互通跨线运营各线路高峰满载率。由于开通了跨线运营交路,增加了各条线路的运输能力,降低了列车满载率。

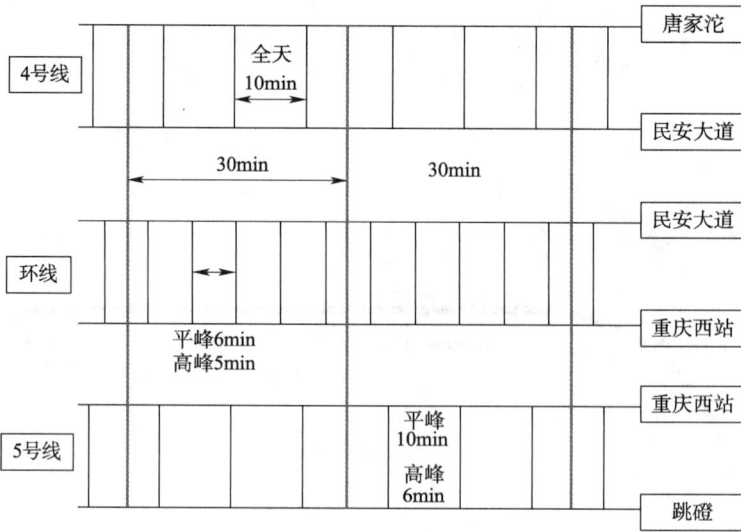

图 6-29　重庆轨道交通 4 号线-环线-5 号线平峰时段互联互通行车间隔图(单位:min)

重庆互联互通跨线运营各线路高峰小时满载率　表 6-14

线路	跨线运营区段	编组类型	高峰最小发车间隔(min)	2022 年高峰小时最高断面客流(万人次/h)	高峰小时断面运力(万人次)	列车满载率(%)
4 号线	唐家沱—民安大道	6 辆编组 As 列车定员 1572 人/列	10	0.41	1.2534	32.71
环线	民安大道—重庆西站		5	1.96	2.2008	89.06
5 号线	重庆西站—跳磴		6	0.98	1.8864	52.51

6.4.9　大客流开行方案验算

参考《城市轨道交通年度统计报告》,2023 年内地城市轨道交通线路高峰小时最大断面客流超过 5 万人次/h 的有 10 条线路;其中北京 6 号线高居榜首。10 条线路中,北京、上海、深圳各占 3 条,成都 1 条,见表 6-15。

2023 年内地城市轨道交通最大断面客流超过 5 万人次/h 的线路高峰满载率情况　表 6-15

城市	线路	高峰小时最大断面客流(万人次/h)	列车编组	列车定员(人/列)	最小发车间隔	高峰小时最大断面运力(万人次)	高峰小时列车最大满载率(%)
北京	6 号线	6.11	8B	1916	1min45s	6.57	93.0
	4 号线	5.35	6B	1428	2min	4.28	124.9
	10 号线	5.12	6B	1468	1min45s	5.03	101.8
上海	9 号线	5.61	6A	1860	1min50s	6.09	92.2
	1 号线	5.08	8A	2480	2.5min	5.95	85.4
	11 号线	5.03	6A	1860	2min	5.58	90.1

城市	线路	高峰小时 最大断面客流 （万人次/h）	列车 编组	列车定员 （人/列）	最小发车间隔	高峰小时 最大断面运力 （万人次）	高峰小时 列车最大 满载率（%）
深圳	1 号线	5.49	6A	1860	2min	5.58	98.4
	4 号线	5.44	6A	1860	2.5min	4.46	121.9
	5 号线	5.07	6A	1860	2min	5.58	90.9
成都	1 号线	5.23	6B	1470	2min	4.41	118.6

以上述 10 条线路早高峰为例，高峰小时列车最大满载率超过 120% 的线路分别为北京 4 号线和深圳 4 号线，满载率分别 124.9% 和 121.9%；位于 100% ~ 120% 的线路为北京 10 号线和成都 1 号线，满载率分别为 101.8% 和 118.6%；其余线路高峰小时列车最大满载率均低于 100%。不难看出，上述线路高峰小时列车最大满载率均低于 125%，基本满足早高峰大客流需求。

6.5 复杂线路列车运行图铺画方法

随着城市轨道交通线网规模的发展，系统呈现出制式多元化、客流巨量化、信息海量化、衔接多样化等特点。与此同时，也出现了如下运输组织管理的问题。

（1）网络覆盖区域人口居住与岗位密度差异扩大，拥挤与运力虚靡两极分化现象更趋严重。

（2）网络换乘系数增加，换乘站数量多，大量乘客换乘，换乘站客流组织压力大，难以满足"快速、直达"的出行需求；安全隐患增加给日常运营组织与管理带来困难。

（3）资源共享效率低，分线运营环境使部分线路与列车的富余运能无法跨线调配与利用，系统人力、供电、设施设备检修等资源共享率低。

（4）网络结构复杂，Y 形线、X 形线更加常见，列车开行方案复杂化。

上述问题使列车运营组织更加复杂化。这一方面要不断深化运力计划与需求的匹配研究；另一方面还应充分研究相关资源的共享制度与共享方式，以确保全线各区段列车的合理负荷与服务水平。本节简要介绍了部分线路混合交路、Y 形交路以及快慢车运行条件下的列车运行图的铺画案例。

6.5.1 混合交路列车运行图的铺画

混合交路列车运行图是指在一条城市轨道交通线路上开行 2 个或 2 个以上的交路形式，这种交路方式需要在某个区段开行不同交路列车。定义某区段开行单方向的列车交路大于或等于 2 种时，该区段为共线段；某区间开行单方向的列车交路只有 1 种时，该区段为非共线段。

以全线开行 2 个交路的情况为例，混合交路的列车运行图如图 6-30 所示，大交路包含小交路时也可称嵌套交路或大小交路。混合交路开行比例为 1:1，大交路列车运行在 A—C 区段，小交路列车运行在 A—B 区段。因此，A—B 区段为混合交路列车共线运行区段。

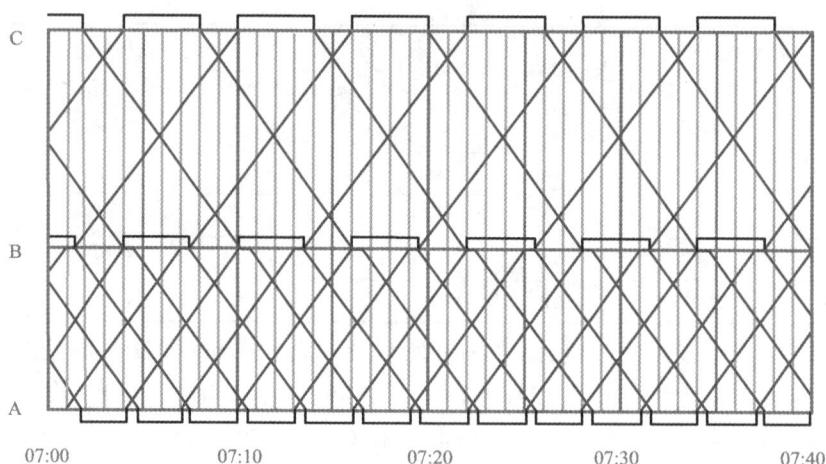

图 6-30　混合交路列车运行图

　　混合交路方案适用于各区段客流量不均衡程度较大且有明显客流断点的情况。编制这种类型的列车运行图时,不仅要考虑列车车底数量、时间段过渡方式等因素,还要重点考虑混合交路列车运行间隔时间的合理匹配。在保证各交路区段运行间隔均衡的条件下,混合交路列车运行图的最大特点是混合交路的开行数量(或运行间隔)最好保持一定的比例关系,目前最常用的混合交路开行比例为1∶1、1∶2 和 2∶1 三种模式。

6.5.2　Y 形交路列车运行图的铺画

　　Y 形交路列车运行图指在城市轨道交通 Y 形线路上铺画的列车运行图。这种线路通常由一条干线和一条支线组成,形成类似字母"Y"的结构。Y 形线上,列车交路比较复杂。列车可以在干线和支线之间运行,也可以根据不同区域客流需求的大小与 OD 结构有更加多样化的交路。干线交路和支线交路在某区段共线运行时,该区段为共线段;非共线交路区段被称为非共线段。

　　图 6-31 为 Y 形交路列车运行图的一个案例。干线列车运行区段为 AD,支线列车运行区段为 AC 和 CE。AC 区段为 Y 形交路共线段,CD 和 CE 区段为非共线段。这种线路上,列车应严格运行图规定时刻运行,以避免在 C 站合流时出现冲突,或造成 CD、CE 段行车间隔扩大后降低服务水平。运行图铺画时,干线列车运行区段 AD 作为一个整体铺画,支线列车在共线段 AC 上与干线列车作为一个整体铺画,但非共线段 CE 需要从接轨站 C 站垂直分离后,单独铺画。从图 6-31 可知,当共线区段发车间隔均匀时,需要协调非共线区段 CD 和 CE 区段的列车在终点站的停留时间,以保证列车在折返回到接轨站 C 时能够满足均匀行车间隔的要求。

6.5.3　快慢车运行条件下的列车运行图铺画

　　快慢(列)车运行是从运输组织适应客流特征的角度出发,根据线路的长、短途客流特点和通过能力利用状况,在开行站站停慢车(简称"慢车")的基础上,同时开行越站、直达快车(简称"快车")的列车开行方案。

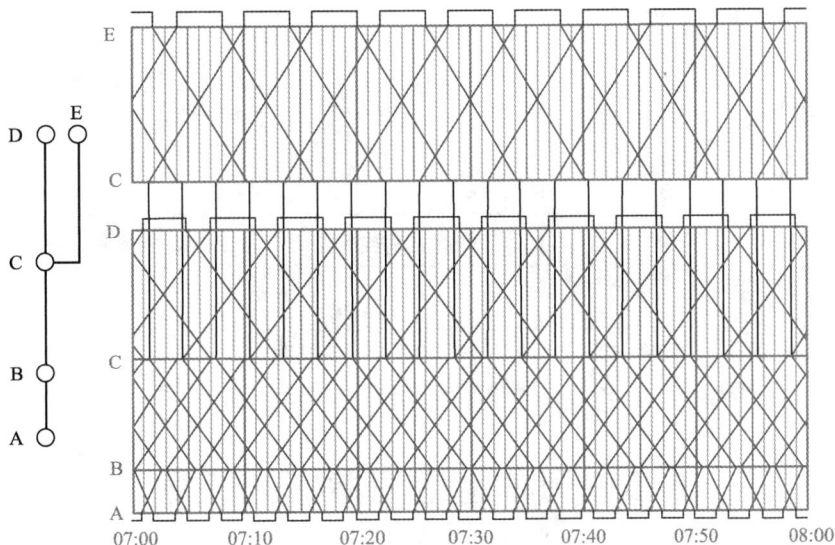

图 6-31 Y 形交路列车运行图

该停站方案中快车停靠站减少,平均运行速度提高,缩短长距离出行旅客的出行时间;但被越行站旅客的候车时间增加,服务水平下降,线路通过能力降低。其运营组织模式如图 6-32 所示。

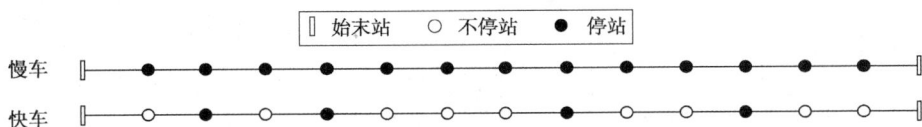

图 6-32 快慢车运营组织模式

当采用快慢车运行模式时,快车不停车越行慢车主要发生在慢车站,如图 6-33 所示。开行快慢车后,还需在越行站设置越行线,实现越行的目标。

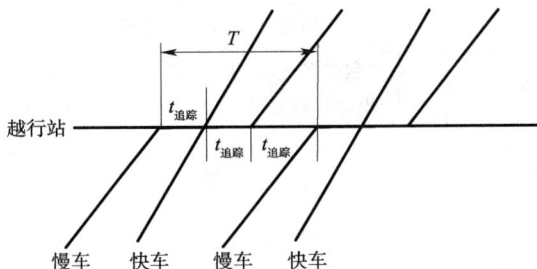

图 6-33 快车不停车通过越行站示意图

图 6-34 为快慢车运行条件下的列车运行图。(a)为无越行快慢车,慢车采取站站停的运行模式,快车通过减少停站次数提高速度。(b)为区间越行快慢车,快车在 BC 区间越行,此时区间 BC 需要有第三条轨道用于越行。(c)为车站越行快慢车,快车在 B 站越行慢车,B 站需要修建侧线,这种方式增加了慢车在 B 站的停留。不难看出,有越行情况下的快慢车需要增加基础设施投资。

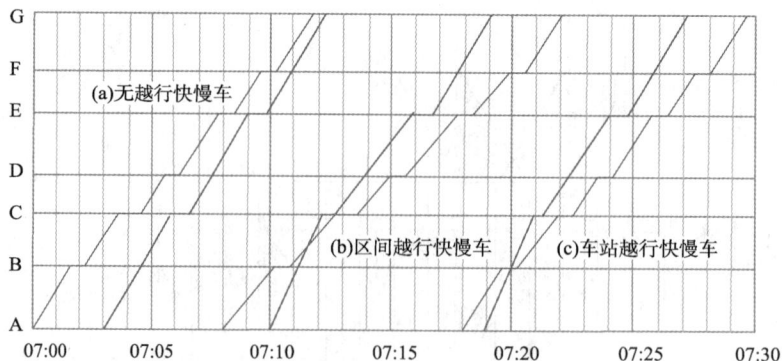

图 6-34　快慢车运行条件下的列车运行图

6.6　列车运行图指标的计算

列车运行图编制完成后,还需要计算其各项指标,以评价新运行图的质量和效率。运行图指标包括线路层指标和网络层指标,分别见表 6-16 和表 6-17。

列车运行图指标(线路层)　　　　　　　　　　　　　　　表 6-16

序号	指标名	含义
1	线路运营时间	线路运营时间为当日第一班载客列车到达发车站的时刻至最后一班列车到达终点站的时刻。如 05:00—23:00(18h)
2	车底出库次数	完成一天正常运营需要从车辆基地中发出的车底数,单位:列
3	不同时间段投运车底数量	不同峰期需要投运的车底数量。单位:列
4	最大投运车底数量	完成一天正常运营需要投入运营的最大车底数量。单位:列
5	全日总开行列次	一天中计划运行图编制的列次数量,包括出库和入库列车,还可区分载客列车、空驶列车、巡道列车、备用车等,可分方向统计。单位:列
6	不同时间段开行列次	如果运行图中存在不同开行间隔的时间段,可分别统计。单位:列
7	线路最大上线列车数	统计期内,线路平日运营中实际用于上线列车的最大值。单位:列
8	车底运用指标	包括各车底的出库位置、入库位置、出库时刻、入库时刻、总周转时间、总周转公里,连挂车次等
9	分车场的出入库次数	不同车辆基地的车底出库次数和回库次数统计。单位:次
10	全周转时间	不同时段的全周转时间,如果是多交路,则需要单独计算。单位:s
11	列车走行公里	所有列车的走行公里数统计,也可分交路统计,需要区分载客列车和空驶列车。单位:车·km 或列·km
12	车小时	所有列车的车小时数统计,也可分交路统计,需要区分载客列车和空驶列车。单位:车·h 或列·h
13	输送能力(载客能力)	所有载客列车的能力之和,按标准定员计算。单位:人
14	客位里程	列车载客能力与线路载客里程的乘积。单位:人·km
15	分时开行列次	不同计算刻度(15min、30min 或 1h)条件下各区间分方向的开行列车数量。单位:列

续上表

序号	指标名	含义
16	分时断面能力	不同计算刻度(15min、30min 或 1h)条件下各区间分方向的输送能力。单位:人
17	分时列车间隔	不同计算刻度(15min、30min 或 1h)条件下各区间分方向的列车平均间隔。单位:s
18	最大发车间隔	平峰期列车最大发车间隔(不包括早晚出车与收车时段)
19	最小发车间隔	高峰期列车最小发车间隔
20	车站的首末班车时刻	各车站最早到达该站和最晚从该站出发的载客的列车时刻(分上下行)
21	旅行速度	指列车从始发站发出到到达折返站时平均的运行速度。单位:km/h
22	技术速度	指不包含停站时间在内的列车在站间平均运行速度。单位:km/h

为进一步评价新运行图的质量,除计算新运行图的各项指标外,还应与现行运行图进行比较,分析各项指标提高或降低的主要原因。上述指标的具体计算方法可参见第14章。

列车运行图指标(网络层) 表6-17

序号	指标名	含义
1	网络总开行列次	网络所有线路开行的总列次之和。还可以区分载客列车、空驶列车、巡道列车、备用车等,也可分方向统计。单位:列
2	网络平均旅行速度($\bar{v}_{TR}$)	计算方式如下: $$\bar{v}_{TR} = \frac{\sum l_{TUi}}{\sum t_{RTi} + \sum t_{DTi}} \quad (km/h)$$ 式中,l_{TUi} 表示线路 i 所有列车运行距离总和,km;t_{RTi} 表示线路 i 所有列车在区间的运行时间总和,h;t_{DTi} 表示线路 i 所有列车在各车站(两终点站除外)停站时间的总和,h
3	网络平均技术速度($\bar{v}_{TE}$)	计算方式如下: $$\bar{v}_{TE} = \frac{\sum l_{TUi}}{\sum t_{RTi}} \quad (km/h)$$
4	网络最大发车间隔	网络所有线路的最大发车间隔。单位:s
5	网络最小发车间隔	网络所有线路的最小发车间隔。单位:s
6	网络最大投运车底数量	每条线路最大投运车底数量之和。单位:列
7	网络总列车走行公里	网络所有列车的走行公里数统计。单位:车·km 或列·km
8	网络总车小时	网络所有列车的车小时数统计。单位:车·h 或列·h
9	网络总输送能力(载客能力)	网络所有载客列车的能力之和,按标准定员计算。单位:人
10	网络客位里程	所有线路客位里程的总和。单位:人·km

注:由于不同线路每天执行的运行图版本有差异,因此网络指标需要分日期统计。

6.7 列车运行图编制的实际问题

在列车运行图编制过程中,一些实际问题需要考虑。

由于多数列车是从车辆段发出,线路较长时,列车到达中途一些客流集散点的时间可能较晚;在某些换乘站,换乘衔接不好会导致乘客在站台堆积,候车时间延长,影响服务水平。因此,列车运行图编制要关注重要客流集散点的首末班车时刻表衔接和换乘站时刻表协调等问题。

6.7.1 首末班车衔接

首末班车的衔接是列车时刻表编制中的关键问题之一。在规划末班车时刻表时,需要确保各线路之间的有效衔接,特别是那些跨线换乘的站点。这要求不同线路的末班车发车时间要有合理的重叠,确保乘客能够顺利从一条线路换乘到另一条线路。此外,还需考虑到末班车在到达终点站后的回车安排,以确保车辆能够按时回到起始站或进行必要的检修。

网络化运营条件下,首末班车衔接计划的编制宜满足以下原则。

(1)首班车应使早间市郊范围的乘客经换乘后能够尽快搭乘列车进入市区范围;末班车应尽量使晚间市区范围的乘客换乘后能搭乘列车返回市郊范围。

(2)特殊运营(如重大活动)情况下,宜先指定某条特殊线路的首末班车在某站的发车时间,并以此为基础,推算路网中其他线路的首末班车的发车时间。

(3)首末班车开行时间宜考虑与航空、铁路、长途汽车、公交等其他交通工具的衔接。

6.7.2 换乘站协调

换乘站衔接是运行图优化的重点之一。为确保乘客换乘顺畅,需要在运行图中精确考虑换乘时间要求。换乘时间既要考虑乘客步行距离和速度,也要考虑列车到达的准时性。在换乘站,还需要优化客流流线,避免不同方向、不同线路乘客在换乘过程中发生冲突或拥堵。

换乘站衔接计划的编制应满足以下原则。

(1)换乘站协调计划的编制应考虑为相继到达换乘站的不同线路的列车建立时序衔接关系,尽可能减少乘客的换乘等待时间。

(2)对单个换乘站点而言,应根据线路的走向特征和承担运送客流的重要程度,选择主要协调线路和主要协调方向进行换乘节点协调计划的编制。

(3)网络化运营条件下,换乘节点协调计划的编制宜针对不同时段的客流空间分布特征,对整个路网的换乘站和换乘方向划分不同优先级进行分层协调。

网络规模大时,换乘站数量多,很难保证所有换乘站都有良好的衔接,此时需要区分重点换乘站和重点换乘方向,如多线换乘站和换乘客流较大的方向。另外,当换乘方式为同站台换乘时,应注意换乘衔接问题,尽量避免一条线路列车到站前、另一条线路的列车刚发车,尤其是末班车。一条线路列车到站前、另一条线路的列车刚发车会导致换乘体验较差,乘客容易产生抱怨情绪。

6.7.3 夜间存车问题

多数城市轨道交通车站只有两条同时供列车通过与停站的轨道。车站一般采用侧式站台或岛式站台,一般不具备存车条件。由于不少城市轨道交通线路较长,每日开始营运或加线时所有列车均从车辆基地出发难以满足要求,因此,一般需要在部分车站或区间修建部分存车线,以供夜间或抽线时存放。多数情况下,这些存车线可以与折返线、安全线合并设置。

图 6-35 给出了需要开行区段列车情况下在中途设夜间停车线的情况。

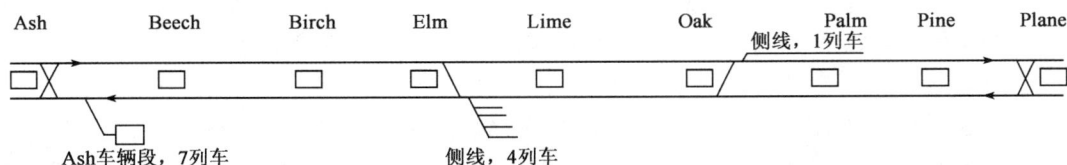

图 6-35　需要开行区段列车情况下在中途设夜间停车线的情况

存车线用于折返,有时存在效率问题。通常情况下,需要考虑驾驶员从列车的一端换到另一端的走行时间。如果列车运行混乱或晚点,这可能成为能力的瓶颈。

6.7.4 成本控制问题

运行图编制的一个重要问题是成本控制。在满足客流需求前提下,一般通过采用混合交路、非均衡运输、调整列车运行间隔等运输组织措施来控制成本,这些措施减少了上线列车数、走行车公里数和人员配置,也降低了列车牵引能耗和维修成本。

采用不同的交路形式的列车运行图,其各有优缺点。

(1)单一交路运行图的优点是编制容易,列车组织方式简单,运行间隔短,乘客服务水平高;缺点是运力浪费,能耗较高。

(2)采用衔接交路运行图的优点是运行图编制容易,列车组织方式简单,故障容易调整,节省运力,能耗低;缺点是交路衔接车站换乘压力大,乘客服务水平低。

(3)采用混合交路运行图的优点是有利于乘客出行,乘客服务水平高,节省运力,能耗低;缺点是运行图编制复杂,运营组织有一定难度。

当客流呈现明显的潮汐特征时,采用成对运输组织方案会导致单方向满载率偏低,运能浪费,成本增加,因此可以考虑采用非均衡运输方式,以减少列车开行数。

此外,通过优化调整列车运行图,可以提升再生电能利用率,从而降低列车牵引能耗。或通过改变列车运行模式,延长列车惰行距离等措施,降低列车牵引能耗,以达到降低运营成本的目的。

复习思考题

1. 试述列车运行图为什么被称为城市轨道交通系统的综合计划。
2. 试述城市轨道交通系统列车运行图的主要类型及特点。
3. 分析影响列车折返时间的因素。
4. 分析如何从质量上考核运行图编制的质量。

5.查阅资料,分析比较城市轨道交通系统运行图与城市间长距离铁路运行图编制的异同。

6.根据你的观察,分析如何压缩列车在车站的停留时间。

7.试述在城市轨道交通系统中,如何解决交通需求的时间与空间不均衡性。

8.选择一条具有实际背景的线路,铺画一张列车运行图,并计算相关指标。

AI辅助学习研讨题

利用AI工具(如DeepSeek、Kimi等)生成下列讨论题的报告或PPT。

讨论题(1):列车运行图编制中的混合交路冲突协调策略。

要求:结合城市轨道交通客流时空不均衡特征,分析混合交路(大小交路、Y形交路等)运行图编制中的冲突问题,如折返线占用、共线段能力饱和、车底周转断层(小交路车底无法及时补充大交路)。给出由10~20个关键词(中英文均可)组成的提问句,通过与AI工具的深度互动交流,生成"城市轨道交通混合交路运行图冲突调整方法"讨论报告或汇报文件(PPT)。

讨论题(2):运行图技术参数对运营效率的影响分析。

要求:对比旅行速度、技术速度、全周转时间、满载率等核心参数,分析参数对运能利用率、能耗、乘客体验的影响机制。给出由10~20个关键词组成的提问句,分析地铁高、平峰运行图参数案例,生成"运行图参数与运营效率关联性"讨论报告或汇报文件(PPT)。

讨论题(3):网络化运营下的跨线运行图协调。

要求:针对互联互通线路,分析跨线列车运行图在时刻表协同、信号兼容、应急调整中的难点,以及互联互通跨线运营的优势。给出由10~20个关键词组成的提问句,生成"跨线运行图协调方法与案例分析"报告或汇报文件(PPT)。

第 7 章
车底周转计划编制

　　车底周转计划是确保列车运行计划实现的基础。一般地,车底周转计划的编制应在列车运行图铺画的基础上,综合考虑车底出入库作业、运用方式与线路条件的约束,以确保最终的列车运行计划具有良好的可实施性。本章主要阐述车辆基地运营工作的相关概念,介绍车底周转计划的概念和编制方法,最后讲授一个车底周转计划编制的案例。

7.1 车辆基地运营工作

车辆基地是城市轨道交通车辆段(或停车场)与综合基地的简称,承担轨道交通车辆及其设施的运用、维护保养、检修和管理工作;有时也称为车场、车厂或车辆场段。

7.1.1 车辆基地运营组织工作架构

车辆基地行车工作由车辆基地调度员统一指挥,其他各岗位调度应在车辆基地调度的指挥和协调下根据各自职责任务开展工作。车辆基地内作业应以接发列车为优先,其他作业不能影响列车出入基地。股道运用应灵活有序,做到不间断接发列车。

车辆基地调度人员包括:车辆基地调度员、信号楼值班员(也称信号楼调度员)、车辆检修调度员、派班调度员等。不同城市车辆基地作业职责不同,调度工作岗位设置也可能有所不同。例如,有些城市未设置车辆检修调度,但设置了生产调度,其完成的工作内容基本相似。

图7-1是城市轨道交通车辆基地行车组织架构图。

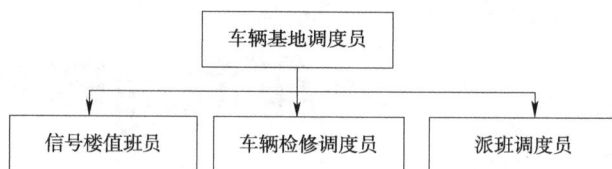

图7-1 城市轨道交通车辆基地行车组织架构图

1)车辆基地调度员

车辆调度员统一指挥车辆基地内的行车工作,负责组织实施列车接发、转线、调试、取送等作业,科学合理地调配人员、机车车辆,协调安排车辆基地内行车设备、消防设备及库房等设备设施的检修维护;向行车调度员通报运用列车情况,协调基地内部与外部的工作,组织相关部门及时处理设备故障问题。

2)信号楼调度员

信号楼调度员在车辆基地调度员指挥下,负责接发列车工作;通过信号楼计算机联锁设备控制室操作微机设备,及时办理发车进路开放信号,具体执行接发列车、调车作业计划;事故救援情况下,确认开行车次、时间,开行方向、发车股道等,按要求组织救援列车出段。

3)车辆检修调度员

车辆检修调度员负责车辆的计划维修、故障抢修、事故处理、调试、改造作业安排及组织实施,监视所有车辆技术状态,确保运行图所规定的上线列车状态良好,符合有关规定;负责车辆检修内务管理及协调、调配车辆管理部门的生产任务。

4)派班调度员

派班调度员负责制订和组织实施列车驾驶员的派班计划,安排列车乘务员(驾驶员)出/退勤作业;遇突发事件及时调整交路、调配列车驾驶员派班;负责与车辆检修调度员交接检修及运用列车、与出/退勤列车乘务人员交接运营列车,向行车调度员通报列车乘务人员配备情况;协助乘务管理部门管理列车乘务人员日常事务,检查落实各项管理制度和作业安全规定。

7.1.2 作业程序与要求

车辆基地的行车组织,按照车辆出入库先后顺序,可以分为列车入段(库)作业、列车段(库)内作业、列车整备作业、列车出段(库)作业以及运营结束后作业。

1)列车入段(库)作业

正常情况下,列车经由入段线入段。一般地,列车入段凭防护信号机显示,在入段线有码区按人工 ATP 方式办理;在入段线无码区按限速人工驾驶方式办理。设备故障或检修施工时,列车可由出段线入段,但需要行车调度员批准。信号楼值班员在办理列车接车作业时,应确认接车线路空闲,停止影响接车进路的调车作业。

列车入库应遵守按调车作业规定。列车入库前应在车门外一度停车。有人接车时按入库手信号入库;无人接车时,驾驶员应下车确认库门开启正常、接触网送电,而后方能进入车库。

2)列车段(库)内作业

列车入库停稳后,驾驶员应对列车进行检查。确认列车无异常后携带列车钥匙、驾驶员报单及相关物品办理退勤手续,向乘务组长汇报当日工作情况,听取次日工作安排与注意事项。

发现列车技术状态不良时,驾驶员应向车辆调度员报告并在有关报表中详细记录。发生列车晚点、掉线、清客、行车事故与救援时,车辆调度员应组织当事人及有关人员填写情况报告并及时上报有关部门处理。此外,车辆调度员还应完成对当日列车故障与安全情况的统计。

3)列车整备作业

列车整备作业包括列车清洗、列车检修和车辆验收三部分。

(1)列车清洗:应按清洗计划清洗列车,包括车辆内部清扫、清洁和车身清洗。列车清洗计划应下达到信号楼值班员、调车驾驶员、调车员及其他相关人员。清洗列车按调车作业办理。

(2)列车检修:列车回库停稳、收车后,如无列车清洗等作业,车辆基地调度员应及时与车辆检修部门办理车辆交接手续。未办理交接手续、未经车辆基地检修调度员同意,检修部门不得擅自进行列检作业。正在进行列检作业的车辆,未经检修负责人同意,不得擅自调动,无关人员不得擅自动车。

(3)车辆验收:车辆基地调度员接到车辆检修部门检修完毕移交的车辆后,应指派专人对车辆技术状态进行检查,确认车辆技术状态符合正线运行要求后方能接收并投入使用。

4)列车出段(库)作业

列车出库起动前应确认信号开放与库门开启正常,平交道还需注意是否有人员、车辆穿越。若规定的出库时间已到而出库信号仍未开放时,列车驾驶员应主动联系信号楼值班员或者车辆基地调度员了解信号开放状态。

正常情况下,列车经由出段线出段。列车出段凭防护信号机显示,在出段线有码区按人工 ATP 方式办理;在无码区按限速人工驾驶方式办理。信号楼值班员在办理列车发车作业时,应确认区间空闲(出入段线视为区间),停止影响发车进路的调车作业。

5)运营结束后作业

车辆基地应确保运用车状态良好,优先保障接发列车作业。车辆基地内调车作业由车辆基地调度人员统一指挥,调车司机凭地面信号或手信号显示开行列车,调车时严禁溜放调车,摘钩前应做好防溜措施,连挂妥当后应确认防溜措施已撤除。铁鞋、止轮器等防溜工器具应制定管理要求妥善保管。试车线同一时间原则上只允许一列车进行试车作业,作业开始前应对试车线进行限速轧道。试车作业应按地面信号或车载信号显示运行。距离尽头线阻挡信号机20m时运行速度不应高于5km/h,距离10m时必须停车。遇雨雪、大雾等恶劣天气时,原则上禁止办理试车作业。

7.2 车底周转计划编制中的基本概念

7.2.1 车组、车底、列车和车次

城市轨道交通车辆一般指可编入列车的单节车。车辆既可以是有动力的动车,也可以是无动力的拖车。车辆的车厢是乘客室,动车的动力设备一般设在车地板下方,拖车往往为控制车,设有驾驶室。车辆往往若干节编成一组来使用。因此,通过连挂方式组合在一起、用于完成特定运输任务的若干车辆的组合称为车组。在运行过程中车组一般不解体,车组中车辆的个数称为编组辆数。为了满足运营的灵活性和维修的需要,若干数目较少的车辆也可以先组成单元,再由单元组成车组。特别地,动车组是城市轨道交通系统中广泛应用的车辆形式,是由若干动车和拖车长期固定连挂在一起运行的列车。动车组可视为一种特殊的车组,具有更强的独立运行能力,不需要额外的机车牵引。在编组方式上,动车组也更为固定,以满足城市轨道交通高速度、高密度的运输需求。

车底是构成列车的基本单元,侧重于车底周转作业过程中列车包括的车辆类型和编组方式。由于城市轨道交通列车编组方式相对固定,车底在完成一趟运行任务后,通常整列重新担当另一趟运行任务。在城市轨道交通实际运营工作中,车底和车组有时会混合使用。

列车一般指将车辆按运营时刻表、施工行车通告及有关规定编成的有动力、可运行的车列,一般配备司乘人员,并分配固定的标识编码(即车次号)。

车次是指运行图中规定的在特定运行区间与时间内运行任务的编号。列车运行图规定了线路上一日内提供的运行任务或运输服务。运行图上一条运行线表示一次运行任务,通常用一个车次表示。

7.2.2 车底周转计划

车底周转计划是如何运用车底的计划,即将列车运行图中的运行任务分配到车底的工作计划,在列车运行图中反映为车底执行运行线的安排。具体表示为指定某个车底在某天中承担某些车次的运行任务。

车底周转图,有时也称为车底交路图,是直观展现车底周转计划的图解形式,如图7-2所示。车底周转图详尽表示了每一列车底在运营过程中需要依次担当的车次号序列,规定了每个车底的出入段时间以及车次起终点站的具体到发时间。通过这种图形化的表达方式,车底周转图可有效实现对车底运用的精细化管理。

	东车辆段	04:53:58							02				
			1001	西直门 05:32:11					西车辆段	04:55:48	2001	西直门 05:37:58	
			1007	西直门 05:34:00							2006	西直门 05:39:00	
西直门 06:20:00						西直门 06:23:00							
西直门 06:22:00	1016					西直门 06:25:00			2015				
			1031	西直门 07:06:00							2029	西直门 07:09:00	
				西直门 07:07:30								西直门 07:10:00	
西直门 07:51:30						西直门 07:54:00							
西直门 07:52:30	1052					西直门 07:55:00			2050				
			1073	西直门 08:36:30							2071	西直门 08:39:00	
				西直门 08:37:30								西直门 08:40:00	
西直门 09:21:30						西直门 09:24:00							
西直门 09:22:30	1093					西直门 09:25:00			2092				
			1106	西直门 10:06:30							2107	西直门 10:09:00	
				西直门 10:07:30								西直门 10:10:00	
西直门 10:51:30						西直门 10:54:00							
西直门 10:52:30	1116					西直门 10:57:00			2118				
			1126	西直门 11:36:30							2128	西直门 11:41:00	
				西直门 11:37:30								西直门 11:42:30	
西直门 12:21:30						西直门 12:26:30							
西直门 12:22:30	1136					西直门 12:27:30			2138				
			1146	西直门 13:06:30							2148	西直门 13:11:30	
				西直门 13:07:30								西直门 13:12:30	
西直门 13:51:30						西直门 12:26:30							
西直门 13:52:30	1156					西直门 12:27:30			2158				
			1166	西直门 14:36:30							2168	西直门 14:41:30	
				西直门 14:37:30								西直门 14:42:30	
西直门 15:21:30						西直门 13:56:30							
西直门 15:22:30	1176					西直门 13:57:30			2178				
			1187	西直门 16:06:30							2180	西直门 16:11:30	
				西直门 16:09:00								西直门 16:12:30	
西直门 16:53:00						西直门 15:26:30							
西直门 16:55:00	1202					西直门 15:27:30			2201				
			1223	西直门 17:39:00							2222	西直门 17:43:30	
				西直门 17:40:00								西直门 17:45:00	
西直门 18:24:00						西直门 18:29:00							
西直门 18:25:00	1244		1244			西直门 18:30:00			2243				
											2262	西直门 19:14:00	
												西直门 19:16:00	
	西车辆段	19:13:10				西直门 20:00:30							
						西直门 20:03:00			2274	2274			
							东车辆段	20:47:32					

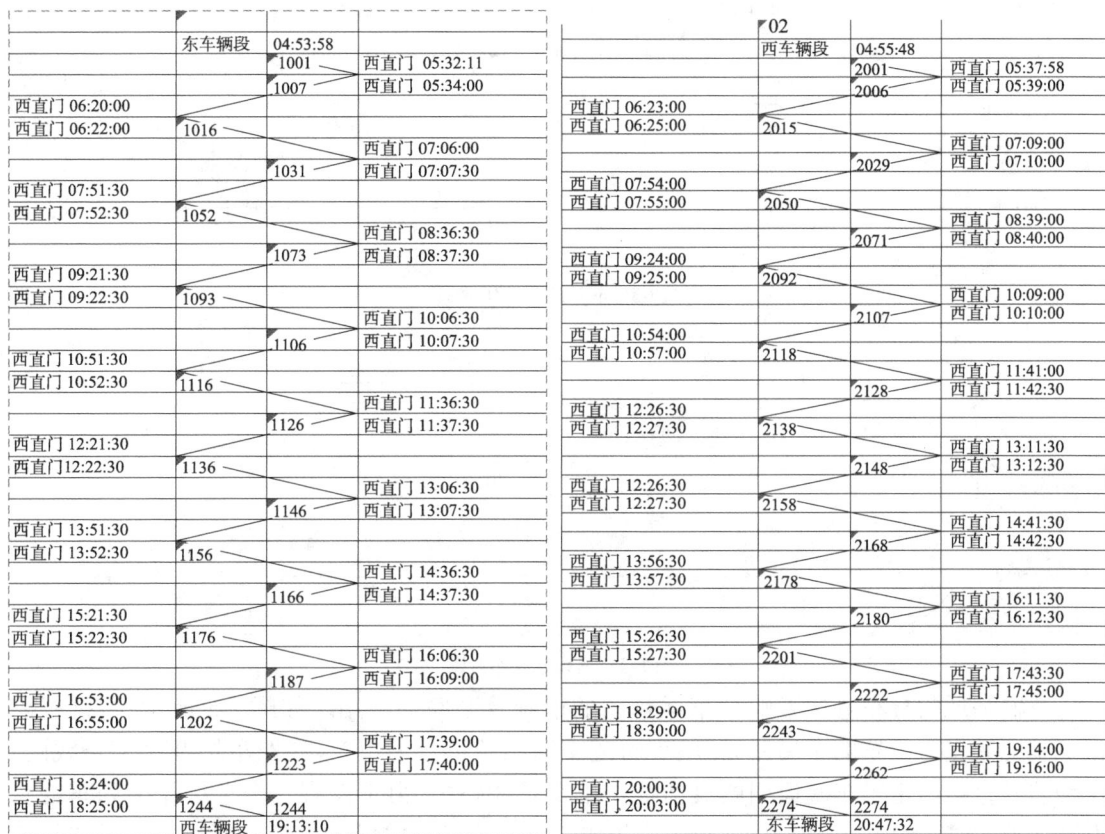

图 7-2 车底周转图

车底周转图可与列车运行图同时编制,即铺画列车运行线时应同时考虑到车底的运用,包括确定上线车底数、每一车底发车和收车的时间安排以及所承担的运行线序列。车底周转图一方面指导车辆的运用,另一方面指导乘务计划的制订。

7.2.3 车底周转计划的要素

车底周转计划要素包括线路要素、开行计划要素、运行图要素和车底要素。

1)线路要素

城市轨道交通线路包括环形线路与非环形线路等布局形式,线路布局的不同直接影响了车底的运用方式。非环形线路与环形线路的车底运用方式有所不同,如图 7-3 和图 7-4 所示。在环形线路上,列车在内外环方向上持续运行而不需要进行专门的折返作业,使得列车车底运用相对独立且灵活。而在非环形线路,上下行方向列车在到达车次终点站后,必须执行折返作业以完成运行方向的转换,进而继续下一个车次服务。因此车底必须按照既定的顺序,依次执行上行和下行方向的车次任务,从而确保了整个线路运营的连续性和顺畅性。

车辆基地(车辆段、停车场)是城市轨道交通线路中列车停放的场所。日间运营时段,列车需要从车辆基地出发;夜间运营结束时,列车需要回到车辆基地。此外,在早晚高峰时段前后,为有效调节线路运力,部分列车同样需要进行出入段作业。

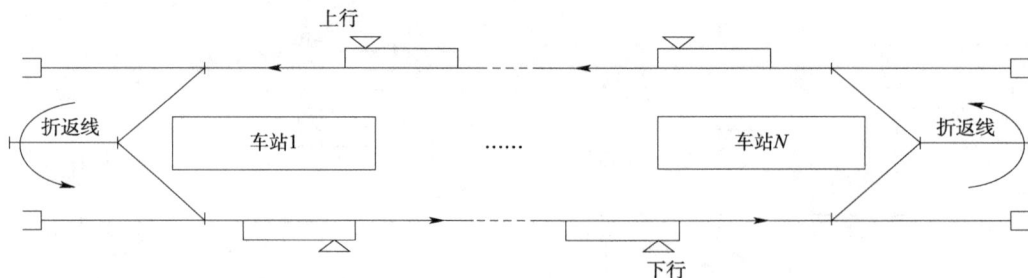

图 7-3　非环线车底作业图

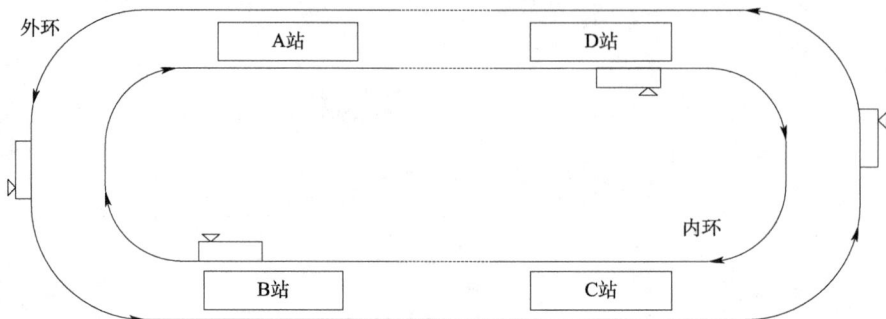

图 7-4　环线车底作业图

车辆基地的分布直接影响列车运行图的铺画及车底的运用。如图 7-5 所示,根据线路车辆基地数量与位置的布局差异,城市轨道交通系统可分为单车场、双车场及多车场线路。这种差异直接决定了车底运用的灵活性。单车场线路中,由于仅有一个车场作为列车的出发到达地,车底运用方式相对固定,主要依赖于单一循环交路模式。单一循环交路模式简单易行,但在应对客流变化时,其运营灵活性稍显不足。相比之下,双车场与多车场线路允许线路两端同时组织发车,具备更高的运营灵活性,可更好地应对客流需求的时空差异。图 7-6 为单车场、双(多)车场出入段作业图。

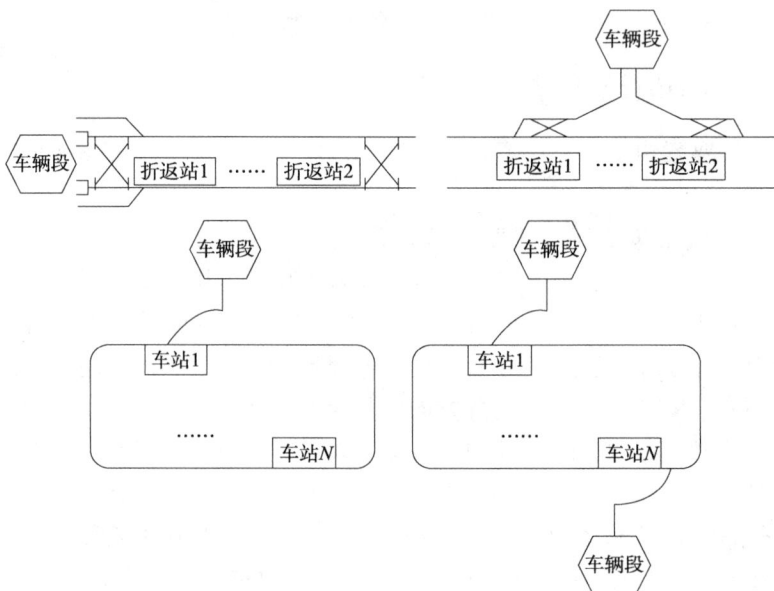

图 7-5　车辆基地分布示意图

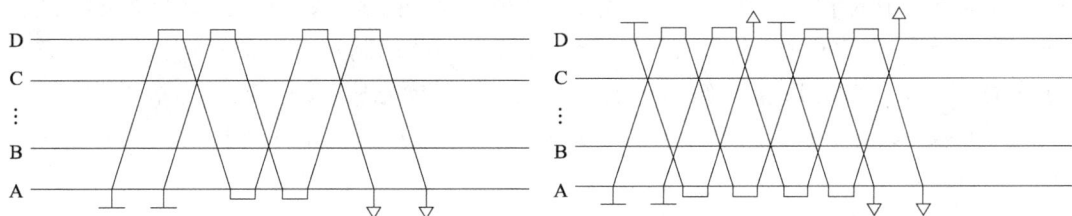

图 7-6　单车场、双(多)车场出入段作业图

进一步地,车辆基地的具体位置对于车底运用方案的制定具有重要的影响。如图 7-7 所示,当车辆基地位于线路的尽头站时,列车能够直接从车辆基地出发,衔接至既定的车次任务,提高了车底运用效率。若车辆基地设置于线路中间站,列车则需先运行至尽头站,方可执行完整的车次任务。不仅增加了列车的空驶里程,还可能对线路整体的运营效率和车底周转时间产生不利影响。因此,在车辆基地的选址过程中,需要综合考虑线路布局、运营需求以及成本效益等多个因素,以确保车底运用方案的最优化。

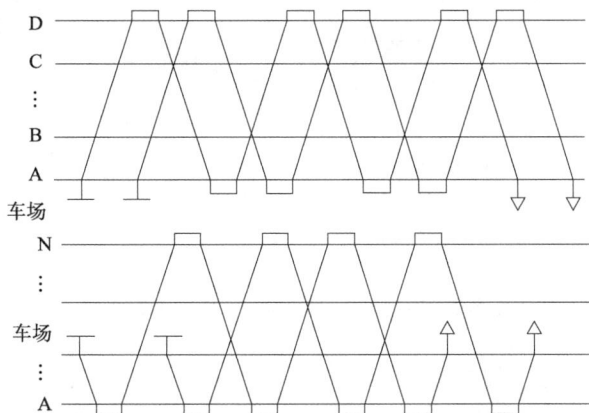

图 7-7　尽端车场与中间车场车底出入段作业图

车辆基地的出入段接轨形式不同,列车出入段运行线的铺画也有所差异。在城市轨道交通系统中,出入段方式主要有三种,见表 7-1。

城市轨道交通列车出入段方式及图示　　　　　　　　表 7-1

车辆基地布置形式	出入段方式	车底出入段作业图示
	车底多方向出入段	
	车底分方向出入段	
	车底单方向出入段	

对于表 7-1 中的前两种方式,列车出入段比较灵活,能够很好地满足运营需要,特别是能很好满足首末班车同时刻发车的要求,但列车运行图的编制相对复杂。对于第三种方式,由于车辆基地没有与站 B 直接连接的线路,车底出场时要先从车辆基地到达站 A,然后从站 A 到达站 B;如果是入段列车,列车要从站 B 先到站 A,然后再由站 A 入库。因此,一天中会出现列车首末班车。

2)开行计划要素

列车交路计划是指不同列车始发终到站方案及其对数的一种组合。列车交路计划会影响列车运行图中各运行线的始发终到站,直接决定了车底的运用交路。多数线路采用单一交路开行方案,运行任务的接续直接简单,且车底运用交路固定唯一。当线路采用多交路开行方案时,车底既可以采用如图 7-8 所示的独立运用方式,车底保持其运用交路固定不变,也可采用如图 7-9 所示的多交路套跑运用方式,以优化车底资源利用效率。

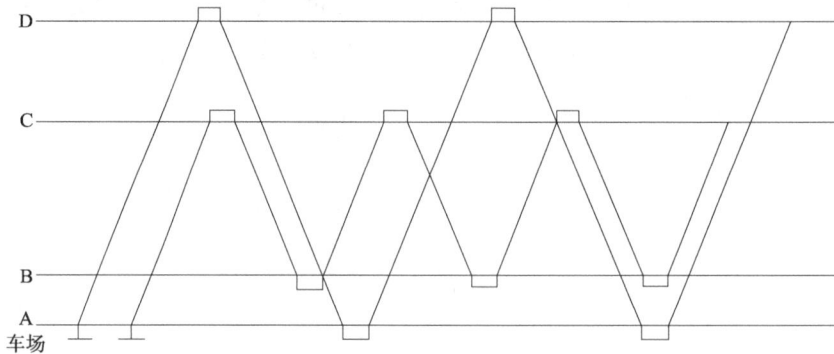

图 7-8　多交路车底独立运用车底周转示意图

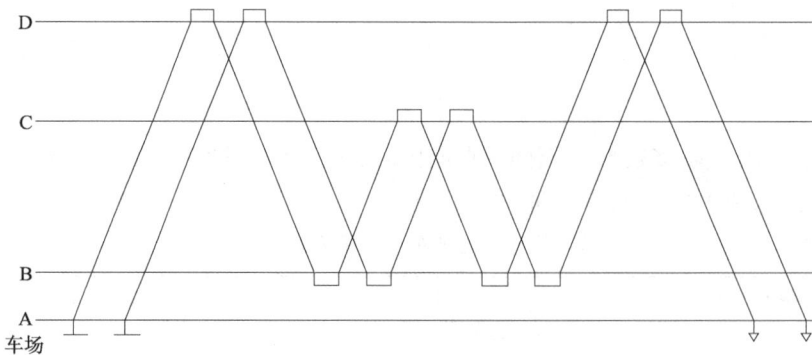

图 7-9　多交路套跑车底周转示意图

我国城市轨道交通系统多采用单线独立运营模式。近年来,重庆、北京等部分城市已率先实践了跨线运营模式。此模式下,车底的运用交路可在多交路基础上进一步拓展,实现多线路的车底套跑,以提高车底的利用效率与资源共享。

列车编组计划规定了不同列车采用的编组方案,与车底周转计划直接相关。目前大多数线路采用单一编组方案,即各列车的编组方案相同,运行任务间的接续不需要进行编组转换,车底周转作业相对简单。部分线路也开始采用灵活编组模式,其车底周转作业则更为复杂。从是否进行在线编组转换角度划分,灵活编组模式可细分为多编组与变编组两种模式,如

图7-10 所示。在多编组模式下,不同列车采用的编组方案不同,但列车在正线运营过程中不进行在线编组调整。因此,车底周转接续时需保证编组方案的匹配,相同编组的运行任务才能够进行接续。而在变编组模式下,列车在完成一趟运行任务后,其车底的部分单元被摘下或重联,因此可以实现不同编组列车之间的接续。这一模式要求车底周转接续过程中必须纳入编组转换作业,涉及车底(或车底单元)的解编与重联操作,从而增加了车底周转作业的复杂度与难度。

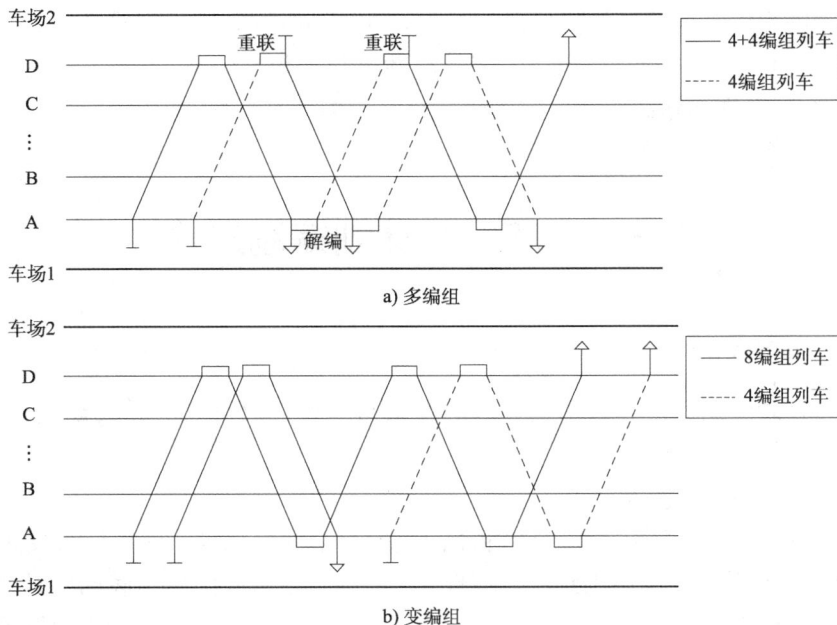

图7-10 多编组与变编组下的车底周转示意图

3)运行图要素

城市轨道交通列车运行图中显示了全日的列车运行任务,包括每一条运行线的始发终到车站和时间。一个可行的车底周转计划要根据运行线规定的起终点站到发时刻确定列车出段时刻、列车入段时刻以及接续时间,确保执行所有的运行任务时有车底可用。车底周转计划编制完成后,即可确定各车底的出入段时间、位置,每个车底执行的具体运行任务。

运行任务间的接续时间包括从上一个车次到达折返站开始,完成一系列包括清客、进路办理、折返等作业后,从另一个方向再次出发的时间长度。当上一个车次的接续时间小于或等于运行图中下一个车次的出发时间时,该两个车次可由同一个车底执行运行任务。此外,运行任务间接续过程中,列车车底需占用折返线,尤其是采用站后折返。在满足接续时间约束条件下,还需要避免折返接续过程中的折返线作业冲突。

4)车底要素

城市轨道交通系统中,线路运用的车辆类型基本相同且编组方式通常固定不变。因此,车底周转计划编制主要考虑线路的车底保有数量。城市轨道交通线路车底保有数量是指为完成全线全日行车计划所需要的各类保有车辆,包括运用车辆、在修车辆和备用车辆三部分。运用车辆是指为完成日常运输任务所必须配备的技术状态良好的可用车辆数量,其数量与具体的车底周转方案有关。一般情况下,要根据高峰小时最大开行对数、列车旅行速度及折返站作业时间等测算运用车辆数,并根据编制的车底周转方案确定需要的车底准确数量。在线路运营过程中,车辆需要定期检修,以预防故障或事故的发生。在修车辆则是指处于各类定期检修状态的那部分车辆。备用车辆是指为轨道交通系统适应可能的临时或紧急的运输任务、预防车辆故障的发生而准备的技术状态良好的车辆数。一般来说,备用车辆数可控制在10%左右。对投产不久的新线来说,由于车辆状态较好,备用车辆数量可适当减少。

车底的运用方式可区分为固定车场与不固定车场两种方式。若采用固定车场方式,车底将被分配至特定的车场,并保持每日从同一车场出发并返回,这种安排使得运输组织工作相对直观简便,但不利于提高运输效率,其灵活性受限。相比之下,不固定车场方式则呈现出相反的优缺点,虽在运输组织和车辆维修安排上增加了复杂性,却为提升整体运输效率提供了更大的灵活性。

7.3　车底周转计划编制方法

7.3.1　编制步骤

车底周转计划编制可以分为基础资料的准备与整理、运行任务接续、车底分配、车底运行公里统计与分析四个步骤。

1) 基础资料的准备与整理

编制城市轨道交通系统车底周转计划的基础资料包括线路数据、列车交路数据、运行图数据、车底数据以及相关的工作规则约束。线路数据、列车交路数据是车底周转计划编制的基础,运行图数据和车底数据是计划编制的依据,其余多为车底周转计划编制需遵循的规则。

车底周转计划编制的具体资料包括:交路方案、编组计划、全日运行任务及其接续时间与地点、车底使用方式、车底出入段检修与整备时间等。

编制车底周转计划时,首先必须确定列车交路方案。采用单一交路开行方案时,运行任务的接续等相对简单;采用多交路开行方案时,必须明确车底交路的运用方式,即车底在不同交路间是采取独立运用方式或是多交路套跑运用方式。

列车运行图规定的全日运行任务是车底周转计划编制的依据。为此,首先要将运行图中的运行任务整理出来,单次运行任务应包括起始时间与地点、终到时间与地点、全程运行时间与里程,从而构成一个列车运行任务数据库。

运行任务接续时,须明确几个概念。首先是运行任务接续的时间与地点:非环形线路的接续地点一般是线路的起点和终点,这期间存在着列车折返时间;环形线路不存在折返,但两者均需考虑到发站的旅客上下车时间。因此,确定运行任务接续时需考虑接续时间要求,并提前查定。此外,不同接续点的运行任务接续时,应提前查定接续站点之间的车底走行时间。

车底在车场的运用方式通常分为固定车场方式和不固定车场方式。固定车场使用车底时,运输组织相对简单,但不利于提高运输效率;不固定车场使用车底时,优缺点刚好相反。车底使用方式应在编制接续方案前确定。

车底入段后再次出段时,需统计列车的走行公里等,以确保列车继续出段运行前符合规定的整备与检修要求。当列车达到各级检修标准时,须列入列车检修计划,停止运用,待检修完毕后再次投入运用。

2）运行任务接续

基础资料准备完毕后,可确定运行任务的接续方案,即将车次组合成车次链,也即勾画车底周转图。运行任务接续方案是车底周转计划编制的重点,不同目标可以得到不同的接续方案。通常的目标有两大类:一是接续时间总和最少;二是最终方案中各车次链所用时间均衡。

两个运行任务的接续一般要满足以下规则。

（1）前一任务的结束时间与后一任务的开始时间间隔必须大于车底在接续站点需要进行的各项作业时间之和,这些时间包括折返时间、旅客上下车时间等。

（2）上述接续的时间间隔应尽可能短,以提高车底的整体利用效率。

（3）接续站点首选同一站点,无法满足时可选择邻近接续站点。

3）车底分配

完成全天运行任务接续后,组合得到若干个车次链,接下来需要将全天的车次链分配给车底去执行。当两个及以上的车次链在时间上不重叠,且满足车底入段、出段的间隔时间要求时,可安排同一车底去执行。因此,车底需求数小于或等于车次链数。

车底分配时,需参考各车底的运行公里及运行时间的统计情况。一方面,应避免出现车底运用超出检修规程的情形;另一方面,要尽量均衡各车底的运用,避免出现部分车底因使用过于频繁过早达到报废的情形,打乱设备更新计划。

4）车底运行公里统计与分析

车底周转方案确定后,要建立针对全部车底的运用档案,统计车底走行时间和公里数,以及车底检修情况,以便在后续的车底周转中及时掌握车底运用情况。

7.3.2 车底周转计划的评价指标

车底周转计划的评价指标包括:运用车底数量、车底总接续时间、车底空走时间与空走里程、车底平均走行里程等。通过上述评价指标可以衡量所编制的车底周转计划的质量,使车底出入段的次数更少、维护更容易。

1）运用车底数量

城市轨道交通车底购置成本高,运行维护费用也高。在满足运行任务要求的前提下,应尽量运用最少的车底。运用车底数量是评价车底周转计划的重要指标。根据车底周转计划可得到运用车底数,在修车辆数与备用车辆数可按运用车辆数的一定比例来确定。

2）车底总接续时间

车底总接续时间是指一个车底在全日运行过程中,各段接续时间的总和（不包括中间站的停站时间）。在给定运行图条件下,全部车底担当的运行任务的总旅行时间是一个固定值,而各项运行任务的接续时间决定于车底周转计划。车底平均总接续时间越小,说明车底运用越紧凑,车底的利用率越高。

3）车底空走时间与空走里程

车底空走时间与空走里程是车底走行中不载客运行的部分,主要包括车底出入段的走行与不同站接续过程中的走行。反映车底走行中未被利用的部分,是评价车底运用的重要指标。车底平均空走时间越短,说明车底的平均利用率越高。

4）车底平均走行里程

车底平均走行里程是指全部车底由车辆段开出至回车辆段时间内总走行里程的平均值,它反映车底全日运行情况。在编制车底周转计划时,不仅要考虑到运行线如何接续,使车底接续时间与空走时间最少,提高维修周期内的车底利用率,同时,还需要考虑不同车底之间的运用均衡性。车底运用的均衡性越好,越有利于维修计划的编制与日常的调度调整。

7.4 车底周转计划编制案例

本节以某城市轨道交通线路运行图为基础,介绍车底周转计划编制案例。该线路共设置4座车站和1座车辆基地,线路沿A站、B站、C站、D站、B站(不经过C站)、A站的顺序行驶。以A站出发经过B、C站行驶至D站为下行方向,以D站出发经过B站行驶至A站为上行方向,车辆基地W在线路中部与B站接轨。

结合车底周转计划的编制步骤,其详细方法如下。

第一步,整理车次时刻表。依据已编制完成的行车计划,提取并记录各车次任务的起终点车站及到达出发时间,形成车次时刻表及车次任务集合。通过表格形式反映了各车次在每一个车站的到发时刻与停站时间。由于B站为车辆基地接轨站,上行2801、2802、2803、2084和2805车次为出段车次,由B站出发至A站的半程轨道空驶列车;2806车次为采取正常运行时分标尺、轨道车停站时分标尺的全程空驶列车;其他车次则进行正常的运行和停站作业。下行1802车次为轨道车,1001车次为首班车,06:00:00自A站出发,途经B站、C站,于06:33:07抵达D站。各车次各车站到发时刻表如图7-11所示。

上行		2801	2802	2803	2804	2805	2806	2002	2003	2004	2005	2006	2007	2008	2009	2010	2011	2012	2807	2013	2014	2015
A站	发	05:05:40	05:55:00	06:07:00	06:19:00	06:31:00	06:42:53	06:57:00	07:09:00	07:21:00	07:33:00	07:45:00	07:57:00	08:09:00	08:21:00	08:33:00	08:45:00	08:57:00	09:04:00	09:12:00	09:23:00	09:35:00
	到	05:05:40	05:55:00	06:07:00	06:19:00	06:31:00	06:42:53	06:57:00	07:09:00	07:21:00	07:33:00	07:45:00	07:57:00	08:09:00	08:21:00	08:33:00	08:45:00	08:57:00	09:04:00	09:12:00	09:23:00	09:35:00
B站	发	05:00:10	05:50:21	06:02:21	06:14:21	06:26:21	06:38:13	06:52:20	07:04:20	07:16:20	07:28:20	07:40:20	07:52:20	08:04:20	08:16:20	08:28:20	08:40:20	08:52:20	08:59:21	09:07:20	09:18:20	09:30:20
	到	05:00:10	05:50:21	06:02:21	06:14:21	06:26:21	06:38:13	06:51:35	07:03:35	07:15:35	07:27:35	07:39:35	07:51:35	08:03:35	08:15:35	08:27:35	08:39:35	08:51:35	08:59:21	09:04:35	09:16:35	09:28:35
C站	发																					
	到																					
D站	发						06:15:30	06:35:07	06:47:07	06:59:07	07:11:07	07:23:07	07:35:07	07:47:07	07:59:07	08:11:07	08:23:07	08:35:07		08:48:07	09:00:07	09:12:07
	到						06:15:30	06:35:07	06:47:07	06:59:07	07:11:07	07:23:07	07:35:07	07:47:07	07:59:07	08:11:07	08:23:07	08:35:07		08:48:07	09:00:07	09:12:07

下行		1802	1001	1002	1003	1004	1005	1006	1007	1008	1009	1010	1011	1012	1013	1014	1015	1016	1017	1018	1019	1020
A站	到	05:09:00	06:00:00	06:12:00	06:24:00	06:36:00	06:48:00	07:00:00	07:12:00	07:24:00	07:36:00	07:48:00	08:00:00	08:12:00	08:24:00	08:36:00	08:48:00	09:00:00	09:08:00	09:19:00	09:30:00	09:40:00
	发	05:09:00	06:00:00	06:12:00	06:24:00	06:36:00	06:48:00	07:00:00	07:12:00	07:24:00	07:36:00	07:48:00	08:00:00	08:12:00	08:24:00	08:36:00	08:48:00	09:00:00	09:08:00	09:19:00	09:30:00	09:40:00
B站	到	05:14:00	06:04:02	06:16:02	06:28:02	06:40:02	06:52:02	07:04:02	07:16:02	07:28:02	07:40:02	07:52:02	08:04:02	08:16:02	08:28:02	08:40:02	08:52:02	09:04:02	09:12:02	09:23:02	09:34:02	09:44:02
	发	05:14:40	06:04:47	06:16:47	06:28:47	06:40:47	06:52:47	07:04:47	07:16:47	07:28:47	07:40:47	07:52:47	08:04:47	08:16:47	08:28:47	08:40:47	08:52:47	09:04:47	09:14:47	09:24:47	09:35:47	09:45:47
C站	到	05:44:00	06:19:57	06:31:57	06:43:57	06:55:57	07:07:57	07:19:57	07:31:57	07:43:57	07:55:57	08:07:57	08:19:57	08:31:57	08:43:57	08:55:57	09:07:57	09:19:57	09:29:57	09:39:57	09:49:57	09:59:57
	发	05:44:00	06:21:57	06:31:57	06:45:57	06:57:57	07:07:57	07:21:57	07:33:57	07:45:57	07:57:57	08:09:57	08:19:57	08:33:57	08:45:57	08:57:57	09:07:57	09:19:57	09:31:57	09:41:57	09:51:57	10:01:57
D站	到	05:59:00	06:33:07	06:45:07	06:57:07	07:09:07	07:21:07	07:33:07	07:45:07	07:57:07	08:09:07	08:21:07	08:33:07	08:45:07	08:57:07	09:09:07	09:21:07	09:33:07	09:43:07	09:53:07	10:03:07	10:13:07
	发	05:59:00	06:33:07	06:45:07	06:57:07	07:09:07	07:21:07	07:33:07	07:45:07	07:57:07	08:09:07	08:21:07	08:33:07	08:45:07	08:57:07	09:09:07	09:21:07	09:33:07	09:43:07	09:53:07	10:03:07	10:13:07

图7-11 各车次各车站到发时刻表

第二步,构建车次链。基于车次时刻表,选取出段车次,搜索以车次终到站为始发站的车次,并根据两车次到达出发时间及接续时间约束,选择适宜车次进行衔接,并重复上述步骤,直至衔接至入段车次,最终形成车次链。车次2801于05:05:40到达A站后,可衔接05:09:00从A站出发的1802、06:00:00从A站出发的1001等车次,但根据接续时间与折返站作业约束以及紧凑接续的原则,仅选择1802车次接续;同理,车次1802到达D站时间为05:59:00,可接续2806车次。以此类推,形成红色框线所示车次链。同理,虚线框展示了以2803为首个车次的车次链衔接过程,如图7-12所示。

第三步,车次链与车底间的匹配安排。车次链衔接完成后,需将车底安排给该车次链,并根据出入段作业时间,确定车底的出入段时分。如图7-12所示,1号车底担当了2801、1802、2806、1005、2006等车次形成的车次链,相应地,含车底信息的车次号为012801、

011802、012806、011005、012006 等。3 号车底则担当了 2803、1002、2003、1007、2008 等车次形成的车次链。图 7-13 为车次链与车底间的匹配安排图。

图 7-12　车次衔接图（上行）

上行		2801	2802	2803	2804	2805	2806	2002	2003	2004	2005	2006	2007	2008	2009	2010	2011	2012	2807	2013	2014	2015
A站	到																					
	发	05:05:40	05:55:40	06:07:00	06:19:00	06:31:00	06:42:53	06:57:00	07:09:00	07:21:00	07:33:00	07:45:00	07:57:00	08:09:00	08:21:00	08:33:00	08:45:00	08:57:00	09:04:00	09:12:00	09:23:00	09:35:00
B站	到	05:00:10	05:50:21	06:02:21	06:14:21	06:26:21	06:38:13	06:52:20	07:04:20	07:16:20	07:28:20	07:40:20	07:52:20	08:04:20	08:16:20	08:28:20	08:40:20	08:52:20	08:59:21	09:07:20	09:18:20	09:30:20
	发	05:00:10	05:50:21	06:02:21	06:14:21	06:26:21	06:38:13	06:51:35	07:03:35	07:15:35	07:27:35	07:39:35	07:51:35	08:03:35	08:15:35	08:27:35	08:39:35	08:51:35	08:59:21	09:04:35	09:16:35	09:26:35
C站	到																					
	发																					
D站	到				06:15:30	06:35:07	06:47:07	06:59:07	07:11:07	07:23:07	07:35:07	07:47:07	07:59:07	08:11:07	08:23:07	08:35:07			08:48:07	09:00:07	09:12:07
	发				06:15:30	06:35:07	06:47:07	06:59:07	07:11:07	07:23:07	07:35:07	07:47:07	07:59:07	08:11:07	08:23:07	08:35:07			08:48:07	09:00:07	09:12:07

红框　　　　　红框　　　　　红框　　　　　红框

下行		1802	1001	1002	1003	1004	1005	1006	1007	1008	1009	1010	1011	1012	1013	1014	1015	1016	1017	1018	1019	1020
A站	到	05:09:00	06:00:00	06:12:00	06:24:00	06:36:00	06:48:00	07:00:00	07:12:00	07:24:00	07:36:00	07:48:00	08:00:00	08:12:00	08:24:00	08:36:00	08:48:00	09:00:00	09:19:00	09:30:00	09:40:00	09:40:00
	发		06:00:00	06:12:00	06:24:00	06:36:00	06:48:00	07:00:00	07:12:00	07:24:00	07:36:00	07:48:00	08:00:00	08:12:00	08:24:00	08:36:00	09:00:00	09:00:00	09:19:00	09:30:00	09:40:00	09:40:00
B站	到	05:14:00	06:04:02	06:16:02	06:28:02	06:40:02	06:52:02	07:04:02	07:16:02	07:28:02	07:40:02	07:52:02	08:04:02	08:16:02	08:28:02	08:40:02	08:52:02	09:04:02	09:12:02	09:23:02	09:34:02	09:44:02
	发	05:14:00	06:04:47	06:16:47	06:28:47	06:40:47	06:52:47	07:04:47	07:16:47	07:28:47	07:40:47	07:52:47	08:04:47	08:16:47	08:28:47	08:40:47	08:52:47	09:04:47	09:14:47	09:24:47	09:34:47	09:44:47
C站	到	05:44:00	06:19:57	06:31:57	06:43:57	06:55:57	07:07:57	07:19:57	07:31:57	07:43:57	07:55:57	08:07:57	08:19:57	08:31:57	06:43:57	08:55:57	09:07:57	09:19:57	09:29:57	09:39:57	09:49:57	09:59:57
	发	05:44:00	06:21:57	06:33:57	06:45:57	06:57:57	07:07:57	07:21:57	07:33:57	07:45:57	07:57:57	08:09:57	08:21:57	08:33:57	06:45:57	08:57:57	09:09:57	09:21:57	09:31:57	09:41:57	09:51:57	10:01:57
D站	到	05:59:00	06:33:07	06:45:07	06:57:07	07:09:07	07:21:07	07:33:07	07:45:07	07:57:07	08:09:07	08:21:07	08:33:07	08:45:07	06:57:07	09:09:07	09:21:07	09:33:07	09:43:07	09:53:07	10:03:07	10:13:07
	发	05:59:00	06:33:07	06:45:07	06:57:07	07:09:07	07:21:07	07:33:07	07:45:07	07:57:07	08:09:07	08:21:07	08:33:07	08:45:07	06:57:07	09:09:07	09:21:07	09:33:07	09:43:07	09:53:07	10:03:07	10:13:07

图 7-13　车次链与车底间的匹配安排图

上行		012801	022802	032803	042804	062805	012806	022002	032003	042004	052005	032006	042007	032008	042009	052010	012011	022012	062807	032013	042014	052015
A站	到																					
	发	05:05:40	05:55:40	06:07:00	06:19:00	06:31:00	06:42:53	06:57:00	07:09:00	07:21:00	07:33:00	07:45:00	07:57:00	08:09:00	08:21:00	08:33:00	08:45:00	08:57:00	09:04:00	09:12:00	09:23:00	09:35:00
B站	到	05:00:10	05:50:21	06:02:21	06:14:21	06:26:21	06:38:13	06:52:20	07:04:20	07:16:20	07:28:20	07:40:20	07:52:20	08:04:20	08:16:20	08:28:20	08:40:20	08:52:20	08:59:21	09:07:20	09:18:20	09:30:20
	发	05:00:10	05:50:21	06:02:21	06:14:21	06:26:21	06:38:13	06:51:35	07:03:35	07:15:35	07:27:35	07:39:35	07:51:35	08:03:35	08:15:35	08:27:35	08:39:35	08:51:35	08:59:21	09:04:35	09:16:35	09:26:35
车辆段W	到	04:26:00	05:31:33	05:43:33	05:55:33	06:07:33													08:40:33			
	发	04:26:00	05:31:33	05:43:33	05:55:33	06:07:33													08:40:33			
C站	到																					
	发																					
D站	到					06:15:30	06:35:07	06:47:07	06:59:07	07:11:07	07:23:07	07:35:07	07:47:07	07:59:07	08:11:07	08:23:07	08:35:07			08:48:07	09:00:07	09:12:07
	发					06:15:30	06:35:07	06:47:07	06:59:07	07:11:07	07:23:07	07:35:07	07:47:07	07:59:07	08:11:07	08:23:07	08:35:07			08:48:07	09:00:07	09:12:07

红框　　　　　红框　　　　　红框　　　　　红框

下行		011802	021001	031002	041003	051004	061005	011006	021007	031008	041009	011010	021011	031012	041013	051014	011015	011016	021017	031018	041019	051020
A站	到	05:09:00	06:00:00	06:12:00	06:24:00	06:36:00	06:48:00	07:00:00	07:12:00	07:24:00	07:36:00	07:48:00	08:00:00	08:12:00	08:24:00	08:36:00	08:48:00	09:00:00	09:19:00	09:30:00	09:40:00	09:40:00
	发		06:00:00	06:12:00	06:24:00	06:36:00	06:48:00	07:00:00	07:12:00	07:24:00	07:36:00	07:48:00	08:00:00	08:12:00	08:24:00	08:36:00	08:48:00	09:00:00	09:19:00	09:30:00	09:40:00	09:40:00
B站	到	05:14:00	06:04:02	06:16:02	06:28:02	06:40:02	06:52:02	07:04:02	07:16:02	07:28:02	07:40:02	07:52:02	08:04:02	08:16:02	08:28:02	08:40:02	08:52:02	09:04:02	09:12:02	09:23:02	09:34:02	09:44:02
	发	05:14:00	06:04:47	06:16:47	06:28:47	06:40:47	06:52:47	07:04:47	07:16:47	07:28:47	07:40:47	07:52:47	08:04:47	08:16:47	08:28:47	08:40:47	08:52:47	09:04:47	09:14:47	09:24:47	09:34:47	09:44:47
车辆段W	到																	08:40:33				
	发																	08:40:33				
C站	到	05:44:00	06:19:57	06:31:57	06:43:57	06:55:57	07:07:57	07:19:57	07:31:57	07:43:57	07:55:57	08:07:57	08:19:57	08:31:57	06:43:57	08:55:57	09:07:57	09:19:57	09:29:57	09:39:57	09:49:57	09:59:57
	发	05:44:00	06:21:57	06:33:57	06:45:57	06:57:57	07:09:57	07:21:57	07:33:57	07:45:57	07:57:57	08:09:57	08:21:57	08:33:57	06:45:57	08:57:57	09:09:57	09:21:57	09:31:57	09:41:57	09:51:57	10:01:57
D站	到	05:59:00	06:33:07	06:45:07	06:57:07	07:09:07	07:21:07	07:33:07	07:45:07	07:57:07	08:09:07	08:21:07	08:33:07	08:45:07	06:57:07	09:09:07	09:21:07	09:33:07	09:43:07	09:53:07	10:03:07	10:13:07
	发	05:59:00	06:33:07	06:45:07	06:57:07	07:09:07	07:21:07	07:33:07	07:45:07	07:57:07	08:09:07	08:21:07	08:33:07	08:45:07	06:57:07	09:09:07	09:21:07	09:33:07	09:43:07	09:53:07	10:03:07	10:13:07

图 7-13　车次链与车底间的匹配安排图

根据车次链与车底间的匹配安排,可形成车底周转图。部分车底的交路图如图 7-14 所示,一般包括该车底担当的车次、始发终到时刻等信息。

图 7-14　部分车底的交路图

车底01

车辆段W 04:26:00	
2801	A站 05:05:40
1802	A站 05:09:00
D站 05:59:00	
D站 06:15:30　2806	
1005	A站 06:42:53
	A站 06:48:00
D站 07:21:07	
D站 07:23:00　2006	
1010	A站 07:45:00
	A站 07:48:00
D站 08:21:07	
D站 08:23:00　2011	
1015	A站 08:45:00
	A站 08:48:00
D站 09:21:07	
……	
1083	D站 21:06:00
D站 21:39:07	
D站 21:41:00　2084	
1088	D站 22:03:00
	D站 22:06:00
D站 22:39:07	
D站 22:44:00　2089	
1807	D站 23:06:00
	D站 23:10:00
车辆段W 23:31:31	

车底03

车辆段W 05:43:33	
2803	A站 06:07:00
1002	A站 06:12:00
D站 06:45:07	
D站 06:47:00　2003	
1007	A站 07:09:00
	A站 07:12:00
D站 07:45:07	
D站 07:47:00　2008	
1012	A站 08:09:00
	A站 08:12:00
D站 08:45:07	
D站 08:48:00　2013	
1018	A站 09:12:00
	A站 09:19:00
D站 09:53:07	
……	
1081	A站 20:42:00
D站 21:15:07	
D站 21:17:00　2082	
1086	A站 21:39:00
	A站 21:42:00
D站 22:15:07	
D站 22:18:00　2087	
1805	A站 22:40:00
	A站 22:45:00
车辆段W 23:06:31	

图 7-14　部分车底的交路图

完成车底周转计划后,建立车底运用统计记录,记录车底运行时间、累计公里数及维护情况,以监控车底状态,为后续计划提供数据支撑。

复习思考题

1. 阐述车组、车底、车次与列车概念的关系与异同。
2. 分析不同车底运用方式的优缺点及适用性。
3. 阐述车底周转计划的编制步骤及核心要点。
4. 探讨车底周转计划的评价指标,并思考提出其他评价指标。
5. 结合案例,分析不同类别的列车运行图对车底周转图编制的影响。

AI 辅助学习研讨题

利用 AI 工具(如 DeepSeek、Kimi 等)生成下列讨论题的报告或 PPT。

讨论题:基于 AI 辅助的车底周转计划优化模型的构建。

要求:车底周转计划编制是一个典型的组合优化问题。请结合本章内容,利用 AI 工具(如 DeepSeek、Kimi 等)辅助建立车底周转计划优化模型,并进行人工调整完善。具体完成以下任务。

(1)车底周转计划优化模型构建。

结合车底周转计划的编制内容、运营要求和评价指标等内容,通过与 AI 工具多轮对话交流,梳理车底周转计划优化模型的决策变量、约束条件和目标函数,构建完整的数学优化模型,并进行人工调整完善。

(2)车底周转计划优化模型报告。

报告需涵盖车底周转计划优化模型及详细说明,并阐述完成本任务过程中 AI 工具的利用方式与作用。

第 8 章
乘务计划编制

　　列车运行图铺画好后,需要编制车底周转计划和乘务计划;车底周转计划和乘务计划是列车运行计划实施的基础。本章基于前文所介绍的车底周转计划的相关概念和编制方法,阐述了乘务计划的相关概念,介绍了乘务计划的编制方法。

8.1 行车作业与乘务运作

城市轨道交通系统中,行车作业与乘务运作是保障列车运行、乘客服务和系统高效运营的组成部分。它们涵盖了列车的运行计划、实际操作以及乘务员任务分配和执行等方面。

8.1.1 行车作业

行车作业按照时间顺序可以分为运营开始前,日常运营中和运营结束后。

1)运营开始前

运营开始前,相关岗位人员需确认施工核销、线路出清、设备状态、行车计划准备等情况并报行车调度人员。行车调度人员确认具备条件后,原则上应安排空驶列车限速轧道。确认线路状态正常后,方可开始运营。

运营前30min,控制中心、车站、信号楼、运转值班室和乘务五个部门需要完成的运营前作业内容如下。

列车入库作业

列车折返作业

列车正线运行

列车出库的流程

列车运营前的组织

(1)控制中心:确认线路上所有施工检修作业已经完成并注销,线路空闲且无侵限,接触网供电,设备运行正常。根据运营计划,与场内行车人员核对运行图,确认运用车情况良好;确认调度系统中运行图版本;确认调度设备运行正常;对全线信号设备(道岔、信号机)进行测试;将时间统一校正为 ATS 系统时间,并与车站值班员、运转值班员核对时间准确性。

(2)车站:确认车站管辖范围内所有施工检修作业已经完成并注销,相关线路空闲,无侵限,运营设备运行正常;对本站信号设备(道岔、信号机)及屏蔽门进行测试,确认道岔位置及信号机状态、进路显示正确;开启相关运营设备。

(3)信号楼:确认场内信号设备(道岔、信号机)状态正常;基于控制中心 ATS 系统时间与运营调度校对钟表时间。

(4)运转值班室:确认场内所有影响出库的检修施工已注销,出库进路空闲;确认电动列车投运列数符合当日运行计划要求;以控制中心 ATS 系统钟表时间为准,与运营调度校对时间。

(5)乘务:乘务员应按规定对列车进行技术作业检查,确认车辆车体设备良好;确认列车无线电话和车厢广播使用功能良好;确认车载 ATC 设备正常、铅封良好;出乘前与运转值班室校对钟表时间。

2)日常运营中

日常运营中,控制中心、车站、信号楼、运转值班室和乘务五个部门的作业内容如下。

(1)控制中心:根据当日运营计划,指挥各行车岗位按运营计划执行;监控全线列车运行情况,必要时采取运营调整措施,以确保运营计划执行。运营单位应合理安排乘务员工作时间,单次值乘的驾驶时长不应超过 2h,连续值乘间隔不应小于15min;运营单位应配备酒精检测等设备,有条件的可配备毒品检测设备,在出勤时通过检测、问询等方式对乘务员状态进行检查。

（2）车站：监控列车在车站的到发作业，如发生 2min 以上晚点应及时向行车调度汇报；监控确认列车运行情况；监控车站管辖范围内行车设备状态，遇设备故障及时向行车调度进行汇报。车站行车人员需做好日常行车监控。当切除列车自动防护（ATP）或采用点式 ATP运行等特殊情况时，车站行车人员应根据调度命令，严密监控列车运行和站台情况，遇紧急情况应及时采取措施。对未配备车站行车人员的有轨电车线路，应设置必要的通信和视频监控设备，对车站情况进行有效监控。

（3）信号楼：根据运行图规定，办理列车出入库进路；根据运转值班室安排，办理场内调车作业进路。

（4）运转值班室：根据运行图规定，组织列车出入库作业；根据施工作业计划，组织场内调车作业。

（5）乘务：乘务员出段（场）作业，转换轨停车接收 ATP 信号，确认出段线信号；区间运行，监控列车运行状态，乘客服务，及时处理异常情况；车站到达，同区间运行；乘客乘降，操作屏蔽门，监控乘客上下车，注意乘客安全；车站出发，同区间运行；列车折返，清客，根据信号完成列车折返；入段（场）作业，在转换轨转换列车驾驶模式，退出运营。列车进站时，乘务员应确认列车在车站指定位置停稳后方可开启车门及站台门；车门与站台门的关闭时间应相匹配，乘务员在列车起动前，应通过目视或其他技术手段确认车门及站台门关闭，且两门之间间隙处无夹人夹物。

3）运营结束后

运营结束后，控制中心、车站、信号楼、运转值班室和乘务五个部门需进行的作业如下。

（1）控制中心：负责安排列车回场；完成各类记录的填记、汇总；打印当日实际运行图，并完成运营质量统计；根据施工计划安排施工作业；行车调度人员应根据列车运行图组织列车退出服务，运营结束后应做好当日行车记录和相关统计分析工作。

（2）车站：根据施工计划办理要点、登记和注销手续。

（3）信号楼：正确填记工作日报表；根据运行图规定，办理列车出入库进路；根据运转值班室安排，办理场内调车进路。

（4）运转值班室：正确填记工作日报表；根据运行图规定，办理列车出入库进路；根据运转值班室安排，办理场内调车进路。

（5）乘务：列车入场后，退出运营；乘务员填记乘务员运营情况记录单并交运转值班员。

8.1.2 车辆基地行车作业

车辆基地的行车作业的具体内容可参见 7.1.2。

8.1.3 乘务运作与管理

乘务运作与管理与行车作业息息相关，主要事项一般包括以下几点。

（1）制订安全、有效和可靠列车服务计划。

（2）根据列车服务计划需求编制、上传并发布运营时刻表。

（3）配合新功能上线及其他演练需求制定测试时刻表。

（4）监察车厢载客量，检讨列车服务水平及客流需求。

（5）提供列车服务改善建议。

（6）为将来的列车供应及购买制订计划。

（7）为未来新线提供关于列车服务计划的运营意见。

此外,乘务管理应关注到行车中非正常情况下的操作,乘务员应掌握的非正常情况下的专业技能主要有:首先,要牢记各类突发事件、设备故障及恶劣天气条件下的行车规范,能够准确运用标准术语并按既定流程及时报告和处置异常情况;其次,需熟练掌握列车制动系统故障、客室车门异常、牵引系统失效、通信信号中断等常见故障的诊断方法,以及应急升弓等特殊操作技能;再次,要全面了解列车故障救援规程,具备独立完成故障车辆及救援车辆的准备、连挂和运行等系列操作的能力;最后,必须牢固掌握乘客应急疏散预案,能够根据现场实际情况高效组织乘客安全疏散。

8.2 乘务计划编制的概念与规定

乘务计划在编制过程中,涉及诸多基本概念,它们是编制的基本要素。

8.2.1 乘务计划的概念与规定

乘务计划指根据城市轨道交通的运营需求,制定乘务员的工作时间表、任务安排和调度的计划。它包括对乘务员的班次、工作时长、休息时间、任务分配等方面的详细规划,确保在不同时间段内有足够的乘务员提供服务,并满足相关法规和运营标准的要求。

乘务计划的功能主要有以下几点。

1）优化资源配置

乘务计划编制应从合理调度和平衡负荷的角度对资源进行优化资源配置,通过科学的乘务计划编制,合理调度乘务员,避免资源浪费和乘务员过度疲劳。同时均衡乘务员的工作负荷,防止个别乘务员工作过量或休息不足,提升整体工作效率和服务质量。

2）提高运营效率

乘务计划编制应从常规和应急的角度进行编制,从而提升城市轨道交通系统的运营效率。在常规班次安排方面,根据客流量的变化,灵活安排班次,确保高峰期有足够的乘务员服务,非高峰期则适当减少乘务员配置,优化运营效率。而在应急处理方面,则应编制应急乘务计划,确保在突发事件发生时,能够迅速调度乘务员应对,提高系统应急反应能力。

3）确保安全和服务质量

在提升效率的同时,乘务计划编制也应确保运营的安全和服务的质量。从安全操作方面来说,乘务计划编制中,应明确乘务员的安全操作规程和责任,确保每个班次都有足够的乘务员进行安全检查和应急处理。从服务标准方面来说,通过乘务计划编制,规范乘务员的服务行为,提升服务质量,为乘客提供安全、舒适的乘车体验。

4）满足法律法规和劳动标准

乘务计划编制应从法律法规和劳动标准两个角度出发,确保乘务员的工作时长、休息时间符合相关标准,保障乘务员的合法权益;遵循轨道交通行业的运营标准和规范,确保乘务计划的编制符合行业要求,能够提升整体运营水平。

5）数据分析与持续优化

同时，乘务计划编制可以利用大数据和信息技术，对乘务计划执行情况进行分析，发现问题和优化空间，持续改进乘务计划编制。另外，还可以建立乘务员和乘客的反馈机制，根据实际运营情况和反馈意见，不断调整和优化乘务计划，提高运营效率和服务质量。

8.2.2 乘务计划编制的相关规定

城市轨道交通系统中，一条线路从物理结构上可分为非环形线路和环形线路。非环形线路存在起点和终点，线路两端车站需要具备折返条件；环形线路上车底按照内外环循环运行。列车运行图规定了一日内提供的列车运行服务或任务，即营业时间内运行线在各站与区间的运行时间。一条运行线表示列车执行一次运行任务，通常用一个车次表示。

列车在一天中执行的运行任务，可从值乘车站角度划分为最小组成单元，即乘务片段。一个乘务片段是指某乘务员在一个车底上不间断执行任务的事件。某乘务员在某列车中一次连续作业的片段称为一个乘务作业段，一个乘务作业段由一个或者数个乘务片段组成。乘务员在一天中需要完成的乘务任务称为乘务工作班，一个乘务工作班由一个或者数个乘务作业段组成。其中，乘务员上班时24h内不间歇地完成一个乘务工作班的任务称为整班；乘务员在一天中分数个时间段完成一个工作班的任务，则每个任务称为单班。如早上06:00上班至20:00下班，然后中午12:00上班至15:00下班，接着17:00上班至20:00下班。

图8-1中，23009、23014、23019分别是某三列车的车底号，其后对应的是当天的运行任务，车底号为23009的列车从09:00出段，13:30回段；图中每一小段代表一个乘务片段。车底号为23009的列车以09:00—09:45为一个片段，而09:00—10:30代表一个乘务作业段。图中值乘车站是指可供乘务员换班的车站；乘务工作班次N由当天三列车的运行任务组成，分别是车底号为23009列车的09:00—10:30乘务作业段、车底号为23014列车的11:00—12:30乘务作业段、车底号23019列车的12:55—14:25乘务作业段。

图8-1 城市轨道交通乘务计划基本组成部分

具体来说，乘务轮班模式，是指城市轨道交通乘务员在一天中分为几个班，一组乘务员在几天中可以完成各班种的一次循环。固定轮班模式条件下，某个乘务员完成一次时段循环，其参与值乘的所有班次的组合成为一个乘务位置，具体如表8-1所示。部分轮班计划要求在某一时间段内所有乘务员的工作量均衡，每个乘务员在时间段内执行的乘务工作班集合称为一个周期任务。

四班二运转模式下的3号乘务位置 表8-1

乘务位置	出勤时刻	表号	接车时刻	车次	交车时刻
3白	12:25	6	12:45:22	2119-2128-2137	14:15:22
		12	14:40:22	2142-2151-2160	16:10:22
		18	16:55:16	1189-1207-1225	19:10 回段
3夜	15:00	2	15:20:22	2150-2159-2168	16:50:22
		6	17:17:22	2175-2193-2214	18:48:22
		14	19:40:52	2236-2249-2258	21:15:22
3早	段4:07	2	04:47 出库	2001-2006-2015-2029	07:50:22

从表8-1中可以看出,3号乘务位置中包含3个乘务工作班,分别是白班、夜班和早班。

8.2.3 乘务计划编制的时间标准

乘务计划编制的时间概念包括出勤时刻、退勤时刻、接班时间、交班时间、间休时间、就餐时间、连续作业时间、乘务作业时间、乘务工作时间、付费时间、非付费时间等。

乘务员开始新一个班次上班的时刻称为出勤时刻,乘务员完成某一个班次下班的时刻称为退勤时刻。

乘务员在车辆段或者值乘车站接班并出勤,需要在值班室进行登记,这个过程所需要的时间称为接班时间。相反地,乘务员完成某一个班次或者带车回段时,在值乘车站或者车辆段值班室进行登记的过程所需时间称为交班时间。交接班时间标准通常为20min左右。

乘务工作班中相邻两个乘务作业段间的时间称为间休时间,用于乘务工作中打水、上洗手间等调整时间。这段时间一般不低于15min,最长不超过30min。

就餐时间一般为30min,午餐宜在11:00—13:00,晚餐宜在17:00—19:00。

连续作业时间指乘务员一次在列车上连续作业的时间。城市轨道交通中,列车多运行于地下,空气浑浊并且流通性较差,噪声明显,乘务员长时间工作容易出现疲劳,从而引发安全隐患。各城市的经验表明,乘务员连续作业时间一般不超过2h。

乘务作业时间指乘务员在一个班次中各个连续作业时间的总和。城市轨道交通乘务的工作环境较差,而且乘务员在工作过程中需要保持高度集中,精神压力较大。在人员充足的情况下,为了保持良好的工作状态,乘务员日工作时间一般不超过6h,白班和夜班略有差别。

乘务工作时间指乘务员从出勤时刻到退勤时刻的时间;乘务员日工作时间可控制在6~10h,以8h为佳。

城市轨道交通运营企业确定乘务员工资水平时,一般参考两大指标:距离与时间。距离是指乘务员固定时间内驾驶列车运行的公里数,时间是指乘务员的上班时间与作业时间。付费时间与非付费时间即是根据时间指标而来,付费时间一般通过工作时间与作业时间综合得出,非付费时间为工作时间中扣除付费时间后的时间。

8.3 乘务计划编制方法

乘务计划是乘务人员运用的计划,即将列车运行图中的运行任务分配给乘务人员值乘的工作计划。具体内容指某个乘务员在某天中值乘车次的运行任务。

乘务计划从内容上可以分为乘务排班计划和乘务轮班计划。乘务排班计划是将列车运行图中的运行任务分解和组合成乘务工作班;乘务轮班计划则是安排某乘务员在某天中执行哪个(些)乘务工作班。乘务计划编制过程中,需要考虑车站与线路、运行图等约束条件。

8.3.1 乘务计划编制的目标

城市轨道交通乘务计划是确保列车运行高效、有序、安全的重要环节。乘务计划编制的目标是保证运营安全、提升运营效率、满足乘客需求,强化计划的应变能力。

乘务计划编制的原则是在确保运营安全、提升服务质量的基础上,提高运营资源利用效率,降低企业运营成本、合理司乘人员的工作,最大限度地适应应急需求。

8.3.2 乘务计划编制的资料准备

乘务计划编制的基础资料包括车站与线路数据、列车交路数据、运行图数据以及相关的工作规则约束。这里,运行图数据是整个计划编制的依据,车站与线路数据、列车交路数据是乘务排班计划编制的基本输入。

1)车站与线路数据

车站与线路数据包括线路布局方式以及线路、车辆段和值乘车站关系两大部分。

线路布局方式包括线路的分布区域特点、线路长度、物理结构等,它们决定着车底运行时间,进而影响乘务计划方案的形成。

常见的线路与车辆段、值乘车站关系如图8-2所示。我国城市轨道交通系统中,单车辆段、单值乘车站的案例较多,也存在多车辆段、多值乘车站的情况。

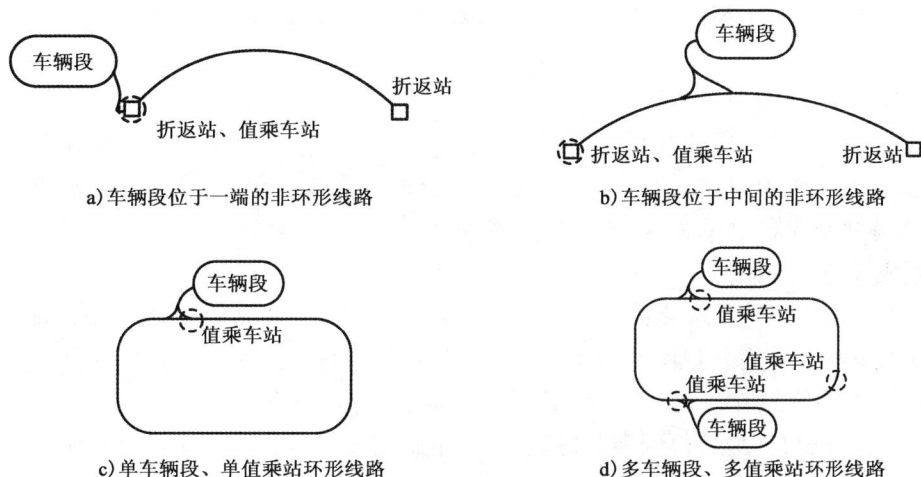

a)车辆段位于一端的非环形线路

b)车辆段位于中间的非环形线路

c)单车辆段、单值乘站环形线路

d)多车辆段、多值乘站环形线路

图8-2 线路与车辆段、值乘车站关系

总体来说,无论是环形线路还是非环形线路,车辆段与值乘车站距离越近,越有利于乘务计划的编制;车辆段和值乘车站的数目越少,乘务计划的编制越简明。

2)列车交路数据

列车运行交路决定了车辆段与值乘车站的使用情况。列车交路越复杂,车辆段与值乘车站的使用情况越复杂,乘务计划编制难度越大。

3)运行图数据

列车运行图数据涉及的内容包括列车运行图中每个车次的起始时刻、终到时刻、起终点以及每个车次使用的车底。运行图中的发车间隔均匀时,编制乘务排班计划过程中,乘务工作班内部的作业段衔接均匀,编制出的乘务排班计划更理想;若运行图中的发车间隔变化很大,乘务作业段衔接时容易出现间休时间过长的情况,导致乘务排班计划的整体编制质量降低。此外,运行图中的车次为乘务排班表与轮班表中乘务员按表行车的依据。

除了上述基本条件,编制的乘务轮班计划表中还需配上乘务员的使用名单。

8.3.3 乘务计划的编制流程与方法

城市轨道交通运输计划中,乘务计划是最后一步。编制乘务计划前,列车开行计划、运行图以及车底周转计划等均已确定。从内容上看,乘务计划分为乘务排班计划和乘务轮班计划两部分,乘务轮班计划承接于乘务排班计划,两者之间相互联系,相互作用。

乘务计划的具体编制过程包括以下七个步骤。

1)确定乘务基地及值乘车站

编制乘务计划时,首先要确定乘务基地及乘务员在线路上的值乘车站。乘务基地一般设在线路的车辆段,值乘车站一般靠近车辆段,便于乘务员中间小憩;也可选在乘务员宿舍所在地附近车站,便于其上下班。乘务基地及值乘车站直接决定了乘务片段的划分,也与其组合的复杂度相关。

2)划分乘务片段

乘务基地以及值乘车站确定后,根据运行图以及车底周转计划方案,可将全天列车运行任务按车辆段与值乘车站位置划分为乘务片段。乘务片段是生成乘务作业段以及乘务工作班的基础。

3)生成乘务作业段

按照乘务作业段形成的规则,将乘务片段组合生成乘务作业段。一个乘务作业段必须由一系列相同车底、可以在时间与空间上相互衔接的乘务片段组成。同时,生成乘务作业段时,必须考虑乘务员的劳动强度,避免疲劳驾驶。

4)生成乘务工作班

根据乘务工作班的生成规则,可以将多个乘务作业段组合成乘务工作班。乘务工作班生成可以以集覆盖和集分割模型为主,求解方法包括启发式和解析式算法等。由于约束规则比较复杂,实际工作中,一般首先生成可行的乘务工作班集合,然后从这些集合中选择较优的乘务工作班组合,最后得到乘务排班计划;至此完成了乘务排班计划的编制。

5)确定乘务轮班模式

编制乘务轮班计划前,首先确定轮班计划所采用的轮班模式。轮班模式不仅关系到乘务轮班计划,而且影响到乘务工作班方案的形成。常用的乘务轮班模式包括三班二运转、四班二运转、四班三运转、五班三运转四种。

不同轮班模式下,乘务员每天上班时间有一个大致时间范围。

(1)三班二运转。

三班二运转模式下,一天的工作量分为两个班,三天完成一次循环,上班方式为夜班、白班、休息。上班时间段一般如表8-2所示。

三班二运转上班时间段 表8-2

上班类型	出勤时刻	退勤时刻	工作班时间跨度（h）
白班	08:00左右	17:00左右	9
夜班	17:00左右	09:00左右	16

三班二运转中,夜班跨越一个晚上,乘务员完成当天晚上的列车运行任务后,在车辆段休息,第二天接着完成早上的列车运行任务。通常可以将夜班分为晚班和早班两个部分,上班的时间段如表8-3所示。

夜班分段的三班二运转上班时间段 表8-3

上班类型	出勤时刻	退勤时刻	工作班时间跨度（h）
白班	08:00左右	17:00左右	9
晚班	17:00左右	24:00左右	7
早班	04:00左右	08:00左右	4

从表8-3中可以看出,采用三班二运转模式时,乘务员实际在每天中都有列车运行任务,并且工作时间较长。三班二运转模式可有效降低运营公司的人力成本,但乘务员的工作负荷较重,安全压力大。三班二运转模式目前在实际应用中不多,一般在开通初期的过渡期或有特殊情况时(如大型活动期间)采用。

(2)四班二运转。

相对于三班二运转,四班二运转是在三班二运转的基础上增加一天休息时间。将一天的工作量分为白班和夜班两个班,乘务员在四天中完成一次循环。夜班分为晚班和早班后,上班方式为:晚班、早班、白班、休息。上班的时间段与三班二运转相同。

四班二运转的休息时间较长,在合理安排夜班乘务员的休息后,能够取得较好的应用效果。四班二运转模式在实际中应用较多,北京市轨道交通的多数线路采用此种运营方式。

(3)四班三运转。

四班三运转的轮班模式下,一天中的工作量分为三个班,如表8-4所示。三班的划分方式与前面有所不同,四天完成一次循环,上班方式为晚班、白班、早班、休息。

四班三运转上班时间段 表8-4

上班类型	出勤时刻	退勤时刻	工作班时间跨度（h）
晚班	17:00左右	24:00左右	7
白班	10:00左右	17:00左右	7
早班	04:00左右	10:00左右	6

与三班二运转和四班二运转相比,四班三运转的每个班次作业时间较短,且每个班次的工作量均衡。由于单班作业时间较短,乘务员上班时间容易保持充沛精力,从而降低安全风险。四班三运转模式应用最广,广州地铁、深圳地铁等均采用四班三运转模式。

(4)五班三运转。

五班三运转的轮班模式是在四班三运转模式的基础上,增加一天休息时间。一天中的工作量分为三个班,五天完成一次循环。上班方式为:早班、白班、晚班、休息、休息。

五班三运转模式下,每个班次作业时间短,乘务员休息充沛。对乘务员来说,是比较理想的轮班模式。不过,从运营企业角度看,人力成本较高,其应用也不是很广泛。

不同轮班模式下，乘务员数量为一天中所有班次所需乘务员数目的总和。每一种上班类型所需要的乘务员数量与单组乘务员的作业时间长度成反比，单组乘务员的作业时间越长，所需要的乘务员数量越少。

实际工作中，针对不同的运行图和车底周转计划，城市轨道交通运营公司所采用的轮班模式不一定是上述标准模式。运营公司可以根据实际情况采用独特的轮班模式，包括增加小单班、增加日勤班组等，这种情况可称为混合轮班模式。混合轮班模式针对实际需求，可有效降低企业的运营成本，但乘务计划的编制难度有所增加。

6）编制轮班计划

乘务轮班计划确定后，需要编制乘务轮班计划方案。城市轨道交通运营公司编制乘务轮班计划时，常用方法包括单一循环乘务轮班计划和固定周期乘务轮班计划两种。

（1）单一循环乘务轮班计划。

所有乘务员轮流参与每一个乘务位置，直到每一组乘务员轮完所有的乘务位置，接着进行下一轮的乘务轮班，这种轮班计划称为单一循环的乘务轮班计划，具体如表8-5所示。

单一循环乘务轮班计划示意表　　　　　　　表8-5

位置	时间段1	时间段2	时间段3	时间段4	时间段5
一	1	3	2	1	3
二	2	1	3	2	1
三	3	2	1	3	2

注：表中的1、2、3表示执行乘务位置的乘务员编号。

从表8-5中可以看出，该表含有三个乘务位置，完成一轮的乘务轮班需要的时间为3个时间段之和，每个时间段的长度取决于采用的乘务轮班模式。

单一循环乘务轮班计划条件下，所有乘务员在完成一次大循环后，工作量是一样的，相对公平。在企业运营中，该种轮班计划操作简便，容易调整，因而应用最普遍。

实际工作中，当乘务位置数较多时，乘务员轮完一次大循环需要的时间很长，中途往往会因为突发情况而导致轮班计划的调整或者中断。因此，该轮班计划并不总能保证每组乘务员工作量上完全均衡。

（2）固定周期乘务轮班计划。

城市轨道交通实际运营工作中，有时有必要编制一定时期内的乘务轮班计划，这就出现了固定周期的乘务轮班计划。

固定周期乘务轮班计划的编制一般要求在固定时间内，每组乘务员的工作量相对均衡，这时，乘务员值班往往不按照固定轮转顺序，而是随机执行，如表8-6所示。

固定周期乘务轮班计划示意表　　　　　　　表8-6

位置	时间段1	时间段2	时间段3	时间段4	时间段5
一	1	1	2	1	3
二	2	3	3	3	1
三	3	2	1	2	2

注：表中的1、2、3表示执行乘务位置的乘务员编号。

固定周期轮班计划可按乘务位置编制,也可按乘务工作班编制;后者编制的难度大于前者,但结果会更理想。工作班或者乘务位置数据量大时,可采用一定的数学方法求解。

7)生成乘务轮班计划

得到上述结果后,可按规则生成最终的乘务轮班计划。乘务轮班计划中不仅包含排班表,还包括乘务排班计划结果,配合乘务员名单。

8.3.4 乘务计划的组织与实施

乘务计划编制好后,需要组织实施乘务计划。基于所编制的乘务计划,首先需要向乘务人员发布工作安排和班次信息,使每个乘务人员清楚自己的工作时间和任务。然后进行调度管理,实时监控列车运行情况,确保乘务计划的有效实施。在应急处理方面,需要制定应急预案,遇突发情况(如乘务人员临时请假、列车故障等),确保列车正常运行和乘客安全。

与此同时,乘务管理与监督是确保乘务计划顺利执行的关键,这包括以下内容:日常管理,即监督乘务人员的日常工作,确保服务质量和乘客满意度。包括车厢巡视、乘客问询解答、突发事件处理等。绩效评估,即定期评估乘务人员的工作表现,依据绩效考核结果进行奖励和改进。关注乘务人员的服务态度、应急处理能力和乘客反馈。安全管理,即强化乘务人员的安全意识,定期进行安全培训和演练,确保乘务人员在突发事件中具有足够的应对能力。

8.4 乘务计划的评价指标

良好的乘务计划应保证乘务员有合理的工作和休息时间,各乘务班组的任务相对均衡,同时使城市轨道交通运营企业的乘务人力费用更低。评价乘务计划的主要指标包括:乘务员数量,连续驾车时间,日工作时间,周、月工作时间,驾车中途间隔时间,上车率等。

8.4.1 乘务员数量

乘务员数量是评价乘务计划的重要指标。乘务计划编制应尽量减少乘务工作中的无效间隔时间,提高在车率,必要时将裁减的工作任务均分给其他乘务员承担,从而达到减少乘务员数量的目的。

8.4.2 连续驾车时间

城市轨道交通列车多数时间在地下运行,车辆起动和停止频繁,驾车环境相对较差,容易导致乘务员疲劳而引发安全隐患。为了解决这个问题,城市轨道交通行业一般都设定了最长连续驾车时间。乘务计划中各乘务员的连续驾车时间不能超过这个值。不过,乘务总任务是固定的,连续驾车时间也不可能过短,否则会导致乘务员数量增加,从而提高运营成本。一般用乘务员平均连续驾车时间和最长连续驾车时间的比值作为评价指标,这个值越接近1,计划越优。此外,从合理安排乘务员作息时间角度考虑,各乘务员的连续驾车时间应相对均衡。一般可以用乘务员连续驾车时间的标准差来评价这种均衡性。

8.4.3 日工作时间

日工作时间指乘务员从车辆段或值乘车站签到至下班为止的时间。乘务计划的日工作时间长短影响乘务员作息时间,有规律的作息能使乘务员得到较好休息,减少疲劳,有利于行车安全。此外,日工作时间实际上是乘务员的付费时间,缩减日工作时间有利于减少乘务费用。

8.4.4 周、月工作时间

由于城市轨道交通运营工作的特殊性,日工作时间的不均衡是难以避免的。鉴于此,我国多数城市实行的轮班计划保证了一个在足够长的轮班周期内,各班组可以在各个位置上轮换一遍,从而保证在该周期内各乘务员承担的任务分配是公平的。尽管如此,为了控制乘务员的劳动强度,仍需要用周、月的工作时间来评价乘务计划的每周、每月的工作量。

8.4.5 驾车中途间隔时间

连续驾车时间确定后,乘务员在完成一次乘务任务后需要在轮换站休息,为下一次驾车做准备。驾车中途间隔时间是指前一乘务任务终止时间至下一乘务任务起始时间之间的间隔时间,其中包括必要间隔时间和非必要间隔时间。

必要间隔时间是指必要的间休时间、吃饭时间、站段走行时间、整备时间等。非必要间隔时间是指可以安排乘务员,但没有合适的列车供值乘,乘务员只能等待的时间。驾车中途间隔时间过短不利于乘务人员休息,而间隔时间过长则增加了乘务人员的日工作时间。

8.4.6 上车率

上车率为各班组在车时间与日工作时间的比值;其中在车时间是指乘务员实际操作列车的时间,其值等于各班组的日工作时间减去总中途间隔时间。上车率越高,说明乘务员的工作效率越高;上车率的标准差越小,说明乘务员的工作强度越均衡。

8.5 实 例

城市轨道交通系统运营中,运行图数据量巨大,涉及的车底数目和乘务员数目较多,不便于举例说明。本节以简化后的例子阐述城市轨道交通系统的乘务编制计划。

8.5.1 基础资料

某城市轨道交通线路为非环形线路,独立运营,具体布局如图 8-3 所示,车辆段位于车站 1 的一段,车站 1 和车站 9 具备折返条件。

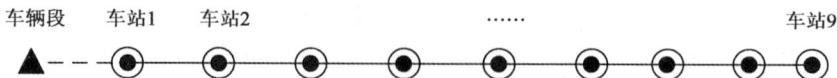

图 8-3 某城市轨道交通线路布局

全线采用单一交路、单一值乘车站的运输方式,相关参数如表8-7所示。

某城市轨道交通线路相关参数   表8-7

名称	数值	名称	数值
全长	12km	单程运行时间	17.5min
车站数目	9	折返时间	3min
值乘车站	车站1	乘客上、下车时间	1min
车辆段与车站1间步行时间	10min	乘务轮班模式	四班二运转
车底出、入段时间	5min	轮班计划编制方式	单一循环轮班
交路方案	单交路	车底使用方式	固定车辆段

图8-4为列车运行图初始数据,可以看出,全天共有36个运行任务,每方向各18个。

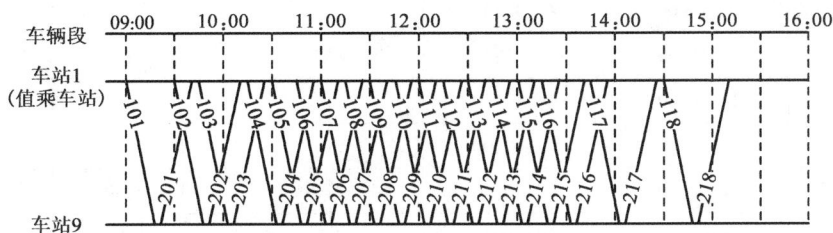

图8-4 某城市轨道交通线路运行图

城市轨道交通系统运营车底数为运用车辆、在修车辆和备修车辆三者之和。运用车辆数量根据列车周转时间和间隔决定,在修车辆数量和备用车辆数量可按运用车辆数量的一定比例确定。本节中取该线路车底数为4,各车底的编号及总走行公里统计如表8-8所示。

某城市轨道交通线路车底简化档案一   表8-8

序号	车底编号	总走行公里(km)
车底1	2001	83752
车底2	2002	99971
车底3	2003	113520
车底4	2004	105376

基于上述基础资料,可得知该城市轨道交通线路的布局、交路方案、运行图数据、运行任务接续时间和地点、车底使用方式以及出入段检修与整备时间。将运行图中的数量整理表格化后如表8-9所示。

某城市轨道交通线路运行图数据   表8-9

运行任务 (车次)	出发时间 (车站1)	到达时间 (车站9)	运行任务 (车次)	出发时间 (车站9)	到达时间 (车站1)
101	09:00:00	09:17:30	105	10:30:00	10:47:30
102	09:30:00	09:47:30	106	10:45:00	11:02:30
103	09:45:00	10:02:30	107	11:00:00	11:17:30
104	10:15:00	10:32:30	108	11:15:00	11:32:30

续上表

运行任务 （车次）	出发时间 （车站 1）	到达时间 （车站 9）	运行任务 （车次）	出发时间 （车站 9）	到达时间 （车站 1）
109	11:30:00	11:47:30	205	10:52:30	11:10:00
110	11:45:00	12:02:30	206	11:07:30	11:25:00
111	12:00:00	12:17:30	207	11:22:30	11:40:00
112	12:15:00	12:32:30	208	11:37:30	11:55:00
113	12:30:00	12:47:30	209	11:52:30	12:10:00
114	12:45:00	13:02:30	210	12:07:30	12:25:00
115	13:00:00	13:17:30	211	12:22:30	12:40:00
116	13:15:00	13:32:30	212	12:37:30	12:55:00
117	13:45:00	14:02:30	213	12:52:30	13:10:00
118	14:30:00	14:47:30	214	13:07:30	13:25:00
201	09:22:30	09:40:00	215	13:22:30	13:40:00
202	09:52:30	10:10:00	216	13:37:30	13:55:00
203	10:07:30	10:25:00	217	14:07:30	14:25:00
204	10:37:30	10:55:00	218	14:52:30	15:10:00

在表 8-9 基础上，完成运行任务的接续。本节中按时间早晚、接续时间最短原则接续可得到车底周转方案如图 8-5 所示。其中，运行图中的全天运行任务接续成三个车次链，分别由车底号为 2001、2002、2003 的三个列车去执行，车底号为 2004 的列车纳入备用车。

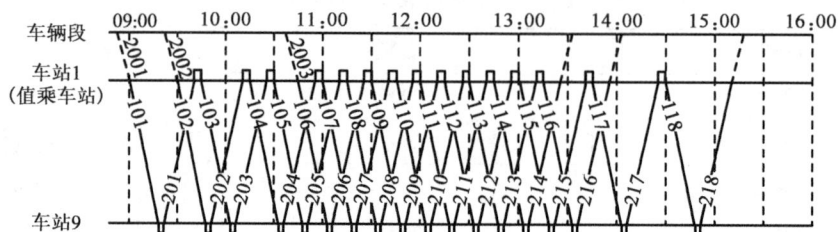

图 8-5　某城市轨道交通线路车底周转计划方案

同样，基于基础资料和车底周转计划，分别统计 4 个车底的总走行公里数，得出表 8-10 中的数据。其中，车底编号为 2002 的列车达到了定修的标准，车底回库后，列入定修计划名单，由车底编号为 2004 的列车代替其执行后续的运行任务。

某城市轨道交通线路车底简化档案二　　　　　　表 8-10

序号	车底编号	总走行公里（km）
车底 1	2001	83896
车底 2	2002	100115
车底 3	2003	113664
车底 4	2004	105376

8.5.2 乘务计划编制

基于基础数据和车底周转计划,分别编制乘务计划中的乘务排班计划和乘务轮班计划。

1)乘务排班计划

乘务排班计划的编制基于车底周转计划方案,将图 8-4 的方案依据车辆段和值乘车站划分为乘务片段,如图 8-6 所示。

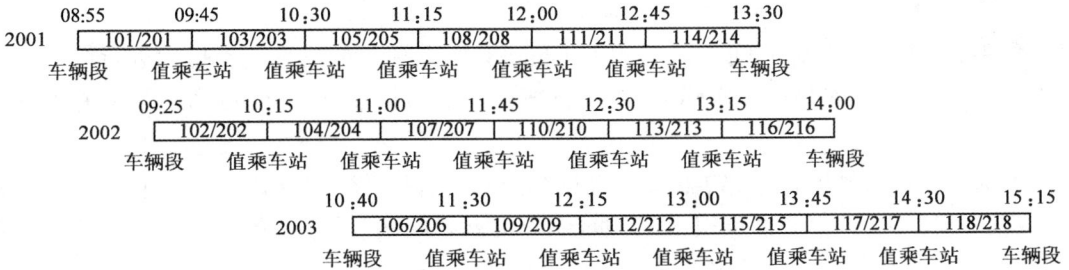

图 8-6 某城市轨道交通线路乘务片段方案

注:1. 车底出、入段时,车辆段与值乘车站之间不再划分。

2. 分隔的时间以发车时间为准。

本节乘务排班计划中,相关时间标准参数设置如表 8-11 所示。

乘务排班计划时间标准参数 表 8-11

时间标准名称	描述	取值	单位
乘务作业段时间	一个乘务作业段的时间长度	≤2	h
列车整备时间	列车在出车辆段前的整备试车时间	30	min
列车交、接班时间	乘务员在出勤、退勤时的登记时间	20	min
工作时间	一个乘务工作班的时间长度	7	h
作业时间	一个乘务工作班中作业时间总和	5	h
间休时间	两个乘务作业段之间的休息时间	≥10	min

不同的乘务片段组合规则,可组合出不同的乘务作业段方案。本节基于图 8-6 的乘务片段方案,按照时间先后顺序、乘务作业段约束,将乘务片段组合成乘务作业段方案,具体如图 8-7 所示。

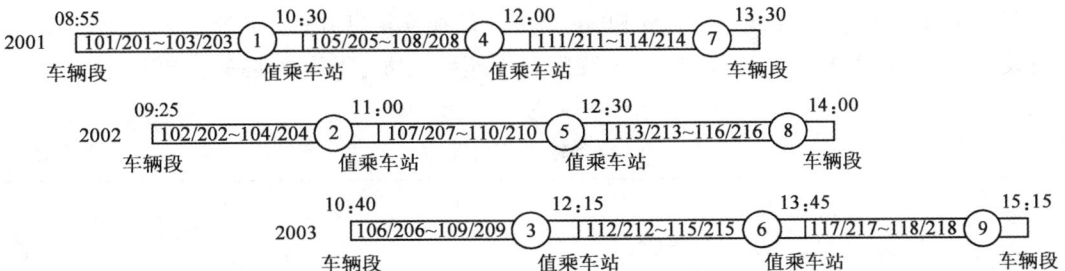

图 8-7 某城市轨道交通线路乘务作业段方案

从图 8-7 中可以看出,运行图数据共组合出 9 个乘务作业段。在此基础上,按照乘务工作班等条件约束,将乘务作业段组合成乘务工作班,排列组合出的较优方案如表 8-12 所示。

较优的乘务工作班方案　　　　　　　　　　　　　表 8-12

方案编号	方案组合	间休时间差和(min)	上班时间总和(h)	所需乘务员数目
1	1-5-9、2-7、4-6、3-8	145	21.17	4
2	1-5-9、2-6、4-8、3、7	150	22.08	5
3	1-5-9、2-7、4-8、3、6	155	21.83	5
4	1-5-9、2-8、4-6、3、7	170	20.92	5

注:间休时间差和 = $\sum$(|实际间休时间 - 标准间休时间|)。

表 8-12 中,通过间休时间差和、上班时间总和、所需乘务员数目三个指标进行综合判断可以得出,方案 1 相对最优。实际上,评价方案优劣的指标多种多样,得到的结果并不完全相同。

本例中的数据规模较小,约束条件也很少,可以采用枚举的方式得出。但在实际运营中,数据规模巨大,约束条件也很多,例如:乘务员就餐问题、混合乘务工作班问题等。针对具体问题,需要寻求合适的求解方法。

2)乘务轮班计划

在乘务排班方案的基础上,本节采用四班二运转模式、单一循环乘务轮班方式。

表 8-12 的方案 1 中,共生成 4 个乘务工作班。由于例子中的数据较少,乘务工作班并不能明显地分出早、晚班,这里人为地将 10:00 前开始的乘务工作班定义为早班,10:00 之后开始的定义为晚班,可以得出早、晚班方案如表 8-13 所示。

早、晚班方案　　　　　　　　　　　　　表 8-13

早班序号	方案	晚班序号	方案
早 1	1-3-8	晚 1	4-6
早 2	2-7-9	晚 2	5

按照乘务作业时间、工作时间均衡原则,基于早、晚班方案,可以得出乘务位置的方案如表 8-14 所示。

乘务位置方案　　　　　　　　　　　　　表 8-14

乘务位置序号	方案
位置 1	早 1、晚 1
位置 2	早 2、晚 2

基于乘务位置方案,在四班二运转模式、单一循环乘务轮班方式条件下,设置 A、B、C、D 四大班乘务员,由于共 2 个乘务位置,因此每班有 2 组乘务员,得出的乘务轮班计划如表 8-15 所示。

乘务轮班计划表　　　　　　　　　　　　　表 8-15

位置		日期							
		i 天	$i+1$ 天	$i+2$ 天	$i+3$ 天	$i+4$ 天	$i+5$ 天	$i+6$ 天	$i+7$ 天
早 1		A1	D1	C1	B1	A2	D2	C2	B2
	晚 1	B1	A1	D1	C1	B2	A2	D2	C2
早 2		A2	D2	C2	B2	A1	D1	C1	B1
	晚 2	B2	A2	D2	C2	B1	A1	D1	C1

从表8-15可以看出,在2个乘务位置、四班二运转条件下,一组乘务员完成一次大循环需要8d。

复习思考题

1. 简述乘务计划在城市轨道交通运输计划中的作用。
2. 简述行车作业与乘务计划的关系。
3. 分析乘务计划应该考虑的因素。
4. 简述乘务计划的编制流程。
5. 简述乘务排班计划和乘务轮班计划的关系。
6. 分析乘务计划各评价指标中的企业效率与个人负荷之间的关系。

AI辅助学习研讨题

利用AI工具(如DeepSeek、Kimi等)生成下列讨论题的报告或PPT。

讨论题(1):分析乘务计划与列车运行图编制、车底周转计划的关系。

要求:结合行车计划的基本概念,给出由10~20个关键词组成的提问句,利用AI工具生成研讨报告和汇报文件(PPT)。

讨论题(2):分析影响"乘务片段"划分的因素。

要求:结合乘务计划编制的基本概念,给出由10~20个关键词组成的提问句,利用AI工具生成研讨报告和汇报文件(PPT)。

第9章
系统运力分析与提升

　　本章全面阐述了城市轨道交通系统运力的概念，介绍了城市轨道交通系统各部分能力计算的原理与方法，系统分析了影响城市轨道交通系统高峰小时运力的主要因素，剖析了城市轨道交通系统运力配置与服务水平间的关系，并从运营组织角度分析了提高城市轨道交通系统运力和运行效率的方法与效果。

9.1 城市轨道交通系统运力的概述

城市轨道交通系统运力是系统在一定软、硬件条件下形成的服务乘客出行的总体能力，运力是城市轨道交通系统运营管理最重要的参数之一。城市轨道交通系统运力的确定涉及系统设备设施方案、配套工程、服务水平标准以及系统在不同时期内的运营组织方案。具体来说，包括运输线路及其配套设施的运用方案、线路运营组织方案、信号与控制技术方案、相关子系统能力的时间与空间分布以及系统服务水平要求。

传统铁路运输系统一般采用运输能力概念，计量单位有列或人。城市轨道交通系统的运力按人计算，类似于传统铁路的输送能力。城市轨道交通的整体运力由多个部分组成，常用的概念有断面运力、线路运力、线网运力等。这里，断面是指相邻两个车站的站间区间，断面分两个方向。

(1)断面运力：单位时间内，线路某断面单向运输能力，单位为人。车站 i 与 j 之间 s 方向的断面运力 C_{ij} 的计算方法为：

$$C_{ijs} = N_{ijs} \times D$$

式中：N_{ijs}——该断面 s 方向开行的列车数；

D——列车定员，人。

当存在定员不同列车时，应分别计算累加。

(2)线路运力：统计期内，线路实际提供的全部载客运营列车的运输能力，单位为人。线路 k 的运力 L_k 的计算方法为：

$$L_k = N_k \times D$$

式中：N_k——该线路上线列次数；

D——列车定员，人。当存在不同定员列车时，应分别计算累加。

(3)线网运力：统计期内，线网全部载客运营列车总的运输能力，单位为人。线网运力 W 为各线路运力之和。

$$W = \sum L_k$$

由于城市地区居民出行具有显著的时空不均衡特性，加上乘客在列车的不同车辆以及车辆的不同区域内的分布也具有一定不均匀性，城市轨道交通不同断面的运力利用情况是不相同的。城市轨道交通系统实际的运力安排需要根据客流量规模来配置。

9.1.1 断面运力与断面需求

断面运力是城市轨道交通系统最常用的运力概念。对于某条线路来说，由于每个车站上下车人数不同，不同断面的客流量(需求)也是不同的。作为供给参数的断面运力具有一定的连续性，即交路构成相同的断面具有相同的运力。

图 9-1 描述了全线单一交路条件下某线路高峰小时各断面(区间)运力与断面客流的关系。

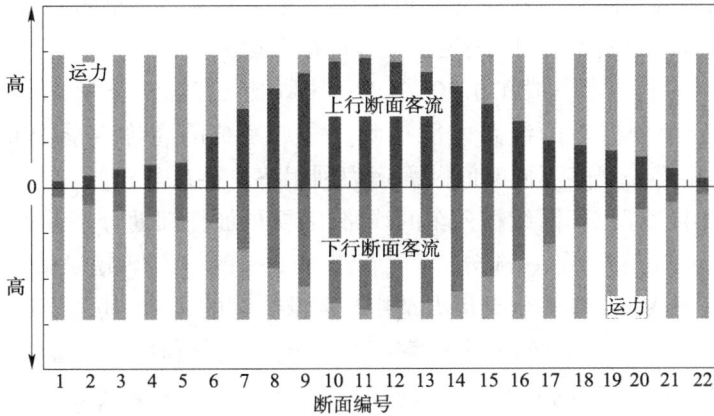

图 9-1 单一交路下断面运力与断面客流的关系

断面运力是规划与设计阶段进行运营设计的重要参数。根据对该线各断面出行需求预测得到的最大断面客流,确定断面的设计运力,即能够满足最大断面客流需求的运力。

一般来说,断面的设计运力具有以下两方面的特点。

(1)设计运力一般是按照相关设计规范推荐的参数计算得到的,较少考虑环境对服务水平要求的变化,因而是一种静态能力。例如,某设计规范规定列车站立密度标准为 6 人/m^2,这是假定全部站立空间均一化可得到利用的一种静态情形。

(2)设计运力的确定不考虑运营过程中各种不确定因素对能力削减的影响,例如不同车厢客流或同一车厢不同位置客流分布的不均衡性;因而是一种理想能力。

设计运力可以认为是一种最大能力。其主要用途如下。

(1)指导规划阶段的系统选型及造价匡算。对于给定的需求规模来说,选择不同类型系统如地铁系统、轻轨系统、单轨系统相当于选择不同的系统造价。

(2)进入建设程序后,设计运力是开展工程预可行性研究、可行性研究、初步设计等环节工作的重要参数。由于系统设计能力必须满足不同时间段、不同空间范围的需求,设计运力涉及的相关设备设施参数直接关联到各部分的容量规模以及具体的设计方案,对系统设计与建设过程具有重要的指导意义。

由于实际运营中客流在时间与空间分布上的不确定性,线路在运营中因客流不均衡形成断面的不同负荷或满载率,甚至因客流波动引起部分车站乘客留乘,这些问题需要深入研究。

9.1.2 线路运力

线路运力是线路统计期内能提供的输送能力。线路运力一方面决定于列车能力,即每列车包含的车辆数与每辆车的定员;另一方面,也决定于统计期内开行的列车数。

$$列车能力 = 列车编组(车/列) \times 车辆定员(人/车)$$

由于城市地区出行需求中存在显著的时空差异,线路全天的运力配置一般按照该线路不同时间段内的最大断面客流量来配置。即:

$$线路某时段开行的列车数 = \frac{该线路时段最大断面客流}{列车能力} \quad (列)$$

就全天来看,高峰小时最大断面的需求量是决定线路最小行车间隔或高峰时段线路开行列车数的依据。即最小行车间隔决定了高峰期最大运力。

高峰期线路运力利用率一般在0.70~0.95,其高限只有客流条件良好城市如东京、纽约和墨西哥城等部分十分拥挤的线路才能达到。多数系统的高峰期能力利用率在0.50~0.80,且一个城市中某一线路不同时间断面运力利用率也存在差异。

对一条存在不同交路、不同编组列车的线路,需要更加仔细地分别计算上述指标。城市轨道交通系统作为城市交通的一部分,其运营组织工作的核心问题是解决通勤交通问题。对城市轨道交通系统来说,线路全天运力是指与需求匹配的运力,其全天运力层面不存在最大运力概念。城市轨道交通系统不同于客货混行、追求充分利用线路能力的城市间铁路系统。因此,包括早、晚高峰在内的不同时段的运力配置及其优化是城市轨道交通系统运营工作的重点。

9.2 运力构成要素分析

运力是运行环境的产物,其大小取决于构成要素及其一系列影响因素。

9.2.1 线路列车通过能力

线路列车通过能力指在采用一定的车辆类型、信号设备和行车组织方法条件下,城市轨道交通系统线路设备某方向单位时间内(通常是高峰小时)所能通过的列车数量。

影响线路能力的主要因素是列车最小行车间隔和车站停留时间。从设计层面看,最小列车间隔与闭塞分区长度、信号系统参数、列车长度、交叉点和折返条件有关;而列车在车站的停留时间又与站台高度、车门数量与宽度、验票方式及车站能力限制因素等有关。

表9-1是根据国外53个城市轨道交通系统最小行车间隔限制因素调查得到的结论。

分方式列车间隔约束(单位:s) 表9-1

限制因素	轻轨	地铁	通勤铁路
信号闭塞系统	11	12	10
折返站折返能力	2	5	2
交叉点冲突	0	2	2
进站	0	1	2
单线	5	1	3
车站停留时间	5	5	3
其他	2	0	7
系统无限制	18	17	15

可以看出,信号闭塞系统、车站停留时间与折返站折返能力往往是影响线路列车通过能力的主要因素。

1)信号闭塞系统

列车信号闭塞系统是决定列车最小间隔时间的直接因素,其能力涉及线路采用的列车运行信号控制系统及其相应的闭塞区间设置方法。传统的闭塞分区指一段只能由一列车占用的轨道电路。城市轨道交通系统的列车通常采用追踪运行方式。这里,追踪运行方式是指在线路的同一个方向上、同一个区间中允许多列车顺序运行,前后行列车按闭塞分区数量来控制其间隔。前后追踪运行的两相邻列车在运行过程中相互不受干扰的最小间隔时间称为追踪列车间隔时间。

2)车站停留时间

在满足作业安全性前提下,列车在站点停留时间越短越好。站点停留时间过长,会影响到下一趟列车。城市轨道交通线路正线通常为双线,站点上一般不增设配线,列车在区间实行追踪运行,在车站正线上办理客运作业。这使列车停站时间成为影响线路能力的重要因素。

一般地,列车在车站的停留时间包括三部分:乘客上下车时间、上下车停止后的开关门时间以及车门关闭后的等待开车时间。

确定车站停留时间一般需考虑以下因素。

(1)列车牵引力与车门联锁系统。决定列车停站前的延误和车门关闭后的延误。

(2)车门开关时间。包括开关门警告时间以及其他约束车门动作的时间。

(3)客流量。指上下车平均旅客数量。某方向旅客每单人宽度上下速率一般取0.5m/s。

(4)车门数量、宽度、间隔及上下车方式。乘客乘降一般用一侧车门;不过,具有站台条件的繁忙车站可用两侧车门;站台与列车站立面的高度差也影响乘客上下车速度。

(5)站台客流集散情况。若站台过窄,或出入口数量少、通道窄,客流流速会受影响,站台拥挤程度会增加,进而增加乘客上下车的延误;上下混行时速率也会下降。

许多情况下,车站停留时间是决定最小行车间隔的主导因素。影响列车行车间隔的另一个因素是各种运营裕量。这类裕量有时可以附加到停站时间内,形成一个可控制的停站时间。例如,纽约的格兰德中央火车站平均停站时间64s,约为实际列车平均间隔时间165s的39%;该位置的最小行车间隔时间是55s。实际列车平均间隔时间减车站停留时间和最小行车间隔时间后的值为46s,这一结果可以被认为是一种运营裕量。

3)折返站折返能力

折返站折返能力是城市轨道交通运力的关键。根据完成折返作业的方式不同,折返运行可以分为站前折返和站后折返两种方式。

站前折返指列车在中间站或者终点站利用站前渡线完成折返作业的方式。站前折返的优点在于渡线设置在站前,一定程度上可减少建设投资,缩短列车走行距离。这种方式适合行车密度较低的线路。行车密度高、行车间隔短的线路上不采用这种折返模式。

站后折返指列车在中间站、终点站利用站后渡线进行折返作业的方式。站后折返两正线间可采用5m线间距。采用岛式站台时,上、下车客流各在岛式站台一侧,站台上不存在客流时空交叉问题。站后折返的折返能力较大,小时能力可达到30对以上。

实际上,列车间隔还必须考虑各单个列车的特性及其相互作用,包括:

(1)司机行为。司机对系统的影响体现在始发站发车操纵延误、加减速度值的确定、列车间隔、最大速度选择与控制等。

(2)车辆性能。主要指牵引力大小,牵引力小的列车全线约束条件较多。

(3)外部干扰。共享环境(如街道、平面交叉、升降桥等)会产生延误,从而影响间隔。

(4)晚点恢复。最小间隔下运行的系统一般没有为延误提供恢复余地;这类系统一旦出现延误,会一直持续到高峰期(最小间隔期)结束。

9.2.2 列车可用能力

列车能力是列车中各车辆载客数量之和。当每辆车容量相同时,列车能力为每辆车旅客数与列车中的车辆数的乘积。实际上,考虑到列车各车厢负荷不均匀情况,可通过满载率将其换算为列车可用能力:

列车可用能力(旅客数/列车) = 每辆车旅客数 × 列车中的车辆数 × 满载率

其中,每辆车的载客数(即每辆车旅客数)受多个因素影响,是能力计算中需要重点研究的问题。评价车辆能力的基础是系统服务水平及允许拥挤水平。

评价实际能力的方法是观察乘客不上车而等待下一列车时车辆的满载率水平,即出现留乘时的状态。避免留乘是公交系统能力设计的目标,它是评价系统可用能力的重要依据。

1)车厢定员

影响车厢定员的主要参数如下。

(1)车辆长度。可取按车钩中点计算列车全长的车辆名义长度。

(2)车辆宽度。座椅后背高度处车辆的宽度,主要考虑到人的肩部较脚部宽。该处一般比地板高出 0.8m,它比站台水平上的车辆宽度宽 0.10 ~ 0.15m,车辆宽度采用外部尺寸,再转换为内部尺寸。一般可假定车体一侧的墙厚为 0.05 ~ 0.10m。

(3)无旅客空间。主要兼顾驾驶室、设备及端墙等,包括车钩末端的 300mm 距离。

(4)座位密度。一般为 1.5 ~ 2.0 人/m²,低限适合通勤或长距离市郊铁路线路,高限适合某些长距离运输铁路线路。

(5)座位利用率。与座位密度类似,是一个特定的设计参数,受政策决策影响。

(6)站立空间及其密度。车辆内未被座位、轮椅、行李甚至自行车占用的地板空间。

车厢定员计算涉及三个因素:座位密度、座位利用率、站立密度。服务水平和车辆内部设计直接影响车辆能力大小。对给定车辆,定员计算涉及以下因素。

(1)座位数。一般假定所有座位满载。

(2)站立面积。即可用面积,要扣除座位旅客的腿部所占面积。

(3)站立密度。参考我国《地铁设计规范》(GB 50157—2013)规定,高峰期短时间可承受的平均站立密度为 6 人/m²,距离长时应相应减少;服务策略、地区条件也是调整因子。

(4)轮椅调整系数。很多城市轨道交通系统是可兼容轮椅的,这一问题要在计算时加以考虑。一般地,一个轮椅所占面积可按 1.2 ~ 1.5m² 计算,大致相当于 2 ~ 6 名站立旅客。

(5)行李调整系数。当旅客携带大行李时,需要调整能力,尤其是联系对外枢纽如机场、铁路车站所在的城市轨道交通线路。

车辆外形尺寸一定时,车辆能力取决于站立密度。一般认为,有乘客站立时,车辆内部高度应不小于 2m,乘客均有座位时也应不小于 1.5m。麻省理工学院研究指出:座位的尺寸应为宽 560mm、长 870mm。该标准接近城市公共交通标准,例如,巴黎市轨道交通座位宽度为 480mm;德国城市轨道交通座位宽度则为 540mm,长度在 740 ~ 880mm,过道宽度为440mm。

目前发达国家的城市轨道交通车站站立密度标准均较低。伦敦轨道交通为站立旅客设计的占地空间为0.30m²(当车厢站立区较大时,短时间内旅客站立空间可低到0.14m²),这个设计标准被认为是最舒适的。巴黎轨道交通人均站立空间设计一般条件下为0.17m²,高峰时取0.10m²。日本城市轨道交通采用4人/m²的能力计算标准,但运用时可考虑不同程度的超员。

图9-2是日本城市轨道交通对不同超员状态的描述。

定员乘车,站坐自由

车内乘客间仅发生肩部碰触,乘客还可以悠然地读报纸等

乘客间身体接触面积较大并有强烈压迫感

非常拥挤,无法自由移动身体,甚至连手部都无法自由移动

a) 超员100%   b) 超员150%   c) 超员200%   d) 超员250%

图9-2 站立密度4人/m²标准下不同超员水平与乘客状态的关系

可以看出,我国6人/m²的能力计算标准相当于日本标准下超员150%的状态。考虑到乘客随身物品、性别等,服务水平是较低的。随着生活水平的提高和社会文明的进步,乘客对出行舒适度的要求不断提高,改善设计服务水平是必要且合理的。

2) 列车能力

列车能力是车辆容量与每列车车辆数(编组)之积。列车编组受两方面因素的影响:一是站台长度,直接决定着可停靠的列车长度;二是道路约束,指道路上与机动车共享路权的轨道交通车辆所受的限制,如平面交叉口信号配时对列车最大长度的要求。

除上述因素外,列车能力还受列车满载率不均衡性的影响,即不同车厢与车厢内不同区域的客流密度存在差异。列车停站时间越长,乘客选择的余地越大,在站台长度范围内分布越均匀,车厢间的密度值会越接近;但拥挤的差异仍然会存在。

9.2.3 车站瓶颈

理想情况下,保持车站各区域客流分布的均匀性与乘客移动的流畅性有利于提高列车平均满载率,也即提高列车可用能力。某些情况下,车站内出现的某些瓶颈会破坏客流分布的均匀性,或改变乘客移动的流畅性。例如,设施的不合理布局、设备故障、乘客引导信息的缺失或不当等会影响乘客接近站台及列车的便捷性,使车辆、车厢内部满载率分布不均,进而影响列车的可用能力。

从整体上提升车站客运服务的均衡性、避免出现客流瓶颈是车站客运组织与管理的重要任务,具体包括以下工作。

(1)乘客进出站流线的设计与组织。主要包括根据客流量大小和进出站设施情况确定合理的进出站流线方案,使各进出站设施处的利用率趋于均衡。

(2)站台客流分布的均匀性。主要受车站进出站客流的引导方法、行人通道的宽度及利用方法(是否分方向、是否隔离)等因素的影响。

(3)组织协调性。如乘客在车站移动、停留活动空间的容量及其利用的科学性;具体包括:售检票设备的布局与旅客进出站流线的协调性,安检设备布局、安检能力与进站客流流线及流量的协调性等。

(4)规划层面。如站台长度、宽度及其容量设计与列车的匹配度,出入口位置、数量与容量设计等。

除了上述因素外,还有一些特定因素也会影响运力。例如,拥挤度以及随日期、季节、假期、天气发生的需求波动等均会增加能力利用的不确定性。

9.3 运力计算与分析

9.3.1 线路能力分析

线路能力是系统综合能力的反映,决定于行车密度。线路能力由区间追踪能力、折返站折返能力和中间站通过能力组成;其中折返能力往往是限制线路运力的主要因素。

由于车站没有配线,乘客需要在正线上乘降,停站时间成为影响线路通过能力的重要因素。研究通过能力计算方法时,一般将车站和区间看作一个整体来综合分析。

1)线路通过能力

在列车追踪运行的情况下,线路通过能力的计算公式如下:

$$n_{max} = \frac{3600}{t_间} \tag{9-1}$$

式中:n_{max}——线路在 1h 内能够通过的最大列车数,列;

$t_间$——最小行车间隔时间,s。

不同信号制式下,最小行车间隔时间的计算方法如下。

(1)固定闭塞。

固定闭塞制式下,轨道电路被划分成多个闭塞分区,列车按闭塞分区行车,图 9-3 为固定闭塞追踪间隔示意图。

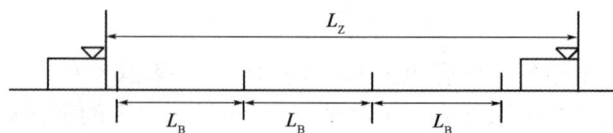

图 9-3 固定闭塞追踪间隔示意图

固定闭塞列车追踪间隔时间为:

$$I_固 = 3.6 \times \frac{3L_B + L}{v_T} \tag{9-2}$$

式中:L_B——闭塞分区的长度,m;

    L——列车长度,m;

    v_T——列车追踪范围内,后行列车的平均运行速度,km/h。

(2)准移动闭塞。

在具备列车自动控制系统或列车自动防护系统的线路上,线路可以被划分为更短的闭塞分区。每个闭塞分区构成一个可感知列车占用与否的轨道电路系统,可在轨道电路长度误差内判断前行车尾部与续行车头部占用分区间的距离。通过地面控制设备向车载设备传送限速指令,列车自动控制程序据此计算每一闭塞分区入口的限制速度和目标速度。

这里,限制速度指列车进入某闭塞分区时的最大允许速度,目标速度指列车在某闭塞分区出口的最大允许速度;二者决定于前行列车的位置以及本列车的制动能力。换言之,任一闭塞分区的目标速度应保证相关列车拥有的制动能力足以使该列车在闭塞分区出口,即下一闭塞分区入口的速度不超过下一闭塞分区的限速。

车载设备在某闭塞分区运行时,会通过轨旁设备接收到地面传输的下一闭塞分区的限制速度指令(即列车所在闭塞分区的目标速度)。车载设备将其与列车实际运行速度进行比较,若实际速度高于该限制速度即施行常用制动,以确保列车进入下一闭塞分区时速度不高于该限制速度。低于限制速度时可采用正常、必要的调速策略,以使列车在出口处速度不高于目标速度。列车在区间运行速度的限速指令按照该原理分成若干个限速等级,这也是列车自动防护(ATP)限速的基本原理。

准移动闭塞制式下,单元轨道电路长度更短,后行车可以按更多分级、更频繁地自轨旁设备收到由前行车位置决定的限制速度信息。图9-4为准移动闭塞列车追踪示意图。

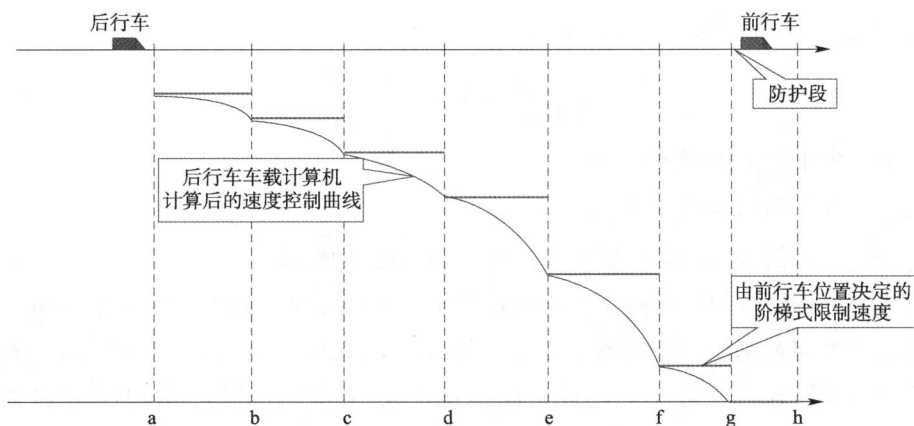

图9-4 准移动闭塞列车追踪示意图

ATP系统采用分段方式确定各分区的限制速度-目标速度序列,表9-2为后行车为货运列车时的一个案例。后行车的机车信号系统会翻译这些信息码并显示速度控制要求。

随着部分后行车车载设备水平以及轨旁设备信息传输能力的提高,在不改变线路轨道电路传输模式的条件下,配有先进车载设备的后行车也可以按照前行车所在轨道电路入口位置加一个安全间距的目标点测算安全停车间距,从而缩小与前行车的最小间距,提高这些列车在准移动闭塞下的运行效率。

表 9-2

后行车收到的 ATP 限速信息

闭塞分区	限制速度（km/h）	目标速度（km/h）
ab	80	70
bc	70	58
cd	58	43
de	43	28
ef	28	13
fg	13	0
gh	0	—

（3）移动闭塞。

移动闭塞制式下，后行列车的追踪点为前行列车的尾部再加一段安全距离，即列车追踪运行间隔由后续列车的制动性能和前后列车的安全防护距离决定，移动闭塞列车追踪示意图如图 9-5 所示。

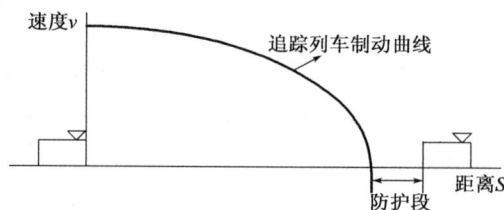

图 9-5　移动闭塞列车追踪示意图

因此，移动闭塞列车追踪间隔时间为：

$$I = \frac{v_{\max}}{3.6a} + 3.6 \times \frac{L_{\mathrm{F}} + L_{\mathrm{A}}}{v_{\max}} \tag{9-3}$$

式中：$v_{\max}$——列车最大运行速度，km/h；

$\quad a$——列车的制动减速度，m/s^2；

$\quad L_{\mathrm{F}}$——确认信号及制动反应时间内列车走行的距离，m；

$\quad L_{\mathrm{A}}$——后行列车的目标停车点距前行列车占用轨道电路起点的安全距离，m。

准移动闭塞与移动闭塞之间最小追踪间隔时间的差距大致已经缩小到 $3.6L_{\mathrm{s}}/v_{\max}$，即列车通过安全防护段轨道电路长度 L_{s} 的时间。对于采用列车自动运行（ATO）系统的列车来说，还可以节省一个确认信号及采取制动反应所需要的时间。

一般来说，城市轨道交通线路能力受少数几个车站而不是区间的限制。大部分车站的通过能力都可以达到 40 对/h 以上，达不到这个水平的车站仅占 1/4 左右，这些车站基本都是起讫站、中间折返站和换乘站，应重点研究这些限制点车站能力扩展的方法。

2）折返站折返能力

折返站的设计折返能力指折返站在一小时内能够折返的最大列车数，由列车最小折返发车间隔时间决定。折返能力主要受折返方式、车站作业控制方式和相关作业时间标准的影响。折返能力计算方法为：

$$n_{\text{折}} = \frac{3600}{h_{\text{折}}} \tag{9-4}$$

式中：$n_{\text{折}}$——折返站单位小时内能够折返的最大列车数，列；

　　　$h_{\text{折}}$——折返列车在折返站的最小发车间隔时间，s。

最小折返发车间隔时间的计算可以按站前折返与站后折返两种方式分析。

（1）站前单渡线折返（图5-8a）。

站前单渡线折返是指列车在前进方向的到达端利用渡线进行折返作业。

列车折返作业过程为：下行进站信号机开放后，列车确认信号；从进站位置 A 点开始经过道岔区段进入上行方向站台；列车停于站台，乘客上下车，同时进行驾驶室的转换，办理列车的出站进路，停站时间应不小于上述作业延续时间。作业完毕后，开放出站信号，列车出站；列车全部出清出站信号机 B 点后，折返结束。可办理下一列车接车作业。站前单渡线折返作业时间表如图9-6所示。

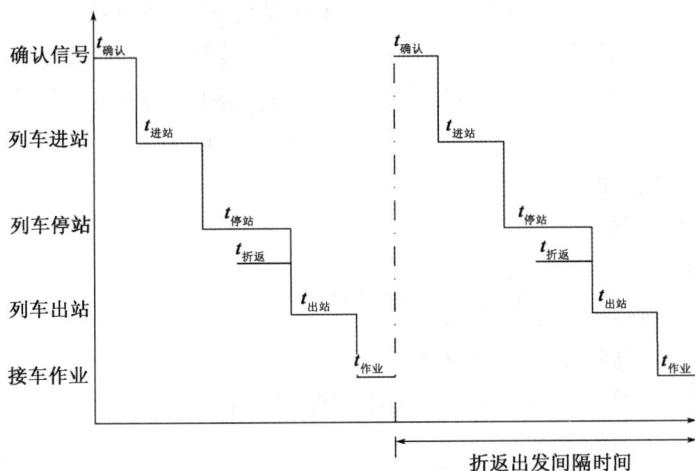

图9-6　站前单渡线折返作业时间表

由图9-6可以看出，站前单渡线折返的最小发车间隔时间为：

$$t_{\text{折}} = t_{\text{确认}} + t_{\text{进站}} + t_{\text{停站}} + t_{\text{出站}} + t_{\text{作业}}$$

式中：$t_{\text{确认}}$——列车确认信号时间，s；

　　　$t_{\text{进站}}$——列车侧向进站的运行时间，s；

　　　$t_{\text{停站}}$——列车在折返站的停站时间，s；

　　　$t_{\text{出站}}$——列车直向出站的运行时间，s；

　　　$t_{\text{作业}}$——车站办理接车作业的时间，s。

（2）站后尽端折返线折返（图5-8b）。

站后尽端折返线折返指列车在前进方向的出发端利用站后尽端折返线或环线进行折返作业。

站后尽端折返线折返作业具体可以分为三个子过程：接车作业、折返作业、发车作业。

站后折返过程

①接车作业。

前行列车出清轨道电路分界点 B 后，站台空闲，开始办理接车作业；进站信号机开放后，列车确认信号；经位置 A 点进站；停于站台，乘客下车，同时办理进折返线作业；停站完毕后，列车进入折返线，尾部出清分界点 B 后，接车作业结束。接车间隔时间为：

$$t_{接} = t_{作业} + t_{确认} + t_{进站} + t_{停站} + t_{出清B点}$$

式中：$t_{接}$——接车间隔时间，s；

$\quad t_{作业}$——车站办理接车作业的时间，s；

$\quad t_{确认}$——列车确认信号时间，s；

$\quad t_{进站}$——列车从进站位置 A 运行至站台的时间，s；

$\quad t_{停站}$——列车在折返站的停站时间，s；

$\quad t_{出清B点}$——列车从站台运行至出清轨道电路分界 B 点的时间，s。

②折返作业。

前行列车出清轨道电路分界点 C 后，车站折返线空闲，列车办理进折返线的作业；列车确认信号后，从站台进入折返线，进行驾驶室转换，同时办理出折返线的作业；完毕后，列车确认信号，驶离折返线，至尾部出清轨道电路分界点 C，折返结束。折返间隔时间为：

$$t_{折} = t_{作业} + t_{确认} + t_{进折} + t_{转换} + t_{出清C点}$$

式中：$t_{折}$——折返间隔时间，s；

$\quad t_{作业}$——车站办理调车作业的时间，s；

$\quad t_{确认}$——列车确认信号时间，s；

$\quad t_{进折}$——列车从站台运行至折返线的时间，s；

$\quad t_{转换}$——列车进行驾驶室转换的时间，s；

$\quad t_{出清C点}$——列车从折返线运行至出清轨道电路分界点 C 的时间，s。

③发车作业。

前行列车出清出站信号机 D 点后，办理出折返线的作业；列车确认信号后，从折返线进入上行方向站台；列车停于站台，乘客上车；停车上车完毕后，办理列车出站进路，并出站，直至尾部出清出站信号机 D 点。发车间隔时间为：

$$t_{发} = t_{作业} + t_{确认} + t_{出折} + t_{停站} + t_{出清D点}$$

式中：$t_{发}$——发车间隔时间，s；

$\quad t_{作业}$——车站办理调车作业的时间，s；

$\quad t_{确认}$——列车确认信号时间，s；

$\quad t_{出折}$——列车从折返线运行至站台的时间，s；

$\quad t_{停站}$——列车在折返站的停站时间，s；

$\quad t_{出清D点}$——列车从站台运行至出清出站信号机 D 点的时间，s。

站后折返作业时间如图 9-7 所示。

站后折返的最小出发间隔时间由接车间隔时间、折返间隔时间和发车间隔时间的最大值决定。

$$h_{折} = \max\{t_{接}, t_{折}, t_{发}\}$$

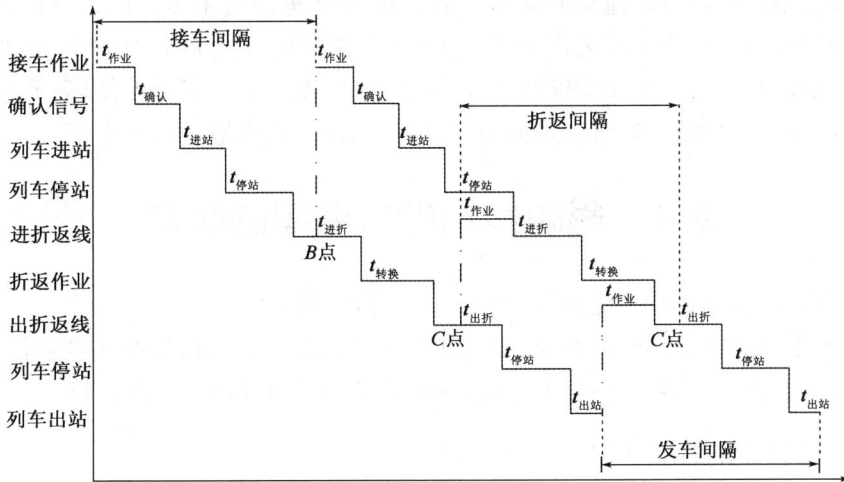

图9-7 站后折返作业时间

9.3.2 列车能力计算

列车能力与车辆定员、列车编组辆数成正比。

1）列车编组辆数

列车编组辆数的计算依据是规划年度早高峰小时最大断面客流量，计算公式如下：

$$m = \frac{P_{\max}}{n_{高峰}P_{车}}$$ (9-5)

式中：$n_{高峰}$——线路在规划年度早高峰小时内能够通过的最大列车数（列）。

由于客流规模差异，某线路近期和远期的列车编组辆数设计可能不同；这需要结合车辆定员根据预测的近期和远期客流量分别确定。

2）车辆定员数

车辆定员数是指城市轨道交通列车的额定载客量，由车辆的座位人数和站位人数组成，为车厢座位数和空余面积上站立的乘客数之和；站位面积即车厢空余面积，为车厢面积减去座位面积，应按每平方米站立6名乘客计算。计算公式为：

车辆定员数 = 车厢固定乘客座位数 + 车厢有效站立面积 × 每平方米允许站立人数

显然，城市轨道交通线路车辆的尺寸、座位布置方式是决定车辆定员人数的主要因素。表9-3是部分城市轨道交通系统的车辆尺寸和定员情况。

部分城市轨道交通系统的车辆尺寸和定员情况 　　　　　　　　　　表9-3

城市	洛杉矶	新加坡	香港	上海	莫斯科
车宽（m）	3.08	3.2	3.11	3.00	2.71
车长（m）	22.78	23.65	22.85	24.14	19.21
座位（人）	68	62	48	62	47
站位（人）	164	258	279	248	187
定员（人）	232	320	327	310	234
制造国	意大利	日本	英国	德国	俄罗斯

可以看出,洛杉矶城市轨道交通采用大型车辆,但车辆定员不多。原因是提高乘客的乘车舒适度,以吸引私人小汽车乘客。20 世纪 80 年代前后修建的新加坡地铁、香港地铁和上海地铁均采用大容量车辆,车体宽度在 3.0 ~ 3.2m。莫斯科采用了小型车辆,通过调整行车密度、列车编组以及改变车内座位数和站位密度等措施来提高输送能力水平。

9.4　影响最小行车间隔的因素

本节从列车运行动力学角度分析影响最小行车间隔的主要因素。

一般情况下,城市轨道交通列车按规定间隔在各线路段上以相近的速度运行,在运行图上体现为平行运行图。当列车特性差异较大时,应按性能最差的列车来计算。

9.4.1　信号制式的影响

列车运行是通过闭塞系统控制的。城市轨道交通系统的闭塞方式从早期三显示固定闭塞到机车信号、准移动闭塞(ATP 系统)和移动闭塞,列车在线路上的运行效率不断提高,行车间隔不断缩短。移动闭塞条件下,前后列车的间距可按一个用来分隔列车的计算制动距离或安全距离再加一个固定的安全间距来计算。后行列车的零速度点在前行车尾部安全间距处,这使得后行车可在此范围内无限接近前行车,只是越接近,限速越低而已。

图 9-8 描述了停站时间 45s、运营裕量 20s 时不同闭塞系统的比较。不难看出,移动闭塞下的行车间隔时间最短。

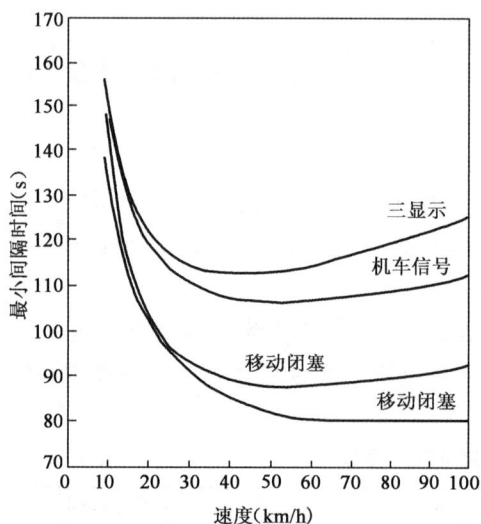

图 9-8　停站时间 45s、运营裕量 20s 时不同闭塞系统的比较

移动闭塞的能力瓶颈主要来自车站、交叉点及运营裕量。温哥华的 SkyTrain 移动闭塞系统因列车较短,电阻制动性能较好,采用了 50m 安全间距,系统能力较大。当进站速度为 56km/h、定位误差为 6.25m 时,最小间隔时间约为 97s。

9.4.2　列车加减速性能的影响

列车牵引加速度与制动减速度(制动率)直接影响最小行车间隔时间。

图 9-9 描述了列车间隔时间与加速度之间的关系。图 9-10 描述了制动率对列车间隔时间的影响。这里,初始加速度与正常制动率(即 100% 时)均取 $1.3 m/s^2$。不难看出,制动率对列车间隔时间的影响比加速度更明显。

线路列车最大速度对线路最小行车间隔也有重要影响。城市轨道交通系统站间距较短,一般地铁列车最大速度值采用 80 ~ 95km/h,轻轨采用 80km/h,地面电车采用 65 ~ 80km/h,少数市郊铁路采用较大的速度,达到 110 ~ 130km/h。

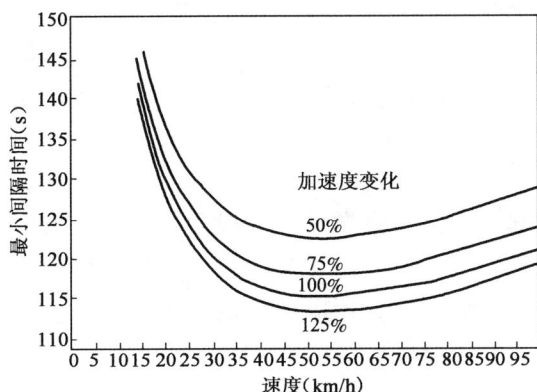

图9-9　列车间隔时间与加速度间的关系

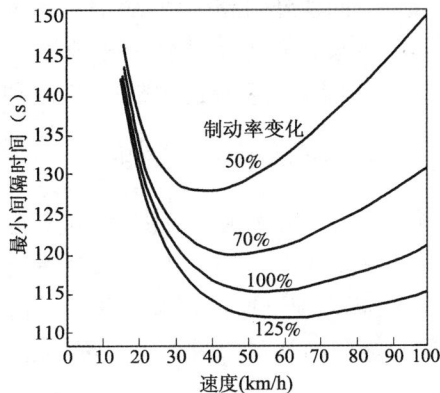

图9-10　制动率对列车间隔时间的影响

9.4.3　线路条件的影响

车站附近线路条件的平纵断面条件对最小行车间隔有直接而重要的影响。大多数城市轨道交通系统的设计限坡为3‰ ~4‰,极困难时6‰。这些不利坡度一般不设计在靠近车站的地段。如进站下坡会增加列车制动距离,并造成停车困难。当然,一种补偿是调整常用制动率和加速度,以维系进出站时间不变;但这无疑会牺牲在车乘客的舒适性。由于重力加速度为9.807m/s²,下坡坡度增加1‰使制动率实际降低0.098m/s²(即将近0.1m/s²)。

图9-11描述了坡度对列车间隔时间的影响。

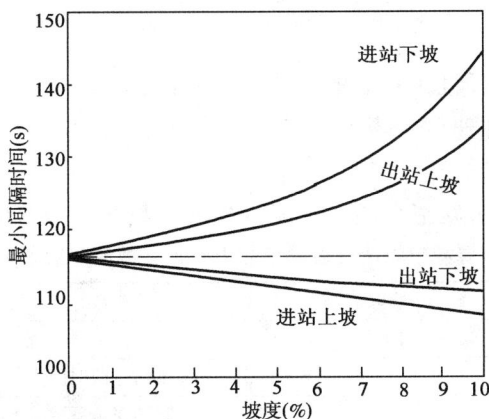

图9-11　坡度对列车间隔时间的影响

研究表明:在4‰坡道上,采用多相位机车信号、停站时间45s、安全裕量20s时,进站下坡进站时间需增加5.9s,进站上坡将减少时间3.6s,出站下坡将增加时间3.5s,出站上坡将减少时间2.2s。

进站曲线时对能力也有影响。进站限制速度可近似地按式(9-6)计算:

$$v_{sl} = \sqrt{87R(e + f)} \tag{9-6}$$

式中:R——进站曲线半径,m;

e——曲线外轨超高率,一般不超过 0.10;

f——乘客舒适度因子,一般在 0.05 ~ 0.13。

图 9-12 给出了列车进站限速与不同进站曲线半径间的关系。

9.4.4 电网电压的影响

城市轨道交通多为直流供电,列车电压对牵引力有重要影响。根据列车离变电站的距离及列车密度条件,列车电压一般在额定电压的 −30% ~ +20% 间波动。高峰期线路上列车数量多,远离变电所的列车电压会下降,这使列车动力性能变差,制动效果变差。列车间隔时间与电压的关系如图 9-13 所示。

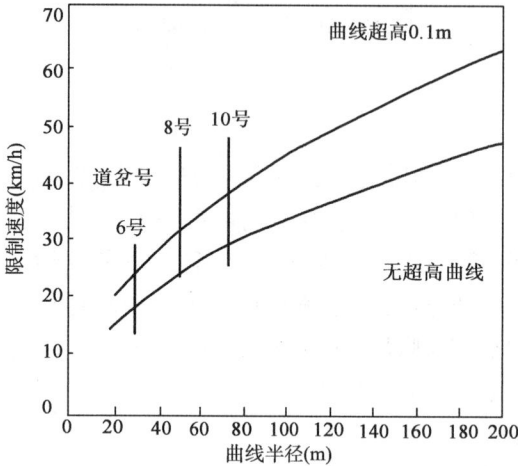

图 9-12　列车进站限速与不同进站曲线半径间的关系

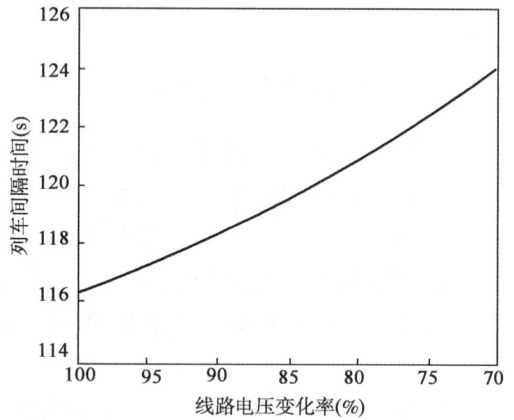

图 9-13　列车间隔时间与电压的关系

对没有车载电机电压反馈和控制的老式设备来说,电压减小 10%,加速度会降到正常值的 81%;电压减小 30%,加速度会降到原来的 49%。加速度减小会增加列车出清站台时间及行车间隔。

表 9-4 列出了计算城市轨道交通系统能力相关参数的一般取值。

计算城市轨道交通系统能力相关参数的一般取值　　　　　　　　　表 9-4

参数	一般取值	参数	一般取值
前部距离	10m	运营裕量	20s
超速响应时间	3s	车站停留时间	45s
制动增长时间	0.5s	制动安全系数	75%
制动响应时间	1.5s	安全间隔系数 B	1.2 或 2.4
初始加速度	1.3m/s²	常用制动率	1.3m/s²

按上述参数值测算,三显示条件下最优进站速度为 47km/h,多相位机车信号条件下的最优进站速度为 52km/h。

表 9-5 给出了不同停站时间及运营裕量条件下列车最小间隔时间的计算案例。可以看出,停站时间对最小间隔有显著影响。

不同停站时间与运营裕量条件下的最小间隔时间 表 9-5

停站时间 （s）	运营裕量 （s）	最小间隔时间（s）	
		三显示	多相位机车信号
45	25	127	121
45	15	117	111
30	25	103	96
30	15	93	86

9.5 提升城市轨道交通系统运力的措施

对给定的城市轨道交通系统，线路能力通常是相对固定的。需求增加时可增开列车，增开量超过线路能力则受到限制。为了适应客流增长，城市轨道交通系统应该及时和有计划地采取加强运力的措施，包括采用新的技术设备或对既有技术设备进行改造。

9.5.1 运力提升的影响因素

影响运力提升的因素有多种，主要包括以下六个方面。

（1）线路能力：包括正线、站线数目，出入库设施设备配置，折返能力等。

（2）列车能力：包括车辆定员，最高速度，加、减速度，车门数及车门宽度和座立席设置等。

（3）车站瓶颈：包括站间距，站台高度和宽度，售检票方式和上下车流线优化等。

（4）列车运行控制系统：包括信、联、闭设备类型，安全裕量和列车自动控制系统等。

（5）运输组织方法：包括列车间隔时间，列车编组辆数，列车在折返站停留时间，列车正点率，客流的时间和空间分布特征等。

（6）其他交通因素：包括平面交叉路权混用时，对交通流进行优化等。

上述因素中，影响大的是正线数目、列车间隔时间、列车编组辆数和车辆定员等。

9.5.2 运力提升措施

提升运力的方法通常有增加列车编组、缩短行车间隔、提高运送速度或减小作业时间等。这些措施可以分为运输组织措施和设备改造措施两大类。

运输组织措施指通过行车组织方法，更有效地利用既有技术设备，来实现提升运输能力的目的。具体包括优化列车运行图、缩短发车间隔、扩大列车编组、增加列车定员、增加上线列车数、合理规定停站时间、优化列车折返过程、改善乘务制度等。

设备改造措施指通过大量投资更新、改善技术设备以提升运力的措施。这些措施可以针对车厢、轨道等整个设备系统，具体包括修建新线、改造既有线路与车辆段、改造轨道与电力线缆、采用先进的信号和列车运行控制系统以及购买新型车辆等。

实践表明，增加行车密度、扩大列车编组是提升既有线能力的常用方法。在行车密度较大的线路，进一步提升运力往往需要改造设备。

运力提升主要涉及线路能力和列车能力两个要素,具体措施可归纳如下。

1)提升线路能力

(1)修建新线。

新建线路使双线变为多线,显著提升运力。不过,修建新线需要解决资金、土地及环保等一系列问题,且修建新线不是任何客流条件下都是经济合理的,需要仔细论证。

(2)改造线路平、纵断面。

平、纵断面改造能提高行车速度;多见于将旧式有轨电车改造为轻轨线路。既有轻轨或地铁线路平、纵断面改造受经济性、施工与行车组织制约,改造代价高,施工难度大。

(3)在中间站增修侧线。

该措施一般适用于地面线路;包括将侧式站台改成岛式站台,单向运行列车能在站台两侧轮流停靠,从而缩短列车停站时间,显著提高线路通过能力。

(4)在中间站增建站台。

该措施通常在多线换乘的岛式站台车站采用,使列车两侧均可停靠、乘客两侧上下车,缩短列车停站、乘客中转时间,提高线路能力。同步修建侧线一般仅适用于地面线路。

(5)改善列车性能。

采用构造速度、起动加速度和制动减速度等性能更好的车辆,可压缩列车起停车附加时分,缩短列车停站时间。同时,具有更高速度的车辆也利于缩短追踪列车间隔时间。

(6)采用先进的列车运行控制系统。

由 ATP、ATS 和 ATO 三个子系统组成的 ATC 可以缩小追踪间隔、提升运力。实践中也可单独采用基于计算机控制的 ATP 子系统,实现列车调速制动的连续化、自动化。

(7)升级列车运行信号控制系统。

采用先进的信号控制系统如移动闭塞取代固定闭塞,能显著缩短追踪列车间隔时间。

(8)强化站台乘车组织。

乘客为减小出站走行距离和避免出站验票延误,往往喜欢在靠近出站口的位置候、乘车,从而加剧列车内乘客分布不均匀,增加列车停站时间。通过站台客运员的主动动员,加强站台等关键部位的乘客疏导,可节省列车停站时间、提高线路通过能力。

(9)提高折返站折返能力。

行车密度较高时,车站的列车折返能力往往会成为限制通过能力的薄弱环节。加强列车折返能力的措施主要如下。

①改变折返方式:采用折返能力比较大的站后折返。

②折返线的配线形式:折返线的配线形式与折返能力直接相关,通过增加道岔和股道来增加平行进路可以有效增加折返能力。终端站可以考虑如下三种配线形式。

a.增加发车线:将原来一条发车线增加到两条发车线。

b.混合折返配线:将单一的站后折返形式,改成站前、站后混合的折返形式,减少线路两端折返站对全线通过能力的限制,可以很大程度提高折返能力。混合折返站配线布置示意图如图 9-14 所示。

c.在终点站修建环形折返线:折返站的这种站场配置能缩短乘客上下车总时间、消除列车在折返线等待前行列车清空站线的时间,提高终点站的列车折返能力。图 9-15 是连接各站台线的环形折返线。

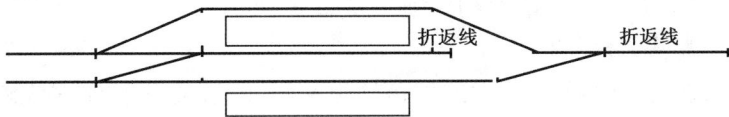

图9-14 混合折返站配线布置示意图

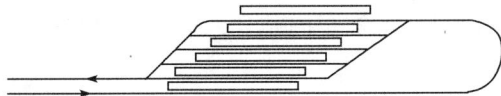

图9-15 连接各站台线的环形折返线

③改变站台结构:将站台设置成为"一岛一侧"式站台,如图9-16所示,增加旅客上下车通道,缩短乘客上下车总时间,加速列车的折返周转。该措施一般适用于地面线路情况,由于土建工程量较大,是否必须采用应在与其他扩能方案进行经济比较后确定。

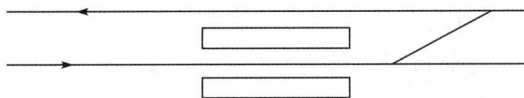

图9-16 一岛一侧式出发站台组合

相同道岔下,应尽量减小车辆折返中从延长线到站台的走行距离,提高折返能力。

④改变折返站控制方式,压缩进路时间。具体措施如下。

a. 优化折返站的道岔与轨道电路设计。例如,将渡线道岔按两个单动道岔设计,将站内轨道电路分割等。这些措施能减少列车等待进路空闲情况,缩短列车的折返时间。

b. 折返站采用自动信号设备。根据列车折返情况自动进行道岔转换、排列进路、信号开放及进路解锁等,减少列车在折返作业中办理调车或接车进路时间,从而加速列车折返。

⑤实际中,列车调度员调整发车时间,将一部分列车提前发向区间,清空发车线,使折返线上预置的周转列车提前发出,压缩折返时间。

⑥调整列车乘务组劳动组织。该措施通过列车司机与车长的职责互换,消除司机在折返线的更换驾驶室走行时间消耗,缩短列车在折返线的作业停留时间,可以避免前行列车已经清空出发站线,而续行列车还在折返线停留过程中的现象,提高列车折返能力。

(10)分割瓶颈区域轨道电路。

较短的轨道电路有利于增加速度监督等级,缩小行车间隔。图9-17是分割车站区域轨道电路时列车追踪运行图。图中当前行列车出清轨道电路段 cd,达到被监督速度,续行列车恰好运行至进站线路的 a 处,如图9-17a)所示;当前行列车出清整个车站轨道电路区域时,续行列车可运行到进站线路的 b 处,如图9-17b)所示;从而缩短行车间隔。

图9-17 分割车站区域轨道电路时列车追踪运行图

2）提升列车能力

通过能力一定时，提升列车能力的措施主要如下。

（1）改进城市轨道交通车辆。

①选用定员多的车辆。客流较大的城市轨道交通线路，尤其是地铁线路在允许条件下选用大型车辆可增加载客数。

②优化车辆内部布置。如将双座椅改为单座椅或将固定座椅改为折叠座椅可增加定员。折叠座椅在高峰期间可翻起，增加车内站立人数，同时也提高了平均乘车舒适度。

（2）增加列车车辆编组数。

该措施可显著提高列车能力。如6辆编组改为8辆编组，可提升运力30%以上。不过，该措施会受站台长度制约。

9.5.3 运力提升实例

本节以北京市轨道交通1号线为例，探讨提高线路运输能力的运营组织方法。

城市轨道交通既有线运力的提升主要通过采取扩大列车编组和缩短列车运行间隔来实现，但这两种措施受到诸多因素的制约。研究发现：北京市轨道交通1号线6辆编组改7辆编组方案在短期内不具备可实施性；且现阶段1号线信号系统能力已基本饱和，缩短列车间隔可行性很小。北京市轨道交通1号线既有的线路、信号、车辆条件很难在短时间内提高，需要通过充分利用信号系统区间追踪能力，进一步提高运输能力。

1）方案描述

高峰时段，1号线采取非常规行车组织方式，缩减相应限制车站站停时分，缩短列车追踪间隔，下行方向（四惠东至苹果园）从四惠车辆段直接安排列车至四惠站，由四惠站开始载客运行至古城站后清客回段，不进行折返作业。加车路径示意图如图9-18所示。

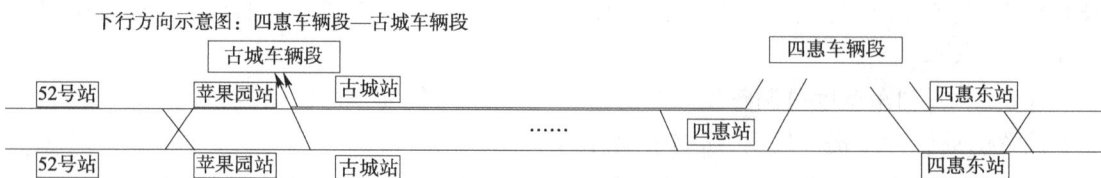

图9-18　加车路径示意图

2）方案实施

1号线正线追踪间隔110s，折返追踪间隔125s，折返能力小于正线追踪能力。正常行车组织模式下，最小行车间隔125s。考虑采用非正常行车组织模式，避开折返能力不足限制，减免折返能力对最小行车间隔的影响，使最小行车间隔尽量趋近于正线追踪间隔110s。

1号线下行方向采用插车方式，在正常交路下，由四惠车辆段加开 s 次列车，并直回古城车辆段，中途不参与折返作业，因此 s 次列车与前后列车的最小间隔仅取决于正线的追踪间隔。s 次列车与 s-1 次、$s+1$ 次的行车间隔为110s。

当图定列车与加开列车比例为 $x:1$ 时，每 x 次折返列车后加开1列 s 次列车。则 $x+1$ 次列车的总间隔为：

$$t_{tot} = (x-1)b + 2a \tag{9-7}$$

平均行车间隔为：

$$t_{ave} = \frac{(x-1)b + 2a}{x+1} \qquad (9-8)$$

式中：a——正线追踪间隔；

b——折返追踪间隔（取折返站到达间隔、出入库间隔、出发间隔中最大值）；

t_{tot}——一个插车循环列车总间隔；

t_{ave}——一个插车循环列车平均间隔。

1 号线正线追踪间隔 a 为 110s，折返追踪间隔 b 为 125s，因此，有：

$$t_{ave} = \frac{(x-1) \times 125 + 2 \times 110}{x+1} = \frac{125x + 95}{x+1} \qquad (9-9)$$

其中 $x \geq 1$。

通过式(9-9)可知，当 $x=1$ 时，每折返 1 次列车，加开一列列车，此时 1 号线下行平均最小行车间隔可达到 110s。当 x 逐渐增加时，即插车频率减少时，1 号线下行平均最小行车间隔趋近于 125s。

由于四惠车辆段的连续出段能力为 240s，当 $s+2$ 次列车通过后才能继续进行插车作业，因此图定列车与加开列车最小比例为 2:1，即 x 最小取值为 2。

虽然四惠东站折返能力限制为 125s，但发车追踪间隔为 112s，因此提出此方案：$s-1$ 至 $s+3$ 为一个循环，即 $x=4$，列车间隔示意图如图 9-19 所示。此时，四惠车辆段连续出段能力满足要求，且可以完全利用四惠东发车追踪间隔小于折返能力这一特性。

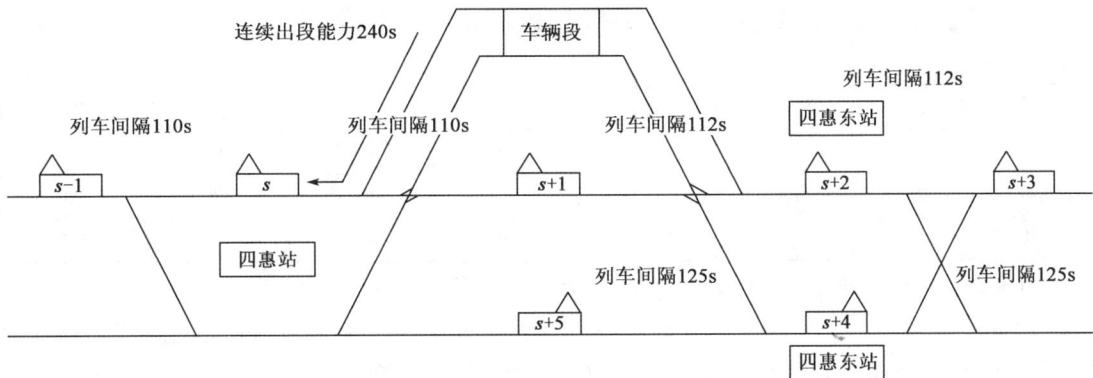

图 9-19 列车间隔示意图

从图 9-19 可以看出，插车循环总间隔时间为 569s，平均间隔 113.8s。该方案可将 1 号线最小间隔缩短至 110s，高峰时段平均最小间隔缩至 113.8s，运力提高 10%，持续时间为 9min29s。现阶段 1 号线早高峰下行客流最高峰时段为 07:45—08:15，持续时间约 30min，需进行 3 次循环插车作业，持续时间可达 28min27s，基本覆盖尖峰时段。考虑到正线运营的稳定性，在第 1 次循环过渡适当时间后，再进行第二次循环，以便留出调整裕量。

3）配套措施

为保证插车方案的实施，需从运营组织上采取以下配套措施。

(1) 缩减相应限制车站下行站停时分。

大望路站下行、东单站上下行、复兴门站上下行、南礼士路站上下行的通过能力是影响整条线路追踪能力的限制点。因此,要实现1号线下行追踪能力到达110s,需对上述车站的站停时分进行调整。

列车间隔缩小后,列车满载率略有下降,可以在一定程度上降低乘客乘降难度,同时通过进一步加强站台乘降组织,部分车站的站停时分具备调整空间。

(2)早高峰时段严格限流。

继续执行1号线东端和西端共8座车站常态限流措施,严格控制进站人数和进站速度,并张贴温馨提示,引导乘客错峰出行。

(3)加强车站客运组织疏导与宣传。

全面完善车站客运组织方案,在车站步梯、扶梯、通道等重点部位增加值守人员,加强宣传、疏导。在站台加强组织力量,引导乘客分散上车,快下快上,有序乘降,提高终点站清客速度,确保列车站停时分。

4)实施效果

采用插车方案后,预计1号线尖峰时间段下行方向运力将提高到45173人次/h,运力提高10%左右,这一时段最大满载率将由120%降至110%。自2011年12月21日起,1号线早高峰下行方向开始进行试验,在1085次到四惠站后,四惠段至古城段下行加开1501次,在古城站清客后回古城车辆段。08:10—08:15尖峰时间段,列车最小运行间隔已达到110s。插车方案后站台滞留人数变化见表9-6。

插车方案后站台滞留人数变化 表9-6

车站	列车关门后站台滞留人数(人)						
	1085次列车 $(s-1)$	1501次列车 (s)	1086次列车 $(s+1)$	1087次列车 $(s+2)$	1088次列车 $(s+3)$	1089次列车 $(s+4)$	1090次列车 $(s+5)$
四惠东	450	—	300	360	400	450	450
四惠	600	基本无滞留	180	320	450	600	600
大望路	320	120	160	240	300	320	320
国贸	520	450	480	520	550	530	550

四惠东站:加开列车(1501次)之前正常列车驶离后,站台滞留人数约为450人,由于1085次列车后需由四惠车辆段加开列车,故1086次列车在四惠东站加长站停时分,1086次列车驶离后,站台滞留人数减少至300人,后续列车陆续驶离后,站台滞留人数逐渐恢复到450人。

四惠站:加开列车(1501次)前正常列车驶离后,站台滞留人数约为600人。当1501次列车驶离后,站台基本没有乘客滞留情况。在后续列车陆续驶离后,站台滞留人数逐渐增加,至后续第4列车驶离后,站台滞留人数又恢复到600人。大望路站与四惠站情况类似。

国贸站:加开列车(1501次)在大望路站上人后,车厢内已接近满载,且国贸站是换乘车站,上车人数一定程度上取决于下车人数,加开列车对减少站台滞留人数效果有限。

由试验结果可知,加开由四惠车辆段至古城车辆段的列车,使该时段1号线下行方向多运送乘客1600人左右,最大满载率将由120%降至110%,运力

运输能力及其计算方法

提高约10%,有效缓解了下行方向四惠站至国贸站区间的客流压力。加开列车方案能够明显减少站台的滞留人数,乘车环境有了一定程度的改善,实施效果良好。

复习思考题

1. 简述城市轨道交通运输能力的概念,说明设计能力与可用能力的联系和区别。

2. 影响运输能力的因素包括哪些? 对运输能力有什么样的影响?

3. 试述提高城市轨道交通系统运输能力的措施,结合某一城市轨道交通系统的具体例子加以说明。

4. 根据本章介绍的方法,计算3min间隔条件下不同车辆容量和编组条件下各类城市轨道交通系统的小时输送能力,并据此比较各种城市轨道交通系统的适用性。

5. 分析高峰小时输送能力3万人目标下的城市轨道交通系统的设备配置条件和实现方案。

6. 定量分析比较不同折返方案下的城市轨道交通系统折返时间。

AI 辅助学习研讨题

利用 AI 工具(如 DeepSeek、Kimi 等)生成下列讨论题的报告或 PPT。

讨论题(1):分析"最小行车间隔"的影响因素。

要求:利用 AI 工具,从概念和内涵以及它们在实际工作中的应用两个层面分析"客流量"与"客运量"的异同,生成汇报文件(PPT)。

讨论题(2):从"城市间铁路"与"城市轨道交通"两个角度分析比较提升运力的相关措施。

要求:从两个系统的实际出发,结合运力提升的具体措施,分析比较相关做法、要求以及效果差异,完成讨论报告或汇报文件(PPT)。

第 10 章
列车运行控制

　　本章首先介绍了列车运行控制中固定闭塞与移动闭塞的概念、功能和特点,分析了点式列车自动控制系统与连续式列车自动控制系统的结构和工作原理,阐述了列车自动防护系统、列车自动驾驶系统与列车自动监控系统的基本原理和主要功能,最后介绍了基于通信的列车自动控制系统。

10.1 列车运行控制基础

为确保轨道交通列车的安全运行,最大程度发挥运输能力,构建一个稳固可靠的行车指挥与控制系统是保障列车安全、高效运行的核心。信号系统是行车指挥和控制系统的依据,是"信号、联锁、闭塞"的总称,由各类信号显示、轨道电路、道岔转辙机等设备及其他附属设施构成;负责实时监控并控制线路上所有行车设备状态,追踪运行列车的动态。

列车运行控制系统(简称列控系统)是信号系统的重要组成部分,其主要作用是完成列车(包括地面设备和车载设备)的间隔控制与速度控制。列车运行控制系统根据前方行车条件,包括进路状态、轨道占用情况、线路状况以及调度命令等,为每列列车动态生成行车许可;通过地面信号和车载信号的方式向驾驶员提供安全运行的凭证。车载设备根据接收到的行车许可计算得到允许速度。当列车速度超过允许速度时控制列车实施制动,使列车降速乃至停车,防止发生列车超速或与前方列车追尾等事故,保证行车安全。

控制列车运行的基本方法是行车间隔控制,包括时间间隔法和空间间隔法。空间间隔法将铁路划分为若干个区段,在每个区段内同时只准许一列列车运行。它能严格地使前行列车和追踪列车之间保持一定距离,从而有效地防止发生列车追尾和正面冲突。时间间隔法指以时间作为间隔组织列车运行的办法;即一趟列车发出后,间隔一段时间再发出后一列车。早期列车速度较低且速度基本相同,多采用时间间隔法控制列车运行。随着线路上列车速度种类的增加,时间间隔法难以满足安全需要,空间间隔法成为列车运行控制的主要方式。

使用信号或凭证保证列车按照空间间隔法运行的技术方法,叫作闭塞行车法,简称闭塞。闭塞从技术上可分为人工闭塞、半自动闭塞、自动闭塞。电话闭塞属于人工闭塞的一种,人工闭塞与半自动闭塞在城市轨道交通中已很少应用。自动闭塞是目前应用最广泛的闭塞技术。城市轨道交通列车运行控制系统的闭塞方式可分为固定闭塞、准移动闭塞和移动闭塞三种。

10.1.1 固定闭塞

固定闭塞通过设置地面固定信号机将线路分成若干个闭塞分区,如图 10-1 所示。在每个闭塞分区的起点装设信号机,用以防护该闭塞分区,保证每个闭塞分区只能被一列车占用。每个闭塞分区内都装设轨道电路(或计轴器等列车检测设备),通过轨道电路将列车和信号机的显示关联。根据列车运行及各闭塞分区的状态,信号机的显示将自动变换,司机凭信号显示行车。

固定闭塞的基本原则:

(1)任何列车不能进入已被另一列车占用的分区;

(2)两追踪列车之间的间隔距离(若干个闭塞分区的长度)必须始终大于后车的制动距离(即在最不利情况下列车停车所需要的最大距离),以保证两辆列车不会追尾。

根据信号机显示制式的不同,固定闭塞又可以分为:三显示自动闭塞、四显示自动闭塞和多显示自动闭塞等。

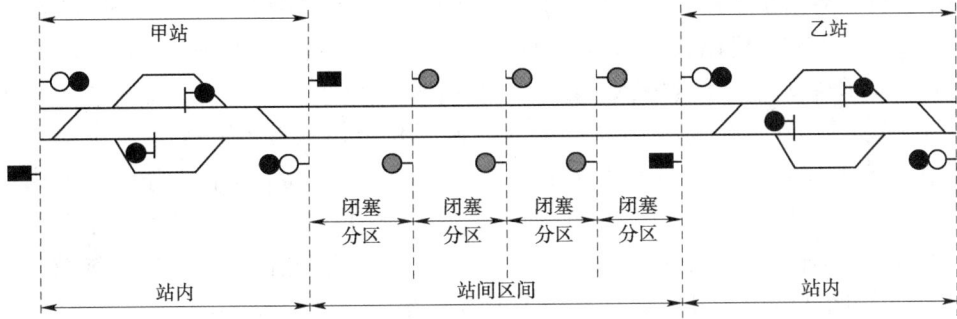

图 10-1　双线固定自动闭塞示意图

（1）三显示自动闭塞。

三显示自动闭塞中,通过信号机采用三显示机构,自上而下是黄灯、绿灯、红灯,对应黄、绿、红三种显示,能够预告列车运行前方两个闭塞分区的状态。黄灯表示运行前方只有一个闭塞分区空闲,要求列车注意运行或减速。绿灯表示运行前方至少有两个闭塞分区空闲,准许列车按规定速度运行。红灯表示前方没有闭塞分区空闲,列车应在该信号机前停车。

三显示自动闭塞的信号显示仅表示前方闭塞分区是否空闲以及空闲状态,并没有对应的速度意义,称为进路式信号。即信号指示为该列车所设置的进路的状态,如空闲和占用状态,以及为列车设置的进路保护几个闭塞分区等。由司机根据经验决定允许运行的最大速度。

从图 10-2 中能够看出,在三显示自动闭塞区段,追踪列车间的间隔通常需相隔 3 个闭塞分区,这样可保证后行列车经常能看到绿灯显示,从而使列车保持高速运行。三显示自动闭塞列车最小追踪时间计算方法如式（9-2）所示。

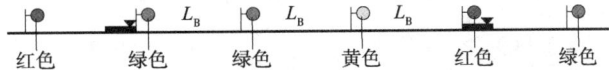

图 10-2　三显示自动闭塞追踪间隔

L_B-闭塞分区的长度

从式（9-2）可以看出,由于闭塞分区和列车的长度都为固定值,因此三显示自动闭塞中列车追踪间隔主要取决于闭塞分区的长度。在三显示自动闭塞的设计中,一个闭塞分区的长度必须满足该条线路上运行的所有列车从规定最高速度到零速的制动距离。由于闭塞分区长度是固定的,因此需要按照制动性能最差的列车来计算。应根据机车类型、牵引重量、线路坡道等,按最差的列车制动性能来计算制动距离,确定每一个闭塞分区的长度,还要考虑信号机显示距离、设置位置等因素。

（2）四显示自动闭塞。

四显示自动闭塞的通过信号机仍采用三显示机构,自上而下是绿灯、黄灯、红灯,对应绿、绿黄、黄、红四种显示,绿黄显示是同时点亮绿灯和黄灯,能预告列车运行前方三个闭塞分区的状态。在四显示自动闭塞中,绿灯表示运行前方至少有三个闭塞分区空闲,准许列车通行。绿黄显示表示运行前方有两个闭塞分区空闲,要求列车注意运行。黄灯表示只有一个闭塞分区空闲,而下一个闭塞分区有车,要求列车减速。红灯亮时,表示列车就在前方闭塞分区,列车需在该信号机前停车。

四显示自动闭塞采用速差式信号,列车运行前方线路状态速度信息包含两方面含义,即列车当前分区的限制速度以及列车前方分区的入口速度。我国最高速度160km/h的干线铁路采用的四显示自动闭塞系统中,绿(L)、绿黄(LU)、黄(U)、红(H)四个显示对应的速度意义分别为:绿表示160/160,即本闭塞分区允许速度是160km/h,下一分区的允许速度还是160km/h;绿黄表示160/115,即本闭塞分区允许速度是160km/h,下一分区的允许速度是115km/h;黄表示115/0,即进入闭塞分区时允许速度是115km/h,离开时的允许速度0km/h;红表示0km/h,即表示前方占用,不得冒进。绿黄信号是警惕信号,可以越过绿黄显示后再开始减速,两个闭塞分区的长度满足从规定速度到零的制动距离;而黄灯是限速信号,列车越过黄灯时必须减速至规定的限速值,不然就难以保证在下一个红灯前可靠停车。

(3)多显示自动闭塞。

多显示自动闭塞是对四显示及以上自动闭塞的统称,其显著特征是通过若干个闭塞分区长度满足从规定速度到零的制动距离。地面通过信号机一般不具备多显示的条件,多显示自动闭塞只能以机车信号或列控车载设备的人机界面(Display Manager Interface,DMI)显示。

对于采用速差式信号的多显示自动闭塞系统来说,根据需要划分速度等级,每一个闭塞分区(可能由几个轨道电路组成)的长度应满足每一速度级差的制动距离,对应各分区信号的显示不仅包含了进路信息,同时也包含了速度信息。

对进路式信号显示制式的多信息自动闭塞系统,信号显示仅表示列车前方空闲分区的数目。实际上,目前我国高速铁路采用的就是这种制式的自动闭塞系统。图10-3为我国客运专线区间多显示自动闭塞信号显示码序示意图。其中,L5表示运行前方7个及以上闭塞分区空闲,准许列车按规定速度运行;L4表示运行前方6个闭塞分区空闲运行,准许列车按规定速度运行。

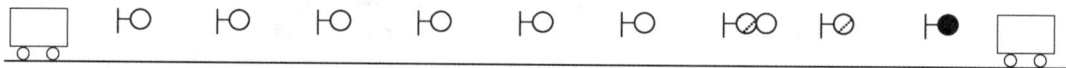

地面信号显示	L	L	L	L	L	LU	U	H
机车信号显示	L	L	L	L	L	LU	U	HU
机车信号信息名称	L5码	L4码	L3码	L2码	L码	LU码	U码	HU码

图10-3 多显示自动闭塞信号显示码序示意图

闭塞分区的长度与速度有关,速度越小,长度越短,通过能力越大。不过,闭塞分区数量的增加及其所导致的继电器和信号机数量的增加将导致信号系统造价的增加。

10.1.2 准移动闭塞

通过闭塞控制间隔是确保运行安全的基础。随着科学技术的发展,列车间的防护技术也不断发展。早期的列车运行控制以行车值班员的人工控制作为控制手段;在自动闭塞阶段,每个闭塞分区由一段轨道电路构成,通过信号计算逻辑的自动转换摆脱了人工控制,这一阶段出现了三显示、四显示甚至多显示的闭塞方法。多显示的闭塞方法带来的列车运行控制能力提升使人们设想进一步缩短轨道电路并摆脱传统信号相位数的局限,列车自动防护技术的出现正好满足了相位增加所带来的安全需求,它用车载设备上的速度信息码取代了信号显示,相当于几乎消除了相位数的限制;这一变革直接导致了准移动闭塞技术的推广与应用。

列车自动防护(ATP)是为了保障列车运行安全,对列车速度进行安全监控的一种方式。在自动速度防护模式下,列车通过轨旁设备接收由前行车位置决定的速度码,一旦列车速度超过该速度码给出的限制速度值而司机未采取合理行动,列车将自动实施制动,使列车减速并在危险点(显示禁止信号的信号机或停车标)前方停车。正常情况下,装有速度防护设备的列车仍由司机手工驾驶,ATP 系统仅在司机反应失当时触发,以确保行车安全。

后行车每进入一个新的轨道电路就会收到一个新的速度码,前后两次接收的速度码一般存在一个差值;ATP 系统根据此阶梯速度码监督列车运行。阶梯速度防护模式可分为入口速度检查方式和出口速度检查方式。进入闭塞分区的速度称为入口速度,驶离该闭塞分区的速度称为出口速度。对应的阶梯速度防护模式可分为入口速度检查控制和出口速度检查控制。

(1)入口速度检查控制。

入口速度检查控制方式又称为提前速度控制方式,即在列车进入该闭塞分区时检查该速度。在入口速度检查控制方式下,闭塞系统根据前行列车占用的闭塞分区位置,按照固定闭塞码序,为后行列车传递速度信号。后行列车将接收到的码序信号转换为列车在该闭塞分区的限制速度,速度防护设备监控列车进入闭塞分区时的速度(即入口速度)是否超过了该限制速度;一旦列车速度超过接收到的限制速度且司机未及时采取合理的降速措施,ATP系统将自动实施制动使列车速度降低到限制速度以下。日本新干线的 ATC 系统采用的就是入口速度检查控制方式。

(2)出口速度检查控制。

出口速度检查控制方式下,列车进入一个闭塞分区时,接收到的速度码序包含了本分区及下一分区的速度信号。本分区的速度信息为列车进入该分区的允许速度,它控制列车在本分区内不能超过该速度值;同时,列车驶离本分区时的出口速度不能超过进入下一分区的允许速度,如图 10-4 所示。自动防护设备向司机显示的是出口速度,要求司机在本闭塞分区内将列车降低到出口速度以下,否则在进入下一分区时将启动强制制动。法国 TVM-300 的 ATC 系统采用的就是出口速度检查控制方式。

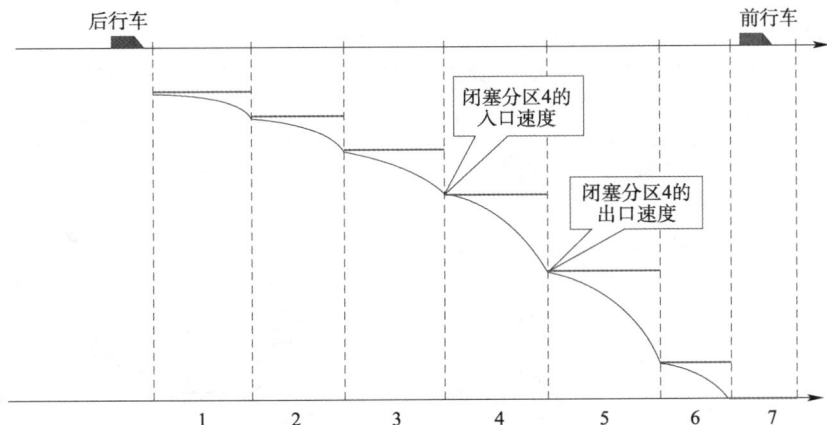

图 10-4　出口速度检查方式示意图

需要指出的是,入口速度检查控制与出口速度检查控制实际上运用的是同一原理,只是角度不同而已。入口速度检查是以本闭塞分区的限制速度为参照,要求入口速度不高于该限制速度;而机车信号显示的实际上是下一闭塞分区的限制速度。出口速度检查使用的是下一分区的限制速度,一定程度上要求列车在出口不超过下一分区的限制速度。由于本闭塞分区的出口就是下一闭塞分区的入口,入口处的速度超过本分区的限制速度相当于列车在上一闭塞分区的出口速度超过了本闭塞分区的限制速度。因此,两种方法的目标与效果是一样的。如果后行车离前行车越来越近,下一分区的限制速度(司机所见速度)无疑会低于本分区的限制速度,司机也一定会采取减速措施,ATP无须启动。若两列车距离不变或越来越远,则下一分区的限制速度应不低于本分区的限制速度,列车也无须减速,ATP也不启动。

考虑极端情况,若列车在下一分区为红灯的闭塞分区内运行时,若驶离该分区的出口速度超过了给定的目标速度值,此时自动防护设备即使实施紧急制动,列车也必然会越过红灯进入被前行车占用的下一闭塞分区。因此,为了保证安全,在设置ATP速度码时必须增加一个闭塞分区作为安全防护区段,俗称双红灯防护。

准移动闭塞有两个特点:一是列车间的信息传输由各轨道电路的轨旁设备与车载设备完成;二是依靠列车自动防护(ATP)技术对司机操纵列车的速度进行监督。本质上,准移动闭塞利用较传统闭塞分区更短的轨道电路使前后行列车间信息传递更频繁、传递信息量更大,从而实现对列车更有效的控制,缩小列车间的最小间隔,提高通过能力。

随着信息及其传输技术的发展,轨旁设备与车载设备之间的通信包含了越来越多的信息。由于线路上各轨道电路长度与顺序都是固定不变的,后行车理论上可以通过车地通信推测其与前行车所在轨道电路之间的距离,即后行车所在轨道电路前端与前行车所在轨道电路末端的距离。基于这个距离,后行车车载设备可以自行推算最大限制速度。前行列车尾部每前移超过一个轨道电路长度,后行列车即需在新生成的目标点下更新一次速度-距离控制曲线。准移动闭塞的目标-距离控制示意图如图10-5所示。

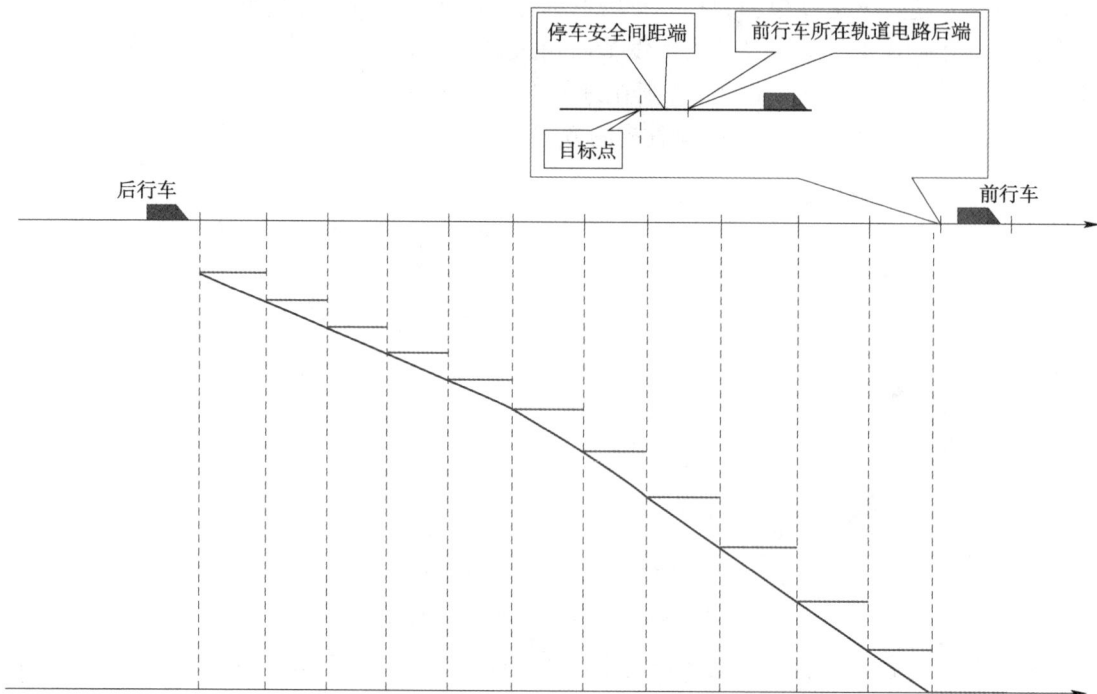

图10-5　准移动闭塞的目标-距离控制示意图

从图 10-4 与图 10-5 中可以看出,在准移动闭塞条件下,后行车的限速由于轨道电路的缩短较传统固定闭塞的阶梯长度更短、前后列车之间的限速阶梯数量更多,为后行车获得较大限速提供了基础,也提高了前后行列车的追踪效率。

10.1.3　移动闭塞

固定闭塞制式下,闭塞分区划分固定,信号显示种类有限,但列车种类繁多。为确保安全,分区划分与行车间隔往往需要按运行性能最差列车的制动参数确定,因此难以很好地同时兼顾安全与效率。由于传统轨道电路或计轴设备无法确知列车在分区内的具体位置,固定闭塞中列车定位只能以闭塞分区(轨道电路)为最小单位。这使得列车安全间隔偏大,降低了线路的运输效率和行车密度。

实际上,后行车若能随时知道前行车尾部的准确位置,通过与前车始终保持必要距离,就可防止"追尾"和"相撞",保证列车运行安全。这种随前行列车自动"移动"的闭塞方式称为移动闭塞。显然,实现这种移动闭塞的前提是后行车能够且必须及时、动态掌握前行列车的位置。

移动闭塞利用无线通信技术,通过列车车载设备、传输媒介与车站或控制中心实现信息交换,实现高速度、大容量的地车双向通信。移动闭塞监控的目标点是前车的尾部,通过车载设备和轨旁设备不间断的双向通信,列车不间断地向轨旁控制器传输其标识、位置、方向和速度,轨旁控制器根据来自列车的信息,计算、确定列车的安全行车间隔,并将先行列车位置、移动授权等相关信息传递给列车。控制信息随前方列车的行进而连续地或周期性地做出响应,控制列车运行。当列车速度超过允许速度控制时,自动实施常用制动或紧急制动。

与固定闭塞相比,移动闭塞最显著的特点是取消了以信号机为分隔的固定闭塞分区。由于前后行列车的位置、速度等信息都能够通过移动方式连续传输,这使得列车间的速度控制与安全防护更加高效,形成了一个与列车同步移动的控制体;列车间的最小运行间隔由列车在线路上的实际运行位置和状态确定。这种移动的"闭塞"方式大大压缩了前后行列车的行车安全间隔,显著提高了线路能力。

10.2　城市轨道交通列车自动控制系统

传统的信号系统以地面信号显示为依据,司机按行车规则操纵列车运行。目前,各国的城市轨道交通的信号系统大都采用列车自动控制(ATC)系统。

列车自动控制系统包括列车自动防护(ATP)系统、列车自动驾驶(ATO)[①]系统和列车自动监控(ATS)系统三个子系统。ATC 系统通过各子系统的相互配合,实现了地面控制与车上控制、现场控制和中央控制的有机结合,构建了一个以安全设备为基础,具备行车指挥、运行调整和列车自动驾驶等功能的控制系统,成为城市轨道交通的核心控制技术之一。图 10-6 所示为 ATC 系统的结构,ZC 为区域控制器。

---

① 部分标准称其为列车自动运行。

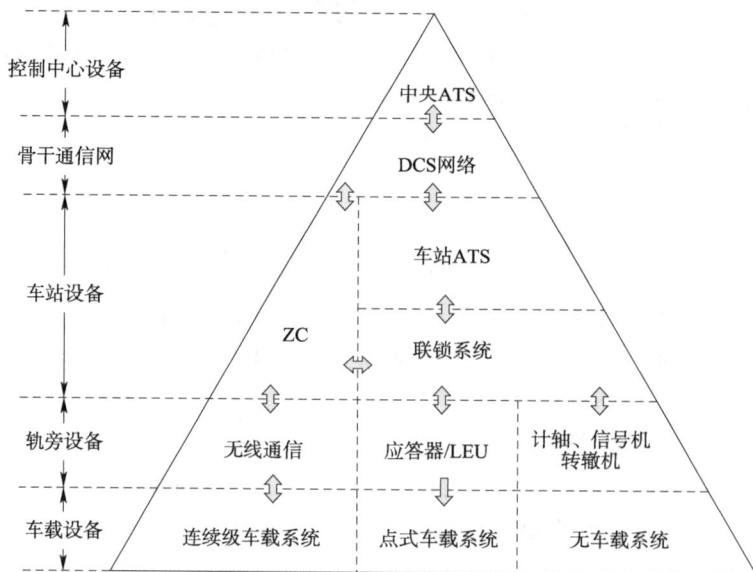

图 10-6　ATC 系统的结构图

ATC 系统按车载设备类型可以分为点式车载系统、连续式车载系统以及无车载系统三类。

10.2.1　列车自动防护系统

城市轨道交通高峰期列车间隔短,许多城市最短间隔达到 2min 甚至更短。在如此短的列车间隔条件下,加上其地下运行环境的限制,很难再以地面信号显示作为控制行车速度的主要依据。因此一个可连续实现速度显示(机车信号)和速度监督、防护的系统对确保行车安全具有重要意义。

列车自动防护(ATP)系统是保证行车安全、防止列车进入前方列车占用区段和防止超速运行的设备。ATP 系统主要用于保护列车运行安全,防止列车冒进信号,实现列车间隔保护、超速防护等功能。ATP 系统的工作原理是:将信息(包括来自联锁设备和操作层面上的信息、地形信息、前方目标点信息和容许速度信息等)不断从地面传至车上,从而实时确定列车容许的安全速度,据此对列车实现速度监督及管理。

ATP 系统的主要功能如下。

1)停车点防护

停车点基于列车在任何情况下都不能越过的信号确定,通常在停车信号前方还设置一段防护距离。如图 10-7 所示,ATP 系统根据线路数据及列车运行状况计算紧急制动曲线,监督列车运行速度,保证列车能在停车点前安全停车。为避免停车重启降低运行效率,有时在列车停车点前设置列车开口速度,例如 $v_p = 5\text{km/h}$;列车可视情况在停车点重新加速,或停在危险点前方。

2)速度监督与超速防护

速度限制分为两种:一是固定速度限制,如由线路参数决定的区间最大允许速度、由列车性能决定的列车最大允许速度;二是临时性速度限制,例如维修施工时临时设置的速度限制。ATP 系统取这些速度中的最低限制速度作为监控依据。

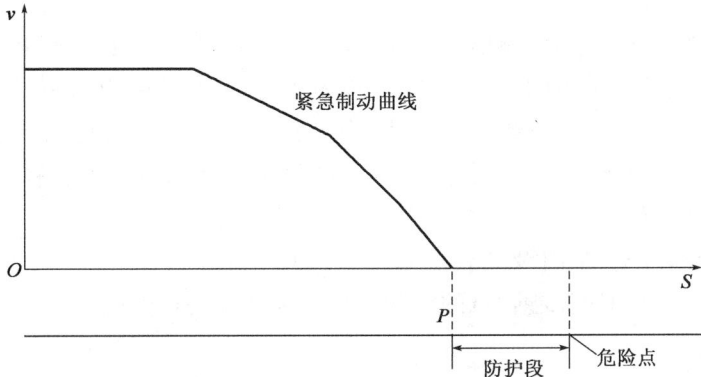

图 10-7 停车点防护的说明

ATP 系统实时比较实际速度与最大允许速度。一旦实际速度超过 ATP 允许速度,车载 ATP 将发出警告并实施常用制动,保证列车速度在限速点前降低到允许值以内。若列车虽已实施满常用制动,但在规定时间内列车速度仍超过允许速度,ATP 系统将对列车实施紧急制动,确保列车停在安全位置。

3)列车间隔控制

城市轨道交通行车密度高,列车间隔控制既关系到保证行车安全(防止列车追尾),也关系到提高运行效率(使列车间隔最短)。固定闭塞信号系统下,列车间隔以闭塞分区为单位,列车间距大,行车间隔长;准移动闭塞或移动闭塞信号系统下,列车间距与行车间隔可以缩短,具体与前行列车位置、后续列车运行速度以及线路参数(如坡度)有关。

ATP 系统实时检测列车移动授权,在计算紧急制动触发曲线时,需考虑前行车的位置,确保后行车能在前行车尾部的停车点前安全停车,从而保证线路行车安全。

4)测速与测距

列车实际运行速度是施行超速防护及速度控制的依据。ATC 系统需要实时掌握列车及前车的速度和位置信息,计算列车的最大允许速度从而有效地控制列车,动态地保持安全追踪间隔和实施超速防护,保证行车安全及效率。

ATP 系统测速定位的常用方式是利用列车上的车载传感器测量并计算列车行驶速度和走行距离。列车通过地面定位设备时,读取地面设备的绝对位置信息,校正走行距离,消除误差。

5)列车车门防护

列车运行或车站停车时,ATP 系统需要对车门进行防护,控制车门的开启、关闭及锁闭。ATP 系统将检查打开车门的条件,只有全部条件都符合时才会发出打开车门命令。ATP 车门防护功能包括:

(1)防止列车在移动中打开车门;

(2)列车停稳后,防止司机或 ATO 系统错误打开车门;

(3)站台停车时,防止列车没有停在规定范围内而打开车门;

(4)防止列车在车门开启状态下起动。

当ATP系统检查到所有安全条件均已满足时,给出相关指令,车门才能被打开。

6)站台屏蔽门控制

ATP系统的轨旁设备连续监测屏蔽门的状态。在屏蔽门关闭且锁闭情况下,列车才允许进入站台区域。如果屏蔽门未处于关闭且锁闭状态,ATP轨旁设备将站台区域按封锁处理,在封锁区域边界处设置防护点。进近列车从ATP轨旁设备仅能得到至该防护点的许可。若列车进入站台区域后屏蔽门状态发生变化,ATP车载设备将触发紧急制动。

7)停稳监督

列车停稳是安全开启车门及站台屏蔽门的前提。ATP车载设备一般利用测速传感器(如速度脉冲传感器、加速度传感器)的检测信息监控列车是否停稳。

8)后溜防护

ATP车载设备能监督与列车运行方向相反的任何移动,当反方向的移动距离超过规定值时,车载ATP将触发紧急制动直到列车停止后溜。

9)其他功能

根据用户的需求,ATP系统还可具有一些其他功能,例如:

(1)紧急停车功能。在紧急情况下,按压设在车站上的紧急停车按钮(平时加铅封),就可通过轨道电路将停车信息传递给区间中的列车,启动紧急制动,使列车停止运行。

(2)给出发车命令。ATP系统检查并确认有关安全条件(如车门是否关闭、司机操作手柄是否置于零位、ATO系统是否处于OK状态)后,给ATO系统信号,司机得到显示后即可人工发车;自动驾驶时,ATO系统得到ATP系统的发车确认信息后,即操纵列车自动起动。

10.2.2　列车自动驾驶系统

列车自动驾驶(ATO)系统用于实现"地对车控制",即用地面信息实现对列车驱动、制动的控制;包括列车自动折返,自动完成列车起动、牵引、惰行和制动,发出车门和屏蔽门同步开关信号,使列车按最佳工况,正点、安全、平稳运行等。ATO系统可使列车经常处于最佳运行状态,避免了不必要的、过于剧烈的加速和减速,从而提高旅客舒适度,提高列车准点率及减少轮轨磨损;配合列车再生制动还可节约运行能耗。

ATO系统的功能包括:自动调整列车速度,使列车在允许速度下运行;列车在区间或站外停车后,一旦信号开放,即可自动起动;通过合理制动使列车到达站台并停于预定目标点;停站结束、车门关闭后,列车自动起动。

ATO系统的功能分为基本控制功能和服务功能。基本控制功能指自动驾驶、无人自动折返、车门打开,这三个控制功能之间相互独立地运行。服务功能包括:列车位置、允许速度、巡航/惰行、PTI支持功能等。

1)基本控制功能

(1)自动驾驶。

①自动调整列车运行速度。

ATO系统通过比较列车实际运行速度、ATP系统给出的最大允许速度及目标速度,并结合线路情况,自动控制列车的牵引与制动,使列车在区间内的每个区段始终按控制速度(ATP系统计算出来的限制速度减去5km/h)运行,并尽量减少牵引、惰行和制动间的转换。

②停车点的目标制动。

ATP 轨旁单元和 ATS 系统联合给出车站停车目标点。起动后，ATO 基于列车速度、预先确定的制动率和停车点位置计算出制动曲线，采用合适的减速度(制动率)使列车准确、平稳地停在停车点。与列车定位系统相配合，停车位置的误差可达到 0.5m 以内。

③从车站自动发车。

符合发车安全条件(ATO 模式下，ATP 系统监视车门关闭)时，ATO 给出启动显示，司机按下启动按钮，ATO 使列车从停车状态转为驱动状态，制动被缓解，然后列车加速。ATO 通过预设的数据提供牵引控制，并使列车平稳加速。

④区间内临时停车。

ATP 给出目标点位置(例如前方有车)及制动曲线，并将数据传送给 ATO 车载单元。ATO 得到目标速度为"0"的信息后，自动启动列车制动器，使列车停在目标点前方 10m 左右，此时车门仍由 ATP 锁住。当前方停车目标点取消，速度信息变为进行码后，ATO 自动起动列车。此时若车门由紧急模式打开，或司机操纵手柄被移至非零位置，则列车必须由司机重新启动 SM 模式或 ATO 模式才能恢复运行。

⑤限速区间。

临时性限速区间数据由轨道电路报文传输给 ATP 车载设备，再由 ATP 车载设备将减速命令经 ATO 系统传给列车驱动、制动控制设备。此时 ATO 车载设备相当于 ATP 与驱动、制动控制设备间的接口。对长期限速区间，可事前将数据输入 ATO，这样在执行自动驾驶时，ATO 会自动考虑该限速区间。

(2)无人自动折返。

无人自动折返是一种特殊情况下的驾驶模式。这种驾驶模式下无须司机控制，列车控制台将被锁闭。列车接收到无人驾驶折返运行许可后自动进入 AR 模式；授权由驾驶室人机交互界面(Man Machine Interface,MMI)显示给司机，司机必须确认这个显示，并得到授权后锁闭控制台。只有按下站台的 AR 按钮后，才能实施无人驾驶列车折返运行。ATC 轨旁设备提供所需的数据以驾驶列车进入折返轨。列车自动回到出发站台后，ATC 车载设备就会退出 AR 模式。

(3)车门打开。

ATP 监督开门条件。ATP 系统给出开门命令后，可按事前的设定由 ATO 自动打开车门，也可由司机手动打开正确一侧的车门。车门关闭只能由司机完成。

2)服务功能

(1)列车位置。

ATP 具有提供当前列车位置和速度等详细信息的功能。可根据上一次计算后运行的距离来调整列车的实际位置；此调整需考虑 ATP 计算列车位置时传送和接收数据的延迟时间，以及打滑和滑行误差。

ATO 同测速单元的接口可提供更高精度的测量，确定列车位置时也可接收地面同步的详细信息，从而校正列车实际位置和计算位置的误差。对列车位置的调整，可在 ATO 规定的实际停车点前 10 ~ 15m 处开始；这种调整后的停车精度可控制在 ATO 允许范围内。

（2）允许速度。

允许速度指 ATO 速度控制器提供的列车在任意点的对应速度。该允许速度不是优化速度，只是低于当前速度限制和满足制动曲线限制的速度。调整列车允许速度一般是为了节约能源或通过巡航/惰行工况完成列车运行。

（3）巡航/惰行功能。

巡航/惰行功能是为了按照时刻表自动实现列车区间运行的惰行控制，同时节省能源，保证最大能耗效率。ATO 巡航/惰行功能与 ATS 中的 ATR 功能协同，可从节能等角度优化列车运行时间和轨迹。

（4）PTI 支持功能。

PTI 支持功能是通过多种渠道传输和接收各种数据，在特定位置（通常设在正线入口处）传送给车载 ATS。所传输和接收的数据包括列车识别信息、目的号码和乘务组号，以及列车位置数据（例如当前轨道电路的识别和速度表的读数），以优化列车运行。

在"距离码 ATP 系统"的基础上安装 ATO 系统，列车就可采用手动方式或自动方式运行。在自动驾驶方式下，ATO 代替司机操纵，包括启动加速、匀速惰行、制动等基本操纵功能。

图 10-8 所示为三种制动曲线。曲线①为列车的紧急制动曲线，由 ATP 计算及监督。列车一旦触发该制动曲线，立即启动紧急制动，以保证列车停在停车点。曲线①对应于列车的最大减速度。启用紧急制动后，列车务必停稳后经过若干时间才能重新起动。因此，这是一种非正常运行状态，非必要不宜触发。曲线②为 ATP 计算的制动曲线。驾驶室内显示的最大允许速度一般略低于紧急制动曲线（其差值通常为 3～5km/h）。当列车速度达到该值时，会给出警告，但不启用紧急制动。显然，曲线②下的减速度应小于曲线①的减速度，一般取与最大常用制动对应的减速度。曲线③是 ATO 动态计算的制动曲线，即正常运行情况下的停车制动曲线。该曲线对应的减速度通常设计为可达到平稳减速和停车的减速度。

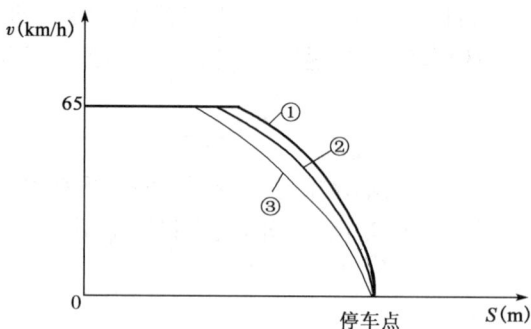

图 10-8　三种制动曲线

从三种停车制动曲线可以看出：ATP 负责"超速防护"，主要起保证安全作用；ATO 负责保证正常情况下列车高质量的运行。因此，ATP 是 ATO 的基础与安全保障，ATO 不能脱离ATP 单独工作，必须从 ATP 系统获得基础信息。另一方面，ATO 是 ATP 的发展和技术延伸，ATO 在 ATP 的基础上实现自动驾驶。

10.2.3　列车自动监控系统

列车自动监控(ATS)系统是通过监督与控制各列车运行过程,辅助行车调度人员管理全线列车运行的系统。它可以显示全线列车运行状态,监督和记录运行图执行情况,为行车调度人员的调度指挥和运行调整提供依据。ATS 系统的功能包括列车运行情况的集中监视、进路自动排列、列车运行自动调整、时刻表自动生成、列车运行实迹自动记录、运行数据自动统计及相关报表自动生成、设备运行状态自动监测等。

1)列车监视和跟踪功能

列车监视和跟踪功能是用计算机再现列车的运行。ATS 系统为 MMI、旅客信息显示系统、模拟线路表示盘提供列车位置和车次号。列车按车次号识别,运行由轨道空闲与占用信号驱动。

车次号是 ATS 系统功能实现的基本条件。列车由车辆段或其他地点进入正线时,ATS 将根据计划时刻表自动为列车添加车次号,车次号可通过输入修改和确认。

列车运行根据轨道空闲与占用信号识别,进而实现列车监视的计算机化。

2)时刻表处理功能

时刻表处理功能包括时刻表安装、修改、存储,实际运行图描绘、显示和打印。系统储存适合于不同运行情况的多套时刻表,根据时刻表可自动完成列车车次号的跟踪与更新。

3)进路自动排列功能

列车进路自动排列功能能够通过对轨道电路、信号机、道岔的集中控制,按列车运行进程,在适当时机向车站联锁设备发送排列进路命令,操纵道岔转换、信号开放,保证列车的安全运行。列车进路自动排列功能通过捕获列车车次信息获取列车运行任务。车站设备负责最终完成进路自动排列作业。

列车进路自动排列功能取代了人工办理进路作业,进路由系统自动完成,有效降低了控制中心调度员和车站值班员的工作强度,也利于避免人工办理进路过程中可能出现的失误,提高了系统运营效率,为运营的安全高效提供了保障。

4)列车运行调整功能

ATS 系统对实际运行时刻表和计划时刻表进行不断比较,可识别实际运行偏离;在一定范围内通过调整停站时间(出发时间)自动调整列车按计划时刻表运行。在装有 ATO 系统的线路上通过对列车运行等级的定义可实现对列车运行策略的自动调整。

5)旅客信息显示系统

旅客信息显示系统主要用来通知等待的乘客下一列车目的地和到达时间。

6)列车确实位置识别

列车识别码由司机在开始旅程前选定,由列车自动发送。

7)服务操作

操作员能修改数据库、列车参数、控制与显示数据库信息。

8)遥控联锁

联锁设备由远程控制系统操作,它提供了与运营控制系统的接口界面。

9)仿真及演示

通过仿真手段,能够离线模拟列车的在线运行,主要用于系统的调试、演示以及人员培训。ATS系统具有模拟时刻表，可模拟列车运行的调度等功能，可记录、演示。

10）运行报告

ATS系统能记录大量与运行有关的数据，如列车运行里程数、实际列车运行图、列车运行偏差、重大运行事件、操作命令及其执行结果、设备状态信息，以及设备故障信息等。ATS系统还可回放和查询被记录的事件；提供数据备份和恢复功能；提供运行分析报告。

11）监测与报警

ATS系统能够及时记录监测对象的状态，具有预警、诊断和故障定位能力；监测列车是否处于ATP保护状态；监测信号设备和其他设备结合部的状态；具有在线监测与报警能力等。

10.3 典型的列车自动控制系统

根据车-地信息传输方式分类，列车自动控制系统可分为点式列车自动控制系统和连续式列车自动控制系统。连续式列车自动控制系统可分为有线与无线两大类，其中前者又可分为基于轨间电缆与基于数字编码音频轨道电路技术两类，后者包括基于通信的列车自动控制系统。

10.3.1 点式列车自动控制系统

点式列车自动控制（ATC）系统在欧洲的干线铁路及城市轨道交通中应用十分广泛。其优点是采用无源、高信息容量的地面应答器，结构简单、安装灵活、可靠性高，价格低于连续式列车自动控制系统。

1）点式列车自动控制系统的基本结构

点式ATC系统又称为点式超速防护（点式ATP）系统，它是一种点式传递信息，利用车载计算机进行信息处理，最后达到列车超速防护目的的系统。

图10-9所示为点式ATP系统的基本结构，它由地面应答器、地面电子单元（Lineside Electronic Unit，LEU，又称信号接口）以及车载设备三部分组成。

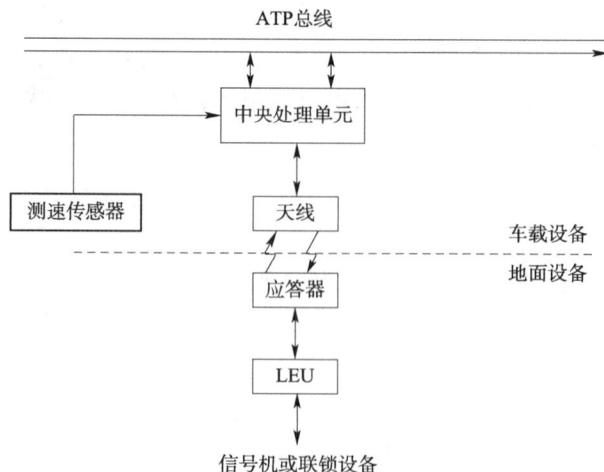

图10-9 点式ATP系统的基本结构

2）点式列车自动控制系统的工作原理

车载中央控制单元根据地面应答器传输至车上的信息（距目标点的距离、目标点的允许速度、线路的坡度等）以及列车自身的制动率，计算出两个信号机之间的速度监控曲线。图 10-10 所示为点式超速防护系统的机理，中段细化的曲线为四种不同速度控制情景。

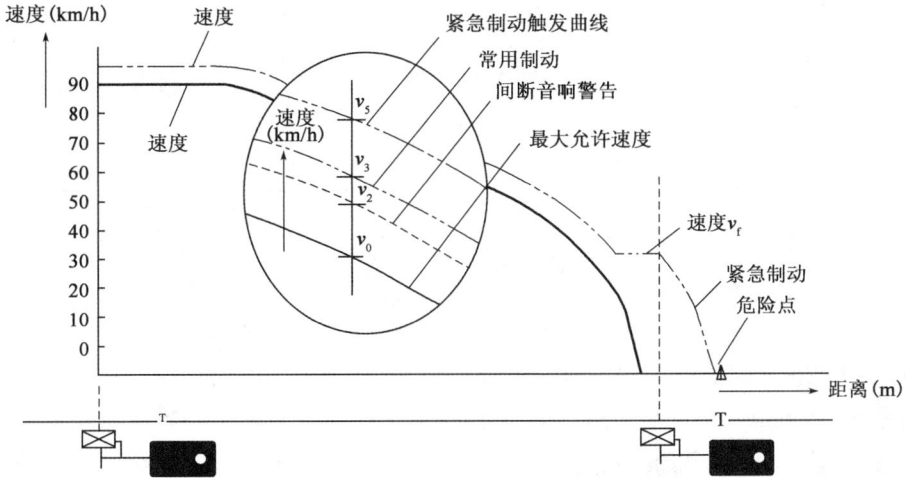

图 10-10　点式超速防护系统的速度监控曲线

图 10-10 中，v_0 是最高列车速度（单位为 km/h）。当车速达到 v_2 时，车载中央控制单元给出音响报警，如果此时司机警惕降速，使车速低于 v_0，则一切正常。当列车车速达到 v_3 时，车载中央控制单元给出启动常用制动（通常为启动最大常用制动）信息，列车自动降速至 v_0 以下。若列车制动装置具有自动缓解功能，则当列车速度降至 v_0 以下时，制动装置自动缓解。若列车制动装置不具备自动缓解功能，则常用制动将列车行驶至停车，列车须由司机人工按一定程序重新起动。当列车车速达到 v_5 时，车载中央控制单元给出启动紧急制动信息，确保列车在危险点前方停住。为提高行车效率，有的行车部门要求在红灯信号机前方留出一段低速滑行区段（图 10-10 中的 v_f 段），目的是防止当列车行驶在信号机之前时红灯信号变为允许信号，避免列车完全停下和经过一套手续后才能重新起动。低速滑行段的设置，可以使列车以低速（例如 20km/h）驶过第二个地面应答器；此时若前方信号仍是红灯，通过紧急制动仍可在危险点前方停车；如果前方信号已变为允许信号，司机可在 v_f 基础上加速，从而提高行车效率。图 10-11 所示为用于缓行段超速防护的速度监控曲线。

10.3.2　连续式列车自动控制系统

连续式列车自动控制系统是为适应高速干线与高行车密度城市轨道交通发展起来的信号技术，其技术基础是信息传输与处理技术，已广泛用于高速铁路以及城市轨道交通线路。

连续式列车自动控制系统可分为采用有线的基于轨间电缆与基于数字编码音频轨道电路的列车自动控制系统以及采用无线的基于通信的列车自动控制系统。按闭塞制式的不同，连续式列车自动控制系统可分为移动闭塞与准移动闭塞两类。采用无线通信实现地-车数据传输的列车自动控制系统是真正意义上的移动闭塞；地-车之间用有线方式传输数据的列车自动控制系统通常称为准移动闭塞。

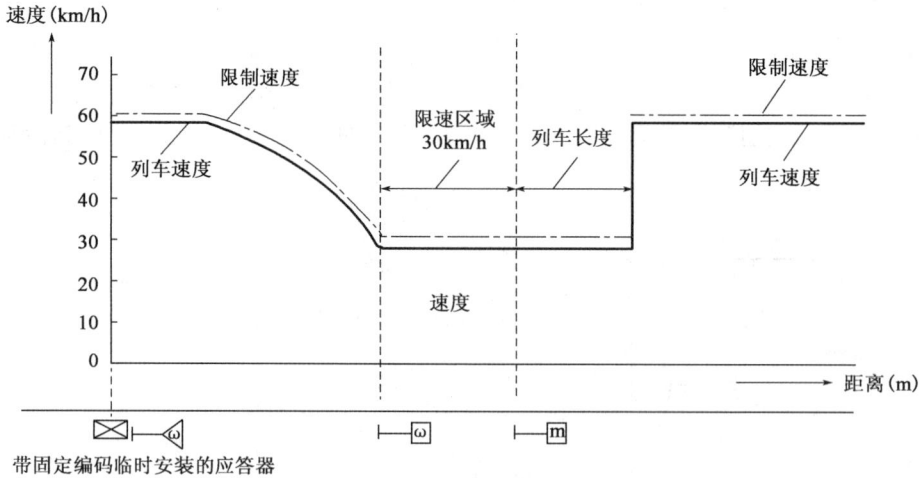

带固定编码临时安装的应答器

图 10-11　用于缓行段超速防护的速度监控曲线

根据地-车间传输信息的内容,列车自动控制系统可分为速度码系统(Speed Code System)与距离码系统(Distance Code System)。前者由控制中心通过信息传输媒体将列车最大允许速度直接传至车上。该制式下信息传递与在车信息处理比较简单,速度分级是阶梯式的,日本新干线的 ATC 系统、上海市轨道交通 1 号线的 ATC 系统等均采用此种制式。后者从地面传至车上的是前方目标点的距离等基本数据,通过车载计算机实时计算出列车的最大允许速度。显然,该制式下信息传输较复杂;但计算出的速度控制是实时、无级的。有欧洲高速铁路干线、上海轨道交通 2 号线与 3 号线,以及广州市轨道交通 1 号线、2 号线等均采用此种制式。

1)基于轨间电缆的列车自动控制系统

这类列车自动控制系统由三部分组成:地面控制中心、轨间传输电缆及车载设备。地面控制中心按地理坐标储存了各种地面信息(如线路坡度、曲线半径、道岔位置、缓行区段的位置与长度等)。此外,经过联锁装置,将沿线的信号显示、道岔位置、列车的有关信息(车长、制动率、所在位置、实时速度等)不断地经由轨间电缆传至地面控制中心。地面控制中心的计算机实时计算所辖区段内各列车的最大允许速度,再经由轨间电缆传至各列车,实施速度控制。在图 10-12 中,$v_{允许}$为列车 B 实时获得的最大允许速度曲线。

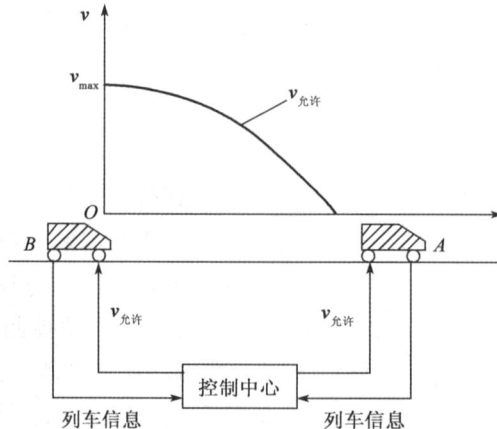

图 10-12　基于轨间电缆的列车自动控制系统原理图

图 10-12 中,随着列车 A 的移动,列车 B 的最大允许速度随列车 A、B 间的距离实时变化。与点式速度控制系统相比,连续式的行车效率更高。连续式速度控制系统的车-地信息传递通过轨间电缆实现。列车从控制中心获得最大允许速度值后,一方面显示在速度表上,另一方面据此对列车速度进行监控。若列车实际速度大于此速度,则先报警后下闸(常用制动)。若制动设备条件许可,司机可在列车实际速度低于最大允许速度时缓解制动机,从而避免列车停车及重新起动。

2)基于数字编码音频轨道电路的连续式列车自动控制系统

点式列车自动控制系统的主要缺点是信息传递的不连续性,有时会对列车运行造成不利影响。轨间电缆的连续式列车自动控制系统的缺点是信息传递的连续性依赖昂贵的轨间电缆,且轨间电缆的维修养护工作较为复杂。利用音频轨道电路作为信息传输通道的连续式列车速度控制系统,摒弃了不受欢迎的轨间电缆,且实现了连续信息传递。

钢轨本身并非理想的信息传输通道。一方面,铁质材料对音频信号的衰耗很大,限制了轨道电路的有效长度;另一方面,钢轨之间的漏泄、轮轨之间的接触电阻等因素均会影响轨道电路的工作性能。基于音频数字轨道电路构成的连续式列车速度控制系统在性能、价格、安全可靠与可用性等方面均有所改进。

无论速度码系统还是距离码系统,轨道电路都被用作双重通道:当区段上无车时,轨道电路发送的是轨道电路检测信号或检测码;一旦列车驶入轨道电路区段,立即转发速度信号或者有关数据电码。速度码系统通常采用频分制方法,即用不同频率来表示不同的允许速度。距离码系统中,由于信息电码的多样性,必须使用时分制数字电码方式,按协议来组成各种信息。速度码系统从地面传递给列车的限速值是阶梯分级的,在轨道电路区段分界处的限速值是跳跃式的,如图 10-13 所示。这不利于平稳驾驶、节能运行及提高行车效率。

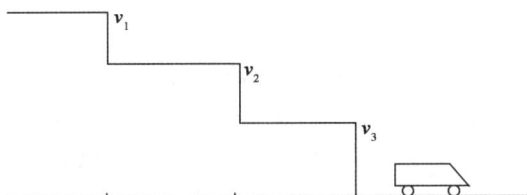

图 10-13 阶梯式限速曲线

距离码系统的特点是:根据地面传至车上的信息(包括区间的最大限速、目标点的距离、目标点的允许速度、区间线路的坡度等)以及储存在车载单元内的列车自身的固有数据(如列车长度、常用制动及紧急制动的制动率、测速及测距信息等),由车载计算机实时计算出允许速度曲线,并按此曲线监控列车的实际运行速度。由于数据传输、实时计算以及列车车速监控都是连续的,该类系统可实现速度的无级控制,有利于实现平稳驾驶与节能运行。近年来,随着动车组技术的发展与车载计算机水平的提高,距离码系统在高速铁路、新建城市轨道交通线路上得到越来越广泛的应用。

3)基于通信的列车自动控制系统

基于通信的列车自动控制系统(CBTC)技术发源于欧洲连续式列车自动控制系统,是一种典型的移动闭塞系统,能够执行列车自动防护(ATP)、列车自动运行(ATO)和列车自动监控(ATS)。

1999 年 9 月,IEEE 将 CBTC 定义为"利用高精度的列车定位(不依赖于轨道电路),双向连续、大容量的车-地通信,车载、地面的安全功能处理器实现的一种连续自动列车控制系统"。CBTC 可实现车载设备与轨旁设备间的实时双向通信,且信息量大;利用高精度的列车定位,可实现移动闭塞、缩短行车间隔、提高行车效率。

(1)系统结构

CBTC 是一个复杂的分布式控制系统,主要由控制中心设备、车站设备、轨旁设备、车载设备及网络通信设备五部分组成。CBTC 的组成结构如图 10-14 所示。

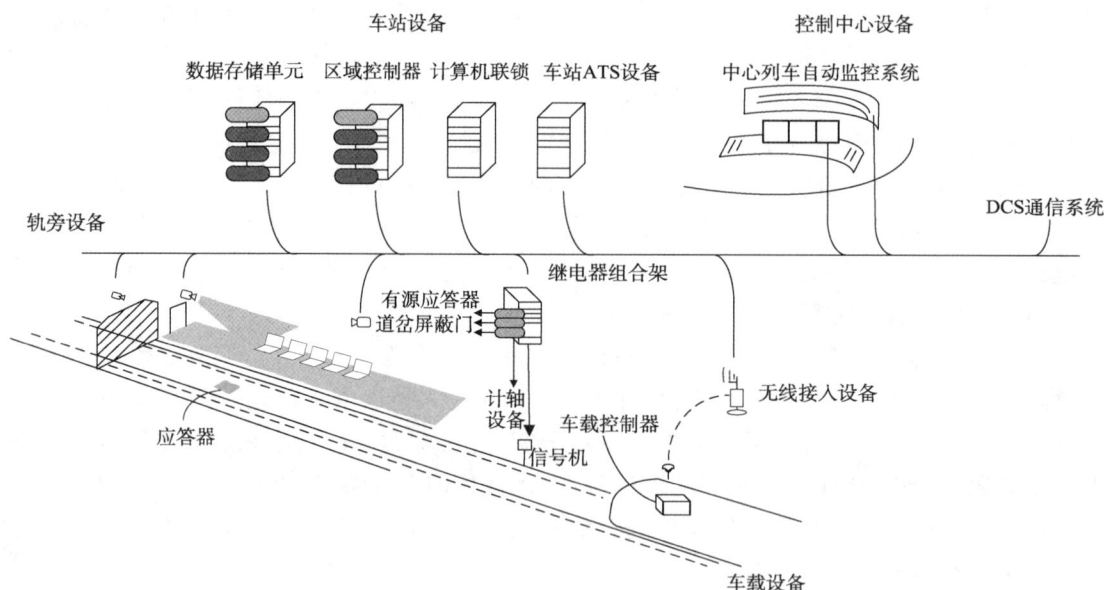

图 10-14　CBTC 组成结构示意

控制中心设备主要由 ATS 子系统的设备构成,设置了应用服务器、数据库服务器、通信前置机、运行图/时刻表编辑工作站、调度员工作站、ATS 维护工作站等设备。ATS 子系统是 CBTC 的重要组成部分,主要负责站场信息、列车信息的监督和对列车运行的控制功能。控制中心是线路各处信息集中处理平台;各处信息的获取依靠分散于沿线各站的车站设备。

车站设备主要包括区域控制器设备、数据存储单元设备、计算机联锁设备及车站 ATS 设备,负责联锁逻辑处理、临时限速管理、移动授权计算、车站级运行控制等功能。区域控制器(Zone Controller,ZC)是 CBTC 中 ATP 子系统核心控制设备,是车地信息处理的枢纽与联锁设备。区域控制器采用"二乘二取二"冗余结构的安全计算机平台。区域控制器的主要职责是根据 CBTC 列车汇报的位置信息以及联锁排列的进路和轨道占用/空闲信息,为其控制范围内的 CBTC 列车计算生成移动授权(Movement Authority,MA),确保在其控制区域内 CBTC 列车的安全运行。数据存储单元(Database Storage Unit,DSU)子系统是 CBTC 中重要的地面控制设备,主要负责全线临时限速存储和下载功能,以及数据存储和数据库版本管理等功能。计算机联锁(Computer Interlocking,CI)设备包括联锁机、驱采机、现地控制工作站、维护工作站。联锁机是进行联锁运算的设备。驱采机用于采集和控制所辖区域内车站道岔、信号机、计轴设备、紧急停车按钮等信号设备的状态信息。现地控制工作站是所辖区域的人机接口设备,采用显示器与鼠标相结合的操作方式。现地控制工作站具有进路办理、重复开放信号、进路取消或者人工解锁、区段故障解锁、道岔监控、扣车等功能。维护工作站实时监视车站联锁系统运行,记录车站值班人员的操作、车站运行情况及故障记录。通过操作界面,为故障分析、事故分析、信号维护人员维修计算机联锁系统提供帮助。计算机联锁必须采用安全计算机平台作为载体,目前联锁设备一般采用"二乘二取二"安全平台。ATS 车站分机是设备集中车站 ATS 系统的核心处理设备,由 ATS 车站分机应用软件和双机热备平台组成,应用软件运行在双机热备平台上。它负责处理本集中站所辖线路范围内的现场信号设备状态数据和列车状态数据,接收并处理现地控制工作站的控制指令,保证内部逻辑控制对象属性与实际现场一致,主要实现对本集中站范围内列车的追踪、进路自动办理、车次号的自动分配功能。车站设备向控制中心设备发送线路相关信息,这些基础信息的采集来自轨旁的基础设备。

轨旁设备包括应答器设备、计轴设备等,负责列车位置校正、后备级别下的移动授权授予、区段占用/空闲状态监测等功能。轨旁应答器系统为点式级别列车提供移动授权(MA)信息,并为 CBTC 级别列车和点式级别列车提供位置信息。

车载设备一般称为 VOBC(Vehicle on-board Controller,车载控制器)或 CC(Carbone Controller,车载控制器),车头、车尾各一套,头尾两端通过通信线缆相连,用以实现头尾两端设备之间的通信以及车地无线通信的双路冗余。车载设备主要包括车载 ATP 设备、车载 ATO 设备、人机交互设备等,负责列车运行安全防护、列车自动驾驶以及系统与司机间的人机交互等功能。车载 ATP 子系统采用单端"三取二"的安全冗余技术或双端各一套"二取二",双端共同构成"二乘二取二"的安全冗余技术,确保车载设备的安全性、可靠性及可用性。图10-15 所示为一种典型的车载设备的配置。

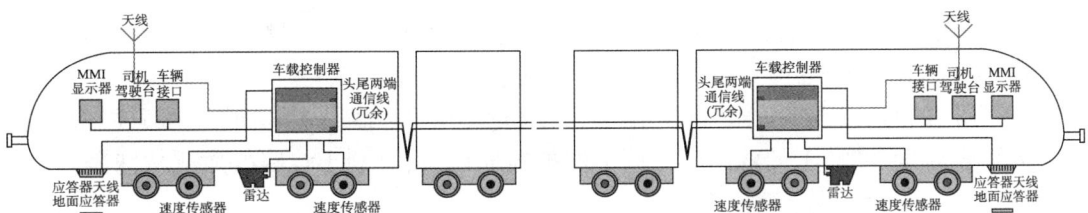

图 10-15　车载设备典型配置

网络通信设备由有线网络设备与车地无线通信网络设备组成,负责 CBTC 各部分设备间的网络连接。控制中心设备、车站设备及轨旁设备通过有线骨干网进行连接;上述三部分设备与车载设备间的通信通过沿线布置的车地无线通信网络设备实现。

(2)基本原理

基于 CBTC 的移动闭塞控制方式下,列车运行通过先进的通信技术,实现车载设备、车站设备或控制中心设备之间的信息交换,进而完成列车的运行控制,其基本原理如下。

区域控制器 ZC(ATP 地面设备)根据前车的位置信息、线路障碍物的状态信息以及联锁设备状况为后行列车计算行车许可(Movement Authority,MA),即移动授权。MA 是后车安全行驶至下一个停车位置所需的一个正式授权,确保实现列车的安全间隔。列车安全间隔距离根据最大允许车速、当前停车点位置、线路等信息计算得出,通过信息的动态刷新,CBTC 车载控制设备(ATP 车载设备)精确判定自身位置和运行方向。列车的车载控制设备与转速计/速度传感器/加速度计(用于测量距离、速度和加速度)及轨旁固定应答器共同合作,实现列车的准确定位。同时,车载控制设备实时比较列车实际速度与接收到的 MA,当列车实际速度超过 MA 的限制速度,将自动实施常用制动或紧急制动,以保证列车安全停在安全点前。配有 ATO 时,ATO 可代替司机自动控制列车运行。

CBTC 的地-车信息传输系统通常有无线传输方式和点式传输方式。一般地,无线传输系统可提供连续的数据传输,而点式传输则通过地面应答器提供数据传输,列车须借助列车定位技术、安全处理器技术和无线通信技术。图 10-16 所示为 CBTC 的基本原理。

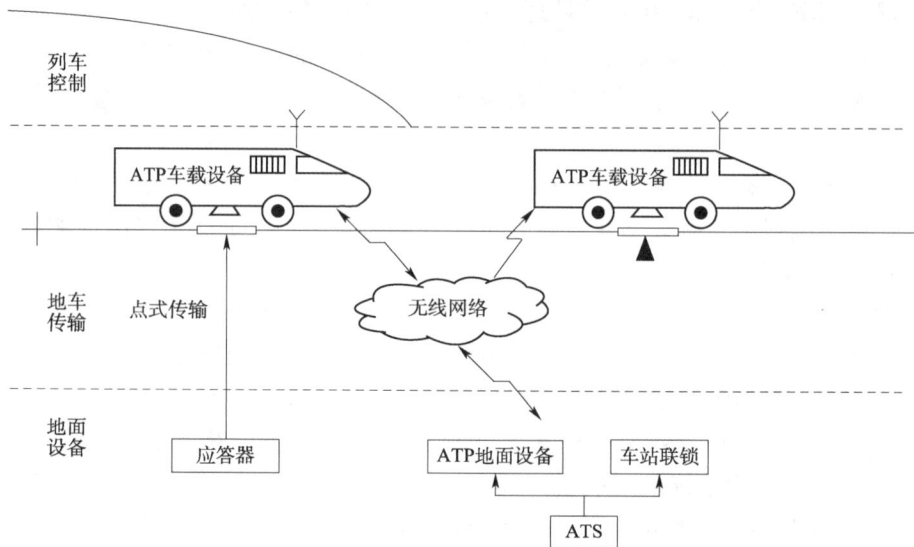

图 10-16　CBTC 基本原理图

基于通信的列车自动控制系统与基于轨道电路的列车自动控制系统相比,具有如下优点:

①实现车载设备与轨旁设备间的实时双向通信,且信息量大;

②高精度的列车定位,列车运行控制灵活,可实现移动闭塞,缩短行车间隔、提高行车效率;

③实现列车在线路上的双向运行而不增加地面设备,有利于线路故障或特殊需要时的反向运行控制;

④减少轨旁设备,便于安装维修,有利于紧急状态下利用线路作为人员疏散的通道,有利于降低系统全生命周期内的运营成本;

⑤可适应各种类型、各种车速的列车,提高了列车运行的平稳性,增加了乘客的舒适度,并可实现节能控制、优化列车运行统计处理、缩短运行时分等多目标控制;

⑥不依靠轨道电路检测列车位置、向车载设备传递信息,便于既有线路升级改造,有利于实现城市轨道交通的互联互通。

10.4　列车驾驶模式及模式转换

10.4.1　列车驾驶模式

城市轨道交通列车驾驶模式主要包括:列车自动运行驾驶模式、列车自动防护驾驶模式、限制人工驾驶模式、非限制人工驾驶模式、自动折返驾驶模式。

自动驾驶模式和无人驾驶模式可提高列车行车效率,实现列车运行自动调整、维护列车运行秩序、降低司机劳动强度和减少人员配备数量。由于无人驾驶涉及车辆、行车组织、车辆段配置等多种因素,系统造价较高。

1) 列车自动运行驾驶模式(ATO 模式或 AM 模式)

ATO 模式即自动运行模式,是正线上列车运行的模式。这种模式下,列车的起动、加速、惰行、制动、精确停车、开(关)门及折返等所有指令由车载信号设备发出。通过信号系统与列车网络通信提供给列车牵引/制动系统及门控系统,列车在站间的运行是自动的,司机只负责监视 ATO 显示,监督车站发车和车门关闭,以及列车运行所通过的轨道、道岔和信号的状态;在必要时人工介入。

开门可通过控制台上的"门模式"开关控制,有"自动开/关门""自动开门/人工关门""人工开/关门"三种模式;列车在站台规定位置停稳时,门允许灯亮,此时开关门指令有效。

ATO 模式下,ATO 根据 ATP 编码和列车位置生成列车行驶曲线,全自动驾驶列车。ATO 还能根据到停车点的距离计算列车到站停车曲线;ATO 速度曲线可根据 ATS 的调度命令修改;ATP 控制列车的紧急制动。进入 ATO 模式后,若系统设备正常,没有人工干预,则此驾驶模式维持不变。

2) 列车自动防护驾驶模式(SM 模式或 CM 模式或 ATPM 模式)

SM 模式即 ATP 监控人工驾驶模式,是一种受保护的人工驾驶模式。这种模式下,司机根据驾驶室中的显示手动驾驶列车;根据 ATP 显示,监督列车运行所经轨道、道岔和信号的状态,在必要时操作紧急制动。ATP 根据给定的速度曲线连续监督列车运行;若列车超过允许速度,将触发紧急制动。ATO 故障时,列车可用 SM 模式在 ATP 的防护下降级运行。

车门开关由司机人工控制,列车在站台规定位置停稳,门允许灯亮,开关门指令有效。

3) 限制人工驾驶模式(RM 模式或 SR 模式)

RM 模式即 ATP 限制允许速度的人工驾驶模式,是一种受约束的人工操作。这种模式下,司机根据轨旁信号控制列车运行;ATP 仅监督允许的最大限速值(25km/h)。车载信号设备在列车超速时实施紧急制动。车门及屏蔽门开关由司机人工控制。

该模式在下列情况下使用:

①列车在车辆段范围内(非 ATC 控制区域)运行时;

②正线运行中联锁设备/轨道电路/ATP 轨旁设备/ATP 列车天线/地对车通信故障时;

③列车触发并实施紧急制动之后。

该模式下,列车不响应车站控制室或站台紧急停车按钮发出的紧急停车制动命令。

4) 非限制人工驾驶模式(关断模式、URM 模式或 NRM 模式或 IS 模式或 BY 模式)

关断模式是不受限制的人工驾驶(无 ATP 监督)模式,用于车载 ATP 设备故障以及车载测试设备完全关断时的列车驾驶;列车由司机根据轨旁信号和调度员的命令驾驶,没有速度监督。ATP 的紧急制动输出也被车辆控制系统切断,司机必须保证列车运行不超过限制速度(最高 25km/h),并监督列车所经轨道、道岔和信号的状态,必要时对列车进行制动。

5) 自动折返驾驶模式(AR 模式或 STBY 模式或 SH 模式)

列车在站端(没有折返轨道的终端)调转行车方向或使用折返轨道进行折返时,要求进入自动折返驾驶模式。

自动折返有三种模式：ATO 自动运行折返模式；ATO 无人自动折返模式；ATP 监督人工驾驶折返模式。

折返命令由 ATS 中心根据需要生成并传输至列车，或由设计固定的 ATP 区域(如终端站)的轨旁单元发出。ATP 车载设备通过接收轨旁报文自动启动 AR 模式，通过驾驶室显示设备指示司机，司机必须按压"AR"按钮确认折返作业。司机决定是否折返、使用折返轨道折返，以及由无人驾驶执行，还是由司机执行。

10.4.2 驾驶模式转换

以上五种运行模式在一定条件下可相互转换，相关规定如下：

(1) ATC 控制区域与非 ATC 控制区域的分界处，应设驾驶模式转换区(或称转换轨)，转换区的信号设备应与正线信号设备一致。

(2) 驾驶模式可采用人工方式或自动方式转换，并应予以记录。采用人工方式时，转换区域长度宜大于列车长度。采用自动方式时，应根据 ATC 的性能确定转换区域的设置。

(3) ATC 宜具有防止列车在驾驶模式转换区域未将驾驶模式转换至列车自动运行驾驶模式或列车自动防护驾驶模式，而错误进入 ATC 控制区域的能力。

(4) 为保证行车安全，在 ATC 控制区域内使用限制模式或非限制模式时应有破铅封、记录或特殊控制指令授权等技术措施。

表 10-1 列出了司机可以改变的列车操作模式及相应条件的例子。

列车操作模式及其转换条件表　　表 10-1

模式	ATO	AR	SM	RM	URM
ATO	—	需要列车自动折返驾驶	将主控手柄移开零位	紧急制动后，自动执行；或完全停车，启动 RM 模式	列车必须完全停止，并完全关断 ATP
AR	列车自动折返驾驶完成	—	列车完成自动折返驾驶，并将主控手柄离开零位	紧急制动后，自动执行	列车完成自动折返驾驶，并完全关断 ATP
SM	将主控手柄移至零位，并启动 ATO 模式	先切换至 ATO 模式，再转换至 AR 模式	—	紧急制动后，自动执行；或完全停车，启动 RM 模式	列车必须完全停止，并完全关断 ATP
RM	将主控手柄移至零位，并启动 ATO 模式	先切换至 ATO 模式，再转换至 AR 模式	如果接收到有效 ATP 编码，且正常通过两个轨道电路界限，自动转换为 SM 模式	—	列车必须完全停止，并完全关断 ATP
URM	通过先执行 RM 模式，再自动切换至 SM 模式，最后将主控手柄移至零位，恢复 ATO 驾驶模式	先切换至 ATO 模式，再转换至 AR 模式	列车必须完全停止，恢复 ATP 模式，并执行 RM 驾驶模式。如果接收到 ATP 编码，将自动转换为 SM 模式	列车必须完全停止，恢复 ATP 模式，并执行 RM 驾驶模式	—

复习思考题

1. 分析三显示固定闭塞与四显示固定闭塞的异同。
2. 分析固定闭塞、准移动闭塞和移动闭塞的异同，说明其对列车运行控制效果的影响。
3. 分析列车自动控制系统及其子系统的构成。
4. 分析列车自动控制系统各子系统的功能及联系。
5. 分析不同典型的列车自动控制系统的特点。

AI 辅助学习研讨题

利用 AI 工具(如 DeepSeek、Kimi 等)生成下列讨论题的报告或 PPT。

讨论题：基于 AI 辅助知识图谱构建的典型列车自动控制系统分析。

要求：请针对典型列车自动控制系统(点式、连续式列车自动控制系统或基于通信的列车自动控制系统)，完成以下分析与构建任务：

(1)系统构成与功能分析。

利用 AI 工具(如 DeepSeek，Kimi 等)辅助梳理所选列车自动控制系统的子系统构成及功能。分析主要子系统的核心功能、关键输入/输出信息及其在保障行车安全与运营效率中的作用。

(2)结构化知识图谱构建。

构建结构化知识图谱，表征列车自动控制系统的核心知识。知识图谱须包含实体、属性、实体关系等要素。例如，CBTC 包括车载控制器(VOBC)、区域控制器(ZC)等；VOBC 的属性包括列车位置信息、列车速度、制动状态、运行模式；VOBC 与 ZC 的关系为 VOBC ＜实时发送＞ 列车位置与速度信息 ＜至＞ ZC。

(3)AI 工具报告生成与完善。

通过与 AI 工具进行多轮迭代式的对话交流，辅助生成列车自动控制系统分析报告，并进行人工调整与完善。报告需包含核心子系统构成及功能分析、知识图谱的可视化呈现、知识图谱详细说明，以及说明 AI 工具在完成本任务各环节中的具体应用方式与作用。

第 11 章
调度指挥技术

　　城市轨道交通系统中,客流的动态变化、突发事件及设备故障等外部不确定因素可能导致列车晚点和运营秩序紊乱,列车运行调度需要及时采取合理的措施,使列车尽可能按事前制定的运行图行车。突发事件下,当列车不能按图运行时,应及时采取调整措施,充分发挥设备设施的潜能,尽可能减小突发事件对运营的影响,保证系统的服务水平。本章介绍了城市轨道交通系统调度指挥的任务、组织架构、日常运行管理与运行调整方法。

11.1 调度指挥体系与机构设置

城市轨道交通系统是一个高度复杂、各环节联系紧密、技术密集的公共交通系统。调度指挥系统作为日常运输组织的中枢,担负着组织行车、提高服务质量、确保运输安全以及实现运输计划的责任,对城市轨道交通系统的正常运行起到重要作用。

11.1.1 调度指挥的基本概念

调度指挥工作是指为保证完成乘客运输计划和实现按图行车,针对运输生产过程中由于各种非预期因素导致的计划偏离而采取的日常运输调整工作。运输调度工作由调度控制中心实施,实行集中领导、统一指挥、逐级负责原则,各环节需紧密配合、协同工作,从而保证列车安全、正点运行。

城市轨道交通调度指挥的任务,一是负责日常行车调度指挥,科学合理地组织客流,经济合理地使用车辆及其他运输设备;二是与运输各有关部门密切配合、协同动作,确保列车按图运行,完成运输生产任务,为乘客提供安全、准点和优质的运营服务。

调度指挥工作的主要职责有:

(1)以列车运行计划为依据,组织各站及相关部门实施列车运行计划,监督各站及有关部门的执行情况,并及时正确地发布有关行车命令及指示。

(2)监督列车到发及运行状况,遇到列车晚点和突发事件时,及时采取运行调整措施,尽快恢复列车正常运行。

行车指挥系统

(3)出现列车运行调整时,指导并协调车站及相关部门的工作。

(4)组织编制及审核与行车有关的设备设施维修、施工作业计划。

(5)负责工程车、试验列车等上线车辆的调度指挥工作。

(6)发生行车事故时,按规定程序及时向上级主管部门汇报,并组织各部门采取救援措施,防止事故扩大。

(7)建立健全运营生产、调度指挥等各项原始记录台账及统计、分析报表,并按规定向上级主管部门报告。

(8)密切注意客流动态,协同有关部门根据客流变化采取相应的组织方案。

11.1.2 调度指挥工作的组织架构

指挥中心负责运输生产活动的集中领导、统一指挥和监控。线网规模较大时,行车指挥中心可分为线网指挥中心和线路运营控制中心两级。

线网指挥中心作为中央运营协调与应急指挥中心,负责协调各线路控制中心及各相关单位,特别在发生影响两条及以上线路的紧急情况时,实现运营资源的统筹、协调和联动,提升应急突发事件的处置能力。线网指挥中心需实时监督城市轨道交通网络客流变化、列车运行和设施设备运行状态。发生紧急情况时,即时指挥和协调各单位开展应急处置;承担运营生产信息采集、核实、报告、发布的任务。

线路运营控制中心是日常运输工作的指挥中枢,组织线路与列车运行有关的各部门、各工种协调作业,确保列车运行图实现,组织完成客运生产任务,保证行车和乘客安全,努力提高运输效率和发挥经济效益。

典型的线路运营控制中心控制架构如图 11-1 所示。

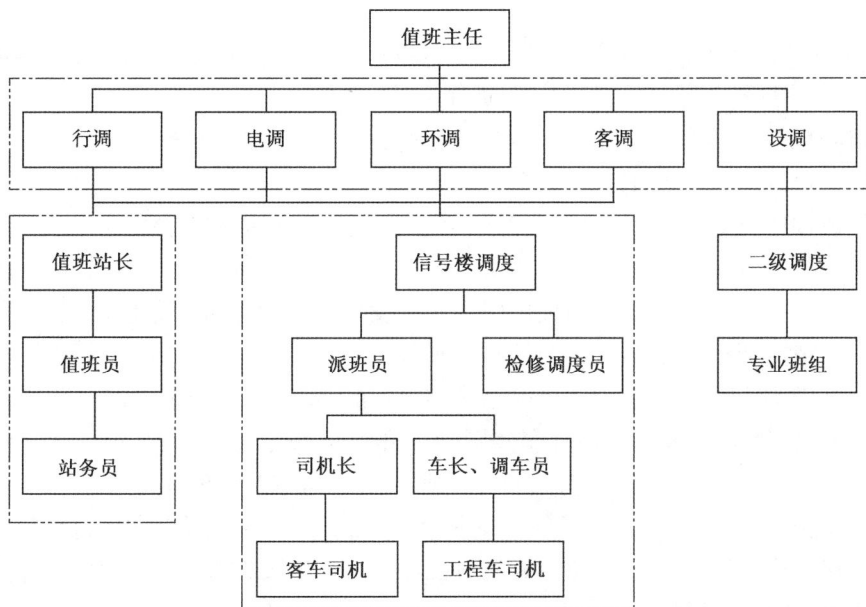

图 11-1　线路运营控制中心控制架构

指挥中心实行分级管理和分工管理双重原则。

分级管理将调度指挥机构分为两个指挥层级。一级指挥一般包括行车调度(简称行调)、电力调度(简称电调)、环控调度(简称环调)、客运调度(简称客调)和设修调度(简称设调)。二级指挥为值班站长、行车值班员和车场调度员。二级服从一级指挥;各部门在根据职责任务独立开展工作的同时,服从运营控制中心值班主任的总体协调和指挥。处理突发事件、事故时,各调度员有责任向值班主任提供本岗位的处理方案,并及时报告相关信息。

值班调度主任是调度班组工作的领导者,接受控制中心主任的领导,负责统一指挥协调各种调度工种及车站、车辆段等相关人员的工作,并组织处理运营中出现的各种故障和事故。分工管理是将整个运输生产活动按业务性质划分成若干部分。

行车调度员是一个调度区段行车工作的指挥者,负责监控列车的运行状况,及时掌握列车运行、到发情况,发布调度命令,检查各站、段执行和完成行车计划情况,并且在列车晚点或事故时,组织和指挥车站工作人员、列车乘务员以及相关的各个部门及时采取相应措施,尽快恢复列车运行,减少运营损失。

电力调度员主要监控变电所、接触网等和供电相关的各种设备,及时采集各种数据,实时监控供电设备运行,掌握和处理供电设备的各种故障,确保对各车站、列车的供电。

环控调度员主要监控通风、空调、给排水等和环境相关设备,及时调整所辖区段内的温度、湿度、空气流动速度、含尘量等参数,保证环境质量,满足乘客的出行需要。

客运调度员负责监控所辖地段客流状况并动态收发相关信息,出现客流异常情况时,及时报告值班主任,并酌情采取应对措施。

设修调度员负责维修施工管理,车辆日常检修、清洁、定修和临修工作控制,为城市轨道交通运营及设备维修施工提供质量良好、数量足够的客车和工程车。

信号楼调度员负责车辆段(停车场)范围内的行车组织、组织列车进出车辆段(停车场)和施工检修管理。

城市轨道交通调度指挥采用以路网控制中心(Traffic Control Center,TCC)为主、车站和车辆基地为辅的全网集中控制模式。TCC 的职责如下:

(1)组织研究制订线网运力配置计划,并监督执行;

(2)组织研究制定线网调度规则;

(3)审查突发事件应急处置预案,组织各部门突发事件应急处置预案的实施;

(4)协调指挥线网突发事件应急处置;

(5)向市政府应急指挥中心及政府相关部门报送突发事件应急处置工作信息;

(6)组织制定轨道交通线网乘客信息的发布规则。

较大规模线网的线路可设独立的列车调度指挥中心(Operating Control Center,OCC),形成"一线一中心"的指挥体系。OCC 负责列车按图运行和列车秩序紊乱时的调整,职责包括运营行车的调度指挥、运营供电和环控监控、行车信息的发布和施工管理等。

车站是行车组织的基层单位。岗位一般有站长、值班站长、值班员(有时称综合控制员、督导员)、站务员、安全检查和安保人员等。值班站长和值班员主要在控制室外值守,外勤值班员有时需要到站台接发和指挥列车。

车辆段与行车有关的岗位主要有车场调度员、信号楼值班员等。

以某城市地铁运营公司为例,其调度指挥中心设置的主要岗位有中心经理、副经理、调度室主任、值班主任、行车调度、电力调度、环控调度。行车调度、电力调度、环控调度各线路采取双人值岗:一人操作,一人监督。

11.1.3 调度指挥工作的制度

为保证质量良好地完成运行调度指挥工作,应坚持标准化、制度化作业方法。我国城市轨道交通调度工作制度主要有以下几类。

1)日常工作制度

日常工作制度包括交接班制度、文件传阅制度、员工大会制度和调班申请制度等。交接班制度保证了调度工作的承上启下,规定了当班的调度人员必须提前到岗,全面了解上一班需要跟进的工作和本班的生产任务。接班值班主任主持召开交接班会,听取各岗位汇报,布置本班工作重点,分配工作任务,并制定具体的工作措施。

2)安全管理制度

安全管理制度包括安全例会制度、安全检查制度、安全演练制度和事故分析制度。安全例会制度应对发生的故障、时间和事故处理进行分析,对安全工作重点提出具体要求。安全检查制度包括运营前检查、每周一查、非正班检查、消防日查及安全大检查制度。安全演练制度规定了定期桌面演练与不定期参加突击演练的要求,使调度员熟练掌握应急方案。事故分析制度规定了事故分析、总结要求,以及事故处理报告提交与未来防范措施要求。

3)填写书面报告制度

值班主任每日需根据报告前一天的计划完成情况编写运营日报,主要内容包括:列车服务、事故、故障和列车延误与处理情况;当日完成运送客运量、列车开行情况、兑现率及正点率;列车晚点、清客、下线、抽线、救援、加开等情况;当日施工计划件数及完成件数;工程车、试验列车运行信息;耗电量(总耗电与牵引耗电)和车站温湿度情况;派班员上报的当日运营列车运营里程、空驶里程、载客里程等。运营日报格式需符合运营部门的规定,编写完成后送交相关部门领导。

当行车设备发生故障导致列车延误时,行车调度员应填写故障和延误报告。内容包括发生故障的时间、地点、列车编组、报告人员及概况(故障现象)等;发生故障导致行车延误(直接延误、本列延误)、影响情况;采用的列车运行调整措施;恢复正常运作的时间。发生行车事故时,行车调度员应根据行车事故及时填写行车事故概况并上报。

4)业务培训制度

为了提高调度指挥的水平,应建立业务培训制度,规定调度员定期参加相关培训,学习规章文件、运营方案和各种故障、事故处理案例。

11.1.4 调度指挥工作的实施

调度指挥工作实施组织指调度指挥指令的下达和列车运行的监控与分析。

调度指挥的指令首先由调度指挥中心根据预定的运行图和实际情况制定,包括列车出发时间、运行路线、停靠站点、运行速度等和应急预案,例如突发事件处理方案、临时调整计划等。接下来调度指令通过专用通信系统传达给相关人员和部门,包括列车司机、站台工作人员、信号控制员等。调度指挥需要确保及时、准确,避免因信息传递延误或错误导致的运营问题。最后,接收到调度指挥指令的相关人员需及时确认指令的内容,并按照指令执行。调度指挥中心通过通信系统或监控系统确认指令的执行情况,确保所有指令得到落实。

调度指挥的指令下发后,需实时监控和分析列车运行状态。监控内容包括列车位置、运行速度、车厢状态、站点停靠等和视频监控、信号监控、环境监控等子系统,确保全面掌握列车运行状态。这些工作是列车运行数据、客流数据等实时统计与分析工作的组成部分,也是建立列车延误、设备故障、突发事件等异常情况预警制度的基础。

11.2 调度指挥系统

近年来,城市轨道交通系统运行设备管理不断走向自动化、远程化、计算机化,行车调度工作由人工控制方式向电子调度集中和行车指挥自动化控制系统发展。行车调度指挥系统的类型主要有人工调度指挥、电子调度集中系统和列车自动控制系统。

11.2.1 人工调度指挥系统

该方法是最早的调度指挥方法,又称电话闭塞法。由行车调度员通过调度电话向车站值班员直接发布指令,其调度指挥模式如图 11-2 所示。由车站

电话闭塞

值班员排列接发列车进路,通过与车站值班员的联系,调度员掌握列车到达、出发信息,下达列车运行调整调度命令。调度员通过无线调度电话呼叫列车司机,发布调度指令,指挥列车运行。执行调度命令时,车站值班员和列车司机相互确认调度内容,确保调度命令正确执行。列车运行图由行车调度员手工绘制。目前,这种方式通常在线路开通初期、设施设备尚未到位等特殊情况下使用。

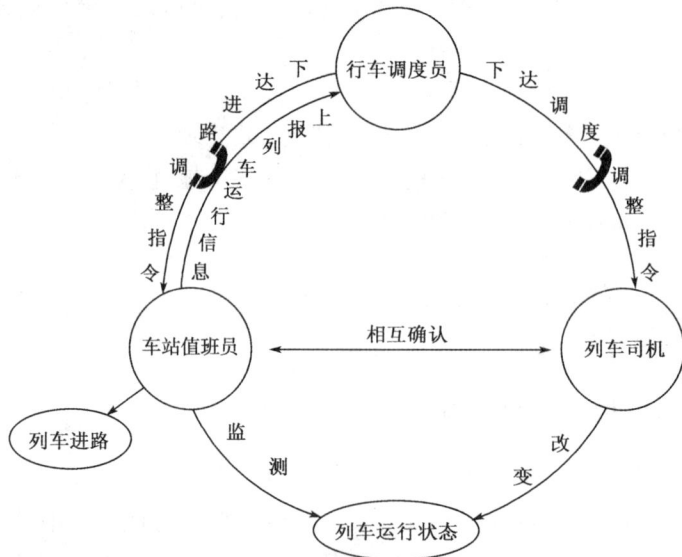

图 11-2　人工调度指挥系统下的调度指挥模式

人工调度指挥系统的设备包括调度控制中心设备、车站设备和列车设备。其中,调度控制中心设备有调度电话、无线调度电话、传输线路;车站设备有调度电话、传输线路;列车设备主要是指无线调度电话。

11.2.2　电子调度集中系统

电子调度集中系统是一种基于现代计算机技术、通信技术和自动控制技术的智能化系统,旨在实时掌控整个城市轨道交通网络的列车运行情况。它通过集中的调度和指挥,实现对列车的高效、精确管理,确保列车按计划运行,并在特殊情况如故障或紧急事件时进行快速响应和调度调整。

电子调度集中系统主要包括以下几个主要模块。

(1)列车自动监控系统:负责实时监控列车运行状态,包括列车位置、运行速度、停站时间等信息。

(2)列车运行调度系统:根据运营计划和实时情况,对列车的运行路线、速度、停站等进行动态调整和调度。

(3)信号控制系统:与轨道交通的信号系统配合,确保列车安全间隔和线路的畅通。

(4)数据通信系统:通过专用的通信网络,传输调度指令、列车运行状态以及其他系统之间的数据信息。

(5)应急调度模块:在紧急情况下,如列车故障、设备故障等,系统能够迅速进行应急调度,以最大限度减少对正常运营的影响。

电子调度集中系统的运行主要包含以下几个流程。

(1)计划制订:系统首先依据运营计划,生成每日的列车调度方案,包括发车时间、停站安排、运行路径等。

(2)实时监控:在列车运行过程中,ATS 系统会对每列车的运行状态进行实时监控,并通过信号系统保持列车之间的安全距离。

(3)自动调度:列车运行调度系统会根据实时的运营情况,对列车的运行进行自动化调度。如果某列车发生延误,系统可以自动调整后续列车的运行计划,以减小延误对整个系统的影响。

(4)故障应急处理:当出现设备故障或运营事故时,系统会及时发出警报,并通过应急调度模块进行调度调整或提供备用方案,以降低故障带来的损失和提升运营效率。

电子调度集中系统与人工调度指挥系统相比,可以发挥提高运行效率、提供安全保障和应急响应快的优势。

11.2.3　列车自动控制系统

近年来,列车自动控制(ATC)系统已被越来越多的城市轨道交通系统采用。ATC 系统由列车自动防护(ATP)系统、列车自动驾驶(ATO)系统、列车自动监控(ATS)系统和计算机联锁(CI)系统组成。其中,ATP 系统强制规定列车运行速度的上限,以保证相邻列车之间的安全运行间隔。ATS 系统监控列车运行状态,自动调整列车运行以保证按图行车,减少列车晚点。ATO 系统能够自动计算列车驾驶方案,使列车在满足 ATP 系统和 ATS 系统的前提下平稳运行,实现自动停车。

典型的 ATC 系统运营流程可以总结为以下几个阶段。

(1)列车计划运行:在轨道交通网络的调度指挥中心,系统根据日常运营计划、乘客流量预期等因素制订列车发车计划、运行时刻表和线路安排。ATS 系统会监督列车的计划执行情况,确保列车按照预定的时间表运行。

(2)自动驾驶与速度控制:列车起动后,ATO 系统负责自动化驾驶操作,列车根据线路和信号信息执行加速、减速和保持适当速度的操作。当列车接近车站时,ATO 系统控制列车减速并精准停靠在站台上。

(3)列车安全保障:在列车运行过程中,ATP 系统始终监控列车速度和与前方列车的距离。如果检测到列车有超速或与前方列车距离不足的情况,ATP 系统将自动采取措施,如减速或紧急制动,确保列车运行安全。

(4)列车调度与实时调整:ATS 系统根据实际的列车运行状态,实时监控并调整列车运行计划,确保列车间隔均匀、运行顺畅。如果发生突发情况或故障,ATS 系统能够根据预设方案调整列车的运行路径或暂停发车,以降低对整个交通系统的影响。

(5)应急处理:如果系统检测到故障或异常,如轨道问题、信号系统故障等,ATC 系统将自动启动应急响应机制,停车、疏散列车,或调整列车运行方式,以保证乘客安全。

与人工调度指挥系统相比,列车自动控制系统的优势主要体现在以下几点。

(1)提升安全性:通过 ATP 系统的保护,列车的运行安全得到保障,避免了人为操作的错误,并减少事故发生的概率。

(2)提高运行效率:ATO 系统的自动化控制,减少了人工操作的不确定性,确保列车能够精准、准时地到达站点,提升整体运营效率。

(3)优化调度:ATS 系统实时监控列车运行状态,能够根据实际情况调整列车调度,优化交通网络的负载,提高运输能力。

11.3 列车运行调度的关键岗位与素质要求

城市轨道交通列车运行调度关键岗位包括行车调度员、列车驾驶员、行车值班员。

11.3.1 行车调度员

行车调度员的任务是严格按照列车运行计划和相关施工计划指挥行车,监控列车在车站到发及区间内的运行情况,检查各站执行列车运行计划和行车相关施工计划情况;发生非正常情况或应急情况时,按照预案及时、准确处置,发布行车命令和口头指示,必要时可授权实行降级控制,保证列车运行安全。

行车调度员的基本素质要求如表11-1所列。

行车调度员基本素质要求(√表示有要求,×表示无要求)   表 11-1

序号	基本素质	行车调度员
1	年龄	√
2	身高	×
3	生理条件	√
4	视力	√
5	听力	√
6	交流能力	√
7	心理条件	√
8	学历	√
9	相关工作经历	√
10	生活习惯	√
11	无违法犯罪记录	√
12	工作态度	√

行车调度员需具备的理论知识体系主要包括以下几个部分。

(1)基础知识:安全基础知识,相关法律法规知识,电子、电工、机械和计算机基础知识与轨道交通基础知识。

(2)专业知识:行车组织知识,施工组织和设备抢修组织知识,调度运作、车辆基地知识,车辆知识,车站机电设备知识,通信、信号知识,供电知识,线路知识与车站运作和客运组织知识。

（3）运营线路知识:行车组织知识、安全规章知识和设施设备情况。

行车调度员需具备的岗位技能包括基本技能和专业技能,具体包括以下内容。

（1）基本技能:列车运行计划管理、调度命令发布、运营准备和结束工作、列车自动控制系统操作、通信设备操作、台账填记和计算机应用。

（2）专业技能:非正常情况下的行车调度、施工组织和设备抢修操作和应急处置。

11.3.2 行车值班员

行车值班员是从事城市轨道交通车站设备控制,负责车站行车组织,组织或协助开展施工作业等工作的人员。行车值班员的主要任务是开展车站行车组织工作,服从运营控制中心调度员指挥,执行相关调度命令;负责操作、监控车站行车相关设施设备,监视乘客乘降,掌握车站客流情况,发现故障、异常情况时,及时与调度员进行联系,按有关程序处理和报告;负责车站施工作业登记及施工安全管理;负责记录交接班事项和其他需要记录事项。

行车值班员的基本素质要求如表 11-2 所列。

行车值班员基本素质要求(√表示有要求,×表示无要求)　　　　表 11-2

序号	基本素质	行车值班员
1	年龄	√
2	身高	×
3	生理条件	√
4	视力	√
5	听力	√
6	交流能力	√
7	心理条件	√
8	学历	√
9	相关工作经历	×
10	生活习惯	√
11	无违法犯罪记录	√
12	工作态度	√

此外,针对行车值班员需要具备的理论知识体系主要包括以下几个部分。

（1）基础知识:安全基础知识,相关法律法规知识,电子、电工、机械和计算机基础知识与轨道交通基础知识。

（2）专业知识:行车知识、施工组织和设备抢修组织知识、线路知识、综合后备盘知识、消防知识、客室车门、站台门知识、乘客知识与应急知识。

（3）运营线路知识:行车组织知识、安全规章知识、设施设备情况和车站概况。

行车值班员需具备的岗位技能包括基本技能和专业技能,具体包括以下内容。

(1)基本技能:列车运行计划执行、车站运营准备和结束工作、调度命令接收与执行、列车自动控制系统操作、通信设备操作、台账填记和计算机应用。

(2)专业技能:非正常情况下车站行车组织、车站施工组织与设备抢修操作和应急处置。

11.3.3 列车驾驶员

列车驾驶员的任务是凭有效的行车凭证驾驶动车,对列车运行状态和相关行车设备进行监控、对列车运行径路进行瞭望;负责列车到站后开关门和人工广播;列车不能正常行驶时,准确报告故障信息,及时对故障做出判断和处理;在发生紧急行车事务时,根据需要及时、正确引导乘客进行有序疏散。

列车驾驶员的基本素质要求如表11-3所示。

列车驾驶员基本素质要求(√表示有要求,×表示无要求)　　　表11-3

序号	基本素质	列车驾驶员
1	年龄	√
2	身高	√
3	生理条件	√
4	视力	√
5	听力	√
6	交流能力	√
7	心理条件	√
8	学历	√
9	相关工作经历	×
10	生活习惯	√
11	无违法犯罪记录	√
12	工作态度	√

列车驾驶员需具备的理论知识体系主要包括以下几个部分。

(1)基础知识:安全基础知识,相关法律法规知识,电子、电工、机械和计算机基础知识与轨道交通基础知识。

(2)专业知识:行车知识,乘务管理知识,车辆知识,通信、信号知识,供电、轨道线路和站台门知识与乘客服务知识。

(3)运营线路知识:行车组织知识、安全规章知识和设施设备情况。

列车驾驶员需具备的岗位技能包括基本技能和专业技能,具体要求包括以下内容。

(1)基本技能:出退勤作业、列车整备作业、列车出入场作业、正线驾驶作业、车辆基地作业、行车命令执行作业、列车设备基本操作和正线配合调试作业。

(2)专业技能:非正常情况下的行车作业、列车故障应急处理作业、列车故障救援作业和乘客应急疏散作业。

11.4　正常情况下列车运行组织与调度

11.4.1　日常运行调度组织

日常运行调度组织工作主要包括运营调度前的准备工作、运营服务期间的运营调度指挥两个方面。运营调度前的准备工作主要有:检查夜班施工情况、确认接触网送电情况、试验进路和道岔、检查中央监控调度设备、确认当日执行时刻表并核对时间、客车出入车辆段的组织等内容,具体如下。

1)检查夜班施工情况

根据线路施工情况控制表等表格,检查确认当晚所有维修施工及调试作业已执行完毕,并已销点。

2)检查线路巡视作业

检查线路巡视作业已完成,并确认线路已符合行车条件。

3)运营前准备工作

在运营前 30min,需要检查车站和车辆段运营前的准备工作,包括线路出清、行车设备是否完好、道岔功能正常等。

4)确认接触网送电情况

行调确认线路施工情况控制表中有关停电施工已销点、地线已拆除、信号系统 MMI 及背投显示屏上显示的接触网成带电状态、"送电通知"已向相关车站/车长发布。

5)试验进路/道岔的要求

行调接到巡道完毕报告,确认线路出清后,通知车站进行试验进路、道岔工作。若试验出现异常,应及时通知维修调度员,派人检查抢修;无法修复时,应采取应急措施,目标是尽可能降低对运营的影响。

6)检查中央监控调度设备

确认中央监控设备的各种元素显示正确无误,并确认各种故障报警信息。如发现显示异常,应及时通知维修调度员派人处理。

7)客车出入车辆段的组织

客车入段前必须严格执行清客程序,广播通知乘客并确认乘客全部下车后关好车门;车站需与司机共同确认把关,不得带客入车场。客车回段时,按原驾驶模式进入转换轨,在转换轨按规定转换受电模式及驾驶模式,凭入车场信号机的显示驾驶进入车场。

正线日常的运营服务期间的运营调度指挥分为运营开始前、日常运营开始和运营结束后三个部分。

1)运营开始前

调度指挥中心行车作业应满足以下要求:建立或核对当日列车运行计划,检查内容无误;确认中央工作站显示及操作正常,所有集中站控制权处于规定状态,线路无异常占用;在规定时间前完成正线及车辆段(场)接触轨/网送电。

车站行车作业应满足以下要求:确认管辖范围内影响运营的检修施工已注销,行车用品齐全,运营设备状况良好,人员到岗,站台及小站台区域无侵限物品,具备运营条件;提前开启相关运营设备。

车辆段(场)的行车作业应满足以下要求:确认管辖范围内影响行车的检修施工已注销,出库线路空闲,运营设备状况良好;投用列车数符合当日列车运用计划要求;按时刻表及列车运用计划完成司机派班,办理列车出库作业。

设备系统方面,线路需保证出清状态、无侵限,区间照明良好,隧道线路无积水;行车区域人防门/防淹门保持开启并锁闭状态。车站需要保证线路出清,车站行车设备良好,具备送电条件。车辆基地需要保证线路出清,车辆段、停车场行车设备良好,能够按照当日行车计划收发车;运营期间备用车停放在指定位置,做好随时发车准备。轨道、道岔需要保证轨道、道岔状态良好,具备正常行车条件。车辆需要保证运用车、备用车状态良好,符合列车上线标准,列车数满足行车计划需求。供电需要保证供电系统处于正常运行方式,SCADA 功能正常,接触轨(网)状态良好。通信需要保证通信设备功能正常,控制中心与车站、段场、车辆之间通信良好;电视监视系统(CCTV)、广播系统(Public Address,PA)、乘客导乘信息系统(PIS)、时钟系统功能正常。信号需要保证可提供最高控制级别(移动闭塞或准移动闭塞)、线路信号装置(信号机/发车表示器、ATS 系统、计轴、轨道电路等)功能正常。机电需要保证站台门系统、综合监控系统功能正常,消防系统状态正常且无火灾报警。其他方面需要保证各设备时钟时间与主时钟同步,控制中心大屏正常显示。

司机行车作业应满足以下要求:按规定办理出勤手续,确认当日值乘计划和注意事项,对列车进行检查确认车辆设备良好;核对出库信号和进路,按规定时间驾驶列车到达转换轨,转换驾驶模式后运行至正线;若因故不能进入正线,应立即向信号楼值班员报告。

运营开始前的作业为:

(1)核对施工注销情况。调度指挥中心、车站、车辆段/停车场按照《行车通告》及当日临时、抢修施工计划,分别核对施工注销情况,确认施工登记的所有施工均注销。

(2)行车设备测试工作。车站值班员、信号楼值班员进行道岔试验,排列进路,查看道岔、进路、信号机是否正常,如遇设备故障应及时处置并上报行调。车站测试工作完成后,应将控制权限交还至调度指挥中心。

(3)段场、车站进行线路检查。段场检查线路出清情况,车站巡视站厅、站台,检查站台可视范围内线路,测试站台门。

(4)行调与段场确认线路出清,完成段场及库内送电。行调与段场确认段场线路出清情况,设备设施运行情况;段场基地调度或信号楼值班员向行调申请段场区域送电,行调按停送电流程对申请区域送电;段场基地调度或信号楼值班员按停送电流程对库内股道送电。

(5)司机检车。库内司机按出车顺序提前上车进行检车作业。

(6)行调与车站确认线路出清,正线送电。行调全呼车站,车站按标准用语要求依次报线路出清情况及设备运行情况;行调与电调按停送电作业流程办理正线送电作业。

(7)行调通知正线送电完毕,宣布正式运营。

2）日常运营开始

（1）列车进入正线运营后，行车调度员必须监视列车运行动态及设备运转，并做好故障信息通报及相关台账记录。

（2）处理运营过程中的各种突发事件，及时调整列车运行，尽快恢复正常运行秩序。

（3）通过工作站准确掌握线路上列车运行和分布情况、区间和站线占用情况、信号机显示和道岔状态；通过工作站终端输入命令，控制所辖区域信号机、道岔及排列列车进路。

（4）白班过程中了解次日夜班的施工计划，做好充分预想。

3）运营结束后

（1）运营结束后，核对所有运营及备用列车离开正线，确保正线线路空闲。

（2）日常的养护维修、施工原则上利用停营期间进行，行车调度员保证作业时间，并向有关车站、单位及作业负责人发出实际作业命令。

（3）根据施工计划及施工申请，对需要停电区段的接触网（轨），则由行车调度员通知电力调度员停电，并监控施工作业过程。

11.4.2　列车运行调整方法

列车运行调整的目标是减少列车实际运行图与计划运行图间的偏差、实现所有列车总延误最小以及乘客平均等待时间最短；同时，运行调整范围应尽量小，且调整时间尽量短。

列车运行调整的基本原则主要有：按图行车原则，即应按列车性质、用途调整；其他还包括快速及时原则、服务原则和系统性原则。

行车调度指挥常用的方法主要有以下几种。

（1）始发站提前或推迟发出列车。

（2）组织晚点列车赶点：根据列车性能、司机操纵水平和线路限速，组织晚点列车加速运行，恢复运行计划。

（3）压缩中间站停站时间：通过组织车站快速作业，压缩列车停站时间。

（4）组织列车不停车通过某些站：不停车通过分为载客通过和放空通过两类；应尽量避免列车载客通过车站；因设备故障或车站因乘客滞留等引起的秩序混乱，组织列车通过车站时，应提前下达调度命令。司机和车站工作人员应对乘客做好解释，以免乘客恐慌。

（5）调整行车间隔：行车调度员可根据列车运行情况，适当调整列车运行时间间隔。

（6）变更列车运行交路：组织列车在有条件的中间站折返。

（7）组织列车反向运行：如一个方向列车密度较大，另一方向列车密度较小，为恢复正点运行，可利用车站渡线将列车转到行车密度较小线路方向上运行。

（8）扣车：当某线路不能正常运行可能导致换乘站站台乘客拥挤时，行车调度员可采取扣车措施，即将另一条线路的列车扣在换乘站附近的车站，以缓解换乘站的压力。

（9）抽线停运列车：取消某些计划中的运行线。

11.4.3 案例分析

单列车情况下,调整列车运行的方法主要有改变列车区间运行时间(赶点)、压缩列车停站时间和组织列车不停站通过(跳站)。

图 11-3 ~ 图 11-5 展示了三种单列车运行调整方法的运行图变化。

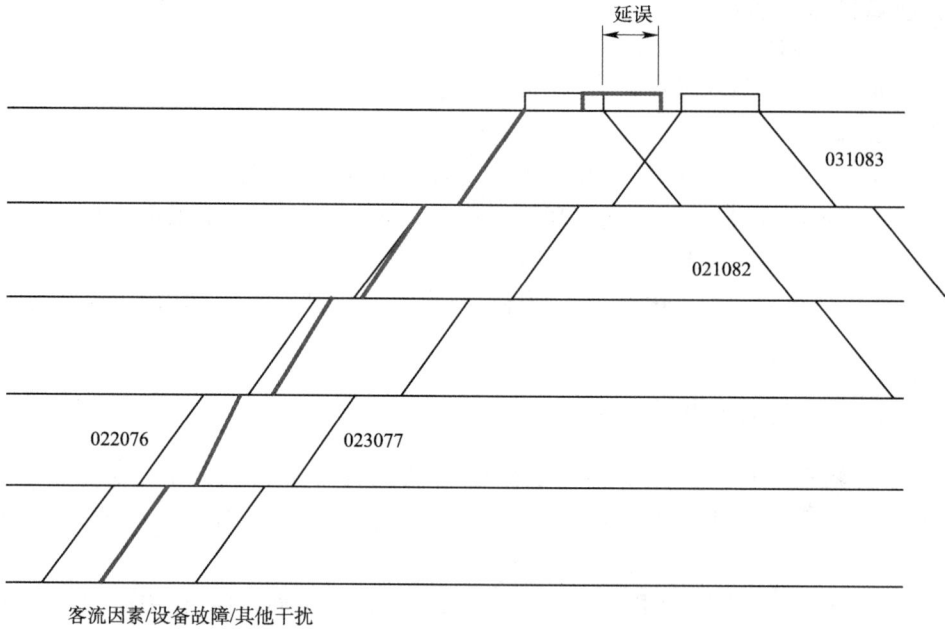

图 11-3 调整列车区间运行时间(赶点)方案

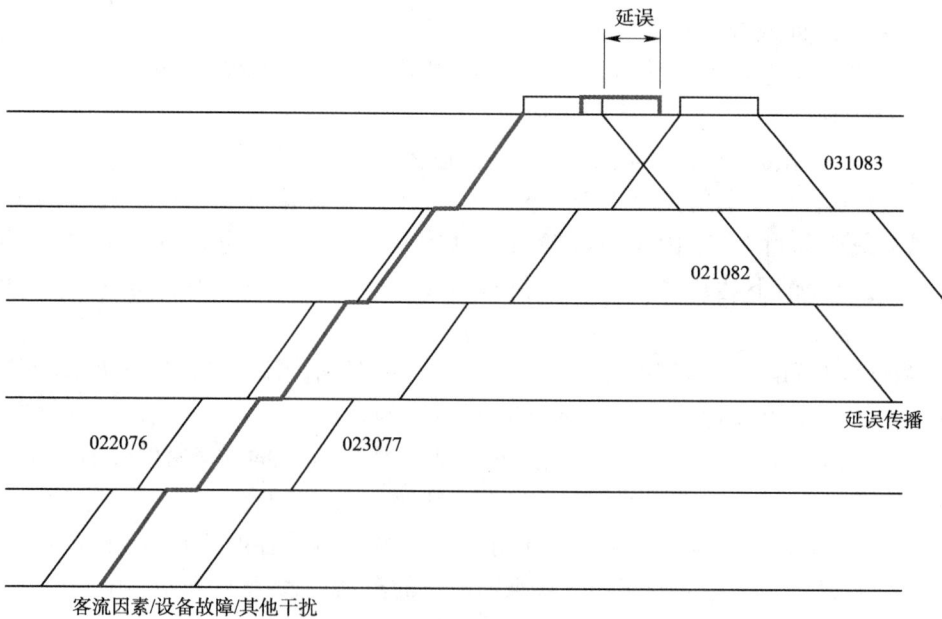

图 11-4 压缩列车停站时间的调整方案

延误

031083

021082

延误传播

022076   023077

客流因素/设备故障/其他干扰

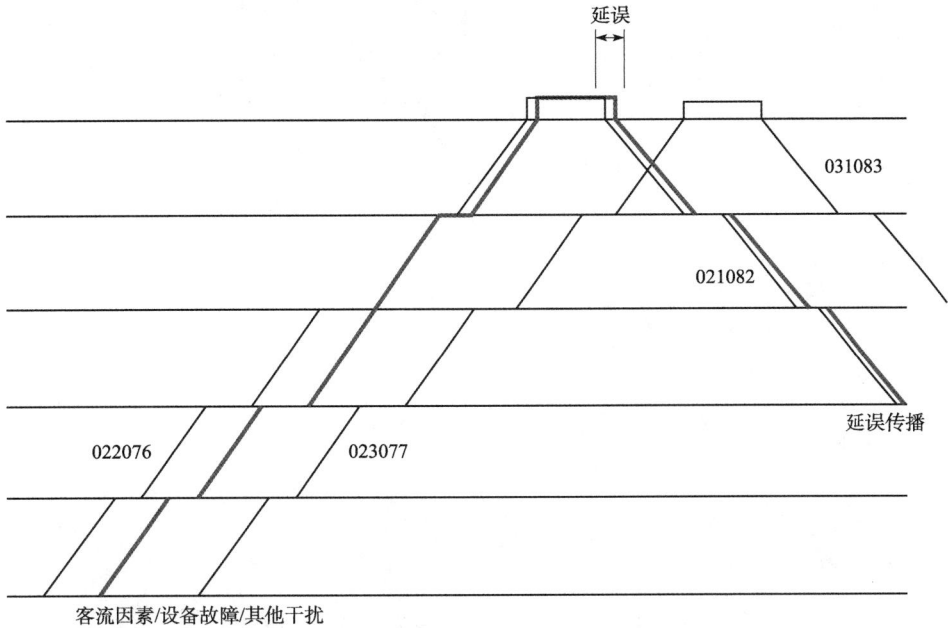

图 11-5　组织列车不停站通过(跳站)方案

多列车情况下,列车运行调整方法主要有调整列车间隔时间和抽线、扣车、改车次(车底周转计划的临时调整)两种方法。调整列车间隔时间主要是将初始晚点部分分担到后行列车上,对后车采取"先压后赶"的运行间隔调整方法。

图 11-6 和图 11-7 展示了两种多列车运行调整方法的列车运行图。

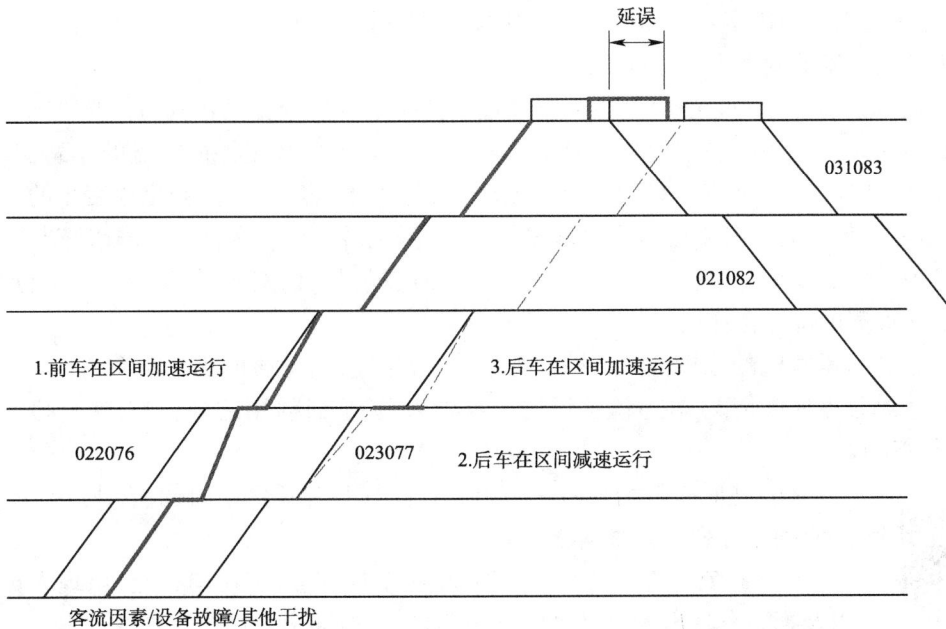

延误

031083

021082

1.前车在区间加速运行　　　　3.后车在区间加速运行

022076   023077　　2.后车在区间减速运行

客流因素/设备故障/其他干扰

图 11-6　调整列车间隔时间的列车运行图

延误

031083

021082

022076   023077

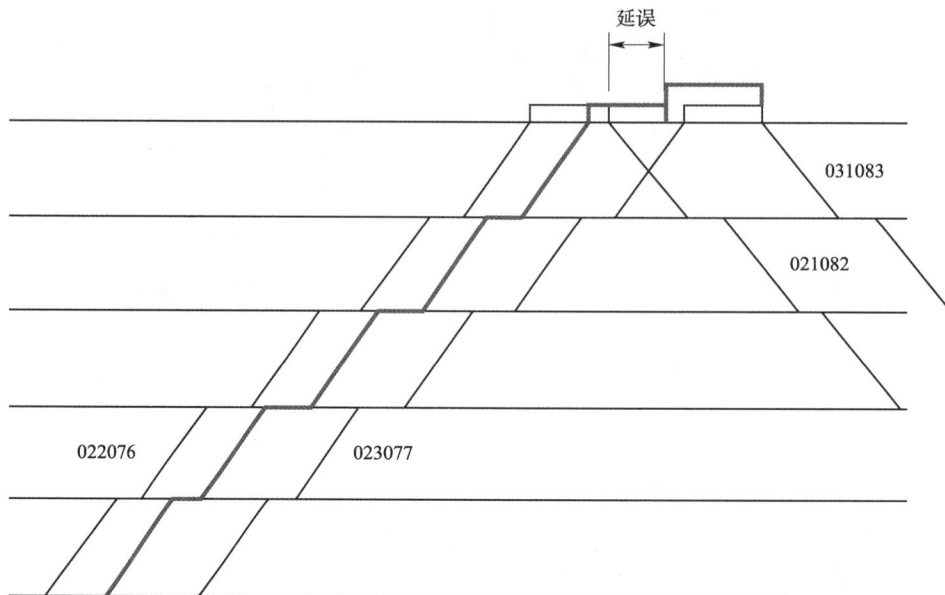

图 11-7　车底周转计划临时调整的列车运行图

11.5　大客流情况下运行组织与调度

11.5.1　大客流控制的调度指挥原则

大客流产生的原因多是车站公共区使用面积小、运能不足和节假日或突发性大客流等。因此,疏导大客流的调度指挥原则如下:

(1)确保人身安全、防止拥挤踩踏、避免过度拥挤是现场处置大客流的首要原则。

(2)以主动计划性控制取代被动应急性控制。对工作日客流特征明显的车站实施常态化控制。早高峰以进站客流为主、晚高峰以出站客流为主;客流量大、变化幅度小的,实施工作日单站常态化限流。限流控制须通过多种渠道提前公告,让乘客合理安排错峰出行时间。

(3)发生大客流时,应建立车站人员、公安人员、安检员、保安员、保洁员及属地行政管理单位、治安管理单位综合管控机制。

(4)强化日常客流的分析预测与综合管控,反应迅速,信息通报及时准确。

(5)车站根据实际情况,在危险区域增加疏导人员,适时启用疏导设施,调整售、检票及通道通行能力。

(6)适时采取增加列车、延长运营时间、延长停站时间、合理组织空客车、跳停列车等列车调整措施。

(7)避免客流交叉对流、人和物堵塞通道、乘客逆向行走、出现人员聚集,以及拥堵车站出入口、楼梯口、售票口、闸机通道及站台等现象。

大客流的分类

(8)当对外交通衔接站出现晚点导致大客流时,衔接站应根据有关部门通知将情况报告调度指挥中心,及时采取末班车延后、加开列车等行车调整措施。

11.5.2 大客流控制的客运组织方法

大客流控制重点工作是客运组织的调度指挥,具体方法分为常态化的客流控制措施和突发性的客流控制方法。常态化的客流控制措施主要有工作日客流控制和节假日客流控制;突发性的客流控制方法主要有单站控、线控、网控、组团控和全线停止进站等。

常态化的客流控制措施包括以下内容。

(1)信息预告:严格按预告信息中的车站、日期、时段启动客流控制;

(2)控制措施:关闭部分进站闸机以及在进站闸机前设置回形阵(宽度够一人通行即可),或在进闸机前拦截、分批放行的控制方式;

(3)特殊乘客:关注老幼病残孕等特殊乘客,开辟绿色通道主动引导其快速入站;

(4)合理控制:选择适当站点合理分配客流,使各站乘客等待时间基本持平。

限流是北京、上海、广州和深圳等客流强度较大城市地铁常态化客流控制的重要措施。限流控制的主要是进站客流和换乘客流。车站是否采取限流取决于车站周边的土地利用情况;对换乘站来说,主要取决于线网空间形态和车站在线网中的作用。

从车站、线路和线网角度看,限流(客流控制)的条件为以下两种。

(1)车站(点控):当车站能力下降、拥堵无法缓解且有不断增大趋势时,须启动车站客流控制措施。车站大客流组织与管理模式可参见第 4 章的内容。

(2)线路(线控):当某线多座车站出现大客流或连续多个区段满载率偏高时,应采取措施限制主控站及辅控站进站乘客,缓解主控站或高满载率区段客流压力。线控启动条件为本线主控站采取客流控制措施后,拥挤仍无法缓解且有继续增大趋势时。线控启动流程为:

①主控站上报调度指挥中心启动客流控制,控制中心向辅控站发布命令;

②辅控站立即按突发客流的线控方案,将进站客流限制在规定数值之内;

③当上述措施不能有效缓解主控站及相关车站大客流时,主控站可提出增加辅控站或改变控制进站人数要求。

表 11-4 展示了某城市轨道交通运营企业在线控角度设定的三级控制措施表,其中线控共有三个等级,每个等级的线控启动标准和控制措施都不相同且有严格要求。

某城市轨道交通运营企业线控对应的三级控制措施表　　　　　表 11-4

线控	线控启动标准	控制措施
三级	线路上同时有 2 座车站启动大客流应急响应时;线路在采取常态化客流控制措施情况下,高峰 30min 列车满载率超 110% 的区间达 3 个及以上时;高峰期本线列车预计延误 5min 及以上,站台连续 2 列车乘客无法上车且积聚较多乘客;线路沿线有大型活动或特殊安排影响多个车站时	将本线车站对主控站影响较大的前 1/3 站点(原则上不含换乘站)作为辅控站,实施联控,减缓本线其他车站乘客到达主控站的速度和数量
二级		将本线车站对主控站影响较大的前 2/3 站点(原则上不含换乘站)作为辅控站,实施联控,减缓本线其他车站乘客到达主控站的速度和数量
一级		本线全线车站(含换乘站)停止进站 5(/10/15)min,减缓本线其他车站乘客到达主控站的速度和数量

（3）线网（网控）：当实施线控仍无法缓解客流压力时，邻线辅控站采取客流控制措施限制进站乘客人数，缓解区域客流压力的客流组织行为。网控的启动条件为线控措施无法缓解拥堵时。网控的启动流程如下：

①主控站上报本线调度指挥中心（OCC），本线调度指挥中心再报路网控制中心（TCC），路网控制中心通知邻线控制中心根据突发客流的网控方案向辅控站发布命令。

②辅控站立即按网控方案将进站客流限制在规定数值之内。

③当启动后不能有效缓解区域相关车站的大客流时，主控站可提出增加辅控站或改变控制进站人数请求。

表 11-5 为某城市轨道交通运营企业以网控角度设定的三级控制措施表，其中网控分三个等级，每个等级的网控启动标准相同，但不同等级有不同的控制措施。

某城市轨道交通运营企业网控对应的三级控制措施表　　　　表 11-5

网控	网控启动标准	控制措施
三级	已启动线路大客流应急响应的情况下，高峰 30min 列车满载率超 110% 的区间达 5 个及以上时；高峰期本线列车预计延误 10min 及以上，站台连续 2 列车乘客无法上车且积聚较多乘客；线路沿线有大型活动或特殊安排影响多个车站时	将邻线车站对主控站影响较大的前 1/3 站点（含换乘站）作为辅控站，实施联控，减缓邻线其他车站乘客到达主控站的速度和数量
二级		将邻线车站对主控站影响较大的前 2/3 站点（含换乘站）作为辅控站，实施联控，减缓邻线其他车站乘客到达主控站的速度和数量
一级		邻线全线车站（含换乘站）停止进站 5(/10/15)min，减缓邻线其他车站乘客到达主控站的速度和数量

11.5.3　大客流控制的列车运行调整

大客流调度指挥方案有车辆短时间暂停进站或越站、应急公交接驳启动等。两种调度指挥方案的具体内容如下：

（1）车站短时间暂停进站或越站。当进站、换乘客流过大，列车运能不能满足需要，采取单站级（一、二、三级客流控制）、线控、网控均无法缓解时，采取对几个车站或一条线路全部车站短时间停止进站，这种暂停一般不超过 5min。列车清客后越站清空大客流车站。

（2）启动应急公交接驳。达到下列条件之一时，行调向车站发布启动公交接驳命令：

①同一区段双向行车预计可能中断 20min 及以上时；

②某一区段单向行车预计可能中断 20min，且部分区间采用单线双向行车，单向行车间隔达到 20min 以上时；

③大面积故障导致某区段双向行车预计晚点超过 40min，或能力降低 60% 及以上时。

11.5.4　案例分析

以某城市轨道运营公司为例,分别介绍可预见大客流及突发性大客流下车站对应的大客流处置方案。

1)某城市轨道运营公司可预见性大客流处置方案

因大型活动、节假日、恶劣天气等原因出现的客流骤增,各中心(部门)应根据运营公司发布的运营保障方案,落实相关保障措施,其中车站的职责内容如下:

(1)根据运营保障方案,制定现场保障措施,提前安排工作人员到大客流车站支援,在站厅、站台、电扶梯、楼梯、换乘通道等部位增派人手并合理布岗,并对大客流加以引导。

(2)在出入口、站厅和站台处摆设隔离装置,引导乘客手机过闸,提高闸机通过速度。

(3)提前设置临时售票点,根据现场情况决定是否启用票卡、备用金和零钞。

(4)根据现场情况提前设置导向标志,在换乘站提前设置隔离带或隔离栏杆。

(5)提前准备手持广播、对讲机、便携式扩音器等应急物资。

(6)加强客流监控。若车站客流持续增加,车站值班站长应根据现场情况判明客流级别,报告行车调度员,并及时采取限流措施。

(7)加强同一线路各车站之间信息互通及不同线路换乘站的客流处置联动。

2)某城市轨道运营公司突发性大客流处置方案

因不可预见的突发事件造成某一时段客流集中到达,超过正常客运设备或运营组织所能承担的客流,车站的大客流处置预案如下:

(1)当车站发生突发大客流时,值班站长应及时判明客流特征,报告行车调度员。

(2)车站立即采取客流控制措施,合理调整进出站闸机方向,设置隔离措施,优化乘客行走路线,减少客流对冲。

(3)车站售票设备能力不足时,应及时开启临时售票点。

(4)当出站客流较大时,车站可根据现场情况设置降级模式,尽快让乘客出站。

(5)车站安排支援人员加强售票机、闸机、电梯口、换乘通道、站台等关键部位的引导。

(6)安检排队较长时,应增加工作人员,提高安检速度;若排队乘客持续增加,应设置人工快检通道,进行分道处理,有包的乘客走安检通道,无包的乘客走人工快检通道。

(7)当客流持续增加,车站采取三级站控组织措施,或者按照调度指挥中心确定的主控和辅控车站配合采取三级站控组织措施。

(8)客流持续增大,车站难以控制客流,危及乘客安全时,车站应向行车调度员申请关闭车站。

(9)车站接到临时封闭的命令后,立即做好乘客引导解释工作,通过广播、张贴告示等方式及时向乘客发布信息,疏散站内乘客,安排人员到出入口阻止乘客进站,并请求警察协助。车站根据指示将车站售检票系统设置为降级模式,疏散完毕后恢复正常模式。

(10)突发事件造成某一时段客流集中到达,超过正常客运设备能承担的客流。

图 11-8 展示了某城市轨道交通企业所设定的车站大客流应急预案,其中包含了可预测大客流和突发性大客流的应急处置措施。

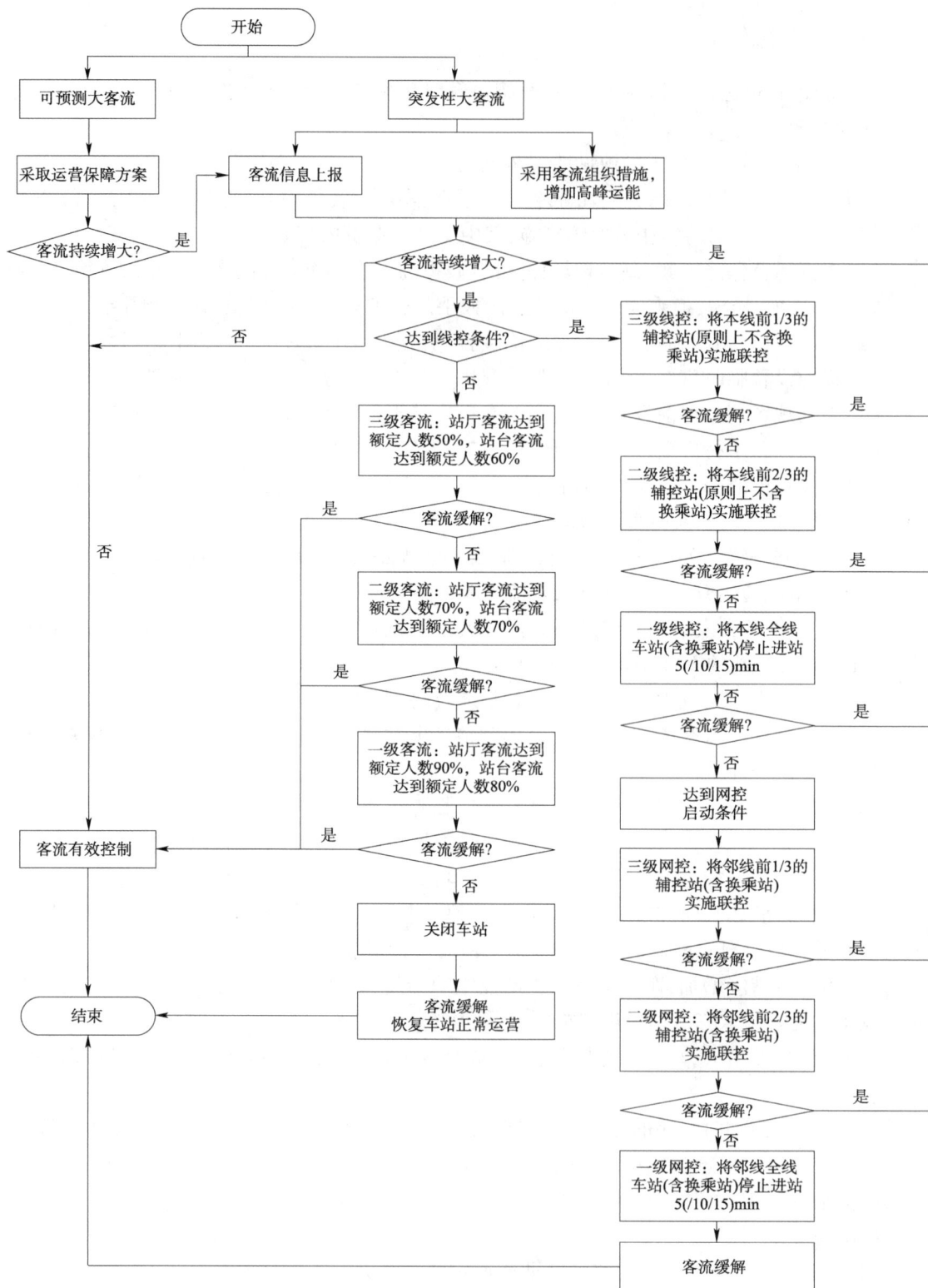

图 11-8 某城市轨道交通车站大客流处置流程图

11.6　非正常情况下列车运行组织与调度

城市轨道交通运营安全保障工作涉及轨道、车辆、机电、信号、运输组织等多个子系统，任何环节的疏忽都可能造成重大事故；运营管理者需要重点关注安全问题以及安全事故后的列车运行组织调度工作。

11.6.1　突发事件下调度指挥组织

突发事件的现场调度指挥十分重要。表 11-6 所列为不同事发地点现场应急处置机构。

现场应急处置机构　　　　　　　　　　　　　　　　　　　表 11-6

事发地点	先期	Ⅳ级响应（升级至）	Ⅲ级响应（升级至）	Ⅱ级响应（升级至）	Ⅰ级响应（升级至）
正线轨行区	车站值班员	站区长	对应车务中心经理	分管车务副总经理	董事长＋总经理
车站	车站值班员	站区长	对应车务中心经理	分管车务副总经理	董事长＋总经理
区间（含区间内无人值守房间）	行调制定车站值班员	站区长	对应车务中心经理	分管车务副总经理	董事长＋总经理
段场轨行区	信号楼值班员	乘务室主任	车辆中心经理	分管车辆副总经理	董事长＋总经理
主变、风井变电所	变电所值班员	供电中心主任级人员	供电中心经理	分管供电中心副总经理	董事长＋总经理
其他区域	现场（或就近）值班值守人员	主管部门主任级人员	主管部门经理级人员	分管该部门副总经理	董事长＋总经理

注：1. 突发事件出现在共管换乘站（一个车站由多家车务中心共同管理的换乘站）/枢纽时，由事发区域主管部门的相应级别人员担任现场指挥。

2. 突发事件发生在区间的，行调优先按照就近原则，综合考虑工区分布及交通情况，指定涉事区间两端的某一车站担任现场指挥，如该车站为共管换乘站，现场指挥由事发线路主管车务中心的相应级别人员担任。

在突发事件发生时，不仅需要分配现场应急处置机构，更需要规范化地制定应急处置的流程。应急处置的流程及主要内容如下：

（1）发生突发事件后，现场人员应立即启动本点位现场处置方案，进行先期处置，避免事态进一步扩大。应及时报告属地值班人员；属地值班人员应及时向 OCC 进行报告；OCC 接报后向 TCC 进行报告。

（2）属地立即成立临时指挥处，现场指挥在第一时间与 TCC 建立联络并进行事件初报。明确等相关信息，TCC 根据事件具体情况启动相应级别应急响应。

（3）TCC 视情况，组织相关线路 OCC 进行线网行车调整。正线进行抢险救援涉及进入轨行区作业的，OCC 在具备条件后为相应车站办理施工进场作业令，并说明允许作业范围及限制条件。

（4）TCC 根据事件发展及现场处置情况，决定是否发布提升响应级别的信息。

针对城市轨道交通运营突发事件，不同层面需有不同的组织应对措施，具体规定如下：

（1）国家层面：我国交通运输部负责运营突发事件应对工作的指导协调和监督管理。根据运营突发事件的发展态势和影响，交通运输部或事发地省级人民政府可报请国务院批准，或根据国务院领导同志指示，成立国务院工作组，负责指导、协调、支持有关地方人民政府开展运营突发事件应对工作。必要时，由国务院或国务院授权交通运输部成立国家城市轨道交通应急指挥部，统一领导、组织和指挥运营突发事件应急处置工作。

（2）地方政府层面：城市轨道交通所在地城市及以上地方各级人民政府负责本行政区域内运营突发事件应对工作，要明确相应组织指挥机构。地方有关部门按照职责分工，密切配合，共同做好运营突发事件的应对工作。对跨城市运营的城市轨道交通线路，有关城市人民政府应建立跨区域运营突发事件应急合作机制。

（3）现场层面：负责运营突发事件处置的人民政府根据需要成立现场指挥部，负责现场组织指挥工作。参与现场处置的有关单位和人员应服从现场指挥部的统一指挥。

（4）运营单位层面：运营单位是应对突发事件的责任主体；针对运营突发事件完善应急预案体系，要建立应急指挥机制、与相关单位的信息共享和应急联动机制。

（5）专家层面：各级组织指挥机构及运营单位应根据需要设立由线路、轨道、结构工程、车辆、供电、通信、信号、环境与设备监控、运输组织等方面的专家组成的突发事件处置专家组，对突发事件处置工作提供技术支持。

突发事件发生后，运营单位须立即实施先期处置，全力控制事件发展态势。相关部门和单位应根据工作需要，组织实施以下措施：

（1）人员搜救：调派专业力量和装备，在突发事件现场开展以抢救人员生命为主的应急救援工作。现场救援队伍之间要加强衔接和配合，做好自身安全防护。

（2）现场疏散：按照预先制订的紧急疏导疏散方案，有组织、有秩序地迅速引导现场人员撤离事发地点，疏散受影响城市轨道交通沿线站点乘客至车站出口；对线路实施分区封控、警戒，阻止乘客及无关人员进入。

（3）乘客转运：根据疏散乘客数量和突发事件的城市轨道交通线路运行方向，及时调整城市公共交通路网客运组织，利用正常运营线路，调配地面公共交通车辆运输，加大发车密度，做好乘客的转运工作。

（4）交通疏导：设置交通封控区，维护疏导事发地点周边交通秩序，防止发生大范围交通瘫痪；开通绿色通道，为应急车辆提供通行保障。

（5）医学救援：组织当地医疗资源和力量，对伤病员进行治疗；及时将重症伤病员转运到有条件的医疗机构救治。视情增派医疗卫生专家和卫生应急队伍、调配急需医药物资，支持事发地的医学救援工作。提出保护公众健康的措施建议，做好伤病员的心理援助。

（6）抢修抢险：组织相关专业技术力量，开展设施设备等抢修作业，及时排除故障；组织线路抢险队伍，开展土建设施、轨道线路等抢险作业；组织车辆抢险队伍，开展列车抢险作业；组织机电设备抢险队伍，开展供电、通信、信号等抢险作业。

（7）维护社会稳定：根据事件影响范围、程度，划定警戒区，做好事发现场及周边环境的保护和警戒，维护治安秩序；严厉打击借机传播谣言制造社会恐慌等违法犯罪行为；做好各类矛盾纠纷化解和法律服务工作，防止出现群体性事件。

（8）信息发布和舆论引导：通过政府授权发布新闻稿、接受记者采访、举行新闻发布会、组织专家解读等方式,电视、广播、报纸、互联网等途径,运用微博、微信、手机应用程序客户端等新媒体平台,主动、及时、准确、客观向社会持续动态发布运营突发事件和应对工作信息,回应社会关切,澄清不实信息,正确引导社会舆论。信息发布内容包括事件时间、地点、原因、性质、伤亡情况、应对措施、救援进展、公众需要配合采取的措施、事件区域交通管制情况和临时交通措施等。

(9)运营恢复:在突发事件现场处理完毕、次生灾害后果基本消除后,及时组织评估;当确认具备运营条件后,运营单位应尽快恢复正常运营。

11.6.2 典型场景的调度指挥

运营时段区间隧道火灾情况下的调度指挥对策与方法如下。

(1)车站人员或司机接到区间隧道火灾报警后,了解火情,立即报告调度指挥中心,并通知事发区间相邻车站及相关岗位人员,做好灭火准备。

(2)车站员工及相关岗位人员,按照行车调度员的要求,做好相应灭火、救助工作。如需要清客疏散,按照清客疏散预案引导乘客紧急疏散,事故区间的后端站立即进行扣车处理。

(3)综合(环控)调度员及时根据现场火灾情况组织启动环控系统相应火灾模式进行排烟;如烟气进入车站,车站人员可视情况开启环控系统相应火灾模式进行站内排烟。司机在区间遇到火灾后先停车确认火灾影响,如不具备通过条件通知调度指挥中心,调度指挥中心组织该列车退行,并避免其他列车进入该区域。

联锁系统故障
应急处理

(4)站台屏蔽门应保持关闭,值班站长保持与相关各方的联系。

(5)现场确认为区间隧道电气设备设施发生火灾时,运营列车就近停靠车站站台;现场未得到恢复前,后续列车不得进入事发区间;调度指挥中心应根据现场反馈的信息通知相关设备专业对起火设备进行断电处理。

列车火灾紧急处理

由于城市轨道交通多为地下封闭空间,火灾发生后排烟和排烟方向选择尤为重要,表11-7展示了不同区间隧道失火部位的排烟方向选择。

不同区间隧道失火部位的排烟方向选择　　　　　　　　表11-7

区间隧道失火部位	排烟方向选择
列车运行方向列车 前方失火	关闭该区间相邻两个车站公共区的通风空调系统; 开启最近前方站的区间事故风机进行排烟; 开启最近后方站的机械风机进行送风
列车运行方向列车 后方失火	关闭该区间相邻两个车站公共区的通风空调系统; 开启最近前方站的机械风机进行送风; 开启最近后方站的区间事故风机进行排烟
区间隧道中部失火	启动通风排烟的时间宜根据疏散完成情况确定,待一端人员疏散至安全区后,通过现场指挥联系调度指挥中心,综合调度员执行区间通风排烟模式。 送风方向应保证疏散未撤离至安全区一端的乘客迎着新风向疏散

除了列车上或者地下隧道中失火,还应注意列车在车站或露天段区间或隧道区间发生火灾时的调度指挥。

当列车在车站发生火灾时,应防止列车带火或烟发出;列车司机应打开列车停靠站台侧车门;司机、车站人员现场确认站台侧车门、屏蔽门或安全门开启状态,降下受电弓,根据现场实际情况做好相应灭火、救助工作,按照清客疏散专项预案组织疏散。停止邻线站台乘客乘降作业并关闭屏蔽门,地下站启动环控系统的火灾模式排烟。

当列车在露天段区间或隧道区间发生火灾时,需隔离火点、组织站台清客。若列车在隧道区间发生火灾,应尽可能驶向前方车站处置,行车调度员命令前方站准备并待列车到达后进行灭火、救援、疏散工作。若车站通风系统由车站启动对应火灾工况下的通风模式。若列车必须在两站间停车清客,则应"区间疏散"和"确定风向、逆风逃生"。

11.6.3 列车救援组织方法

当列车发生故障,迫停于车站或区间需要救援时,需要制定故障列车的救援组织办法和基本流程,同时各部门需要进行协调指挥救援列车的运行组织。以下介绍故障列车救援组织方法相关的基本概念。

(1)故障列车:因车钩与紧急制动、牵引与制动、车门、列车信息、空调、辅助等系统的电路、气路和机械故障导致不能承担安全运送乘客任务的列车。

(2)救援列车:当故障列车迫停于车站或区间时,运行至故障列车迫停位置为其提供牵引、制动等基本功能的列车。

(3)列车清客:对不再开展客运业务的列车(例如列车折返、回库或在特殊情况下),组织将乘客请离列车的过程或组织行为。

列车故障救援处理程序

列车故障的原因往往多种多样,按照工作原理可以分为三类:电路故障(例如牵引与制动系统、空调系统、列车信息系统等)、气路故障(例如车钩与紧急制动、供风系统、空气压缩机等)和机械故障(例如车门系统等)。按照功能可以分为六类:车钩与紧急制动[例如停放制动(气制动)故障]、牵引与制动系统[例如牵引控制单元(Drive Control Unit,DCU)故障、制动控制单元(Baker Control Unit,BCU)故障]、车门系统(例如车门电机转轮机械故障、车门检测电路故障等)、空调系统(例如通风空调系统故障)、列车信息系统(例如乘客广播系统故障、司机室显示屏故障)、辅助系统(例如蓄电池故障、空气压缩机)。

针对列车故障,可通过以下四个步骤处理:

(1)复位开关:复位自动开关,重新启动故障系统;

(2)旁路电路/关断气路:关断列车ATP对故障系统的检测电路/关断气路缓解制动;

(3)复位主控钥匙:开关列车主控钥匙或换端操作激活列车;

(4)复位列车:重新升降受电弓,重新起动列车(一般不采用)。

表11-8统计了某地铁公司司机处理各种故障所需的时间。

一般地,故障列车救援组织流程包括以下四个步骤。

(1)发布救援命令,封锁区间:行车调度员接到故障列车司机的救援请求后,向相关车站发布开行救援列车的命令,并封锁相应的区段;

某地铁公司司机处理各种故障所需的时间 表 11-8

序号	处理操作	完成时间（s）
1	复位制动控制单元（BCU）	93
2	复位牵引控制单元（DCU）	86
3	复位 ATP	60
4	ATP 保护下，主钥匙开关复位	39
5	开关车门	29
6	切除气制动阀	28
7	切除车门	25
8	经屏蔽门往返司机室	25
9	走完单节车	11

（2）确定救援列车，并清客：确定救援列车由相邻后续列车后担任，并通知救援车司机清客后待命，准备实施救援工作；

（3）故障列车做好防护，准备重联：故障列车不准动车，播放广播安抚乘客，并打开列车两端的标志灯作为防护信号，并指挥与救援列车的重联；

（4）救援列车按行调命令运行：向封锁线路发出救援列车时，不办理行车闭塞手续，以调度员命令作为进入该封锁线路的许可。

列车救援组织在执行中应坚持"一个明确，三个关键问题"。"一个明确"指救援列车由相邻后续列车清客后担任，这可以减少清客次数，降低对运营的干扰；"三个关键问题"涉及是否清客、对故障列车是牵引还是推进、与故障列车重联后的救援列车是正向还是反向运行。

关于"是否清客"问题，需按照"优先站内处理"原则处理。若故障列车位于站台，直接清客，组织救援；若故障列车位于区间，不清客，直接救援，运行到邻近车站后清客。故障列车不在区间清客的原因是乘客在隧道内的行为不可控，增加风险。若故障列车 20 ~ 30min 内无法救援，可能引发列车停电导致出现通风、照明问题，为避免乘客恐慌可考虑区间清客。

关于"故障列车牵引还是推进"问题，"牵引"的优势是瞭望条件好，有 ATP 保护，可采用 ATO 或 SM 模式驾驶，机动权在驾驶者手中，运行速度快，可控性高；劣势是列车需要反向运行，对调度组织要求高；当有辅助线可用时，可组织列车反向经辅助线运行至另一方向线路后正向运行。同时，除非有双向渡线或较长的存车线，否则将故障列车牵引进存车线停放后，救援列车无法再次投入运营。"推进"的优势是列车正向运行，调度组织容易。同时，将故障车推入存车线后，救援列车较易再次投入运营；劣势是瞭望条件差，前方引导需由故障车司机担任，采用 URM 模式驾驶，没有 ATP 保护，存在追尾风险，运行速度慢。

关于"正向运行还是反向运行"问题，没有明确的规定和要求，需综合考虑故障列车附近车站的配线位置以及行车调度组织的难易程度后确定。

11.7 检修施工组织与管理

11.7.1 检修施工计划

正式施工前,负责施工部门应编制提出检修施工计划并获得调度指挥中心的批准。关于检修施工作业计划的编制参见第5章。

11.7.2 施工作业管理

施工作业应根据施工作业场所、内容对施工作业分级分类管理,包括计划施工、临时施工、抢修施工和抢险补修施工。

施工作业管理的基本要求有:

(1)必须坚持"安全第一、预防为主、分级管理"的方针,确保施工和运营服务安全。

(2)计划施工、临时施工、抢修施工和抢险补修施工等作业应根据施工作业场所、内容对施工作业分级分类管理。

(3)运营时间内,不得进行影响行车的设备检修作业。

(4)进入正线、辅助线及影响正线行车的施工应经行车调度员同意;进入车辆段、停车场及影响车辆段(场)行车的施工应经信号楼值班员/车辆维修调度员同意;进入车站及影响车站运营的施工需经车站值班员同意。

(5)调度指挥中心负责所管辖线路施工协调会的召开,组织计划施工的申报、审批、发布。涉及多条线路施工时,应按线路申报多条施工。施工负责人须向不同线路的行车调度员申请作业。

(6)计划施工以周计划为基本单位,当遇节假日等特殊情况,可以两周计划施工合并。

(7)封锁区间内不得安排影响封锁区间内列车运行的施工作业。

(8)具体施工组织按《运营施工作业管理规定》执行。

运营期间的设备抢修,应遵循以下的要求:

(1)设备故障处理、抢修应贯彻"先通后复"的原则。

(2)抢修施工应严格按照施工管理规定办理,属地严格把控施工登记、注销流程。除抢修救援外,运营期间原则上不进行影响行车的施工作业。

(3)运营期间正线、辅助线发生设备故障,确需进入行车区域、动用行车设备及进行影响行车施工的,由行车调度员向各相关单位发布抢修命令。属地单位接到抢修命令后,做好抢修的前期准备工作,并提前安排人员负责端门的开启与抢修人员进出的登记工作。经施工审批,属地单位确认具备条件后方可组织施工人员进入抢修区间。

(4)对于可能侵入接触网(轨)安全防护距离内的作业,由设备专业抢险队长/施工负责人通过现场指挥/属地值班员申请相关区域牵引停电;行车调度员会同综合监控调度员确认相关区域接触网(轨)停电后,方可批准进入该区域。

(5)人员进入行车区域作业时,应严格遵守安全规定,落实安全防护措施。

(6)若抢修期间相关区域需要临时通车,抢修人员应进入安全避让区进行避让。抢修区域需要组织行车时,行车调度员应通知司机限速运行。

非运营期间的设备检修施工一般可参考以下规定:

(1)运营结束后的施工应按《行车通告》或临时施工计划实施。

(2)施工作业应执行申请、注销程序,并在施工结束前对检修设备的功能进行测试。

(3)各类施工作业必须按规定时间结束,不得影响正常的列车运行计划的实施。

同时,施工前还需要填写施工进场作业申请,作为进场施工的依据。

11.8　运营调度工作信息分析

11.8.1　调度分析制度

调度分析指对日常运输工作进行综合分析,发现日常运输工作中存在的问题,查明原因,并提出相应的解决对策。调度工作分析不仅是对日常运输工作进行事后分析,还要通过分析研究,预见运输工作发展趋势和可能的问题。

运营调度分析的指标一般包括列车运行图兑现率、列车正点率、平均满载率、清客统计以及载客通过(放站)列次等。这些指标的含义及其计算方法参见运营指标章节。

11.8.2　调度分析主要内容

调度分析工作,主要可分为日常分析、定期分析和专题分析。

日常分析应每日进行,于班工作或日工作终了时对日班计划执行情况及日常运输中的先进经验和存在问题进行简要分析;查明存在问题及原因,以便采取改正措施。

定期分析又分旬分析和月分析。即在日常分析基础上,收集和积累有关资料,建立必要的台账和报表,如运营日报、故障报告等,按时做出旬分析和月分析,总结经验,发现问题,并提出改进意见。

当运营工作在某一方面或某一指标有突出变化时需开展专题分析。专题分析往往需要分析人员深入一线开展调查研究,系统、全面剖析相关因素的变化及其导致的结果,对需要避免的结果提出防止对策,将利于运营工作降本增效的成果发扬光大。

复习思考题

1.简述城市轨道交通列车运行调整的原因。

2.简要分析行车调度工作的基本任务。

3.简述调度指挥工作的实施流程。

4.简述行车调度指挥的组织模式。

5.简述列车运行调度过程中发挥作用的岗位及其职能。

6.简述正常情况下列车运行组织如何调整。

7.简要阐述特殊情况下列车的运行调整的方法及其适用场景。

8.分析不同场景下列车救援组织的主要方法。

9.简述列车施工作业管理的标准。

10.根据个人理解阐述行车调度工作的评价方法。

AI 辅助学习研讨题

利用 AI 工具(如 DeepSeek、Kimi 等)生成下列讨论题的报告或 PPT。

讨论题(1):研究提出车站客流控制与列车运行调整一体化优化的调度方法。

要求:结合当前列车运行组织的研究现状,给出由 10～20 个关键词组成的提问句,利用 AI 工具生成研讨报告和汇报文件(PPT),不少于 3000 字。

讨论题(2):研究提出单一车站中断运营下列车运行调整的策略。

要求:结合当前列车运行调整的研究现状,给出由 10～20 个关键词组成的提问句,利用 AI 工具生成研讨报告和汇报文件(PPT),不少于 3000 字。

第 12 章
维修管理计划

　　设备设施的维修是确保系统运营安全性及服务质量的重要基础。本章根据我国现行规范介绍了城市轨道交通运营设备设施的维修养护要求与基本管理流程,重点分析了车辆、信号、通信、线路以及车站与车辆基地相关设备设施的维修养护规定,最后介绍了我国地铁运营企业常用的维修养护模式。

12.1　维修管理计划概述

参考《城市轨道交通运营设备维修与更新技术规范　第1部分:总则》(JT/T 1218.1—2018),城市轨道交通系统使用的设备包括车辆、信号、通信、供电、站台门、自动售检票、通风空调与采暖系统、广播、乘客信息系统、视频监控10个部分。城市轨道交通设施包括线路与轨道、隧道、桥梁、车站、路基和涵洞、车辆段。运营企业为保障安全快捷运送乘客,应建立运营设备设施维修与更新工作机制,加强设备设施管理、风险管控和质量监督,以维持整个系统技术状态良好、运行正常。

设备维修是为保持或恢复运营设备处于能执行规定功能的状态所进行的所有技术、管理工作和监督活动。维修包括为恢复运营设备的性能而实施的全面检查、性能测试、修理、零部件更换、系统调试等周期性的检修作业(也称定期检修)与运营设备发生故障后为恢复其原有功能而进行的维修工作(即故障修)。

传统的定期检修一般采用根据设备零部件磨损、老化和使用寿命的规律制定的计划修,即按设定的时间表执行的预防性维修。预防性维修可防止运营设备功能降级或退化,减小失效(事故)发生的概率。计划修有间隔不同、检修范围不同的检修修程。随着近年科技的发展,运营部门在定期检修制度的基础上推出了以设备使用状态监测数据和诊断技术为依据的状态修。状态修可以做到有的放矢,提高了维修活动的科学性,也降低了设备的维修成本。

运营设备更新指采用新产品、新技术、新材料全面或部分地改进运营设备的功能、安全性、可靠性和经济性的更新、改造活动。运营设备更新可分为整体更新、子系统更新和部分设备更新。

为保障运营安全,应对城市轨道交通的各项设施进行日常巡视检查,及时了解和掌握设施状态及其变化程度。按规定周期对设施进行综合、细致的定期检查和必要的专项检查。

线路运营期间不宜进行影响行车与大面积客运服务的施工检修作业;夜间非运营时间内的设备设施施工检修时间一般不少于4h。正线作业的开始时间不应早于最后一列车通过作业影响区域,结束时间不得晚于第一列车出段前45min。车辆基地内第一列车出段前2h应结束作业。

本章介绍几类主要设备维修计划管理方法。

12.2　车辆设备维修管理

车辆及其由车辆组成的列车是城市轨道交通提供客运服务的直接载体。做好车辆设备的维修与更新工作,制定科学、合理、适用的维修制度和修程,确保车辆设备质量是城市轨道交通运营企业提供安全和高水平出行服务的基础。

车辆的运用与维修管理一般由车辆基地负责。城市轨道交通车辆基地是以车辆停放、检修和日常维修为任务,由车辆段(停车场)、综合维修中心、物资总库、培训中心及相关的生活设施等组成的综合性生产单位。

车辆维修与更新工作应符合下列规定：

(1)配备具有相应岗位资格能力的生产、技术、管理等工作人员，并健全岗位责任制，保障定员合理、责任落实；

(2)配置车辆维修所必需的场地、设备设施和物料；

(3)建立健全安全管理、车辆基地管理、应急预案等管理制度和操作办法；

(4)建立设备管理体系，加强资产管理、控制风险和降低成本；

(5)满足环保、节能、防火要求，如材料选型、技术运用和工艺方法。

计划修应按运营里程和运营时间进行安排，状态修或可靠性维修根据实际情况开展。计划修可包括列检、月检、定修、架修、大修。运营单位可结合架修和大修开展更新改造，以确保车辆满足全寿命周期使用要求。

车辆设备修程与维修间隔要求一般可参照表 12-1 的规定。

车辆设备修程与维修间隔要求 表 12-1

序号	修程	维修间隔
1	列检	≤15 天
2	月检	≤3 个月
3	定修	≤2 年
4	架修	60 万 km 或 5 年
5	大修	120 万 km 或 10 年

各级计划修主要内容如下。

1）列检

列检的目的是在列车每次运用后为再次载客运营做好准备。列检的内容包括列车外观检查和有电功能检查，具体涉及车体、车门、车钩、转向架、全车空调、制动系统、受电弓功能、接口设备、电气控制设备、乘客信息系统、照明系统、烟火报警系统等。运营单位可视车辆运用的实际情况进行一定调整。

2）月检

月检的内容较列检更广，主要任务仍然是对列车外观和有电功能进行更细、更全面的检查，必要时对部分系统/部件进行清洁，对发现的损耗件进行检查更换。具体内容运营企业在实际工作中可酌情调整。

3）定修

定修需要对列车整体状态进行检查，检测、调整各子系统功能，对重要部位进行清洁以及润滑，对损耗件进行必要的更换。具体内容涵盖车体、车门、车钩、转向架、空调、牵引与制动系统及其他相关的系统。定修结束后，还需要对列车的牵引制动性能以及冗余、降级等操控功能进行试验。

4）架修

架修需要对列车的重要部件，包括转向架、牵引电机、空调、受流等重要系统或关键部件进行分解、清洗、检查、探伤以及修理，对计量的仪器、仪表进行校验，并对列车性能进行全面检测、静态与动态调试以及试验,以恢复列车的综合性能。架修的时间一般在 30 ~ 90 天,目的是对车辆进行较深层次的解体维修,确保车辆的重要部件得到维护和更新。

5)大修

大修的任务是对列车辆各系统或部件进行分解、清洁、检查、探伤和整修的综合修理,并对列车性能进行全面检测、调试以及试验,以恢复车辆设计的要求,可以结合技术改造对部分系统进行升级,提高原有性能。大修的时间最多可达 120 天,其目的是确保列车性能恢复到最佳状态。

架修、大修后,应对车辆进行静态调试与动态调试。前者重点检查各系统静态功能,包括测量车辆静态尺寸、称重、检查水密性等,相关参数应符合标准;后者着重检查各系统动态功能,包括测试制动距离等,确认功能正常,参数满足相关标准要求。

目前我国城市轨道交通企业开展架修、大修工作主要有"完全委外维修""委外为主、自修为辅""自修为主、委外为辅"等几种模式。鉴于架修、大修委外成本高昂,一列 6B 编组列车委外架修费用达 500 万 ~ 700 万元、大修达 1400 万 ~ 1700 万元,有的企业根据自身情况采用架修自主、大修委外模式。架修、大修后的列车与车辆应设置质保期限,整车质保期限不少于 1 年。

除上述修程外,运营企业还需要根据设备运用情况进行专项修。专项修指车辆某主要系统或部件运行公里数或者运行时间无法与整车维修规程匹配时,对该系统或部件在某一时段集中进行维修,以确保该系统或部件满足运营工况要求。

运营企业应建立车辆维修记录及其管理制度,对维修记录的录入、修订、撤销、删除、查询进行管理。维修记录的形式采用纸质或电子化的方式。

车辆维修记录包括设备履历、计划修记录、故障维修记录以及其他维修记录。纸质维修记录应保存至下次同级维修开始或不少于 3 年,更新改造记录应保存至车辆的使用期限终止。电子维修记录应长期保存。

根据运营要求,车辆的维修统计指标包括但不限于:

(1)列车退出正线运营故障率[次/(万车·km)],即统计期内因发生车辆故障而必须退出正线运营的故障次数与全部车辆总行车里程的比值。按月统计。

(2)车辆系统故障率[次/(万车·km)],即统计期内导致列车运营晚点 2min 及以上的车辆故障次数与全部车辆总行车里程的比值。按月统计。

(3)车辆服务可靠度(万车·km/次),即统计期内全部车辆总行车里程与因车辆故障造成 5min 以上延误次数之比。按年统计。

(4)列车可用率(百分比),即统计期末,在运营列车数中,高峰期可用列车数所占的比例。按月统计。

(5)车辆架大修平均停修天数(天),指统计期内架修/大修车辆从架修/大修开始到结束所占用的平均自然日天数。按年统计。

(6)车辆架大修完成率(百分比),即统计期内已完成架大修的列车数与计划架大修的列车数的比值。按年统计。

(7)每公里线路配车数(车/km),即单位运营线路长度配属的车辆数。

(8)每车配员数(人/车),指每车配属车辆维修人员数。

车辆或子系统出现下列情况之一时,应就是否需要更新改造组织开展技术论证:

(1)技术性能落后、高能耗、低效率的,达到国家规定报废或淘汰要求的;

(2)已达到或超过使用年限,或未达到使用年限但满足提前更新条件的;

(3)因性能下降、技术落后、损坏不能修复,或修复费用超过重置价格 50% 的;

(4)因技术标准改变而不符合当前使用要求,且初步判断不具备维修价值的。

12.3　信号设备维修管理

信号设备完好并工作正常是列车安全运行的基本条件。运营企业应建立信号设备维修管理、技术管理、设备质量控制及风险控制制度,落实安全生产管理规定,对设备进行常规维护、应急修、中修、大修及更新,以维持正常运行。信号设备更新改造范围可分为全系统或局部更新改造。

运营单位信号设备维修与更新工作应符合下列规定:

(1)配备具有相应岗位资格能力的生产、技术、管理等工作人员,并健全岗位责任制,保障定员合理、责任落实;

(2)建立设备管理体系,加强资产管理、控制风险和降低成本;

(3)配置信号设备维修所必需的器材和配件;

(4)材料选型和技术运用应满足环保、节能及防火要求。

信号维护人员技能和安全培训应符合有关规定,并经考核合格后方可上岗。关键信号设备的维护实行双人互控。采用新技术的信号设备在投入使用前,应对信号设备维护人员进行安全培训。

计划修包括日常巡检、月检、年检、中修及大修,信号设备计划修的修程与维修间隔一般可参照表 12-2 的规定。

信号设备修程与维修间隔要求

表 12-2

序号	修程	维修间隔
1	日常巡检	≤7 天
2	月检	≤3 个月
3	年检	≤1 年
4	中修	规定使用寿命
5	大修	设计寿命

表 12-2 中,日常巡检、月检及年检三类属于信号设备的常规维护范畴。其内容涵盖联锁设备、列车自动防护(ATP)设备、线路数据库服务器设备、列车自动监督(ATS)设备、数据传输系统(DCS)设备、室内外轨道电路设备、电源设备、本地操作盘、组合架、综合架等设备、道岔转辙设备、信号机设备、轨旁无线传输设备、室内外计轴设备、车载列车自动防护(ATP)/列车自动驾驶(ATO)设备、车载人机界面、车载发送与接收装置、车载测速装置等,具体要求及周期表可参考《城市轨道交通运营设备维修与更新技术规范　第 3 部分:信号》(JT/T 1218.3—2018)。运营单位可根据运营线路及设备特点进行适当调整。交通运输部

2024 年发布的《城市轨道交通设施设备运行维护管理办法》规定对信号系统降级功能、接触网(轨)单边供电和大双边供电功能、主变电所支援供电功能至少每年进行一次测试;信号系统整体使用寿命一般不超过 20 年。

除了上述常规维护以及中修和大修外,运营工作中出现设备故障还需要启动应急修。应急修的内容一般包括:

(1)系统计算机、服务器等程序运行不稳定故障,重启或复位;

(2)电子板卡或芯片等硬件故障,采用替换排除法;

(3)具有双机或系统热(冷)备功能,切换至备用系统;

(4)运营列车车载信号设备故障,在退出运营服务后进行离线维修;

(5)设备冗余失效后,在不影响正常的运营秩序和服务质量的情况下,在运营服务结束后进行维修。

应急修作业应在保证安全的前提下进行。

信号设备需更新改造时应提出更新改造的技术要求、试验方案和验收标准;有安全风险的应制定应急预案。

信号设备或子系统符合下列情况之一者,可启动更新改造技术论证:

(1)技术性能落后、高能耗、低效率的或国家规定报废的;

(2)因技术标准改变而不符合当前使用要求,且初步判断不具备维修价值的;

(3)全系统使用年限达到合同约定年限或 15 年以上的;

(4)系统、设备已无法达到设计要求或存在严重设计缺陷,影响运营安全的;

(5)备品、备件供应严重不足或厂家已停产,无法满足正常运营要求的;

(6)系统性能不能满足线路运能要求的。

新旧信号系统兼容运行的,在对两列列车进行升级并上线试用不少于 1 个月后,方可开展对其他列车分批次更新升级。新旧信号系统倒切前,应在非运营时段开展不少于 3 次的实战演练,新信号系统经过累计不少于 144h 的不载客运行后方可投入运营。

12.4　通信设备维修管理

城市轨道交通通信系统由传输、时钟、电源、集中录音、集中告警管理、有线调度通信、无线调度通信、乘客信息、广播、视频监视、公务电话等子系统组成,为列车运行指挥、设备监控、维护保障等业务提供语音、数据、图像等信息传输,确保运营安全。

运营企业应建立通信设备使用、维修、设备质量监测及风险控制的技术与安全管理制度,按规定对设备进行常规维护、中修、大修、故障修及更新改造,定期或根据状态对设备进行维护与更新改造。

常规维护指为维持设备正常状态而实施的清扫、外观检查、状态检查、功能检查、调整、损耗件或故障件更换、系统优化、数据备份等常规性维修作业。中修指设备系统在运行时间达到修程规定值时,对关键部件或设备进行深度清洁、测试、维修、更换,以恢复原设计标准中的技术要求的作业。大修指设备系统在运行时间达到修程规定值时,对系统进行全面的测试、维修,实施整体或部件更换,以恢复原设计标准或局部改善其技术要求的作业。更新改造指以新建、新购设备系统替换需报废、拆除的原设备系统,而进行的综合性技术改造和采取的重大技术措施,以及对原设备系统进行系统性技术改造、改良的升级更新。

常规维护包括日检、周检、月检、季检、半年检和年检。常规维护、中修及大修都属于计划修;通信设备计划修的修程与维修间隔一般可参照表 12-3 的规定。车载通信设备的维修周期则可参照车辆维修周期执行。

通信设备修程与维修间隔要求　　　　　　　　　　表 12-3

序号	计划修	修程	维修间隔
1	常规维护	日检	1 天
		周检	7 天
		月检	1 个月
		季检	3 个月
		半年检	半年
		年检	1 年
2	中修	中修	—
3	大修	大修	—

除了上述计划修之外,对于出现故障的设备还需开展故障修,即根据故障修设备清单开展维修,恢复其原有功能,确保运营安全。

通信设备常规维护的内容应涵盖传输、时钟、电源、集中告警管理、集中录音、有线调度通信、无线调度通信、乘客信息服务、广播、视频监视以及公务电话等子系统。具体要求与周期可参考《城市轨道交通运营设备维修与更新技术规范　第 5 部分:通信》(JT/T 1218.5—2024)。

12.5　线路设备维修管理

城市轨道交通的线路指为列车安全运行提供支撑的设施设备的总称。线路一般由钢轨、配件、扣件、道岔及轨下基础等工程结构组成。

为保持列车运行的安全性、可靠性,运营企业应通过科学、合理和经济的维修策略,确认城市轨道交通轨道线路设备是否满足运营所要求的技术条件;建立城市轨道交通轨道线路设备养护维修管理、技术管理、质量管理与控制、风险控制、运营险性事件信息报告与分析管理的工作制度,落实运营安全生产管理规定,对线路设备进行检查、养护、维修、改造、更新工作,维持线路使用的正常功能。

线路维修模式规定了轨道线路设备维修工作能够满足运营需求的维修标准形式或样式。维修模式分为常规维修和大修,其中常规维修包括计划维修和临时补修。

计划维修指为保持线路设备质量均衡、恢复线路设备完好技术状态,消除线路病害,维持列车以规定速度安全运行,需根据线路设备及其各部件的变化规律、特性和维修周期,并结合设备状态评价,以改善轨道弹性、调整轨道几何尺寸、更换或整修失效零部件为重点,按预定计划对线路设备所进行的维修作业。

临时补修指为保证线路行车安全和平稳,需根据线路设备及其各部件随时可能出现的变化情况,对轨道几何不平顺超过容许偏差管理值及其他不良处所进行的临时性维修作业。

大修指为恢复和提高线路设备固有可靠度与轨道结构强度,需根据线路设备及其各部件的变化规律,消除线路缺陷与病害,恢复设备功能,对线路设备进行局部或一定规模的维修作业。

运营企业对线路日常运营监测应按《城市轨道交通设施运营监测技术规范 第4部分:轨道和路基》(GB/T 39559.4—2020)的要求执行,内容应包括日常巡查、定期检查、专项检查、安全监测和状态评价。

日常运营中,运营单位应通过检查检测工具和相应的技术手段对轨道线路设备进行全面检查,包括静态检查和动态检查。轨道静态检查包括日检、周检、月检、季度检、半年检和年检。动态检查指根据运行管理需要开展的不定期检查。表12-4给出了城市轨道交通正线线路静态检查中不同修程的间隔要求。

正线线路静态检查周期与间隔要求　　　　　　表12-4

序号	修程	维修间隔
1	日检	7天
2	月检	2个月
3	季度检	3个月
4	半年检	6个月
5	年检	12个月

线路常规维修应符合下列规定:

(1)根据轨道线路设备设施及工程结构的变化规律合理安排维修计划;

(2)有效预防和整治线路病害;

(3)有计划地补偿轨道线路设备损耗,保持其完整和质量均衡,延长其使用寿命;

(4)对维修的技术经济效益进行评估;

(5)根据轨道线路设备设施及工程结构的状态评价结果,合理安排维修项目。

运营单位应根据轨道线路设备及其部件的变化规律、维修周期并结合其运行状态评价的结果,对轨道线路设备进行计划维修。计划维修可包括下列主要内容的单项或多项修理:

(1)全面调整和改善轨道空间线形线位;

(2)消除轨道结构病害;

(3)恢复有砟道床弹性;

(4)更换失效轨枕和连接零件;

(5)调整轨道几何尺寸;

(6)消除钢轨轨头病害,达到钢轨目标廓形;

(7)其他各结构部件的修理。

当通过常规维修手段难以消除某段线路积累的永久变形并难以恢复线路设备原有技术

标准的规定功能时,应对线路进行大修,以恢复或提高轨道线路设备的规定功能,消除轨道线路内存在的缺陷、病害及其他运营安全隐患。

线路设备大修的条件包括:通过常规维修难以恢复其正常使用状态;线路设备不具备更新实施条件;以及通过技术评估、论证并确认需要进行大修。线路设备大修可分为钢轨(F轨)大修、道岔大修、轨枕大修、道床大修、连接零件大修和其他大修。大修应由专业队伍承担,并有固定的生产人员作为基本队伍。

运营企业应建立线路设备维修记录管理制度;纸质维修记录保存期不宜少于 3 年,电子维修记录宜适当延长保存期限。

线路设备的使用离不开更新改造,即以新建、新购线路设备替换需报废、拆除的原线路设备而进行的综合性技术改造和采取的重大技术措施,以及对既有线路设备进行系统性技术改造、改良的升级更新。线路设备更新改造应结合实际情况由专业设计单位和施工单位承担,大修可结合实际情况由专业承包商承担。

更新改造过程中,线路设备主要部件拟批量采用新技术、新材料或新产品时,运营企业应在更新改造前评估其安全性、可靠性、可维修性,如需小范围试用验证,其时限不应少于 3 个月。经检验确认合格并满足轨道线路设备功能要求后,方可逐步推广应用。

线路设备更新改造完成后宜组织进行效果评价。效果评价应包括系统运行评价、技术状态评价与风险因素评价。

总体上,线路设备维修与更新应采取状态修和周期修相结合的方式进行,线路设备维修以状态修为主,更新改造以周期修为主。

12.6　车站设备维修管理

城市轨道交通系统站台是为乘客提供上下车服务的场所,也是行车组织的重要节点。车站配置有一系列服务运营的设备设施与系统,包括面向乘客服务的自动售检票系统(AFC)、乘客信息系统(PIS)、环境与设备监控系统(BAS)、火灾报警系统(FAS)、安检系统、楼扶梯系统、站台安全门系统、无障碍设施、综合监控系统等。部分车站还设有储物柜、自动售货机等。

车站的设备设施由相关专业技术人员负责维修检查。车站站务当值人员需参加施工作业协调会,对进出车站范围的人员予以核验、监督并提供作业配合,及时向行车调度员办理本站区范围内施工作业的请/销点。

12.6.1　站台门

站台门指设置在站台边缘、隔离乘客候车区与列车运行区、可多级控制开启与关闭的连续屏障,又称屏蔽门。

站台门的运行、维护与更新应由具有相应岗位资格能力的生产、技术、管理等工作人员负责,并建立管理制度,配置设备维修所必需的且满足安全、环保、节能及防火要求的器材、配件和专用工具仪表。

站台门计划修包括常规维护、专项修与大修,具体修程及间隔如表 12-5 所示。

站台门设备计划修的修程与间隔 表 12-5

序号	计划修	修程	维修间隔
1	常规维护	周检	7 天
2		月检	1 个月
3		季检	3 个月
4		半年检	半年
5		年检	1 年
6	专项修	专项修	—
7	大修	大修	—

除了上述计划修之外,根据实际运营还可能需要进行故障修与状态修。针对故障出现时的维修称为故障修,故障修作业包括检查测量、故障定位、故障修理或更换及功能恢复验证等内容。状态修一般运用智能化运维手段,以站台门的运行状态监测数据为基础,经分析预测发现站台门可能异常时进行必要修复。

12.6.2　自动售检票系统(AFC)

自动售检票系统(AFC)的正常运行是确保城市轨道交通系统乘客安全便捷出行的重要条件。AFC 是实现城市轨道交通售票、检票、计费、收费、统计、清分、管理等全过程的自动化集成系统;包括清分子系统(ACC)、线路子系统(单线路 LC 或多线路 MLC)、车站计算机系统(SC)、车站终端设备和乘车凭证。其日常维护作业涵盖的主要内容包括以下内容。

(1)车站计算机系统(SC)的维护。车站中心计算机系统是车站 AFC 的核心,担负着车站 AFC 运营、票务管理、收益管理等任务。日常巡视重点要检查设备工作状态和客运人员使用情况,检查线缆是否损坏及连接正常等。

(2)自动售票机和闸机的巡视与维护。维护工须巡视自动售票机和闸机等票务设备,确保设备设施状态正常。客流量大时应增加巡视频次,准备好充足的易损坏的票务备件,以便及时处理设备故障,保障票务设备的稳定可靠运行。

(3)传感器的清扫、检查、测试。包括自动检票机传感器、读卡器、天线的检查和测试。通过自动检票机本身测试软件检查测试各传感器是否工作状态良好。

自动售检票系统的服务器、工作站、网络设备、车站终端设备应进行定期检修和性能测试,必要时更换部件。对自动售检票系统的服务器、工作站、网络设备、存储设备、车站终端设备、配电箱、不间断电源等的外观检查、安装状态和工作状态检查,以及清扫等常规性维护的周期不应大于 6 个月。

12.6.3　环境与设备监控系统(BAS)

BAS 作为轨道交通环控系统的核心组成部分,负责监控和管理车站、区间和相关建筑物内的机电设备,确保系统设备处于安全、可靠、高效、节能的最佳运行状态。

BAS 的维护作业由专业工作人员负责;包括对机电设备的监控、控制、维护和检修。维护作业分为巡检、日常维护、小修、中修、大修和功能性试验。巡检应每日进行;日常维护按周期可分为月维护、季度维护和半年维护。

日常维护作业涵盖了以下几个方面。

机电设备监控和管理：BAS 通过集中监视和控制机电设备，如空调通风系统、给排水系统、照明系统、自动扶梯、电梯、屏蔽门系统、防淹门系统等，确保这些设备正常运行。

维护检修：定期进行设备的维护和检修，包括但不限于清洁、检查设备的运行状态和系统参数，以及进行必要的维修和更换损坏的部件，以确保设备的性能和安全性。

灾害应对：在灾害情况下，如火灾，BAS 能够迅速转变为救灾模式，通过与 FAS 或 ISCS 的通信接口接收下达的救灾指令，并按照相应的火灾模式控制现场设备动作，确保乘客的安全和设备的正常运行。

系统优化和升级：随着技术的发展，BAS 还需要不断进行软件更新和硬件升级，以适应新的技术标准和提高系统的效率和可靠性。

通过这些日常维护作业，BAS 能够有效地管理轨道交通环境控制系统，提供一个舒适的乘车环境，并在必要时提供必要的支持和保护。

12.6.4　火灾报警系统（FAS）

火灾报警系统通过设置在城市轨道交通设备区、电缆廊道、设备房间、站厅站台公共区、楼梯间、区间隧道等火灾隐患场所的火灾探测器实现对检测到的烟雾、异常热量、火焰等进行分析和判断，以实现火灾自动监测、自动判断、自动报警功能，是确保城市轨道交通系统运营安全的重要系统。

FAS 由火灾探测设备、报警设备、中心计算机和通信网络设备等组成。FAS 维保工作一般可分为日常巡检、计划检修、临时检修、故障修与消防年检。

计算机和通信网络系统是 FAS 的核心，容易受到网络黑客及各种病毒的攻击和感染，需进行定期维护，每月进行 1~2 次查毒杀毒。火灾探测设备数量多、分布范围广，且直接暴露在外，易受到外部水蒸气和灰尘的影响，容易出现性能劣化甚至损坏，维护和管理难度较大，需要定期检查清洗，通过抽测确保其功能及参数正常。报警设备是报警系统的咽喉和大脑，通过对外围传感器收集的信息进行分析处理，适时激发报警功能。火灾报警器的维护包括除尘、报警控制器的性能检测及备用电池维护等。

一般来说，FAS 的日常维护包括对火灾报警系统的 24h 监控，对机房、现场设备进行巡检、清洁或清洗，确保相关设备状态正常、外部整洁、无积灰，发现异常和设备故障应及时报修，记录每次巡检的设备状态信息，并定期做好 FAS 信息的备份。

除日常维护外，还应定期对火灾报警系统进行测试。火灾报警系统一般每年进行一次消防年检，新建线路或大修、改造后的系统可隔两年进行。普通型烟感探测器一般每两年集中清洗一次，智能型烟感探测器每三年集中清洗一次。对气体灭火系统与自动喷水系统，可通过模拟试验法检查其功能是否正常；确保系统可在火灾发生时能正常发挥作用。

12.7　车辆段设施设备维修管理

车辆段常规检查设施主要包括停车列检库、架修库、月修库、定修库、洗刷库、轨道车库、过街天桥、料棚、站台、防雨雪棚、检修沟、天窗及附属设施的外观检查。在检查过程中或在检查后应及时进行车辆段设施设备的日常养护,内容包括车辆段单体建筑、检修沟、天窗及附属设施的经常性或预防性养护以及局部小修补和一般故障处理。

车辆段常规检查周期,单体建筑应每月开展一次;检修沟、天窗每季度不应少于一次;围墙、道路每月应不少于一次;雨棚、围栏、车辆空调检修平台每年应不少于两次。汛期时,应对屋面防水、雨落管等防排水设施加大检查频率。

车辆段作为车辆设备的运用与维护部门,其本身也有诸多检修设备需要进行检查和维护。这些检修设备中,不落轮镟床、列车自动清洗机、固定式架车机、起重机、试验设备、空压机、立体仓库堆垛机等设备造价较高、技术复杂、维修的难度较大,需要密切关注,做好定期检查与维修。

以不落轮镟床/公铁两用车为例,其不同种类的维修时间为月检(2 天),半年检(3 天),年检(5 天)。从各车辆基地的实践看,不落轮镟床/公铁两用车年度维修总停时为 29 天。

列车自动清洗机实施的定期保养包括月检、半年检及年检。这些检修活动会直接影响列车的正常清洗工作。例如,列车自动清洗机每月进行一次月检会影响早、晚高峰洗车各 1 次。换言之,每台列车自动清洗机一年可能会因为上述三类检修将影响 32 次洗车。

固定式架车机的作用是车辆拆装,包括转向架的拆卸和组装。固定式架车机安装在检修库中,一套固定式架车机在不摘钩条件下可同时对 3 节编组列车进行作业,在不影响车间其他检修工作前提下完成对某一列车转向架的拆装更换作业。架车机维修模式为月检(2 天),半年检(3 天),年检(5 天)。架车机检修过程中不能开展架车作业,年度维修总停时为 29 天。

车辆段检修设备管理的目的是延长车辆段列车检修设备的寿命,提高检修效率,保障运营工作的安全稳定运行。检修设备的管理涉及采购、安装、调试、保养等环节。采购时,应确保采购的检修设备型号与设计方案一致。在安装和调试中,要严格执行技术条款,科学设置相关参数,确保调试效果。在保养中,保养人员应加强与生产单位技术人员和车辆段采购人员的沟通与交流,用科学准确的方式保养和维护检修设备。检修设备出现异常数据和故障时,要深入分析原因,采取针对性的措施。

车辆段设施设备每年必须至少进行一次定期检查。定期检查时,应对相关设施设备进行分项和综合状态评定,即对车辆段设施设备质量基本状况及其功能质量进行分项评定,并据此作为安排车辆段设施设备综合维修及大修计划的依据。这里,综合维修指按照规定的周期,有计划地对单项或多项设施设备进行的综合维修整治,以恢复设施设备完好技术状态;大修则指对设施设备进行的投资较大的大规模整治或部件更换工作,目的是恢复设施设备的使用功能。

部分运营公司的车辆基地部门还设有负责车辆以外部分设备维保业务的检修专业部门。

12.8 维修管理模式

设备设施的维修保养(简称维保)是运营管理工作的重要组成部分,既直接关系到城市轨道交通运营安全,也决定着运营企业的成本。设备维修管理应当坚持安全第一、预防为主、综合治理,坚持全链条、全过程监督管理,保障运营安全。

多数情况下,设备设施的维保采用自主维修方式,即由运营企业自己完成。自主维保利于控制成本,也便于进行质量监督。随着设备设施科技含量与专业化水平的不断提高,自主维保面临队伍专业知识与维修技能的培训及更新等挑战。近年来,越来越多的企业采用委托其他单位的方式进行设备设施的维保工作。

12.8.1 自主维保

自主维保指运营单位自行开展设备维保工作。自主维保一般需要按设备专业分别成立不同的专业维保部门,负责企业所属轨道交通运营设备的维保工作。不同设备设施的维保工作要严格遵循相关维保制度。通常情况下,对维修频率高、涉及运营安全、服务或对日常行车组织秩序有重大影响且没有备用的设备,一般选择自主维保模式,如电客车、供电、信号等系统。

12.8.2 委外维保

委外维保指将设施设备的日常维护、保养、故障维修等业务完全或部分委托给外部维保单位,由外部维保单位提供人员、技术、设备,并负责设备维保工作;运营单位只需配备必要的技术人员进行委外维保管理、质量验收等工作。

委外维保一般在以下四种情况下采用:一是厂家技术封锁或技能限制,运营企业无法自主维修的设备与系统(如系统核心软件);二是市场成熟度较高、市场竞争充分、承包商多,且劳动密集型的专业设备(如机电、工务设备),委外可以降低成本;三是安全风险较小的维修项目,委外可以节省运营企业定编;四是其他对维修人员有特殊资质要求的设备设施(如电梯、消防等特殊设备)。

委外维保又可分为以下几种类型。

(1)完全委外模式。将城市轨道交通某设备系统中全部设备的日常维保、紧急维保等作业完全委托给外部维保单位,由维保单位提供人员、技术、设备等承担全部维保工作,运营单位仅需负责监督、验收、考核等工作。例如,贵阳将环控、消防(除 BAS 外)、站台门、电梯等大专业设备维保完全委外;西安将车场设备设施、电梯、车站设施、桥隧、地铁工务、AFC、环控、给排水、消防等大专业设备设施完全委外。

(2)部分委外模式。运营单位结合本单位设施设备及人员结构等因素,将部分专业设备设施委托给外部维保单位,由维保单位负责维保工作。例如,南京地铁将 AFC(中心、车站)、FAS(火灾报警系统、气体灭火控制、感温光纤测温、电气火灾监测)、通风空调(通风、空调与供暖)、水电(给排水、低压供电)等设备与系统的日常维修部分委外。

委外维保的实施组织主要有以下三种方式,包括成立维保子公司、成立合资公司、委外与自主维修相结合等方式。

一是运营单位成立独立的维保子公司,以上海为代表。上海申通地铁集团有限公司下设立了上海地铁维护保障有限公司,包括车辆、供电、通号、工务等分公司。该公司负责各线路设施设备的运行管理、相关设备设施(除特种设备)的安装调试、维修保养和升级改造等工作。通过集团内运营公司与维保公司的合作,提高了管理效率。

二是运营单位与委外方成立合营企业,以北京为代表。北京地铁运营公司和中国城市轨道科技投资有限公司合资成立北京地铁科技发展有限公司,承担部分线路 AFC 的维保等工作;既提高了维保的专业化水平,也降低了委外风险。

三是运营单位与社会化企业合作。北京、广州、重庆、南京、郑州等城市,充分利用社会资源,将部分较成熟的设备或系统的维保业务委托给资质与信誉好的社会化公司,与自主维保形成互补。例如,天津地铁除电客车外,其他专业采用委外维保方式,由原建设施工单位按照"建设＋代管(2年)"的模式承担维保工作,既实现了建设与运营间的平稳过渡,也有利于推进建设遗留问题的整改,运营部门也借此获得更多的维修经验。

目前委外维保实施过程中可能存在以下一些值得注意的问题。一是委外维保单位为控制成本,部分人员薪资低,员工队伍不稳定,委外维修单位、相关人员现场经验不足,可能无法定期开展"应知应会"等常态化的技能培训及考核,设备维保面临质量下降风险。二是外部维保人员业务素质参差不齐,安全意识、责任意识不强,给维保工作带来管理压力和潜在的安全风险。三是委外维保单位应急保障能力可能相对薄弱,体现在人员配置少、现场人员责任心不强、抢险物资储备保障不全,应急处置效率低等,运营部门需要多加关注。四是运营单位由于标准规范缺乏,对委外维修单位的管控不到位可能导致维保质量和设备设施可靠度的降低。五是长期委外可能会影响运营单位后备人才培养,新员工无法有效地积累经验,难以满足应急情况下的自主抢修处置需求。

随着线网规模的扩大,运营单位亟须不断优化委外管理机制,建立可持续的设备设施维保管理机制。未来,合并委外项目、发展面向信誉好的大型维保企业的综合维保,采取"自主维保与社会化维保相结合"的模式,促进运营维保工作的社会效益和经济效益最大化可能是一个发展方向。

复习思考题

1. 城市轨道交通的设施设备包括哪些内容?

2. 车辆检修的主要种类有哪些?

3. 我国城市轨道交通车辆架修、大修模式有哪几种?

4. 信号系统更新换代应注意哪些问题?

5. 线路日常运营监测的内容有哪些?

6. 车站在设备设施日常维护工作中的职责有哪些?

7. 自动售检票系统(AFC)日常作业维护包括哪些主要内容?

8. 请阐述环境与设备监控系统(BAS)日常维护工作的内容。

9. 试分析不同设备设施维保模式的利弊及其适用条件。

AI 辅助学习研讨题

利用 AI 工具(如 DeepSeek、Kimi 等)生成下列讨论题的报告或 PPT。

讨论题(1):分析不同地区(城市)关于车辆修程与维修间隔规定的差异。

要求:分析不同地区、不同制式城市轨道交通系统,分析修程与维修间隔差异形成的理由以及差异对运营的影响,生成研讨报告和汇报文件(PPT)。

讨论题(2):调研全球主要的城市轨道交通设备维修管理模式。

要求:分析不同模式的内涵,比较不同模式的利弊及其适用性;利用 AI 工具生成研讨报告和汇报文件(PPT)。

第13章
运行经济性

　　城市轨道交通在服务社会、拉动内需、支撑城市发展方面发挥了重要作用；同时，城市轨道交通建设和运营初始投资规模大、经营成本高、投资回收期长，需要政府补贴，给地方政府带来的债务压力也与日俱增。高额的支出和被管控的票价，导致大部分城市轨道交通须依靠政府补贴才能维持正常运营。因此，科学合理地制定城市轨道交通票制票价、运营补贴机制与多种经营策略是保证城市轨道交通可持续发展的关键。本章将分析城市轨道交通系统的经济属性，介绍票制票价基本理论，分析系统运营成本和补贴机制及多种经营策略。

13.1 城市轨道交通的经济属性

从经济学角度看,轨道交通具有准公共产品、沉没成本高、规模经济、正外部性等经济属性,对其经济属性的分析便于城市轨道交通的管理。

13.1.1 准公共产品

从经济学角度看,城市轨道交通是以社会公益性为主的大型基础设施项目,兼顾公共产品和私人产品的特征,其运输服务具有消费的非竞争性和一定的排他性,属于准公共产品的范畴。比如在轨道交通客运未满员之前,增加一些乘客,并不会影响其他人消费该运输产品,也不会引起"市场竞价"行为的发生,但当车厢满员后,则可能出现一定程度的排他性和消费上的竞争性。理论上纯公共产品由政府供应,纯私人产品应由企业(私人部门)通过市场供应,准公共产品既可以由政府直接供应,也可以在政府补助的条件下,由企业通过市场供应,即政府和企业合作的方式。城市轨道交通服务既可以由政府部门或其代理机构提供,也可以由企业提供,还可以由政府部门和企业合作进行提供;其融资既可以完全由政府公共财政的方式解决,也可以借助市场化融资的方式,辅以各种融资渠道和方式的搭配组合进行解决。

13.1.2 沉没成市高

城市轨道交通建设周期长、施工难度大、投资成本高,具有极高的固定成本和运营成本,我国城市轨道交通的综合造价每公里达到数亿元。此外,城市轨道交通的资产具有较强的专用性,平均成本和边际成本悬殊,沉没成本高。目前,城市轨道交通的设计功能要求、人工材料成本、征地拆迁费用都不断提升,其综合造价也呈上升趋势。基于以上因素,城市轨道交通的建设需要经过详细论证才能开展,对当地城市的经济发展水平也有较高要求。

13.1.3 规模经济

规模经济性是指在一定的市场需求范围内,随着生产规模的扩大,企业的产品与服务的每一单位的平均成本出现持续下降的特性。城市轨道交通的投资主要集中于建设阶段,一旦建成并投入使用,在一定产出范围内,随着服务流量的增加,平均成本就越低,边际成本呈递减的趋势,具有显著的成本弱增性和规模效益。

城市轨道交通的客运量与路网规模成正比,路网的覆盖面越大,密度越高,城市轨道交通服务质量越高,竞争力越强,运营效益就越高,长期平均成本曲线向下倾斜,投资规模效应和沿线商业价值将充分体现,边际投资收益不断放大,体现出明显的规模经济特征。

13.1.4 正外部性

外部性是一个经济主体对他人福利施加的影响,而这种影响并未从货币或市场交易中反映出来。正外部性是指生产者的经济活动会给社会上其他成员带来好处,但生产者自身却不能由此而得到补偿。

城市轨道交通建成后,其产生的社会经济效益会扩散转移到全社会,体现出正外部性的特征。城市轨道交通的建设目的是满足旅客多层次、多方面的出行需求,为其提供高质低价的服务,其建设可以显著改善区域交通条件、带动沿线土地升值、缓解交通拥堵、节约乘客出行时间、减少交通碳排放。因此,城市轨道交通能增加城市的社会经济福利,但其带来的总收益不可能全部量化为投资者的账面收益,即社会效益大于经济效益,因此不能用经济效益来衡量轨道交通的价值。如何将外部效益内部化,建立合适的补偿机制,成为城市轨道交通项目需要解决的关键问题。

13.1.5 政府补贴

政府补贴是指政府为了实现特定的政治经济和社会目标,向企业或个人提供的一种补偿,如对生产或经营销售价格低于成本的企业或因提高商品销售价格而给予企业和消费者的经济补偿。政府补贴是政府经济职能的延续,其前提是政府为维护公共利益,干预了微观经济主体追求经济利益的活动。

城市轨道交通具有社会公益性,其票价收入远低于建设运营成本,投资回收期较长,经营盈利性差,常常处于亏损状态,大部分城市的轨道交通运营需要政府进行补贴。城市轨道交通需要政府补贴的直接原因是乘客支付的交通服务费用远远小于地铁的建设成本和运营成本,根本原因是沿线相关利益体不需付出代价就可得到地铁建设带来的利益,补贴的本质是政府花钱购买公共服务。

13.2 票制选择

城市轨道交通票制指收费方式和票价结构。合理确定城市轨道交通的票制,对于吸引客流、增加运营收入、发挥轨道交通运输骨干作用、促进公共交通资源合理配置具有重大意义。

13.2.1 票制

城市轨道交通的票制类型影响其客流规模以及运营管理模式。目前国内外比较常见的城市轨道交通票制类型主要包括固定票制、多级票制和联合票制(图 13-1)。

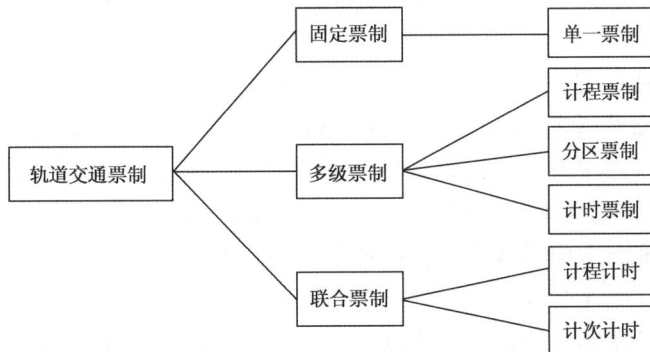

图 13-1 轨道交通票制类型

1）固定票制

固定票制主要是指单一票制,即不区分乘坐距离和乘坐时间,全网实行单一票价车票的票制。纽约、莫斯科、北京等城市轨道交通系统均采用过固定票制。

2）多级票制

多级票制主要包括计程票制、分区票制和计时票制三种。

计程票制指按照乘客的乘坐距离进行计价,包括里程计程和分段计程。里程计程即全程是单一费率,以千米作为基本计价单位;分段计程是以规定里程作为基本计价单位,累计加价,费率一般采用递远递减的原则。世界上多数城市轨道交通系统采用计程票制。

分区票制是指按运营区间计费,将轨道交通线网分成若干区,在同一区内出行,只需支付该区的票价,跨区则需支付各区段内的费用。分区票制一般适用于网络较为发达和完善的城市轨道交通系统。

计时票制是按照乘客在城市轨道交通系统中停留时间计费的票制。为避免系统客流负荷过高,在不同时间段可实行不同的计费标准,一般高峰期的票价高于其他时段的票价。

3）联合票制

联合票制是指将多种计费模式叠加来计算票价的一种计费方式,主要有计程计时和计次计时两种模式。计程计时和计次计时模式是对计程票制和单一票制的乘客在付费区停留的时间加以限制,乘客一旦超过规定的停留时间,需支付额外费用。

上述各种票制的优缺点对比分析如表 13-1 所示。

不同类型票制的优缺点对比分析　　　　　　　　　　表 13-1

票制	优点	缺点	代表城市
单一票制	操作简单、所需人工及设备资源少	计费缺乏公平性	纽约、莫斯科
计程票制	体现票价与运营成本的关系	增加售检票工作量	新加坡、中国香港
分区票制	可缓解中心城区的客流压力	区间划分与收费标准较难确定	巴黎
计时票制	引导调节客流、缓解拥挤	难以体现服务与价格之间的关系	温哥华
联合票制	可实现多重目标	操作较为复杂	伦敦

13.2.2　影响票制选择的主要因素

影响票制选择的主要因素包括城市轨道交通特性、乘客特征、路网规模、城市公共交通一体化发展的需要等。

1）城市轨道交通特性

城市轨道交通是城市大、中运能的快速交通骨干客运手段,具有建设投资大、回收周期长的技术经济特性。为缓解城市交通拥堵和减少尾气排放,城市轨道交通运营服务价格一般低于市场价格,以鼓励居民优先选择城市轨道交通等公共交通出行方式。因此,城市轨道交通票制的选择应充分考虑其技术经济特性和社会公益性。

2）乘客特征

城市轨道交通的票制选择需考虑乘客的特征,包括乘客的构成、职业、收入、出行时间、出行目的、出行距离、是否拥有小汽车等。应通过设置合理的票制,满足不同乘客群体的需求,达到最大化吸引客流并降低企业运营补贴额度的社会效益最大化目的。

3)路网规模

路网规模也是城市轨道交通票制选择中的重要影响因素。路网长度较短时可以考虑采用单一票制,减少乘客在换乘、购票等方面的延误,并在一定程度上减少了运营企业在收费系统上的投资,降低运营成本。随着路网规模的扩张,乘客平均出行距离增加、不同乘客的出行距离差异较大,为了保护短距离乘客的利益,一般采用计程或计时票制。

4)城市公共交通一体化发展的需要

一体化是城市公共交通发展的必然趋势。因此,在制定轨道交通票制的时候必须考虑到公共交通一体化发展的需要,综合考虑不同公交方式协调服务的需求。

13.2.3 票制的选择

城市轨道交通的不同发展阶段,其客流吸引能力差异较大。因此,应针对城市轨道交通不同发展阶段的特点,制定不同时期下的合理票制,促进居民出行方式的调整,实现城市公共交通资源的有效整合。

1)运营初期的票制选择

计时票制主要用于客流高峰小时系数特征明显时的客流调节。因此,城市轨道交通运营初期一般不采用计时票制。运营初期较为常见的票制是单一票制和计程票制。单一票制的票务管理简单,票制投资成本较低,但票价的制定很难兼顾提高其竞争力的需要与运营补贴的控制。计程票制需要依托高效的检售票系统,初期投资成本相对较高,但可以通过设置合理的起步价和费率,辅以多样化票种和优惠措施,提高其客流吸引力。

2)运营发展期的票制选择

处于运营发展期的城市轨道交通线网规模逐渐扩大,以占领客运市场为主要运营目标,单一票制不具有长久的客流吸引力。应充分考虑轨道交通的特性与乘客需求,灵活设置票制,优化票价、票种、票卡产品的合理配置,有利于其进一步提高市场份额。

3)运营成熟期的票制选择

运营成熟期,城市轨道交通一般以维持市场占有率最大化、引导城市公共交通发展为主要目标。单一的票制很难满足上述要求,需要根据实际情况,综合考虑各种因素,选择合理票制,一般采用联合票制。

13.3 票价制定

票价是城市轨道交通运输服务价值的货币表现。合理的票价是保持城市轨道交通稳定与健康发展的关键,也直接影响到轨道交通项目社会效益的发挥。

13.3.1 票价制定的影响因素

考虑城市轨道交通的特性,其票价的制定需要遵循公益优先原则、合理性原则、相对稳定性原则、公开性原则和可持续发展原则。在票价的制定时不仅要考虑到成本的补偿问题,还要考虑到乘客的接受能力和其他交通方式的竞争状况。城市轨道交通的定价目标应随企业所处的不同时期和不同市场条件进行调整,不管是以利润为导向或是以竞争为导向,还是以社会责任为导向的定价目标,都不可能单纯从运营上获取较高利润,必须以社会责任为先导,同时兼顾社会和企业利益。

1) 运输成本

运输成本是影响票价制定的主要因素之一。城市轨道交通的全成本包括建设成本和运输成本。单纯依据全成本制定票价,将超出乘客承受能力,缺乏市场竞争力。制定城市轨道交通票价时,不应只考虑成本的需要,还需考虑城市轨道交通的社会公益性。

2) 政府财政承受能力

政府可以通过政策及资金支持来影响城市轨道交通票价。一方面政府应制定政策保证城市轨道交通准公共产品的特点,通过最高限价、限定利润率及加强监管等措施,维持城市轨道交通的社会效益;另一方面,世界上大部分城市的轨道交通系统因巨大的投资而无法收回成本,需要政府的补贴,使企业可以继续维持正常运营。因此,在制定票价时应结合城市轨道交通所处的发展阶段,综合考虑社会效益最大化和政府的财政承受能力。

3) 线网条件

从提高城市轨道交通市场份额的角度出发,票价制定的目标是在其运能范围内吸引足够多的客流量。城市轨道交通的竞争力在一定程度上取决于线网的可达性和站点布局。因此,制定票价时需考虑城市轨道交通线网的自身条件。可达性好、布局合理的线网,由于竞争力较强,可以制定较高的票价。在线网规模和站点布局确定的情况下,城市轨道交通的服务水平如发车间隔、乘坐舒适性、安全性和准点率也对定价有一定的影响。

4) 市场需求

在市场经济社会,需求和供给决定价格水平。城市轨道交通票价的制定需要适应运输市场的需求,又要有效引导居民对出行方式的选择。因此,在制定城市轨道交通票价时需充分考虑运输需求、其他交通方式的票价与竞争力。

5) 居民出行支付能力

居民出行支付能力一般是指居民对票价的经济承受能力,取决于社会经济发展水平。为了保证城市轨道交通的市场竞争力,居民出行支付能力是制定票价不可忽略的因素。任何超出居民承受能力的票价,都会削弱城市轨道交通的吸引力,影响其社会效益。

13.3.2 定价方法

1) 以成本为基础的定价方法

以成本为基础的定价方法应用时间较长,被大多数行业和企业采用。该方法的核心是票价必须以成本为基础,在此基础上再加上平均利润。在该方法中,成本是运价的基础,在分析成本时应考虑固定成本和变动成本的比例、成本与运量的关系、近期成本与远期成本的关系等。应从实际发生成本中剔除不合理因素和偶然性因素。

这种方法从企业市场盈利的角度出发,适用于产销平衡、计划性较强的情况,但对市场因素考虑不足;在供求关系趋于紧张、竞争激烈情况下,这种方法存在一定缺陷。

2) 以市场供需为基础的定价方法

以市场供需为基础的定价方法基本不考虑运输成本的高低,主要着眼于市场取向,主张以大多数乘客在日常生活中接受城市轨道交通服务时认可或可承受的运输价格为主,强调车票的价格应在买卖双方交易过程中按市场原则自然形成。在定价过程中,主要考虑运输服务市场的供求数量关系及周边的各种比价关系。完全竞争市场模型如图 13-2 所示。其中 $Q_d = f(p)$ 为需求方程,表示需求随价格下降而增加;$Q_s = g(p)$ 为供给方程,表示供给随价格增加而增加。

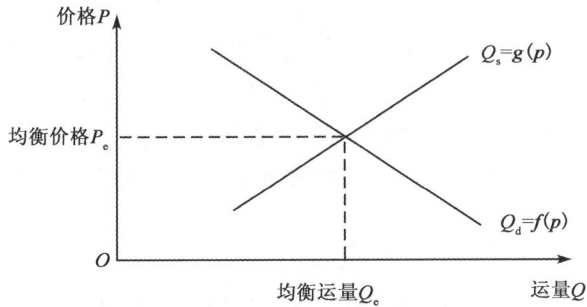

图 13-2　完全竞争市场模型

3)基于社会综合效益的定价方法

这种方法从理论上是站在全社会的高度,综合平衡各行各业的投入产出,最后谋求总体综合效益最大化。总体综合效益不仅有经济总产值,而且有社会协调健康发展、公共福利等社会效益。要达到这样的目标,政府通过财政职能配置一定社会资源,投向直接服务于市民生活的公共交通行业,用于改善市民的出行条件。城市轨道交通的服务价格是在政府调控下的折扣价格,其调控的出发点不是某些个人、企业或团体,而是立足于整个社会,追求全社会范围内最优的资源配置、最高的经济效率、公平的社会分配和良好的社会福利。其调控的程度取决于政府财力,也要权衡企业与乘客双方利益。

13.3.3　国内外轨道交通票价对比

1)国内代表城市轨道交通票价情况

表 13-2 为北京、上海、广州、深圳等城市采用过的轨道交通票价情况。

我国部分城市采用过的轨道交通定价案例　　　　　　表 13-2

城市	定价方式	起价	2元乘坐范围	3元乘坐范围	4元乘坐范围	5元乘坐范围	6元乘坐范围
北京	计程票制	3 元	—	6km	12km	22km	32km
上海	计程票制	3 元	—	6km	16km	26km	36km
广州	计程票制	2 元	4km	8km	12km	18km	24km
深圳	计程票制	2 元	4km	8km	12km	18km	24km

(1)北京。

北京市轨道交通(不包括首都机场客运专线)采用里程分段计价票制,起步 6km 内每人次 3 元;6 ~ 12km 之间每人次 4 元;12 ~ 32km 之间每 10km 加 1 元;32km 以上每 20km 加 1 元,票价不封顶。首都机场客运专线采用单一票制,票价为 25 元。大兴机场客运专线单独计费,普通单程票(适用普通车厢)票价根据距离分为三档:20km(含)内 10 元,20 ~ 30km(含)25 元,30km 以上 35 元;商务单程票(适用商务车厢)实行全程单一票价为 50 元。

（2）上海。

上海市轨道交通实行里程分段计价票制,0～6km(含6km)范围内为3元;6～16km(含16km)范围内为4元;16km以上每10km增加1元。

（3）广州和深圳。

广州和深圳的城市轨道交通均实行里程分段计价票制,起步4km以内2元;4～12km范围内每递增4km加1元;12～24km范围内每递增6km加1元;24km以后,每递增8km加1元。另外,珠江新城旅客自动输送系统(简称APM线)实行票价2元的单一票制。其中,深圳地铁商务车厢票价由全程路径里程对应的普通车厢票价和商务车厢使用费两部分组成,商务车厢使用费等于该路径中商务车厢里程对应的普通车厢票价的2倍。

2）国外代表城市轨道交通票价情况

（1）伦敦。

伦敦市轨道交通采用分区票制,票价根据区域、时间和距离改变。伦敦城市轨道交通网络共划分为9个区域。区域以环状从市中心向外围铺开,跨的区越多票价就越高(即距离越远越贵)。单程票按照区域来计价。票种类型包括单程票、日票、周票、月票、年票、老年票、残疾人票、学生票等,交通卡的类型包括牡蛎卡、学生卡、非接触式卡、旅游卡等。伦敦城市轨道交通还分高峰期(06:30—09:30、16:00—19:00)和非高峰期,使用打折卡或者非高峰时间段的票价更低。伦敦市轨道交通的票价水平如表13-3所示。

伦敦市轨道交通票价(单位:英镑) 表13-3

区域	单程票		牡蛎卡/非接触式卡	
	成人票	儿童	高峰期	非高峰期
1	5.50	2.70	2.40	2.40
1—2	5.50	2.70	3.00	3.00
1—3	5.50	2.70	3.40	2.80
1—4	6.00	3.00	4.00	2.90
1—5	6.00	3.00	4.80	3.20
1—6	6.00	3.00	5.30	3.30
2—6	6.00	3.00	5.30	3.30

（2）东京。

东京城市轨道交通采用计程票制。车票种类包括普通车票、日票、环球通票、月票、PASMO卡(IC卡)、Suica卡、环游通票等。PASMO卡(IC卡)比普通车票的票价更低。东京城市轨道交通的票价水平如表13-4所示。

东京城市轨道交通票价(单位:日元) 表13-4

距离(km)	普通车票	PASMO卡(IC卡)
1～6	成人180、儿童90	成人178、儿童89
7～11	成人210、儿童110	成人209、儿童104
12～19	成人260、儿童130	成人252、儿童126
20～27	成人300、儿童150	成人293、儿童146
28～40	成人330、儿童170	成人324、儿童162

对比发现:国外东京、伦敦等城市的轨道交通单程票价一般为人均日收入的 0.64% ~ 1.66%;国内多数城市的轨道交通单程票价均超过了人均日收入的 2.35%。

13.4 运营成本与补贴

13.4.1 运营成本

1)运营成本定义

运营成本是总成本的一部分。运输总成本是指运输企业为提供某种运输服务所耗费的成本总额。运输总成本由生产成本、管理费用、资金费用三大部分构成,如图 13-3 所示。

运营成本是城市轨道交通运营企业在日常运营生产过程中实际发生的与运营生产直接有关的所有费用支出,主要内容包括:

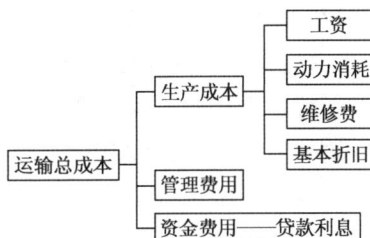

(1)企业直接从事运营生产活动人员的工资、奖金、津贴、补贴。

图 13-3 运输总成本构成

(2)按规定提取的职工福利费。

(3)生产经营过程中运用运输设备所消耗的材料、燃料、电力费用和其他费用。

(4)生产经营过程中运输设备养护维修所耗费的材料、配件、燃料、电力、工具备品费用及其他费用。

(5)运输生产固定资产折旧费。

(6)为恢复和提高固定资产原有性能和生产能力,对固定资产进行周期性大修理的费用。

(7)合理化建议及技术改进奖奖金。

(8)运输生产经营过程中发生的季节性停工损失,修理期间的停工损失,事故净损失。

(9)按照国家有关规定可以在成本中列支的其他费用,如:生产部门的办公差旅费、劳动保护等支出。

$$C_运 = C_总 - C_折 - C_资 = C_{工资} + C_{动力} + C_维 + C_管 \tag{13-1}$$

式中:$C_运$——运营成本,元;

$\quad C_总$——运输总成本,元;

$\quad C_折$——基本折旧,元;

$\quad C_资$——资金费用(贷款利息),元;

$\quad C_{工资}$——工资,元,主要指运营人员工资,包括车站运营与服务人员以及列车乘务人员工资;

$\quad C_{动力}$——动力消耗,元,主要指列车的动力消耗;

$\quad C_维$——维修费,元,指车辆、线路、通信信号设备、电气化设备、房屋建筑等的维修费,主要包括材料费和维修人员工资;

$\quad C_管$——管理费用,元,主要包括管理费及营业外支出等。

2)运营成本内容

(1)运营支出。

城市轨道交通从保证运营角度,主要可分为三部分支出:基本运营支出、设备更新支出和车辆购置支出。

①城市轨道交通的基本运营支出(不含财务费用和折旧)包括:人工费、电费、维修费、营运费及管理费,其中电费和人工费所占比例较大(占运营成本的一半以上)。据统计,2023年全国城轨交通平均每车公里运营成本34.43元,平均每人次公里运营成本1.74元,总成本中人工成本占比逾40%,电费占比约10%。

②城市轨道交通运营到一定时期,部分设施需要重新投入资金进行更新。地铁项目隧道部分和高架轨道的桥梁部分一般可沿用50年以上,这两部分设备短期内不需要更新;但轨道、机电设备、车体、车站以及信号、通信设备应在15年内逐步进行更新。

③随着城市轨道交通乘客数量的增加,运营者需要对车辆编组及行车组织进行调整,以满足运量的需求。因此,城市轨道交通项目除了在项目建设过程中购入一定数量的车辆外,在运营中也需要根据客流的增长,安排资金,添置车辆。

(2)运营成本分析。

运营成本分析是指搜集与报表使用人进行经济决策有关的各项财务成本资料,并且对成本资料有重点、有针对性地加以分析与解释,从而对企业过去的财务状况和预算执行情况以及成本对效益的影响程度和企业未来的发展前景进行评价的一种方法。通过报表分析和文字说明能及时掌握成本总预算执行进度,了解各部门各项目预算执行情况,及时掌握某项目超支原因和节约理由。并有针对性地采取措施,达到控制成本、提高效益的目的。

在运输总成本中,运营成本占一定比例,在基本折旧率和利率一定的条件下,基本折旧费和资金费用总额基本固定,因此需要进行运营成本分析。

为了便于分析,将运营成本分为变动成本和固定成本两部分。

①变动成本指运营成本中直接随运量变化而变化的费用支出,包括车辆的运营和维修费用,与列车运行距离有关,几乎与运量成比例变化。

②固定成本指运营成本中短期内不随运量变化而相对固定的费用支出,包括固定设备的维修费用和管理费。固定成本与运量部分有关,但不随运量变化,在一定条件下可视为固定。

(3)运营成本分析实例。

某运营公司1~4月财务部门按月编制成本分析表,首先将成本当月明细项目逐项与上年同期实际以及本年同期预算进行比较,其次将本年累计成本与上年同期实际、本年同期预算比较,再次将本年实际发生与未发生预算合计同全年预算进行比较,结果如表13-5~表13-7所列。

月度运营成本分析表一(单位:万元) 表13-5

项目	本月份							
	实际数	预算数	差额	比例	实际数	上年同期	差额	比例(%)
人工费	43.7	45	-1.3	97%	43.7	43.4	0.3	100.7

项目	本月份							
	实际数	预算数	差额	比例	实际数	上年同期	差额	比例(%)
养护费	11	13	−2	84.6%	11	11.2	−0.2	98.2
电费	8	7	1	114%	8	8.5	−0.5	94.1
……	…	…	…	…	…	…	…	…
合计	100	105	−5	95.2%	100	107	−7	93.5

月度运营成本分析表二(单位:万元) 表 13-6

项目	本月份							
	累计数	预算数	差额	比例	累计数	上年同期	差额	比例(%)
人工费	180	185	−5	97.3%	180	183	−3	98.4
养护费	45	52	−7	86.5%	45	49	−4	91.8
电费	31.6	30	1.6	105%	31.6	35	−3.4	90.3
……	…	…	…	…	…	…	…	…
合计	396	401	−5	98.8%	396	407	−11	97.3

月度运营成本分析表三(单位:万元) 表 13-7

项目	实际				预算				实际预算合计	年预算合计	差额	比例(%)
	1月	2月	3月	4月	5月	—	11月	12月				
人工费	43.7	—	—	—	—	—	—	45	540	545	−5	99
养护费	11	—	—	—	—	—	—	12	145	150	−5	96.7
电费	8	—	—	—	—	—	—	8	108	102	6	106
……	…	…	…	…	…	…	…	…	…	…	…	…
合计	100	—	—	—	—	—	—	106	1108	1220	−12	90.8

从以上明细表可以看出:

①人工费用约占总成本的 44%,养护费用约占总成本的 11%,电费约占总成本的 8%,其他费用约占总成本的 37%。

②人工费用本月和累计分别占同期预算的 97% 和 97.3%,是去年同期的 100.7% 和 98.4%,实际预算合计占全年预算的 99%;可以看出该项费用是按预期进度支付,并比预算和去年同期略有节约。养护费用本月和累计分别占同期预算的 84.6% 和 86.5%,是去年同期的 98.2% 和 91.8%,实际预算合计占全年预算的 96.7%;可以看出该项费用是按预期进度支付,并比预算和去年同期有所节约。电费本月和累计分别超出同期预算的 14% 和 5%,但比去年又有所降低,分别是去年同期的 94.1% 和 90.3%,实际预算合计也超全年预算 6%;可以看出该项费用基本按预期进度支付,超出预算,但比去年同期略有节约。

13.4.2 补贴机制

城市轨道交通建设投资大,建设周期长,运营成本高,且运营服务定价一般低于市场价格,一般很难实现运营盈利,投资回收更难。各国实践表明,这些运营亏损需要政府财政予以补贴。我国香港的城市轨道交通系统享有最好的经营业绩,能做到投资回收,但该业绩得益于政府提供的多元化经营权限和较高的票价,也与香港城市空间狭小、私家车使用成本高昂有关。

城市轨道交通运营补贴机制及其特点

表 13-8 给出了部分城市轨道交通系统的收入结构。可以看出,多数城市的票务收入只是运营费用的 50% 左右,其余部分需由商业性收入或政府补贴支持,票款收入比例最高的是香港和大阪。

世界主要城市的轨道交通运营状况　　　　　　　　　　　　　　　　表 13-8

国家	城市	车票收入(%)	其他商业性收入(%)	政府补贴(%)
墨西哥	墨西哥城	13.0	1.0	86.0
英国	格拉斯哥	33.5	3.0	63.5
瑞典	斯德哥尔摩	34.1	3.2	62.7
法国	巴黎	36.0	10.0	54.0
西班牙	巴塞罗那	44.0	4.0	52.0
西班牙	马德里	51.0	1.0	48.0
日本	札幌	43.0	9.5	47.5
日本	大阪	75.0	25.0	0
日本	东京	46.0	31.0	23.0
德国	汉堡	55.0	10.0	35.0
中国	香港	95.0	5.0	0

由于城市轨道交通的运营及相关服务是大城市公共交通服务的必需品,为充分体现其社会公益性,城市轨道交通运营服务价格一般由政府管制,且低于市场价格,票款收入难以覆盖建设和运营成本,由此导致的政策性亏损应由政府以财政补贴的形式给予补偿。因此,补贴的本质可以理解为政府花钱购买公共服务。

对于政策性亏损,主要有四种补贴机制:成本加成合约、固定价格合约、激励性合约以及特许经营权竞标。前三种类型的补贴机制设计和实施中的困难主要诱因就是信息不对称,并且解决问题所投入的削减与补贴机制激励性增加之间存在此消彼长、取舍平衡的问题;第四种方法试图通过引入市场竞争来解决信息不对称问题。

1)成本加成合约

成本加成合约是指根据企业实际成本与其收入的差额计算补贴金额,是一种事后补贴机制。在成本加成合约下,政府对轨道交通事业的补偿额 = 实际成本 − 实际收入 = 实际成本 − 票款收入 − 多种经营收入。运营部门或者企业的净所得利润为零。即:

$$S = C - R = C - R_T - R_O \tag{13-2}$$

$$\pi = R_T + R_O + S - C = 0 \tag{13-3}$$

式中:S——政府补偿额,元;

C——实际成本,元;

R——实际收入,元;

R_T——票款收入,元;

R_O——多种经营收入,元;

π——企业净所得,元。

伦敦市轨道交通的日常运营补贴和北京市轨道交通的更新改造补贴采用的是成本加成合约机制。该机制的优点是操作简单,运营企业风险低;缺点表现在没有激励性,企业运营效率较低。

2)固定价格合约

固定价格合约是指政府通过分析企业运营的合理成本和预期收入,和企业谈判确定补贴金额,是一种事前补贴机制。在固定价格合约下,政府对轨道交通事业的补偿额 = 厘定合理成本 – 实际收入。运营部门或者企业的净所得利润可能大于零。即:

$$S = E_C - R = E_C - R_T - R_O \tag{13-4}$$
$$\pi = (S + R_T + R_O) - C = E_C - C \tag{13-5}$$

式中:S——政府补偿额,元;

C——实际成本,元;

R——实际收入,元;

E_C——厘定合理成本,元;

R_T——票款收入,元;

R_O——多种经营收入,元;

π——企业净所得,元。

伦敦市轨道交通的更新改造补贴曾采用固定价格合约机制。该机制的优点是一定程度上可激励企业降低成本;缺点表现在企业风险较高,价格谈判较为困难。

3)激励性合约

激励性合约是指政府和企业先通过谈判确定合理成本,然后按事先确定的比例共同分担企业运营的亏损额,一种事前协商事后决算机制。即:

$$S = a + (1 - b)(C - R_T) \tag{13-6}$$
$$\pi = R_O + a - b(C - R_T) \tag{13-7}$$

式中:S——政府补偿额,元;

C——实际成本,元;

R_T——票款收入,元;

R_O——多种经营收入,元;

π——企业净所得,元;

a——固定补偿额,元;

b——企业承担比例。

巴黎市轨道交通的补贴采用的是激励性合约机制。该机制的优点是可以激励企业降低成本、减少政府补贴额度,但激励性合约的参数(如合理成本和比例系数)较难确定。

4)特许经营权竞标

特许经营权竞标是一种事前补贴机制,指政府将公交运营合同期内的总补贴额或者总运营成本作为拍卖标的来选择运营商。该机制与固定价格合约机制类似,政府无须厘定合理成本,通过引入市场竞争,迫使企业主动削减成本。特许经营权竞标的前提是有多家企业参与竞标,以降低政府补贴金额报价,且政府部门需监督中标企业的运营服务质量。

$$S_t = C_t^* + D_t + (1 - \varphi)\mathrm{TI}K_{\mathrm{waac}}^* - B_t \qquad (13-8)$$

式中:S_t——第 t 年的补贴额,元;

$\quad\ \ C_t^*$——第 t 年的拍卖运营成本,元;

$\quad\ \ D_t$——第 t 年的固定资产折旧,元;

$\quad\ \ \mathrm{TI}$——城市轨道交通总投资,元;

$\quad\ \ K_{\mathrm{waac}}^*$——基于 CAPM 模型的投资成本,元;

$\quad\ \ B_t$——第 t 年的轨道交通票款收入,元;

$\quad\ \ \varphi$——地方政府投资比例。

香港城市轨道交通和北京市轨道交通 4 号线补贴采用的是特许经营权竞标机制。该机制的优点是运营成本能得到有效控制,政府补贴压力较小;缺点是需多家企业形成合理竞争,且对政府的监督力度要求较高。

13.5　城市轨道交通多种经营策略

交通运营资产与商业运营资产的价值是互相促进的。客流增加有助于商业运营,良好的商业运营能更好地吸引客流、解决运输需求。城市轨道交通商业资源经营分为票务收入和非票务收入,票务收入包括客运经营和货运经营,非票务收入包括物业开发、广告传媒、民用通信和车站商业等。

13.5.1　物业开发

"地铁 + 物业开发"模式是一种典型的轨道交通与房地产的综合开发策略,即优先发展轨道交通车站的上盖物业、车站周边的地下商业街、停车场以及其他服务设施,对站点周边进行立体规划和开发。主要分为三种模式:轨道交通站点空间权联合开发模式、轨道交通站点邻近地区联合开发模式、轨道交通沿线区域联合开发模式。

轨道交通站点空间权联合开发模式将联合开发与轨道交通设施结合在一起,包括运输系统上、下方穿越处,或是车站地区的房地产开发。优先发展轨道交通车站上盖物业、车站周边的地下商业街、停车场以及其他服务设施,进行立体规划和开发,如图 13-4 所示。

对于轨道交通站点邻近地区联合开发模式,此类联合开发是指轨道交通设施与其周边建筑物进行一体化规划和建设,开发地块靠近轨道交通设施,并且通常与之连接,而不仅仅只是位于轨道设施空间位置或其上、下方,如图 13-5 所示。

对于轨道交通沿线区域联合开发模式,利用轨道交通对城市功能产生极大的集聚作用,可改变城市原有的发展形态。以站点为圆心由内向外形成高-低强度开发的同心圆。此种联合开发是由轨道交通沿线各站点和其他设施组成,通常是多家机构联合建设,包含若干街区,不同区域内的中心建筑与轨道站点相互联通结合成一个整体。

13.5.2　广告传媒

广告媒体指地铁空间内,以地铁乘客为主要受众目标,在广告主和广告信息接收对象之间起中介或载体作用的可视物体。轨道交通企业将广告媒体与广告相结合传播信息,并为企业带来利润的方式称为轨道交通广告传媒经营。依据广告所选用的媒体的不同,可将城市轨道交通广告传媒资源分为三类:平面媒体、视频媒体和印刷品媒体。

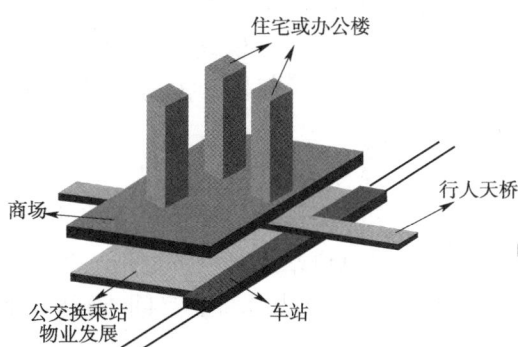

图 13-4　轨道交通站点空间权联合开发模式　　图 13-5　轨道交通站点邻近地区联合开发模式

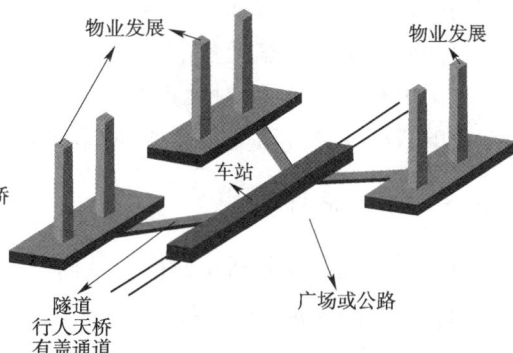

平面媒体是在车体内外、灯箱、墙贴和柱体等所有静态平面传播广告信息的载体,具体依据媒体规格的不同又可将平面媒体分为常规媒体、超级媒体和列车媒体。常规媒体包括 12 封灯箱、4/6 封灯箱、扶梯侧墙海报、墙贴、扶梯看板和扶梯贴等;超级媒体包括大型墙贴、大型看板和柱贴等;列车媒体包括内包车、外包车、屏蔽门贴长廊、屏蔽门贴和拉手等。不同媒体的组合运用更能提升媒体的商业价值,从而受到广告主的青睐,例如封灯箱与屏蔽门贴长廊组成套装连装销售时,广告信息的承载量进一步增大,视觉效果极佳;品牌区域利用灯箱与墙贴的组合运用,避开其他广告的干扰,独占性强等。

视频媒体是通过站台和车厢内的视频终端实时向乘客通报各种候车、出行、生活等服务广告信息的载体,具体包括站厅显示屏、站台显示屏、列车显示屏等。

印刷品媒体是人们乘坐地铁上班时免费获得资讯和城市生活信息的纸质媒介,国内主要以地铁报的形式为主。印刷品媒体包括轨道杂志、报纸广告以及轨道交通公司发布的纪念票等。

13.5.3　民用通信

轨道交通民用通信资源的经营以面向运营商的移动通信(4G、5G)经营活动为主,辅以乘客信息系统(PIS)为支撑平台的轨道交通移动视频业务、电话宽带服务和光纤租赁服务等多形式多种类的综合信息服务。将通信运营商的移动通信业务引入地铁范围,使乘客在进入地铁空间后仍然能够享受与地面一样的公众通信服务。轨道交通的民用通信目前主要包括移动通信业务、有线通信业务和移动电视业务。

移动通信服务指轨道公司通过与移动运营商的战略合作,建设完备的电源、传输和无线分布系统,达到无线信号的无缝覆盖,满足轨道交通乘客的移动通信需求。移动通信服务模式包括租赁模式和运营商自建模式。租赁模式指轨道公司负责系统的投资和建设,运营商根据各自对资源的需求使用量,支付轨道公司设施使用租金。运营商自建模式指运营商负责系统的投资和建设,运营商支付部分的资源使用费和配合费给轨道公司。

有线通信业务主要有三种经营模式。第一种是放开市场由运营商投资设备及线路,运营商自由发展轨道交通的商业及物业用户。第二种是由轨道交通所有者投资相应的设备及线路,向运营商租赁固话和宽带资源,再提供给商业及物业用户。第三种是与运营商合作经营,轨道交通所有者提供线路及用户,运营商投资相应的设备及通信资源。

移动电视业务是指借助于 PIS(包含车站 PIS 和列车 PIS),以站台及列车车厢内的显示屏为平台向乘客播放列车运营信息、电视节目和广告等内容,其经营模式有两种。第一种是与当地移动电视台合作,再对轨道交通移动电视平台进行广告代理权的招商。第二种是直接与专业的视频媒体经营公司合作,收取平台及资源使用费。

13.5.4　车站商业

城市轨道交通商业包括车站商业及周边一定范围内受轨道站点影响的商业。根据物业空间的规模及空间布局,可以大致将车站结合的商业空间分为站内商业空间、通道商业空间、地下开发空间和上盖物业空间。

站内商业空间即站厅商业,主要指布置在轨道交通车站站厅层、位于主要交通功能区域的商业空间,此种类型可布置在站厅的付费区或非付费区空间。由于站厅应主要保障交通功能,可用于商业使用的空间较小,通常只可容纳数量少、规模小、主要提供初级的生活必需品和简单服务的业态。

通道商业空间主要指车站与地面或周围建筑联通的通道或地下通道中的商业空间。由于出入口及建筑连通通道的商业空间受限于通道的长度和宽度,一般规模不大,在决策与设施上难度较小且成本不高。比较常见的通道商业空间有北京地铁五棵松站、西安地铁行政中心站。

地下开发空间是指利用轨道建设将周边地下空间连通或在综合规划下进行开发的地下商业空间,形式多为地下商业街。对于地下车站,一般呈条带状分布,规模较大,甚至可直接连通前后两座车站。

上盖商业空间涉及范围较广,多数情况下车站站位于建设用地范围内,将车站与地面上的建筑进行一体化设计。此类型兼顾交通枢纽商业办公功能,称为交通综合体,其规模主要取决于地面建筑的规模。比较常见的车站上盖商业空间有香港地铁九龙站、东京港未来站。

13.5.5　货运经营

城市货运目前以公路运输为主,而公路运输中重型货车二氧化碳排放量较高,会加重城市拥堵和环境污染。城市轨道交通绿色、环保,使其作为货运替代方式,能够缓解拥堵、保护环境。目前有部分城市轨道交通尝试开展货运服务。

城市轨道交通货物运输模式可以分为客货共载和货运专列两种。客货共载指利用原有客运列车的空余空间运输货物,乘客与货物位于同一列车上,共享列车车厢。货运专列是指在原有的客运列车间插入货运专列,整列车都用于运输货物。

城市轨道交通货物运输服务需要对其线路和站台进行改造。在线路方面,需要在站台的线路两侧增加货运到发线,仅用于货运专列的到发作业。在站台方面,客货共载模式下货运车厢对应站台空间需作为转运仓库,以分隔墙隔离客货运功能区;货运专列模式下在货运到发线与客运线路之间需扩建两个货运站台,用于货运专列的货物装卸、储存等功能。

深圳地铁 11 号线采用空铁轨联运,轨道物流环节距离约 24.2km,采用"枢纽到站"的模式,通过专箱运货模式开展轨道物流服务,即地铁将货物从福田枢纽运输到碧海湾站出站,转运顺丰华南航空枢纽飞国际、国内市场。深圳地铁 11 号线采用"客货混载"模式,在不改变地铁原结构和组织的基础上,改造福田、碧海湾两个站点。在晚高峰后的平峰期按专厢模式组织运货,以充分利用地铁的运力。

复习思考题

1. 简述城市轨道交通票制的基本类型及其适用条件。

2. 简述城市轨道交通的定价方法及其适用性。

3. 简述城市轨道交通系统运营成本的构成。

4. 试分析城市轨道交通运营补贴的主要模式及其特点。

5. 简述城市轨道交通系统运营企业的考核方法。

6. 根据国内城市轨道交通系统建设与运营经济状况提出保障城市轨道交通系统可持续发展的措施。

AI 辅助学习研讨题

利用 AI 工具(如 DeepSeek、Kimi 等)生成下列讨论题的报告或 PPT。

讨论题(1):分析我国主要城市的轨道交通票制类型和票价水平,分析通勤乘客交通出行费用占人均可支配收入的比例。

要求:利用 AI 工具,分析我国主要城市的轨道交通票制类型,平均运距对应的票价,并对交通出行费用占比进行比较分析,生成研讨报告或汇报文件(PPT)。

讨论题(2):以北京为例,分析城市轨道交通运营补贴模式及单位运输工作量补贴金额的变化。

要求:利用 AI 工具,分析北京城市轨道交通运营补贴模式的演变,并对每个阶段的补贴金额进行初步计算,对结果进行比较并完成讨论报告或汇报文件(PPT)。

第14章
运营指标体系

指标是评价工作好坏的抓手。城市轨道交通系统运营指标反映了客运任务的完成情况、服务质量、运行效率和效益。本章结合我国城市轨道交通行业标准介绍了运营指标体系的构成、内容、指标定义及计算方法,给出了目前运营企业部分指标的现状;最后通过案例分析了主要指标间的相互关系。

14.1 运营指标体系概述

参考《城市轨道交通运营指标体系》(GB/T 38374—2019),城市轨道交通运营指标体系包括基础指标、客流指标、运行指标、安全指标、服务指标、能耗指标和财务指标7类。其中,基础指标包括基础线网、发展水平2类;客流指标包括基础客流、拥挤情况、出行特征、强度和客流不均衡5类;运行指标包括车辆利用、运力与运能、行驶里程、运行速度、计划兑现、延误事件、清客和下线8类;安全指标包括事故事件、人员伤亡和财产损失3类;服务指标包括乘客服务、人力指标和设备可靠度3类;能耗指标包括牵引能耗、动力照明能耗、运营能耗和节能环保4类;财务指标包括成本、收入2类。

城市轨道交通运营指标体系如图14-1所示。

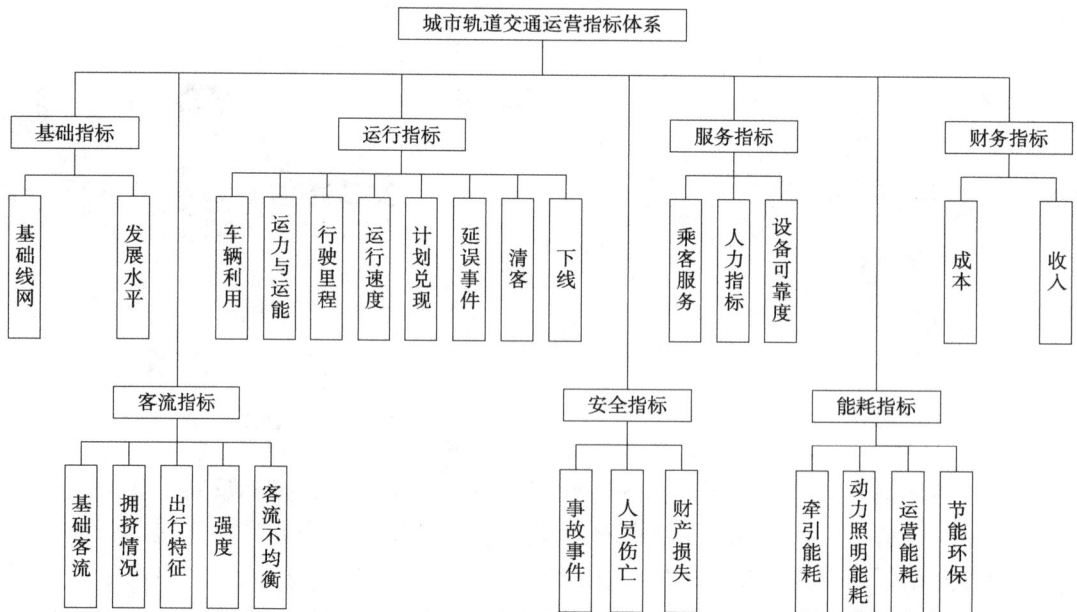

图 14-1　城市轨道交通运营指标体系

14.2 基 础 指 标

基础指标包括基础线网、发展水平2类,其中基础线网包括运营线路条数、运营里程、运营车站数、换乘车站数、站均出入口数、平均站间距、平均走行距离、配属车辆基地/车辆段/停车场数共8个指标,发展水平包括线网密度、万人线网拥有率、站点密度、站点覆盖率、万人车站拥有率、城市轨道交通客运分担率、票价支出占居民收入比共7个指标。

图14-2所示为基础指标的构成。

下面重点介绍线网密度、站点密度、站点覆盖率、城市轨道交通客运分担率4个指标的定义及计算方法。

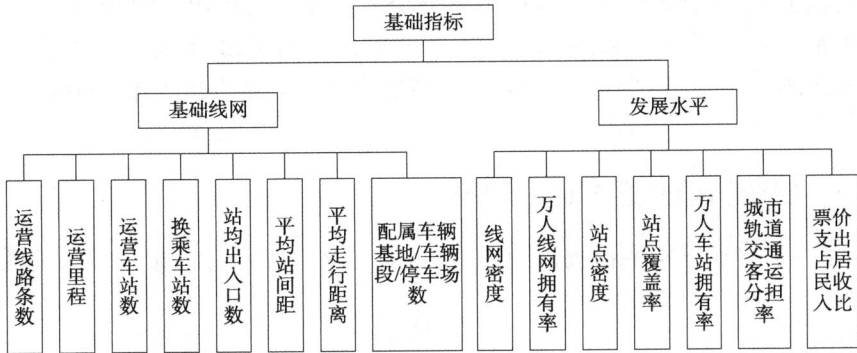

图 14-2　基础指标

14.2.1　线网密度

线网密度指统计范围内单位面积的城市轨道交通线网运营里程,单位为 km/km^2。计算方法为:

$$B_6 = \frac{B_{1n}}{S_c} \tag{14-1}$$

式中:B_6——线网密度,km/km^2;

B_{1n}——线网运营里程,km;

S_c——统计范围,km^2。

典型的统计范围是城区,即在市辖区和不设区的市,区、市政府和实际建设连接到的居民委员会所辖区域和其他区域。统计中可直接采用政府统计部门发布的数据或由中国《城市建设统计年鉴》获取。

14.2.2　站点密度

站点密度指统计范围内单位面积的城市轨道交通运营车站数,单位为座/km^2。计算方法为:

$$B_8 = \frac{S}{S_c} \tag{14-2}$$

式中:B_8——站点密度,座/km^2;

S——运营车站数,座。

14.2.3　站点覆盖率

站点覆盖率指统计范围内所有城市轨道交通站点一定半径范围覆盖的区域面积占统计范围面积的比例,单位为%。计算方法为:

$$B_9 = \frac{S_{覆盖}}{S_c} \times 100\% \tag{14-3}$$

式中:B_9——站点覆盖率,%;

$S_{覆盖}$——站点覆盖面积,km^2。

站点覆盖面积为统计范围内所有城市轨道交通站点的所有出站口为圆心,一定距离为半径形成的所有圆的面积之和,剔除重叠区域部分后的区域面积。一般选取的半径有500m、800m、1000m,可以分别得到500m站点覆盖率、800m站点覆盖率、1000m站点覆盖率等指标。

14.2.4 城市轨道交通客运分担率

城市轨道交通客运分担率指统计期内,城市轨道交通线网客运量占城市公共交通客运量的比例,单位为%。计算方法为:

$$B_{11} = \frac{P_{6n}}{Q_t} \times 100\% \tag{14-4}$$

式中:B_{11}——城市轨道交通客运分担率,%;

P_{6n}——线网客运量,万人次;

Q_t——城市公共交通客运量,万人次,城市公共交通客运量为城市轨道交通客运量与城市公共(汽)电车客运量之和。

根据交通运输部公布的统计数据,2023年上海市、北京市、广东省、天津市四个省级行政区城市轨道交通客运量占公共交通客运总量的比例超过50%,最高的上海市超过了70%。从城市层面看,广州、上海、北京、深圳、成都5市城市轨道交通客运量之和占2023年全国总客运量的比例超过了50%。另据中国城市轨道交通协会的研究,2022年有城市轨道交通城市建成区城市轨道交通线网密度平均为0.304km/km²。2024年,全国城市轨道交通大运力系统(不含中低运力系统)每公里员工42.8人,每公里配车1.17列;这与客运强度大小有关。如客流强度较大的北京、上海每公里配车分别达到了1.52列与1.46列[①]。

14.3 客流指标

客流指标包括基础客流、拥挤情况、出行特征、强度和客流不均衡5类,其中基础客流包括进站量、出站量、换乘量、客运量、车站乘降量、断面客流量、客运周转量7个指标;拥挤情况包括断面满载率、高峰小时站台单位面积服务人次2个指标;出行特征包括平均运距、线网换乘系数、换乘比例、付费(非付费)乘客比例4个指标;强度包括客运强度、客流密度、线网出行强度3个指标;客流不均衡包括方向不均衡系数、断面不均衡系数、时间不均衡系数3个指标。

图14-3描述了城市轨道交通的客流指标。

下面重点介绍进站量、出站量、换乘量、客运量、车站乘降量、断面客流量、客运周转量、断面满载率、平均运距、线网换乘系数、客运强度、客流密度、方向不均衡系数、断面不均衡系数、时间不均衡系数15个指标的定义及计算方法。

14.3.1 进站量

进站量分为车站进站量、线路进站量和线网进站量。

---

① 单位"辆"或"车"乘上编组数等于列。

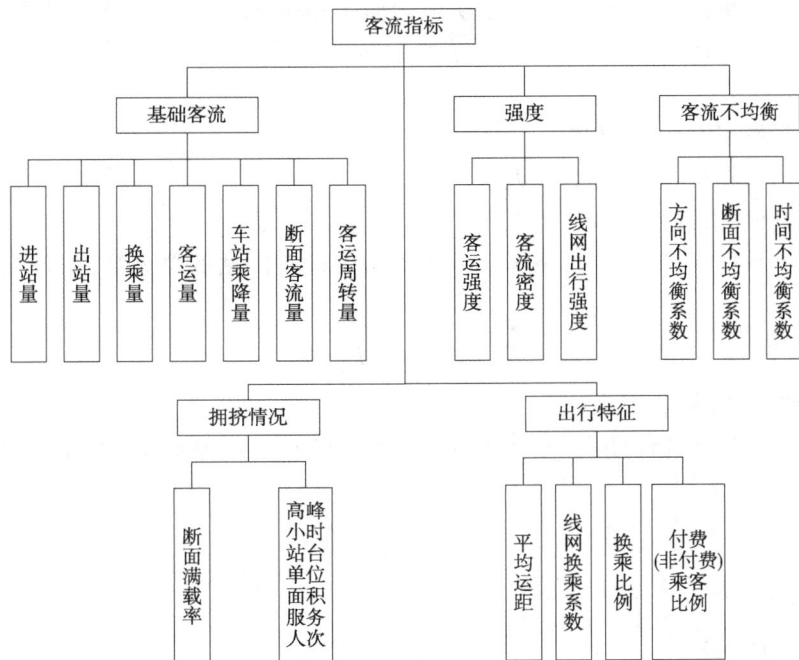

图 14-3　客流指标

(1)车站进站量指统计期内,在城市轨道交通车站进站乘车出行的乘客数量,单位为万人次。计算方法为:

$$P_{1s} = P_a + P_o \qquad (14-5)$$

式中:P_{1s}——车站进站量,万人次;

　　P_a——进站闸机检票人数,万人次;

　　P_o——其他凭证进站人数,万人次。

进站量包括付费和非付费客流。付费客流指凭单程票、储值卡、日票、多日票等刷卡进站乘车的乘客;非付费客流指凭老人免费票、残疾人免费票、员工票或其他进站凭证进站乘车的乘客。

(2)线路进站量指统计期内,乘客从本线路站点进站乘车的总人数,单位为万人次。计算方法为:

$$P_{1l} = \sum P_{1s} \qquad (14-6)$$

式中:P_{1l}——线路进站量,万人次。

(3)线网进站量指统计期内,乘客从城市轨道交通线网进站乘车的人数,单位为万人次。计算方法为:

$$P_{1n} = \sum P_{1l} \qquad (14-7)$$

式中:P_{1n}——线网进站量,万人次。

14.3.2　出站量

出站量分为车站出站量、线路出站量和线网出站量。

（1）车站出站量指统计期内，在城市轨道交通车站上采用票卡通过闸机、手持票卡机或其他凭证，由付费区离开至非付费区的乘客总数量，单位为万人次。计算方法为：

$$P_{2s} = P'_a + P'_o \tag{14-8}$$

式中：P_{2s}——车站出站量，万人次；

　　P'_a——出站闸机检票人数，万人次；

　　P'_o——其他凭证出站人数，万人次。

（2）线路出站量指统计期内，乘客从本线路站点检票出站的总人数，单位为万人次。计算方法为：

$$P_{2l} = \sum P_{2s} \tag{14-9}$$

式中：P_{2l}——线路出站量，万人次。

（3）线网出站量指统计期内，城市轨道交通线网各站出站的乘客总数量，单位为万人次。计算方法为：

$$P_{2n} = \sum P_{2l} \tag{14-10}$$

式中：P_{2n}——线网出站量，万人次。

14.3.3　换乘量

换乘量分为车站换乘量、线路换乘量和线网换乘量。

（1）车站换乘量指统计期内，换乘站各线路间换乘乘客的总数量，单位为万人次。计算方法为：

$$P_{4s} = \sum P_s \tag{14-11}$$

式中：P_{4s}——换乘站换乘量，万人次；

　　P_s——各条线路间换乘的乘客数量，万人次。

通过自动售检票系统连续计费的换乘乘客量，可通过票务系统清分模型计算；非连续计费的换乘乘客量，可采用客流调查方式获取。

（2）线路换乘量指统计期内，从其他线路换入本线的乘客数量，单位为万人次。计算方法为：

$$P_{4l} = P_d + P_t \tag{14-12}$$

式中：P_{4l}——换乘站换乘量，万人次；

　　P_d——其他线进入本线乘客量，万人次；

　　P_t——途经本线乘客量，万人次。

其他线进入本线乘客量是指从其他线路站点检票进站，通过换乘站换乘至本线路的乘客量。途经本线乘客量是指进站与出站均不属于本线路，但按照乘客出行路径经过本线路的乘客量。乘客从一条线路站点进，从其他线路站点出，按照清分的原则统计其乘坐路径。

（3）线网换乘量指统计期内，进入城市轨道交通线网的乘客在换乘站由一条线路换乘到另一条线路的总量，单位为万人次。计算方法为：

$$P_{4n} = \sum P_{4l} = \sum P_{4s} \tag{14-13}$$

式中：P_{4n}——线网换乘量，万人次。

14.3.4　客运量

客运量分为车站客运量、线路客运量和线网客运量。

（1）车站客运量指统计期内，城市轨道交通运营车站为乘客提供进站、换乘服务的人次，为进站量和换乘量之和，单位为万人次。计算方法为：

$$P_{6s} = P_{1s} + P_{4s} \tag{14-14}$$

式中：P_{6s}——车站客运量，万人次。

（2）线路客运量指统计期内，城市轨道交通线路运送乘客的总人次，为线路进站量和换乘量之和，单位为万人次。计算方法为：

$$P_{6l} = P_{1l} + P_{4l} \tag{14-15}$$

式中：P_{6l}——线路客运量，万人次。

（3）线网客运量指统计期内，城市轨道交通线网运送乘客的总人次，为线网进站量和换乘量之和，单位为万人次。计算方法为：

$$P_{6n} = P_{1n} + P_{4n} = \sum P_{6l} \tag{14-16}$$

式中：P_{6n}——线网客运量，万人次。

14.3.5　车站乘降量

车站乘降量指统计期内，城市轨道交通运营车站为乘客提供进站、换乘、出站服务的总人次，单位为万人次。计算方法为：

$$P_8 = P_{1s} + P_{2s} + P_{4s} \tag{14-17}$$

式中：P_8——车站乘降量，万人次。

14.3.6　断面客流量

断面客流量指运营线路单方向相邻两站间 1h 内通过的乘客数量，也称断面客运量，单位为万人次/h，断面客流量可通过票务系统清分模型计算或采用客流调查方式取得。正常运营状态下，运营线路断面客流量的最大值称为最大断面客流量。

14.3.7　客运周转量

客运周转量分为线路客运周转量和线网客运周转量。

（1）线路客运周转量指统计期内，运营线路中每位乘客在本线的乘坐距离之和，单位为万人次 km。计算方法为：

$$P_{11l} = \sum L_d \tag{14-18}$$

式中：P_{11l}——线路客运周转量，万人次 km；

　　　L_d——每位乘客在本线的乘车距离，万人次 km。

（2）线网客运周转量指统计期内，线网内每位乘客乘坐距离之和，单位为万人次 km。计算方法为：

$$P_{11n} = \sum P_{11l} \tag{14-19}$$

式中:P_{11n}——线网客运周转量,万人次 km。

乘客从一条线路车站进站,从其他线路车站出站,均由票务清分系统根据确定的原则清分出其乘坐路径,乘坐距离按照乘客进站和出站站点间路径长度计算,并按照路径经过各条线路路段长度,计算所属线路的客运周转量。

14.3.8 断面满载率

断面满载率指单位时间内,运营线路单向断面客流量与相应断面运力的比值,也称断面拥挤度,单位为%。计算方法为:

$$P_9 = \frac{Q_d}{O_{12s}} \times 100\% \tag{14-20}$$

式中:P_9——断面满载率,%;

Q_d——断面客流量,万人次/h;

Q_{12s}——断面运力,人。断面运力指单位时间内,线路某断面某方向的运输能力,计算方法如下:

$$O_{12s} = N_1 \times D \tag{14-21}$$

式中:O_{12s}——断面运力,人;

N_1——断面单向开行列数;

D——列车定员,人。

14.3.9 平均运距

平均运距分为线路平均运距和线网平均运距。

①线路平均运距指统计期内,线路客运周转量与线路客运量的比值,表示在某一线路上乘客一次乘车的平均距离,单位为 km。计算方法为:

$$P_{13l} = \frac{P_{11l}}{P_{6l}} \tag{14-22}$$

式中:P_{13l}——线路平均运距,km。

②线网平均运距指统计期内,乘客在线网内从进站到出站完成一次出行的平均乘车距离,单位为 km。计算方法为:

$$P_{13n} = \frac{P_{11n}}{P_{1n}} \tag{14-23}$$

式中:P_{13n}——线网平均运距,km。

14.3.10 线网换乘系数

线网换乘系数指统计期内,线网客运量与进站量的比值,表示乘客在线网内完成一次出行需乘坐的平均线路条数。计算方法为:

$$P_{14} = \frac{P_{6n}}{P_{1n}} \tag{14-24}$$

式中:P_{14}——线网换乘系数。

参考《中国城市轨道交通运营发展报告》对 2023 年 30 个城市轨道交通换乘车站的调研,两线换乘站占比高达 90%,三线换乘站占比 8%,三线以上换乘站占比 2%。2023 年,我国城市轨道交通平均换乘系数为 1.40,与 2022 年的 1.37 相比略有增长。在运营里程超过 500km 的 7 个城市中,换乘系数从大到小依次是广州 1.83、北京 1.81、上海 1.80、成都 1.77、深圳 1.71、杭州 1.61 和武汉 1.58,7 个城市的平均换乘系数为 1.73;在运营规模介于 300 ~ 500km 的 4 个城市换乘系数分别是南京 1.65、重庆 1.58、西安 1.54、青岛 1.43,平均换乘系数为 1.55;在运营规模在 100 ~ 300km 的 15 个城市的平均换乘系数为 1.53;排名靠前的为长沙 1.87、宁波 1.68、南昌和南宁 1.67,最小的 3 个城市为贵阳 1.28、福州 1.35、昆明 1.39。

14.3.11　客运强度

客运强度分为线路客运强度和线网客运强度。

(1)线路客运强度指统计期内,某条线路单位运营里程上平均每日承担的客运量,单位为万人次/(km·日)。计算方法为:

$$P_{17l} = \frac{P_{7l}}{B_{1l}} \tag{14-25}$$

式中:P_{17l}——线路客运强度,万人次/(km·日);

P_{7l}——线路日均客运量,万人次/日;

B_{1l}——线路运营里程,km。

(2)线网客运强度指统计期内,线网单位运营里程上平均每日承担的客运量,单位为万人次/(km·日)。计算方法为:

$$P_{17n} = \frac{P_{7n}}{B'_{1n}} \tag{14-26}$$

式中:P_{17n}——线网客运强度,万人次/(km·日);

P_{7n}——线网日均客运量,万人次/日;

B'_{1n}——加权后的线网运营里程,km。统计期内有新线开通时,线网运营里程按照每条线路的运营时间折算。

参考中国城市轨道交通协会公布的数据,2024 年全国按网络平均的城市轨道交通客运强度为 0.61 万人次/(km·日),大运力的地铁线路的平均客运强度为 0.76 万人次/(km·日)。从全制式、城市层面看,最高的深圳市为 1.49 万人次/(km·日)、广州 1.35 万人次/(km·日)。从线路层面看,最高的为广州 1 号线,达 4.51 万人次/(km·日)。紧随其后的依次是广州 2 号线 3.49 万人次/(km·日)、广州 8 号线 2.87 万人次/(km·日)、西安 2 号线 2.80 万人次/(km·日)、长沙 2 号线 2.69 万人次/(km·日)、上海 1 号线 2.64 万人次/(km·日)、北京 2 号线 2.64 万人次/(km·日)、北京 10 号线 2.62 万人次/(km·日)、广州 3 号线 2.62 万人次/(km·日)和北京 5 号线 2.55 万人次/(km·日)。

14.3.12　客流密度

客流密度分为线路客流密度和线网客流密度。

(1)线路客流密度指统计期内,某条线路单位运营里程上平均每日承担的客运周转量,单位为万人次 km/(km·日)。计算方法为：

$$P_{181} = \frac{P_{111}}{B_{11}}$$ (14-27)

式中：P_{181}——线路客流密度,万人次 km/(km·日)。

(2)线网客流密度指统计期内,线网单位运营里程上平均每日承担的客运周转量,单位为万人次 km/(km·日)。计算方法为：

$$P_{18n} = \frac{P_{11n}}{B'_{1n}}$$ (14-28)

式中：P_{18n}——线网客流密度,万人次 km/(km·日)。

14.3.13 方向不均衡系数

方向不均衡系数指某条线路单向最大断面客流量与双向最大断面客流量平均值的比值。计算方法为：

$$P_{20} = \frac{2 \times \mathrm{MAX}\{Q_{d\pm}, Q_{d\mp}\}}{Q_{d\pm} + Q_{d\mp}}$$ (14-29)

式中：P_{20}——方向不均衡系数；

$Q_{d\pm}$——上行最大断面客流量,万人次；

$Q_{d\mp}$——下行最大断面客流量,万人次。

14.3.14 断面不均衡系数

断面不均衡系数指某条线路单向最大断面客流量与该时段该方向所有断面客流量平均值之比。计算方法为：

$$P_{21} = \frac{\mathrm{MAX}\{Q_d\} \times d_c}{\sum Q_d}$$ (14-30)

式中：P_{21}——断面不均衡系数；

Q_d——上行或者下行方向断面客流量,万人次；

d_c——上行或者下行断面数量,个。

14.3.15 时间不均衡系数

时间不均衡系数指某条线路最大断面客流量与该方向所有时段分时最大断面客流量平均值之比。计算方法为：

$$P_{22} = \frac{\mathrm{MAX}\{Q_{dh}\} \times t_o}{\sum Q_{dh}}$$ (14-31)

式中：P_{22}——时间不均衡系数；

Q_{dh}——分时段最大断面客流量,万人次；

t_o——线路运营时间,h。

14.4 运 行 指 标

运行指标包括车辆利用、运力与运能、行驶里程、运行速度、计划兑现、延误事件、清客和下线 8 类;其中车辆利用包括配属列车数、配属车辆数、上线列车数、完好列车数、架/大修列车数、列车上线率、列车完好率、每公里配车数、配属列日数、完好列日数、上线列日数、完好车利用率 12 个指标;运力与运能包括列车平均编组数、列车定员、运力、客位里程、线网利用水平、平均满载率 6 个指标;行驶里程包括运营车公里、走行车公里、车公里利用率 3 个指标;运行速度包括技术速度、最高运行速度、速度利用率 3 个指标;计划兑现包括计划开行列次、计划兑现列次、加开列次、停运列次、晚点列次、实际开行列次、列车运行图/时刻表兑现率 7 个指标;延误事件包括 5min 及以上延误事件数、5min 及以上延误率 2 个指标;清客包括清客列次、清客频次、救援列次 3 个指标;下线包括掉线列次、掉线率 2 个指标。

运行指标如图 14-4 所示。

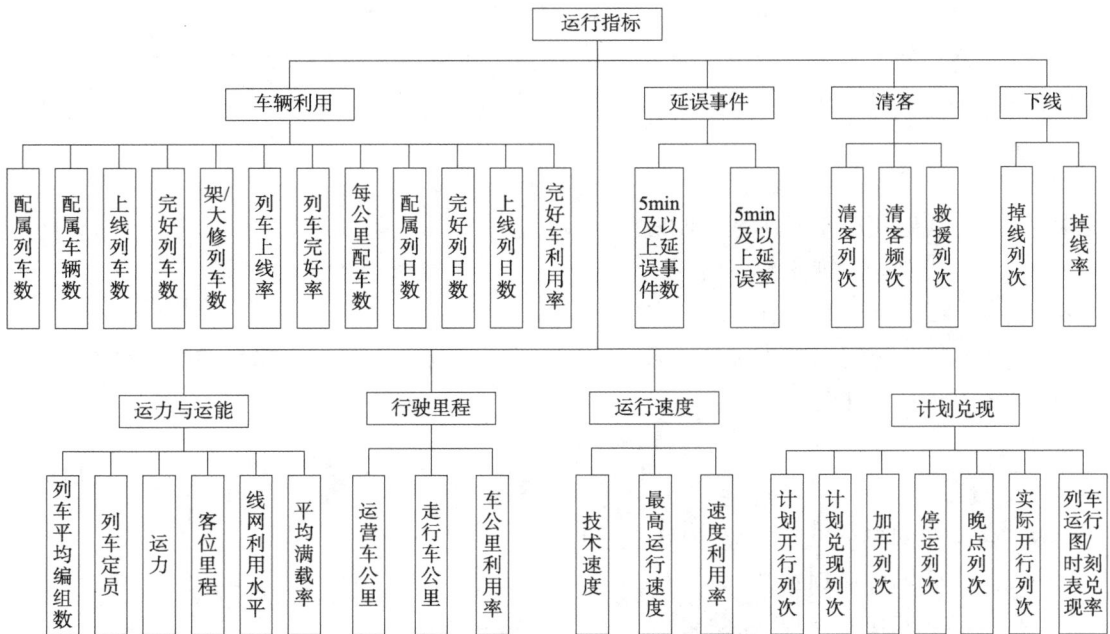

图 14-4 运行指标

下面主要介绍列车上线率、每公里配车数、运营车公里、走行车公里、技术速度、晚点列次、列车运行图/时刻表兑现率、5min 及以上延误率 8 个指标的定义及计算方法。

14.4.1 列车上线率

列车上线率分为线路列车上线率和线网列车上线率。

(1)线路列车上线率指统计期内,线路配属列车中上线列车数所占的比例,单位为%。计算方法为:

$$O_{41} = \frac{O_{21}}{O_{11}} \times 100\% \tag{14-32}$$

式中：O_{4l}——线路列车上线率，%；

O_{2l}——线路日均上线列车数，列/日，即某条线路工作日实际载客服务的列车数的日平均值；

O_{1l}——线路日均配属列车数，列/日，即某条线路所配属的可以用于载客服务的全部列车数的日平均值。

（2）线网列车上线率指统计期内，线网配属列车中上线列车数所占的比例，单位为%。计算方法为：

$$O_{4n} = \frac{\sum O_{2l}}{\sum O_{1l}} \times 100\% \qquad (14\text{-}33)$$

式中：O_{4n}——线网列车上线率，%。

14.4.2 每公里配车数

每公里配车数分为线路每公里配车数和线网每公里配车数。

（1）线路每公里配车数指统计期末，运营线路中单位运营里程上所拥有的配属列车数，单位为列/km。计算方法为：

$$O_{6l} = \frac{O_{pl}}{B_{1l}} \qquad (14\text{-}34)$$

式中：O_{6l}——线路每公里配车数，列/km；

O_{pl}——线路配属列车数，列；

B_{1l}——线路运营里程，km。

（2）线网每公里配车数指统计期末，运营线网中单位运营里程所拥有的配属列车数，单位为列/km。计算方法为：

$$O_{6n} = \frac{O_{pn}}{B_{1n}} \qquad (14\text{-}35)$$

式中：O_{6n}——线网每公里配车数，列/km；

O_{pn}——线网配属列车数，列；

B_{1n}——线网运营里程，km。

14.4.3 运营车公里

运营车公里分为线路运营车公里和线网运营车公里。

（1）线路运营车公里指统计期内，列车为完成载客运营业务在运营线路上载客行驶和空车行驶的全部里程，单位为车·km。计算方法为：

$$O_{16l} = O_z + O_k \qquad (14\text{-}36)$$

式中：O_{16l}——线路运营车公里，车·km；

O_z——线路载客车公里，车·km，即载客列车始发站至终到站之间的行驶里程；

O_k——线路空驶车公里，车·km，包括备用列车的行驶里程，通勤车行驶里程，从车场至运营线路出、回场里程，折返里程，中途故障和其他原因空驶到起点、终点或车场的里程及其他不可载客的空驶里程。

(2)线网运营车公里指统计期内,列车为完成载客运营业务在运营线网上载客行驶和空车行驶的全部里程,单位为车公里。计算方法为:

$$O_{16n} = \sum O_{16l} \tag{14-37}$$

式中:O_{16n}——线网运营车公里,车·km。

运营车公里也可按照运营列公里统计。

14.4.4 走行车公里

走行车公里分为线路走行车公里和线网走行车公里,是指统计期内,线路或者线网配属车辆所行驶的全部里程,单位为车·km。

走行车公里包括运营车公里和车辆基地/车辆段/停车场运行、正线调试、救援等里程,其中正线调试里程含异线过轨列车、停车场与车辆段调车、非运营线试验车、培训车里程,救援里程包含救援与被救援列车里程。

14.4.5 技术速度

技术速度指统计期末,列车自线路起点站至终点站,不计停站时间的运行速度,单位为km/h。计算方法为:

$$O_{19j} = \frac{B_{11}}{T_o} \tag{14-38}$$

式中:O_{19j}——技术速度,km/h;

$\quad B_{11}$——线路运营里程,km;

$\quad T_o$——单程区间运行时间,h。

14.4.6 晚点列次

统计期内,列车运行图(时刻表)在执行过程中,列车在始发站出发或到达终到站的时刻与列车运行图(时刻表)计划时刻相比大于或等于规定的晚点统计标准时均计为晚点。可分为始发晚点和到达晚点,单位为列次。

加开列次不计晚点。地铁、轻轨、单轨、磁浮、自动导向系统晚点列车统计标准为2min;市域快速轨道交通系统晚点列车统计标准为3min;非独立路权有轨电车的晚点列车统计标准为5min。

因首列晚点造成的后续晚点均计入晚点列次。列车始发晚点,但其全程运行时间未超过列车计划运行图(时刻表)规定的全程运行时分,不统计到达晚点。对于中途退出的列车,按其退出运营的车站作为到达站统计晚点。同性质列车中途变更列车车次,到达晚点按初次变更前的列车车次统计。

14.4.7 列车运行图/时刻表兑现率

列车运行图/时刻表兑现率分为线路列车运行图/时刻表兑现率和线网列车运行图/时

刻表兑现率。

(1)线路列车运行图/时刻表兑现率指统计期内,线路列车运行图/时刻表计划兑现列次与线路计划开行列次之比,单位为%。计算方法为:

$$O_{271} = \frac{O_{221}}{O_{211}} \times 100\% \qquad (14-39)$$

式中:O_{271}——线路列车运行图/时刻表兑现率,%;

O_{221}——线路计划兑现列次,列次,即统计期内,线路中按照列车运行图(运行时刻表)实际开行的计划列车数;

O_{211}——线路计划开行列次,列次,即统计期内,线路上按计划开行的载客、空驶列车数之和。

(2)线网列车运行图/时刻表兑现率指统计期内,线网列车运行图/时刻表计划兑现列次与线网计划开行列次之比,单位为%。计算方法为:

$$O_{27n} = \frac{O_{22n}}{O_{21n}} \times 100\% \qquad (14-40)$$

式中:O_{27n}——线网列车运行图/时刻表兑现率,%;

O_{22n}——线网计划兑现列次,列次;

O_{21n}——线网计划开行列次,列次。

14.4.8 5min 及以上延误率

5min 及以上延误率分为线路 5min 及以上延误率和线网 5min 及以上延误率。

(1)线路 5min 及以上延误率指在统计期内,线路列车每运营百万车公里所发生的 5min 及以上延误事件数,单位为件/(百万车·km)。计算方法为:

$$O_{291} = \frac{Q_{281}}{O_{161} \times 10^{-6}} \qquad (14-41)$$

式中:O_{291}——线路 5min 及以上延误率,件/(百万车·km);

O_{281}——线路 5min 及以上延误事件数,件,指统计期内,线路上发生的 5min 及以上延误事件数,单位为件。列车在运行图或者时刻表执行过程中,在任意车站的延误时间大于或等于 5min 时,记为本方向运行造成 5min 及以上延误事件 1 次;若同一列次在多个车站的延误大于或等于 5min,只计为该列次的 1 个延误事件。实际工作中可根据需要按 5min(含)~15min、15min(含)~30min、30min(含)3 类分别统计延误事件;

O_{161}——线路运营车公里,车·km。

(2)线网 5min 及以上延误率指在统计期内,线网中全部列车每运营百万车公里所发生的 5min 及以上延误事件数,单位为件/(百万车·km)。计算方法为:

$$O_{29n} = \frac{Q_{28n}}{O_{16n} \times 10^{-6}} \qquad (14-42)$$

式中:O_{29n}——线网 5min 及以上延误率,件/(百万车·km);

O_{28n}——线网 5min 及以上延误事件数,件;

O_{16n}——线网运营车公里,车·km。

根据中国城市轨道交通协会公布的数据,2024 年完成运营车公里达 76.93 亿车·km。高峰小时断面客流超过 5 万人次的有 5 条线路,最大的是北京 6 号线,达 5.80 万人次。45 个城市可比口径的百万车公里平均 5min 及以上延误率为 0.103 次。

14.5　安全指标

安全指标包括事故事件、人员伤亡和财产损失 3 类,其中事故事件包括运营事故数、行车事故数、行车事故率、行车责任事故数、行车责任事故率、运营险性事件数、行车险性事件数、行车险性事件率、行车责任险性事件数、行车责任险性事件率、等效事故率 11 个指标;人员伤亡包括伤亡人数、伤亡率、重伤人数、死亡人数、死亡率、工伤人数、工伤率 7 个指标;财产损失包括运营事故直接经济损失、运营险性事件直接经济损失 2 个指标。

安全指标如图 14-5 所示。

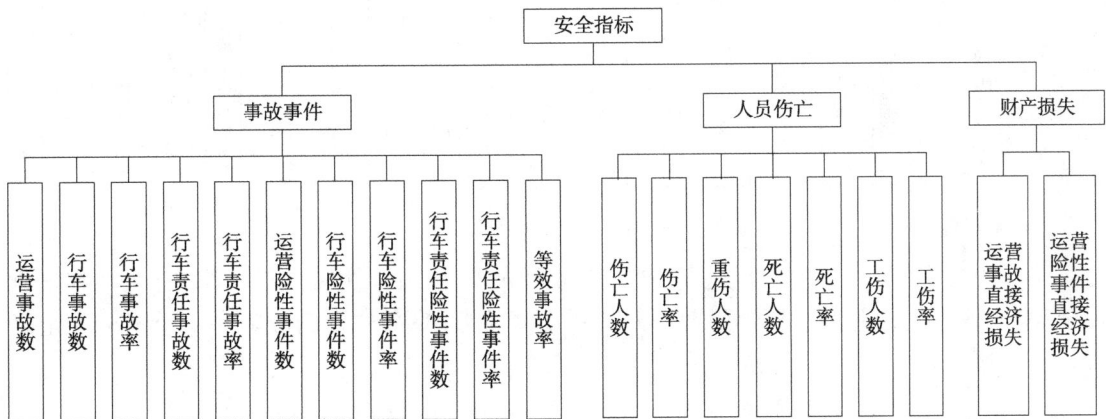

图 14-5　安全指标

下面介绍运营事故数和运营险性事件数 2 个指标的定义及计算方法。

14.5.1　运营事故数

运营事故数指统计期内,城市轨道交通发生的运营事故件数,单位为件,事故等级按照国务院《生产安全事故报告和调查处理条例》执行。

14.5.2　运营险性事件数

运营险性事件数指统计期内,城市轨道交通发生的运营险性事件件数,单位为件,运营险性事件统计按照交通运输部《城市轨道交通运营险性事件信息报告与分析管理办法》(交运规〔2024〕6 号)执行。

14.6 服务指标

服务指标包括乘客服务、人力指标和设备可靠度3类;其中乘客服务包括线路运营时间、最大/最小发车间隔、换乘时间、正点率、旅行速度、限流、列车服务可靠度、百万乘客有效投诉率、有效乘客投诉回复率、乘客满意度10个指标;人力指标包括经营业户数、员工数、每公里人员配比、全员生产率、司机生产率5个指标;设备可靠度包括车辆服务率、车辆系统故障率、信号系统故障率、供电系统故障率、站台门故障率、机电设备可靠度6个指标。如图14-6所示。

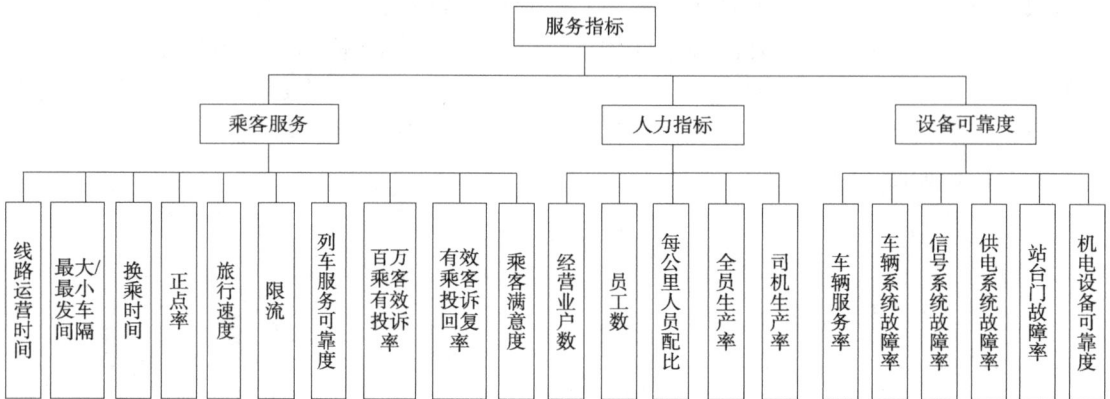

图14-6 服务指标

下面主要介绍正点率、旅行速度、列车服务可靠度、百万乘客有效投诉率、有效乘客投诉回复率、车辆系统故障率、信号系统故障率、供电系统故障率、站台门故障率9个指标的定义及计算方法。

14.6.1 正点率

正点率分为线路列车正点率和线网列车正点率。

(1)线路列车正点率指统计期内,线路正点列车次数与线路全部开行列车次数之比,单位为%。计算方法如下:

$$C_{21} = \frac{O_{26l} - Q_{wl}}{O_{26l}} \times 100\% \qquad (14\text{-}43)$$

式中:C_{21}——线路列车正点率,%;

O_{26l}——线路实际开行列次,列次;

Q_{wl}——线路晚点列次,列次。

(2)线网列车正点率指统计期内,线网正点列车次数与线网全部实际开行列车次数之比,单位为%。计算方法为:

$$C_{2n} = \frac{O_{26n} - Q_{wn}}{O_{26n}} \times 100\% \qquad (14\text{-}44)$$

式中:C_{2n}——线网列车正点率,%;

O_{26n}——线网实际开行列次,列次;

Q_{wn}——线网晚点列次,列次。

14.6.2 旅行速度

旅行速度指列车从始发站发车到终点站到达(含停站时间)的运行速度,单位为 km/h。计算方法为:

$$C_3 = \frac{B_{11}}{T_o + T_{tz}} \tag{14-45}$$

式中:C_3——旅行速度,km/h;

T_{tz}——单程中间站停站时间,h。

14.6.3 列车服务可靠度

列车服务可靠度分为线路列车服务可靠度和线网列车服务可靠度。

(1)线路列车服务可靠度指统计期内,线路列车发生 5min 及以上延误事件之间平均行驶的运营车公里,单位为万车·km/件。计算方法为:

$$C_{51} = \frac{O'_{161}}{O_{281}} \times 10^{-4} \tag{14-46}$$

式中:C_{51}——线路列车服务可靠度,万车·km/件;

O'_{161}——线路运营列公里,车·km;

O_{281}——线路 5min 及以上延误事件数,件。

(2)线网列车服务可靠度指统计期内,线网中全部列车发生 5min 及以上延误事件之间平均行驶的运营车公里,单位为万车·km/件。计算方法为:

$$C_{5n} = \frac{O'_{16n}}{O_{28n}} \times 10^{-4} \tag{14-47}$$

式中:C_{5n}——线网列车服务可靠度,万车·km/件;

O'_{16n}——线网运营列公里,车·km;

O_{28n}——线网 5min 及以上延误事件数,件。

14.6.4 百万乘客有效投诉率

百万乘客有效投诉率指统计期内,乘客有效投诉次数与线网进站量之比,单位为次/百万人。计算方法为:

$$C_6 = \frac{M_t}{P_{1n} \times 10^{-2}} \tag{14-48}$$

式中:C_6——百万乘客有效投诉率,次/百万人;

M_t——乘客有效投诉次数,次,是指通过服务热线、网站、媒体、来信等方式投诉,且乘客留下有效联系方式,经过调查属实的有效投诉次数,针对同一事件的多次有效投诉记为多次。

14.6.5　有效乘客投诉回复率

有效乘客投诉回复率指统计期内,已经回复的有效乘客投诉次数与乘客有效投诉次数之比,单位为%。计算方法为:

$$C_7 = \frac{M_h}{M_t} \times 100\% \tag{14-49}$$

式中:C_7——有效乘客投诉回复率,%;

　　M_h——已经回复的有效乘客投诉次数,次。

14.6.6　车辆系统故障率

车辆系统故障率指统计期内,导致列车运行晚点 2min 及以上的车辆故障次数与相应运营列公里的比值,单位为次/(万列·km)。计算方法为:

$$C_{12} = \frac{N_c}{O'_{16l}} \tag{14-50}$$

式中:C_{12}——车辆系统故障率,次/(万列·km);

　　N_c——车辆故障次数,次。

14.6.7　信号系统故障率

信号系统故障率指统计期内,信号系统故障次数与相应运营列公里的比值,单位为次/(万列·km)。计算方法为:

$$C_{13} = \frac{N_x}{O'_{16l}} \tag{14-51}$$

式中:C_{13}——信号系统故障率,次/(万列·km);

　　N_x——信号系统故障次数,次。

14.6.8　供电系统故障率

供电系统故障率指统计期内,供电系统故障次数与相应运营列公里的比值,单位为次/(万列·km)。计算方法为:

$$C_{14} = \frac{N_g}{O'_{16l}} \tag{14-52}$$

式中:C_{14}——供电系统故障率,次/(万列·km);

　　N_g——供电系统故障次数,次。

14.6.9　站台门故障率

站台门故障率指统计期内,站台门故障次数与站台门动作次数的比值,单位为次/万次。计算方法为:

$$C_{15} = \frac{N_z}{N_d} \tag{14-53}$$

式中:C_{15}——站台门故障率,次/万次;

N_z——站台门故障次数,次,单个站台门无法打开或关闭记为站台门故障一次;多个站台门同时无法打开或关闭,故障次数按发生故障的站台门数量累计;

N_d——站台门动作次数,万次,单个站台门开启并关闭一次记为一次。

参考中国城市轨道交通协会公布的数据,2023 年地铁列车旅行速度平均为 36.8km/h,平均运营时间为 16.95h。每条线路每天平均开行列车 322 列。338 条运营线路中,18 条线路的最小行车间隔进入 120s 及以内,78 条线路进入 180s 以内。

14.7 能耗指标

能耗指标包括牵引能耗、动力照明能耗、运营能耗和节能环保 4 类,各包括 1 个指标,如图 14-7 所示。

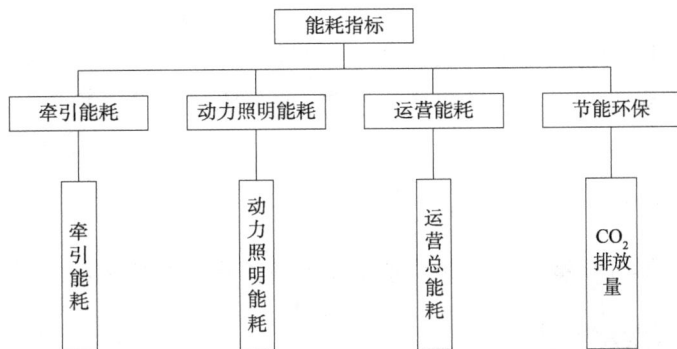

图 14-7 能耗指标

下面主要介绍牵引能耗、动力照明能耗 2 个指标的定义及计算方法。

14.7.1 牵引能耗

牵引能耗指统计期内,运营车辆在线路、车辆段和停车场上运行消耗的电能(含牵引变压器进线以下的供电损耗),单位为千瓦时。牵引耗电不仅包括纯牵引耗电,还包括车上辅助设备耗电,如车载设备、车厢照明、对客室的广播系统、车载乘客信息系统的耗电等。

14.7.2 动力照明能耗

动力照明能耗指统计期内,运营车站、车辆段和停车场、控制中心等用电量之和,单位为千瓦时。动力照明能耗不包含商业用电等非营运性质的能耗。

参考中国城市轨道交通协会公布的不完全统计数据,2023 年平均车公里总电能耗为 3.56kW·h;每人次公里总电能耗 0.10kW·h,其中牵引能耗占 51.7%。

14.8 财务指标

财务指标包括成本、收入 2 类。其中成本包括完全成本、折旧成本、维修成本、管理成本、牵引电费、非牵引电费、总电费、安保费用 8 个指标,收入包括运营收入、运营票款收入、非票款商业收入、收入全成本比、票价优惠比例、运营补贴补偿 6 个指标,如图 14-8 所示。

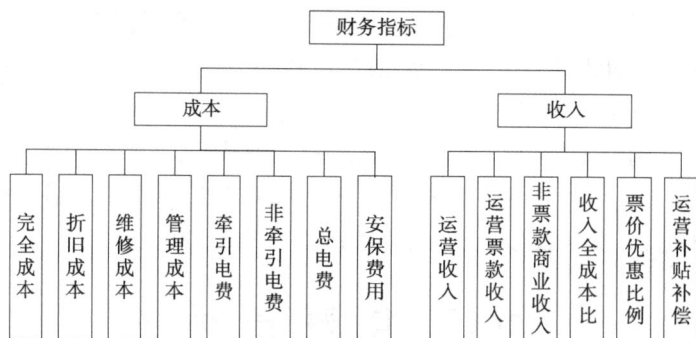

图 14-8　财务指标

下面介绍完全成本、运营收入、运营票款收入 3 个指标的定义及计算方法。

14.8.1　完全成本

完全成本指统计期内,从城市轨道交通项目投资建设到完成运营服务所产生的所有费用,单位为万元。根据需要统计简单再生产成本,即不包括固定资产折旧、无形资产摊销和财务费用等的成本。

14.8.2　运营收入

运营收入指统计期内,运营单位经营各类业务所得货币金额之和,单位为万元。

14.8.3　运营票款收入

运营票款收入指统计期内,运营单位完成载客运输业务所得票款总和,单位为万元。

参考中国城市轨道交通协会公布的统计数据,2023 年城轨运营车公里收入 17.61 元,人次公里收入 0.92 元,平均票款收入 0.26 元/(人次·km)。同时,车公里运营成本为 34.43 元,平均人次公里成本为 1.74 元。

14.9　案例分析

14.9.1　案例一

决定一座城市是否建设轨道交通,最重要的影响因素是这座城市中心城区的人口规模和客流量大小。《国务院办公厅关于加强城市快速轨道交通建设管理的通知》(国办发〔2003〕81 号)印发以来,我国城市轨道交通总体保持有序发展,对提升城市公共交通供给质量和效率、缓解城市交通拥堵、引导优化城市空间结构布局、改善城市环境起到了重要作用。但同时,由于城市轨道交通投资巨大、公益性特征明显,部分城市对城市轨道交通发展的客观规律认识不足,对实际需求和自身实力把握不到位,存在规划过度超前、建设规模过于集中、资金落实不到位等问题,一定程度上加重了地方债务负担。

为促进城市轨道交通规范有序发展,国务院办公厅 2018 年发布了《关于进一步加强城市轨道交通规划建设管理的意见》(国办发〔2018〕52 号),提出了城市轨道交通建设的方向,严格了建设申报条件。在客流指标方面,提出"拟建地铁、轻轨线路初期客运强度分别不低于每日每公里 0.7 万人次、0.4 万人次,远期客流规模分别达到单向高峰小时 3 万人次以上、1 万人次以上"。这与早期发布的《国务院办公厅关于加强城市快速轨道交通建设管理的通知》(国办发〔2003〕81 号)相比,在断面客流量指标的基础上,增加了客运强度指标。

断面客流量是指运营线路单方向相邻两站间 1h 内通过的乘客数量,单位为万人次/h,正常运营状态下,运营线路断面客流量的最大值称为最大断面客流量。线路客运强度是指统计期内,某条线路单位运营里程上平均每日承担的客运量,单位为万人次/(km·日)。两个指标都涉及客运量,可通过票务系统清分模型计算或采用客流调查方式取得。两个指标评价的侧重点不一样,最大断面客流量表征的是线路全天运输需求的峰值,在最大断面、高峰小时所表现出的运输需求;而客运强度表征的是线路全天运输需求的均值,在线路全长、全日所表现出的运输需求。表 14-1 给出了 2023 年北京市部分线路的最大断面客流量和客运强度。

从表 14-1 可以看出,最大断面客流量表征的是全天运输需求的峰值,而客运强度表征的是线路全天运输需求的均值。比如,在表 14-1 所示的线路中,6 号线下行方向最大断面客流量是最大的,达到了 5.95 万人次/h,表明 6 号线下行方向在十里堡至金台路区间高峰时段的客运需求是最大的,然而 6 号线客运强度为 1.58 万人次/(km·日),在全天客运需求的均值上,仅高于 1 号线-八通线的 1.57 万人次/(km·日)。在表 14-1 所示的线路中,客运强度最大的是 2 号线,达到了 2.67 万人次/(km·日),而 2 号线上行和下行方向最大断面客流量并不是最高的,表明相较于其他线路,2 号线的客流需求在全天更为均衡。

2023 年北京市部分线路最大断面客流量和客运强度 表 14-1

线路	方向	最大断面客流量 (万人次/h)	发生区间	客运强度 [万人次/(km·日)]
1 号线-八通线	上行	3.60	高碑店→传媒大学	1.57
	下行	4.43	四惠→大望路	
2 号线	上行	2.15	车公庄→阜成门	2.67
	下行	1.92	宣武门→长椿街	
4 号线-大兴线	上行	5.35	菜市口→宣武门	1.84
	下行	4.17	宣武门→菜市口	
5 号线	上行	3.86	磁器口→崇文门	2.55
	下行	4.34	惠新西街北口→惠新西街南口	
6 号线	上行	4.93	金台路→十里堡	1.58
	下行	5.95	十里堡→金台路	

14.9.2 案例二

为明确城市轨道交通工程项目初期运营前设施设备系统功能和运营管理等方面应达到的基本要求,2023 年交通运输部办公厅印发《城市轨道交通初期运营前安全评估规范》(交办运〔2023〕56 号)。其中第三条提出:试运行前应完成系统联调。试运行时间不少于 3 个月,其中按照开通运营时列车运行图连续组织行车 20 日以上且关键指标符合以下规定:

（1）列车运行图兑现率不低于99%；

（2）列车正点率不低于98.5%；

（3）列车服务可靠度不低于5万列km·次；

（4）列车退出正线运行故障率不高于0.4次/（万列·km）；

（5）车辆系统故障率不高于5次/（万列·km）；

（6）信号系统故障率不高于1次/（万列·km）；

（7）供电系统故障率不高于0.2次/（万列·km）；

（8）站台门故障率不高于1次/万次。

贯通运营的延伸线工程项目应按全线运行图开展试运行，其中除供电系统故障率、站台门故障率按延伸区段统计外，其余关键指标应按全线统计。

《城市轨道交通初期运营前安全评估规范》提出了试运行的8个指标，涉及运行指标1个，为列车运行图兑现率，服务指标7个，分别为列车正点率、列车服务可靠度、列车退出正线运行故障率、车辆系统故障率、信号系统故障率、供电系统故障率和站台门故障率。

列车运行图兑现率、列车正点率都是针对列车开行列次的，列车运行图兑现率的分子、分母分别是列车运行图计划兑现列次、计划开行列次，评价的是列车运行图完成程度；列车正点率分子、分母分别是正点列车数、全部开行列车数，评价的是列车运行图以及加开列车到达、出发时分的偏离程度。

列车服务可靠度、列车退出正线运行故障率、车辆系统故障率、信号系统故障率、供电系统故障率的分母都是运营列公里，列车服务可靠度是一个综合指标，评价的是系统整体的可靠性水平，取决于发生列车发生5min及以上延误事件的频次，不区分由于何种设备系统发生的延误事件。而车辆系统故障率、信号系统故障率、供电系统故障率按照设备系统进行了区分，评价的是某个设备系统的可靠性水平。如果故障导致列车退出正线、终止服务，则用列车退出正线运行故障率作为评价更加严重的服务表现。站台门故障率与其他设备系统的故障率计算方法不同，是站台门故障次数与站台门动作次数的比值，与运营列公里没有直接关系。

14.9.3 案例三

为指导各地更好开展城市轨道交通服务质量评价工作，2019年交通运输部办公厅印发《城市轨道交通服务质量评价规范》（交办运〔2019〕43号），将城市轨道交通服务质量评价划分为乘客满意度评价、服务保障能力评价和运营服务关键指标评价3个部分。其中运营服务关键指标共涉及行车服务、客运设施可靠性、乘客投诉回应等3类11个指标，乘客投诉回应包括百万乘客有效投诉率、有效乘客投诉回复率2个指标，评价准则如表14-2所示。

运营服务关键指标评价内容　　　　表14-2

类别	评价指标	分值	评分规则				
			满分	满分×80%	满分×60%	满分×40%	满分×20%
行车服务	列车运行图兑现率（%）	40	≥99.9	99.5~99.9	99~99.5	97~99	<97
	列车正点率（%）	40	≥99.9	99.4~99.9	98.5~99.4	97~98.5	<97
	列车服务可靠度（万列·km/次）	60	≥30	20~30	8~20	5~8	<5

续上表

类别	评价指标	分值	评分规则				
			满分	满分×80%	满分×60%	满分×40%	满分×20%
行车服务	列车退出正线运营故障率[次/(万列·km)]	60	<0.1	0.1~0.2	0.2~0.4	0.4~0.8	≥0.8
	客运强度[万人次/(km·日)]	40	≥1.5	0.7~1.5	0.4~0.7	0.2~0.4	<0.2
客运设施可靠性	自动充值售票机可靠度(%)	20	≥99.8	99~99.8	98~99	97~98	<97
	进出站闸机可靠度(%)	20	≥99.9	99.5~99.9	99~99.5	97~99	<97
	电(扶)梯可靠度(%) *	20	≥99.9	99~99.9	98.5~99	97~98.5	<97
	乘客信息系统可靠度(%) *	20	≥99.8	99~99.8	98~99	97~98	<97
乘客投诉回应	百万乘客有效投诉率(次/百万人次)	50	<1	1~2	2~3	3~5	≥5
	有效乘客投诉回复率(%)	30	100	95~100	90~95	85~80	<85
总计		400	—				

注:1. 评价标准有关数值分级区间中,分界点下限含本数,上限不含本数。

2. 标*的评价内容和指标,可根据实际情况确定是否适用于有轨电车。

百万乘客有效投诉率是评价乘客对城市轨道交通服务满意程度的重要指标,乘客一次出行可能涉及多条线路,但投诉更多是一次性提出,因此百万乘客有效投诉率是乘客有效投诉次数与进站量之比,而非客运量。针对乘客投诉需要及时回复,已经回复的有效乘客投诉次数用来计算有效乘客投诉回复率。

实际评价工作中发现,与世界其他国家的城市相比,我国城市轨道交通客运强度还有较大的差距。图14-9给出了2022年全球城市地铁客运强度排名前10的城市,埃及开罗是全球地铁客运强度排名第一的城市,接近4.0万人次/(km·日),中国香港地铁客运强度达到2.09万人次/(km·日),成为我国地铁客运强度最大的城市,全球排名第7,我国其他城市未进入全球排名前10。2024年9月我国内地城市轨道交通客运强度排名前10的城市如图14-10所示,深圳最高,为1.48万人次/(km·日);其次是广州,为1.48万人次/(km·日);南昌排名第10,为0.93万人次/(km·日)。

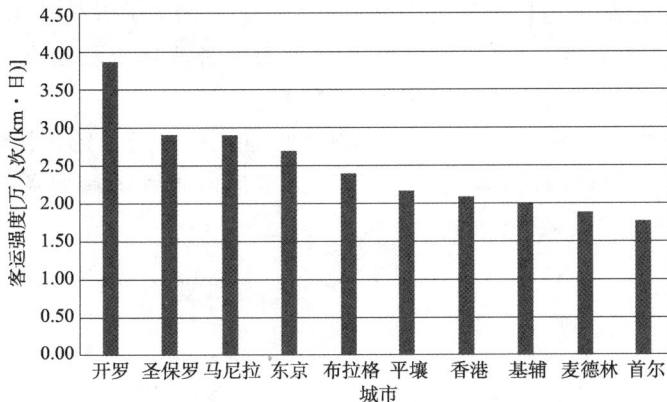

图14-9 2022年全球城市地铁客运强度排名前10的城市

资料来源:韩宝明,余怡然,习喆,等.2023年世界城市轨道交通运营统计与分析综述[J].都市快轨交通,2024,37(1):1-9.

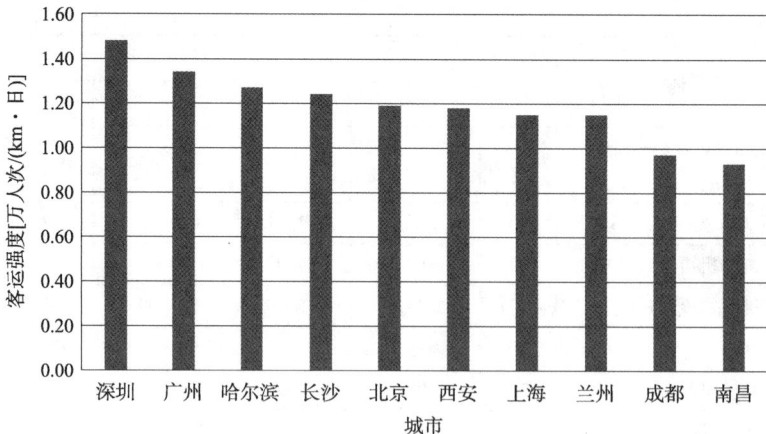

图14-10 2024年9月我国内地城市轨道交通客运强度排名前10的城市

资料来源:交通运输部官方微信,2024年9月城市轨道交通运营数据速报。

复习思考题

1. 简述城市轨道交通运营指标体系的分类以及用途。

2. 简述车站客运量、线路客运量和线网客运量的计算方法。

3. 试分析车站进站量、出站量、换乘量、客运量、乘降量间的区别和联系。

4. 分析城市轨道交通客流不均衡性的主要表现及其衡量指标。

5. 简述线路断面客流量和客运强度两个指标评价的侧重点及其区别。

6. 简要分析评价列车运行图完成程度的指标、定义和计算方法。

7. 根据国内城市轨道交通系统建设与运营状况提出提升城市轨道交通客运强度的措施。

AI辅助学习研讨题

利用AI工具(如DeepSeek、Kimi等)生成下列讨论题的报告或PPT。

讨论题(1):分析典型城市轨道交通系统客流强度的差异及其原因。

要求:选择典型城市,从线路与线网两个层面分析其城市轨道交通客流强度的差异及其形成背景,生成研讨报告或汇报文件(PPT)。

讨论题(2):分析全球不同城市或不同制式城市轨道交通系统能耗指标水平。

要求:分析能源指标的测算方法,比较评估不同城市或不同制式系统能耗指标水平,完成讨论报告或汇报文件(PPT)。

第 15 章
运营安全与应急管理

　　将乘客安全及时地运送到目的地是城市轨道交通系统的根本任务。本章介绍了城市轨道交通系统安全管理的基本概念、城市轨道交通运营事件的定义和分类,分析了城市轨道交通系统运营安全管理体系的构成、应急管理的管理机制和一般方法,结合案例剖析了城市轨道交通突发运营事件的应急处理方法。

15.1 安全的概念和特性

15.1.1 基本概念

1)安全

安全概念可归纳为两种,即绝对安全和相对安全。

绝对安全观认为,安全指没有危险、不受威胁、不出事故,即消除能导致人员伤害、发生疾病、死亡,或造成设备财产破坏、损失以及危害环境的条件。无危则安,无损则全。例如,《简明牛津词典》中,安全被定义为"不存在危险和风险"。绝对安全观认为,发生死亡、工伤等的概率为零,这在现实生产系统中并不存在,是安全的一种极端理想的状态。绝对安全观过分强调安全的绝对性,是人们早期对安全的认识,其应用范围受到很大限制。

相对安全观认为,安全是相对的,绝对安全是不存在的。霍巴特大学的罗林教授指出,"一般认为,安全指判明的危险性不超过允许限度";《英汉安全专业术语词典》中,安全被定义为"安全是指风险处于可接受水平,意味着受损害的可能性低,无须过度担忧"。

因此,安全是在具有一定危险性条件下的状态,安全并非绝对无事故。事故与安全是对立的,但事故并非不安全的全部内容,而是在安全与不安全这一对矛盾中某些瞬间突变的外在表现。不过,安全不是瞬间的结果,而是对某一时期、某一阶段或过程的系统状态的描述。换言之,安全是一个动态过程,它是关于时间的连续函数。

生产领域的安全有以下几个特点:首先,安全不是瞬间的结果,而是某种过程和状态的描述;其次,安全是相对的,绝对安全是不存在的;第三,不同时代、不同生产领域,可接受的损失水平是不同的,因而衡量系统是否安全的标准也是不同的。

2)危险与风险(危险性)

作为安全的对立面,危险可定义为:生产与生活活动中,人或物遭受损失的可能性超出可接受范围的一种状态。危险与安全一样是与生产过程共存的过程,是一种连续型的过程状态。危险包含了尚未为人所认识的,以及虽为人们所认识但尚未为人所控制的各种隐患。

风险是描述系统危险程度的客观量。它有两个评价角度:一是系统内有害事件或非正常事件出现的可能性的量度;二是发生一次事故的后果大小与该事故出现概率的乘积。一般地,风险度量有概率和后果两个尺度,可用损失程度 c 和发生概率 p 的函数来表示风险 R。

$$R = f(p,c) \tag{15-1}$$

为简单起见,大多数文献中将风险表达为概率与后果的乘积。

$$R = p \times c \tag{15-2}$$

上述风险概念中,损失或后果都是针对事故定义的;包括已发生的事故和将会发生的事故。风险作为系统危险性的度量,仅用事故来衡量显然是不充分的,因为无法辨识所有可能的事故。从系统角度看,风险是系统危险影响因素的函数;风险可用下式来描述:

$$R = f(R_1, R_2, R_3, R_4, R_5) \tag{15-3}$$

式中,R_1、R_2、R_3、R_4、R_5 分别为人的因素、设备因素、环境因素、管理因素与其他因素。

3）安全性与可靠性

安全性是衡量系统安全程度的客观量。与安全性对立的概念是系统危险程度即风险或危险性。假定系统安全性为 S ,危险性为 R ,则有 $S = 1 - R$;危险程度的降低意味着安全性的改善。

安全性与可靠性的联系十分密切,实际应用中存在将可靠性与安全性混用的现象。可靠性是指系统或元件在规定条件、规定时间内完成规定功能的能力,而安全性则指系统的安全程度。可靠性与安全性的共同之处在于可靠性高的系统,其安全性通常也较高;许多事故的发生是系统可靠性较低所致。不过,可靠性不同于安全性。可靠性要求的是系统完成规定功能的水平;系统能够完成规定功能,它就是可靠的,不论是否会带来安全问题。安全性则要求识别系统的危险所在,并将它从系统中排除。此外,故障发生不一定导致损失;而且,即便系统所有元件工作正常,实际上也可能发生事故。

4）事故、隐患与危险源

事故指在生产活动过程中,由于人们受到知识、技术或认识的局限,不能防止或能防止而不能有效控制的、违背人们意愿的事件序列。事故的发生可能迫使系统运行中断一段时间,也可能造成人员伤亡、财产损失或者环境破坏,甚至其中二者或三者同时出现。事故概念的要点包括:

（1）事故是违背人们意愿的一种现象。

（2）事故是不确定事件,其发生形式既受必然性的支配,但也受到偶然性的影响。

（3）事故发生有三类原因:尚未认识到的原因;已经认识但尚不可控制的原因;已经认识并可以控制但未能有效控制的原因。

（4）事故一旦发生,往往造成人、物的损害或损失。

人们根据对过去事故积累的经验和知识以及对事故发生因果关系的分析,可以对未来可能发生的事故进行预测。事故预测的目的在于识别和控制危险,预先采取对策减少事故发生的可能性。

隐患指隐藏的、可能导致事故的祸患;包括有明显缺陷的事物,亦即人的不安全行为和物的不安全状态。事故隐患可定义为:在生产活动过程中,人们受到科学知识和技术力量的限制,或者由于认识上的局限,未能有效控制、可能引起事故的行为、状态或二者的结合。

从系统安全角度看,事故隐患包括一切可能对人-机-环境系统带来损害的不安全因素。隐患是事故发生的必要条件,隐患一旦被识别,就要予以消除。对于受客观条件所限而不能立即消除的隐患,要采取措施降低其危险性或延缓危险性增长的速度,减少其被触发的"概率"。

"危险源"指可能导致人员伤害或财物损失的、潜在的不安全因素。危险源是事故发生的根本原因,防止事故就是消除、控制系统中的危险源。根据在事故中的作用,危险源可分为两类:第一类危险源和第二类危险源。

第一类危险源指系统中存在的、可能意外释放能量或危险的因素。实际工作中,往往把能量源或拥有能量的能量载体作为第一类危险源。具有的能量越多,发生事故的后果越严重。

第二类危险源指导致约束、限制能量措施失效或破坏的各种不安全因素,包括人、物、环境三方面的因素。第二类危险源往往是围绕第一类危险源随机发生的现象,它们决定事故发生的可能性。第二类危险源出现得越频繁,发生事故的可能性越大。

15.1.2　城市轨道交通运营安全影响因素

城市轨道交通运营系统是一个时间、空间上分布很广的开放的动态系统，影响因素多且复杂；从系统论出发，与运营安全有关的因素可分为四类，即人、机器、环境和管理。

城市轨道交通系统运营安全影响因素间的关系，如图15-1所示。

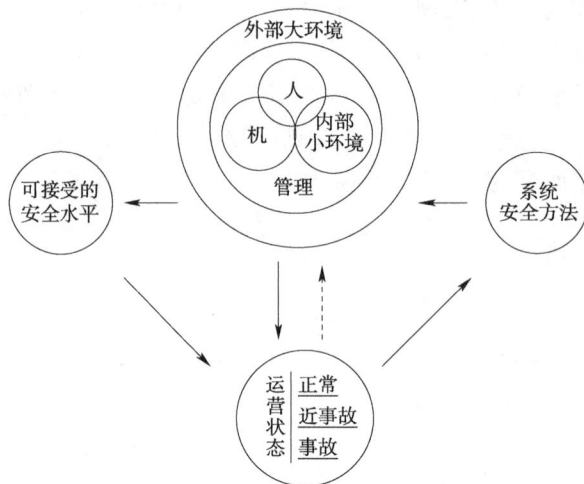

图15-1　城市轨道交通运营安全影响因素间的关系

1）人员因素

（1）人在安全管理中的主导作用。

城市轨道交通安全与许多活动有关，各项活动都依赖于人的行为。人对运输安全的作用可归纳为下述三点。

①人的主导性：系统中的设备必是由人设计、制造、使用和维护的；这些决定着设备的技术状态与系统的安全性。

②人的主观能动性：这体现在发生意外事件时，人能立即采取相应的措施和方法，排除故障等不安全因素，使系统恢复正常。

③人的创造性：人能够通过学习和研究，不断提高和改进现有系统的安全水平。

（2）运营安全对人员素质的要求。

人影响运营安全的因素称为人的安全素质；包括思想素质，技术业务水平，生理、心理素质，以及群体素质。运营安全对不同人员的素质要求如图15-2所示。

2）设备因素

城市轨道运输设备是运输安全的重要保证。

（1）与运营安全有关的设备类型。

①基础设备：包括固定设备（线路、车站、车辆段、环控系统、指挥控制系统等）和移动设备（动车组、自动停车装置等）。

②安全技术设备：包括监督人操作的正确性的安全监控设备，监测各种运输基础设备的技术状态的安全监测设备，以及自然灾害预报与防治设备（如塌方落石报警装置、地震报警系统等），事故救援（如消防、起复、抢修、排障）设备等。

③服务设施设备：为乘客提供服务过程中，与乘客接触的各种车站设施（如上下扶梯、自动检票系统、休息座椅等）和车内设施（如座位、拉手等）。

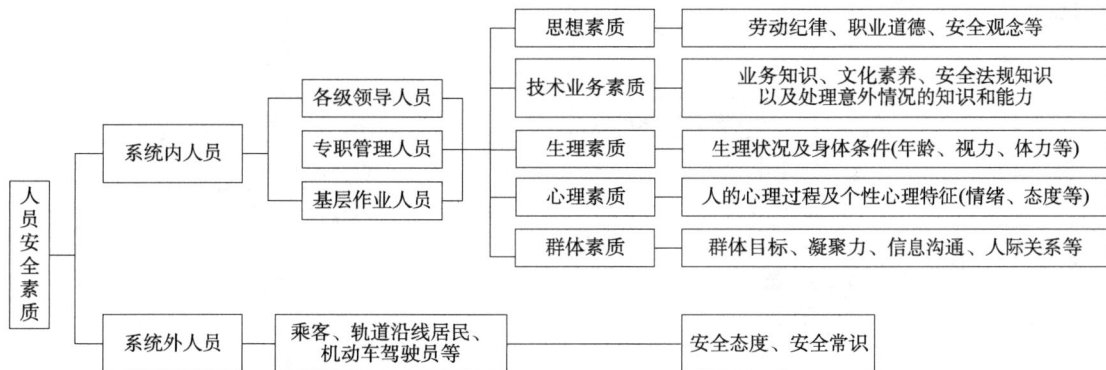

图 15-2 运营安全对不同人员的素质要求

（2）影响运输安全的设备因素。

影响运输安全的设备因素指运输基础设备和运输安全技术设备的安全性能，包括设计安全性和使用安全性。

①设计安全性：设备的可靠性、可维修性、可操作性（人-机工程设计）及先进性等。

②使用安全性：包括设备运行时间，维修保养情况等。设备运行时间越短，维修保养得越好，其使用安全性越好。

3）环境因素

影响运输安全的环境条件包括内部小环境和外部大环境两部分。

（1）内部小环境。

内部小环境指作业环境，即作业场所的环境条件及内部社会环境，包括周围空间和一切生产设施构成的人工环境。

（2）外部大环境。

影响运输安全的外部大环境因素包括自然环境和社会环境。影响运营安全的环境因素如图 15-3 所示。

自然环境指自然界提供的、人类难以改变的环境。例如，城市轨道线路可能遭受地下水、洪水、暴雨、风沙、泥石流以及地震等自然灾害的威胁。此外，气候（风、雨、雷、电、雾、雪、冰等）、季节（春、夏、秋、冬）以及时间（白天、黑夜）因素也是不容忽视的事故致因。

社会环境包括社会治安环境、经济环境、技术环境、管理环境、法律环境以及社会风气、家庭环境等，它们对轨道运营安全均有不同程度的影响。

4）管理因素

管理因素指管理者按照安全生产的客观规律，对运输系统的人、财、物、信息等资源进行危险控制的一切活动。城市轨道交通运营安全管理包含五方面的含义：

（1）目的是减少运营事故及其损失；

（2）主体是城市轨道交通系统的各级管理人员；

（3）对象是人（基层作业人员）、财（安全技术措施经费等）、物（运输基础设备和运输安全技术设备等）、信息（安全信息）等；

（4）方法是计划、组织、指挥、协调和控制；

（5）本质是充分发挥人的积极性和创造性，促使各种矛盾向有利于运营安全的方面转化。

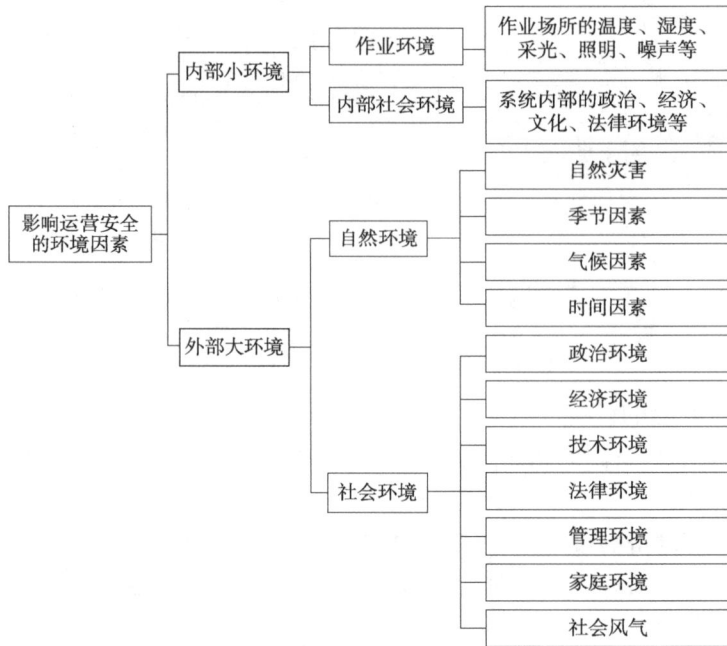

图 15-3　影响运营安全的环境因素

影响运输安全的管理因素较多，主要有安全组织、安全法制、安全技术、安全教育、安全信息和安全资金等。

15.2　城市轨道交通运营事件定义与分级

15.2.1　运营事件概念及特点

1）运营事件的概念

城市轨道交通运营事件也称运营突发事件。一般来说，在城市轨道交通运营范围内，由于轨道交通运营单位（简称运营单位）自身原因以及乘客自身原因和不可抗力、社会治安等非运营单位原因，在运营生产活动中造成人员伤亡、设备损坏、财产损失、中断行车、火灾及其他危及运营安全的现象，均计入运营事件。

根据《国家城市轨道交通运营突发事件应急预案》，运营突发事件主要指城市轨道交通运营过程中发生的因列车撞击、脱轨，设施设备故障、损毁，以及大客流等情况，造成人员伤亡、行车中断、财产损失的突发事件。

2）突发事件特点

城市轨道交通突发事件具有如下特点：

（1）全线性。城市轨道交通列车依赖于单一轨道连续运行，一旦在运行线路上发生严重事件、灾害,会造成全线运营中断,甚至影响其他线路的正常运行;且在一定时间内难以恢复。

(2)连带性。城市轨道交通客流量大,旅客局限于封闭、有限的区域,一旦发生突发事件,除了乘客可能受到直接伤害外,还极易引发其他次生、衍生和耦合灾害。

(3)局限性。城市轨道交通发生突发事件时,事发地点空间的限制会给救援实施工作带来难度。救援工作延续时间越长,灾害的影响程度就越大。

(4)群体性。车站、隧道、商场等区域人员密集,发生突发事件时,极易造成群死群伤。

(5)舆情影响大。城市轨道交通系统运营在特大与大城市,事件传播快,社会影响大。

以上特点要求城市轨道交通有关部门在突发事件发生后尽可能高效地完成乘客的疏散救援工作,避免事件扩散,降低突发事件的社会影响。

3)运营事件的分类

根据突发事件的性质、演变过程和发生机理,城市轨道交通突发事件一般分为如下几类:

(1)自然灾害:包括强台风、龙卷、冰雹、雷雨、水灾、地震、山体崩塌、滑坡等造成或可能造成轨道交通浸水、脱轨或倾覆等严重影响轨道交通正常运营的灾害事件。

(2)事故灾难:包括列车脱轨、列车相撞、突发停电、突发大客流、火灾、设施设备故障、乘客滞留、乘客意外伤害事件等应急预案。其中,设施设备故障应急预案包括调度系统、列车、供电、信号、通信、工务、机电等系统。

(3)公共卫生事件:包括重大传染病疫情、生化、毒气和放射性污染等造成或可能造成乘客等社会公众健康严重损害的事件。

(4)社会安全事件:包括人为重大刑事案件、纵火、爆炸、恐怖袭击事件以及在轨道交通车站内发生聚众闹事、劫持人质等突发事件。

15.2.2 城市轨道交通运营突发事件分级

我国从不同层面制定了城市轨道交通突发运营事件应急预案,形成了国家级、省级、市(区)级和运营单位四级突发事件应急体系,不同层级应急预案对突发运营事件有不同分级。

1)国家层面运营突发事件分级

根据《国家城市轨道交通运营突发事件应急预案》,按照突发事件性质、社会危害程度、可控性和影响范围,运营突发事件分为特别重大、重大、较大和一般四级。

城市轨道交通运营突发事件分级标准如表 15-1 所示。

城市轨道交通运营突发事件分级标准 表 15-1

事件等级	危害程度		
	人员伤亡	直接经济损失	连续中断行车
特别重大	30 人以上死亡,或者 100 人以上重伤	1 亿元以上	—
重大	10 人以上 30 人以下死亡,或者 50 人以上 100 人以下重伤	5000 万元以上 1 亿元以下	中断行车 24h 以上
较大	3 人以上 10 人以下死亡,或者 10 人以上 50 人以下重伤	1000 万元以上 5000 万元以下	中断行车 6h 以上 24h 以下
一般	3 人以下死亡,或者 10 人以下重伤	50 万元以上 1000 万元以下	中断行车 2h 以上 6h 以下

注:本条款所称的"以上"包括本数,所称的"以下"不包括本数。

2)省、自治区、直辖市层面运营突发事件分级

目前各省、自治区、直辖市城市轨道交通运营突发事件应急预案对突发运营事件的分级与上述国家层面的分级标准基本一致。个别省份在国家分级标准基础上增加了一些条款，如江苏省将"失踪"列入人员死亡，将"中毒"列入重伤。甘肃省将"超出省政府应急处置能力的突发事件"列为特别重大运营突发事件;将"超出所在地市(州)政府应急处置能力的突发事件"列为重大运营突发事件等。

北京市在国家分级标准基础上，增加了一些更细的条款。具体内容如下:

(1)出现下列情形之一为特别重大(Ⅰ级)轨道交通运营突发事件。

①造成轨道交通运营中断6h以上;

②造成30人以上死亡(含失踪)，或危及50人以上生命安全，或者100人以上重伤(中毒);

③造成被困人数3000人以上;

④造成1亿元以上直接经济损失;

⑤造成需要紧急转移安置10万人以上。

(2)出现下列情形之一为重大(Ⅱ级)轨道交通运营突发事件。

①造成轨道交通运营中断3h以上6h以下;

②造成10人以上30人以下死亡(含失踪)，或危及30人以上50人以下生命安全，或者50人以上100人以下重伤(中毒);

③造成被困人数1000人以上3000人以下;

④造成5000万元以上1亿元以下直接经济损失;

⑤造成需要紧急转移安置5万人以上10万人以下。

(3)出现下列情形之一为较大(Ⅲ级)轨道交通运营突发事件。

①造成轨道交通运营中断半小时以上3h以下;

②造成3人以上10人以下死亡(含失踪)，或危及10人以上30人以下生命安全，或者10人以上50人以下重伤(中毒);

③造成被困人数500人以上1000人以下;

④造成1000万元以上5000万元以下直接经济损失;

⑤造成需要紧急转移安置1万人以上5万人以下。

(4)出现下列情形之一为一般(Ⅳ级)轨道交通运营突发事件。

①造成轨道交通运营中断半小时以下;

②造成3人以下死亡(含失踪)，或危及10人以下生命安全，或者10人以下重伤(中毒);

③造成被困人数500人以下;

④造成1000万元以下直接经济损失;

⑤造成需要紧急转移安置1万人以下。

3)市级层面运营突发事件分级

市级层面对突发运营事件的分级标准不完全一致，不同城市根据自身实际情况制定不同的分级标准。《西安市城市轨道交通运营突发事件应急预案》中规定的突发事件分级标准

与国家一致,而深圳市则不同。《深圳市轨道交通突发事件应急预案》按可控性、严重程度和影响范围将突发事件分为一般(Ⅳ级)、较大(Ⅲ级)、重大(Ⅱ级)和特别重大(Ⅰ级)四个等级。具体规定为:

(1)特别重大(Ⅰ级)轨道交通突发事件。

①造成30人以上死亡(含失踪),或危及50人以上生命安全,或者100人以上重伤(中毒),或者直接经济损失1亿元以上;

②需要紧急转移安置10万人以上的;

③超出省政府应急处置能力的;

④跨省级行政区域、跨领域(行业和部门)的;

⑤国务院认为需要国务院或其相关职能部门响应的其他事件。

(2)重大(Ⅱ级)轨道交通突发事件。

①造成10~29人死亡(含失踪),或危及30~49人生命安全,或者50~99人重伤(中毒),或者直接经济损失5000万元以上、1亿元以下;

②超出深圳市政府应急处置能力的;

③跨市(地)级行政区域的;

④省政府认为有必要响应的其他事件。

(3)较大(Ⅲ级)轨道交通突发事件。

①造成3~9人死亡(含失踪),或危及10~29人生命安全,或者10~49人重伤(中毒),或者直接经济损失1000万元以上、5000万元以下;

②造成轨道交通运营中断60min以上、客流严重滞留的;

③市政府认为需要由市级应急机构响应的其他事件。

(4)一般(Ⅳ级)轨道交通突发事件。

①造成3人以下死亡(含失踪),或危及10人以下生命安全,或者10人以下重伤(中毒),或者直接经济损失1000万元以下;

②造成轨道交通运营中断30~60min、客流大量滞留的;

③事件由轨道交通运营企业可以处理和控制,无须其他部门和单位或仅需调动个别部门和单位资源能够处置的事件。

4)企业层面运营突发事件分级

考虑到上级预案对地铁运营突发事件的规定存在空白地带,部分运营企业在上级应急预案基础上对企业突发运营事件的分级进行了再定义,基本原则与上级相同,突发运营事件按四级分级。不过,企业在规定分级内涵时不同程度提高了分级标准,并根据实际情况进行了细化。

《西安市轨道交通集团有限公司运营分公司综合应急预案》将突发事件由高到低划分为Ⅰ级、Ⅱ级、Ⅲ级和Ⅳ级四个级别,具体如下。

(1)出现下列情形之一时,构成Ⅰ级地铁运营突发事件:

①轻伤5人以上;

②正线发生列车冲突、爆炸、火灾、建(构)物坍塌及人员踩踏等影响较大的事件;

③连续中断行车60min以上120min以下;

④因大面积停电、自然灾害等原因,造成单条线路停运或线网停运;

⑤因网络安全造成系统大面积瘫痪,丧失业务处理能力或对社会安全、稳定构成特别严重威胁及网络中断、办公系统瘫痪72h以上;

⑥超出运营分公司处置能力的突发事件或上级认为需要启动本预案。

(2)出现下列情形之一时,构成Ⅱ级地铁运营突发事件:

①轻伤3人以上5人以下;

②场段发生列车冲突、爆炸、火灾等影响较大的事件;

③连续中断行车30min以上60min以下;

④正线列车挤岔、脱轨或分离;

⑤主变电所全所供电中断30min以上;

⑥因大面积停电、自然灾害等原因,造成2座以上车站关站或区段停运;

⑦因网络安全造成系统长时间中断、瘫痪,业务处理能力受到极大影响或网络中断、办公系统瘫痪48h以上。

(3)出现下列情形之一时,构成Ⅲ级地铁运营突发事件:

①轻伤3人以下;

②因设施设备故障等原因造成行车中断或者延误10min以上30min以下;

③因设施设备故障或者其他事件导致多次列车抽线或大面积延误;

④信号设备故障,影响一个及以上(含二级设备集中站)联锁区信号设备使用;

⑤车站范围内起火冒烟,对运营造成一定影响;

⑥因大面积停电、自然灾害等原因,造成车站关站或越站;

⑦主变电所全所供电中断10min以上30min以下;

⑧接触网停电,影响正线行车;

⑨车辆段、停车场信号设备故障,须人工准备进路接发列车;

⑩运营线路列车救援;

⑪因网络安全造成运营分公司办公网络或系统中断24h以上,或对运营造成严重影响;

⑫电梯轿厢滞留人员80min以上。

(4)出现下列情形之一时,构成Ⅳ级地铁运营突发事件:

①因设施设备故障等原因造成行车中断或者延误5min以上10min以下;

②设备房起火冒烟,但未对运营造成影响;

③人员擅自进入轨行区,未导致人身伤害事故发生;

④因大面积停电、降雨、爆管等原因,影响车站正常运作,列车运行等;

⑤电梯轿厢滞留人员50min以上80min以下。

上述分级标准中,"以上"均包括本数,"以下"均不包括本数。

5)运营突发事件响应分级

运营突发事件应急响应对应四个等级运营突发事件也设定了Ⅰ级、Ⅱ级、Ⅲ级和Ⅳ级四个等级。初判发生特别重大、重大运营突发事件时,分别启动Ⅰ级和Ⅱ级应急响应,由事发地省级人民政府负责应对工作;初判发生较大、一般运营突发事件时,分别启动Ⅲ级和Ⅳ级应急响应,由事发地城市人民政府负责应对工作。

15.2.3　城市轨道交通运营险性事件分类

1）运营险性事件的定义

参考《城市轨道交通运营险性事件信息报告与分析管理办法》（交运规〔2024〕6 号），城市轨道交通运营险性事件指在城市轨道交通运营过程中，对城市轨道交通运营安全和服务造成较大影响的事件。

2）运营险性事件分类

运营险性事件分以下 16 类。

（1）列车脱轨：车辆的车轮落下轨面（包括脱轨后又自行复轨）或车轮轮缘顶部高于轨面（因作业需要的除外）而脱离轨道。

（2）列车冲突：列车、机车车辆相互间或与工程车、设备设施（如车库、站台、车挡等）发生冲撞。

（3）列车撞击：列车或机车车辆在运行过程中与行人、机动车、非机动车及其他障碍物发生碰、撞、轧。其他障碍物是指声屏障、防火门、人防门、防淹门等构筑物及射流风机、电缆、管线等吊挂构件或其他设备脱落侵入线路限界。

（4）列车挤岔：列车通过道岔时，由于道岔位置不正确，尖轨未能与基本轨密贴，车轮碾压时，将尖轨与基本轨挤开或挤坏过程，造成尖轨弯曲变形、转辙机破坏。

（5）列车、车站公共区、区间、主要设备房、控制中心、主变电所、车辆基地等发生火灾。

（6）客流踩踏。

（7）车站、轨行区淹水倒灌：车站、轨行区淹水倒灌是指雨水等通过出入口、风亭、过渡段洞口等倒灌车站和轨行区，导致车站公共区积水浸泡或漫过钢轨轨面。

（8）桥隧结构坍塌。

（9）大面积停电：单个及以上车站、变电所、控制中心或车辆基地范围全部停电。

（10）通信网络瘫痪：行车调度指挥通信、车地无线通信、通信网络传输系统等中断 30min（含）以上。

（11）信号系统重大故障：中央和本地自动监控系统均无法监控列车运行或联锁故障错误持续 60min（含）以上。

（12）接触网断裂或塌网。

（13）电梯和自动扶梯重大故障：载客电梯运行中发生冲顶、坠落，或电梯轿厢滞留人员 90min（含）以上，自动扶梯发生逆行、溜梯。

（14）夹人夹物动车造成客伤：夹人夹物动车含乘客在列车车门和站台门之间时动车。

（15）网络安全事件：因系统漏洞、计算机病毒、网络攻击、网络侵入等对运营安全造成严重影响的事件。

（16）造成人员死亡、重伤、3 人（含）以上轻伤，以及正线连续中断行车 1h（含）以上的运营事件（中断行车是指线路中有 2 个及以上车站或区间发生单向行车中断）。

15.3 城市轨道交通系统安全管理

15.3.1 安全管理的内容

安全管理是以安全为目的进行的决策、计划、组织、指挥、控制和协调等一系列活动的总称。运营安全管理的基本内容包括总体管理、重点管理和事后管理三个方面。

1)运营安全总体管理

总体管理是根据一定时期运营安全要求,以人、机、环境为对象,打造能确保城市轨道交通运营安全的人-机-环境系统的机制。

人是人-机-环境系统中复杂性最大的因素。要充分利用人体科学的发现,使技术和机器最大程度地适合人,从而提高人-机-环境系统的安全性。

设备因素涉及设计制造到运行的不同阶段,包括设备功能与有效性论证、类型选择;人与设备间的相互作用一直存在并动态变化着。

人和设备都是环境中的要素。人的误操作会引起设备事故,从而对环境产生影响。同时,环境中的自然过程,如地震、暴风雨、洪水等,以及源于技术的灾害,如火灾和爆炸,都会对设备和人产生危害。

总体管理需要系统分析人与设备、人与环境、设备与环境的各种关系,避免在人-机-环境系统构建中出现错误。总体管理的内容包括安全组织管理、安全法规管理、安全技术管理、安全教育管理、安全信息管理、安全资金管理等内容,如图15-4所示。

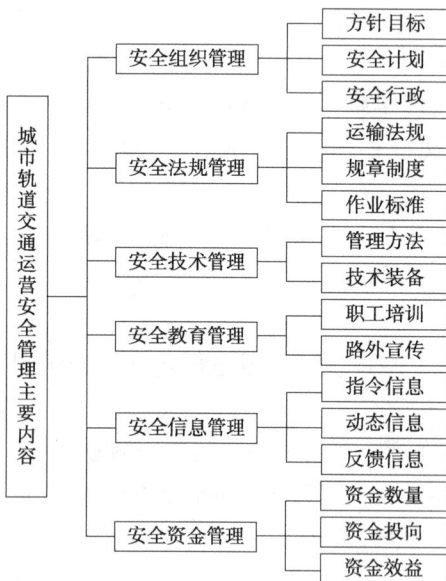

图15-4 城市轨道交通运营安全管理的主要内容

(1)安全组织管理。

安全组织管理是安全管理实施的主体,包括组织领导、协调平衡、监督检查等工作。具体内容包括三方面,一是方针与目标管理,主要是确定系统安全管理的基本原则、相关方针与目标;二是安全计划管理,包括编制运营安全的中长期规划和近期计划,提出实施政策和措施;三是安全行政管理,包括安全管理机构的设置与职责划分,确保相关机构责任到位。

(2)安全法规管理。

安全法规管理的任务是严格遵循国家有关轨道运营安全的法律、法规等条文规定,对各种运输规章制度和作业标准进行研究、制定、修改、完善、贯彻和落实,使运营安全管理工作做到有法可依、有章可循、违法必究、违章必究。

安全法规管理的主要工作包括建立健全安全法规体系、安全规章制度和标准体系,并根据运营需求不断更新安全法规的内容;同时,还要根据技术条件和作业环境的变化及时制定运营安全作业标准,固化有效的新技术、新工艺、新模式。

（3）安全技术管理。

运营安全技术管理包括对硬技术设备的维护与管理和对软技术（系统）的开发与应用。硬技术设备的维护与管理涵盖设备的研制、试验、引进、装配、维护和安全质量管理等；软技术的开发与应用包括各种运行平台、操作方法、安全管理科学与理论的研究与应用等。

（4）安全教育管理。

安全教育管理指通过各种形式和方法建立对广大干部和职工进行经常性的安全教育的方法。其内容包括安全思想教育、安全知识教育、安全技能教育、事故应急处理教育等。由于城市轨道交通系统的目的是为乘客提供服务，因此，对包括乘客在内的外部人员的安全知识、安全行为及安全法制等的教育也是安全教育管理的重要内容。

（5）安全信息管理。

安全信息管理指在运营生产过程中，对一切有利于安全生产的指令和信息进行管理，使安全信息及时、有效地传达到相关部门与人员。安全信息既包括各种运营安全法规和安全方针、政策、目标、计划和措施的信息，也包括执行指令过程中出现的正面、负面及反馈的动态信息。

（6）安全资金管理。

安全资金管理指对保证运营安全所需资金进行筹集、调拨、使用、结算、分配，并开展分析、评价及监督，以确保安全管理活动的开展。实际工作中，职能部门按照"谁主管、谁负责"原则，发挥整体优势，通过相互协调配合，共同完成安全方针目标规定的任务。

2）运营安全重点管理

除了总体管理之外，实际中还需要根据生产规律，对影响安全的关键因素进行重点管理。运营安全重点管理包括对人、设备、环境和作业的安全管理四部分内容。

对人员的重点安全管理要求从生产规律、自然规律、职工思想变化规律以及人的生理心理规律出发，充分发挥职工安全生产的积极性、主动性和创造性。对主要工种建立并逐步完善人员生理、心理指标体系及其标准，构建科学的安全保障体系。对违反作业标准、规章制度的人与事，要对责任者给予相应的处罚。

设备安全管理的重点工作指提升设备的养护维修水平，及时开展设备更新改造。具体包括提高基础设备的安全管理水平、提高基础设备的安全性能、提高安全技术设备的安全性能。

环境对运营安全的影响分为内部环境和外部环境两部分。内部作业环境相对来说比较可控，外部社会和自然环境难以控制。环境安全管理重点要识别环境中的关键因素，通过协调可控的内部小环境与不可控的外部大环境，来保持城市轨道交通系统的作业秩序，从而保障运营安全。

作业安全管理的内容主要包括标准化作业、非正常情况下作业和系统"结合部"作业管理三方面。标准化作业管理一般通过制定、发布和实施规范和标准来实现。非正常情况下作业涉及非正常情况下的作业控制问题，需根据非正常情况下的作业特点，采取相应措施和办法。系统"结合部"作业管理一般涉及多单位或部门，需要它们共同参与、相互协调，是一种横向管理手段。

3）运营安全的事后管理

运营安全事后管理是运营事故发生后的安全管理工作。事后管理包括两方面内容：一是运营事故应急处理,指事故发生后的各类应急处理程序与活动组织,所有人员应在应急处理总负责人的指挥下,按照运营调度指挥人员指令开展相关应急救援与疏散工作;二是运营事故调查处理,具体包括事故通报、调查处理、责任判定、统计分析、总结报告等。

综上所述,运营安全系统管理,就是通过安全总体管理、重点管理和事后管理的综合实施和全面加强,促进运营安全的全过程(计划、实施、监控)、全员(领导、干部、职工)、全要素(人员、设备、环境等)的全方位管理,有效地实现从"事故消防"向"事故预防"、从"重治标,轻治本"向"标本兼治,从严治本"、从"条块分割,各自为主"向"条块结合,以块为主,逐级负责"等方面转变,切实把握运营安全生产主动权。

15.3.2 企业安全管理组织机构及安全管理体系

1)安全管理组织机构

为保证安全法规的贯彻执行,加强安全监督管理,必须设立安全管理机构。以某地铁为例,公司设立安全委员会,委员由公司领导和各部经理组成,常设办公室在安全监察室。所辖三大部设立安全领导小组、专职安全监察员,各车间、班组设有兼职安全员,如图15-5所示。

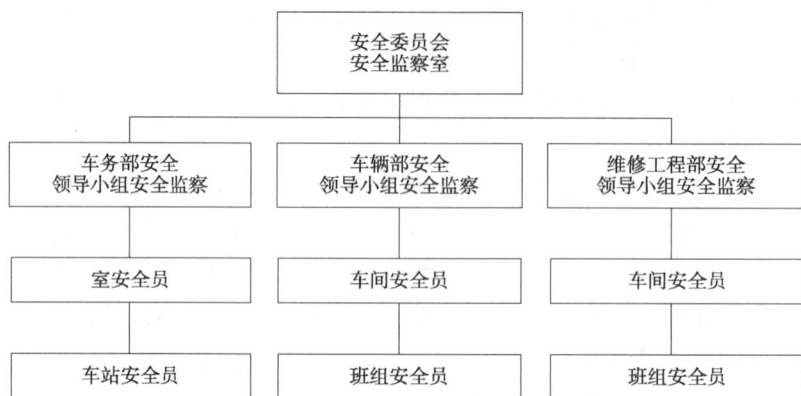

图 15-5 城市轨道交通安全管理组织结构

2)安全管理体系

运营中安全管理体系由"机制 + 专项"组成。机制包括安全责任制度、安全规章制度、安全教育培训与宣传制度、安全隐患排查与治理制度、危险源辨识与管控制度、安全生产监督与检查制度、安全事故(事件)调查分析制度、安全考核与奖惩制度、安全会议制度等。专项管理包括设备系统管理、行车组织管理、客运组织管理、施工安全管理、员工职业健康管理、地铁保护区管理、防汛防寒防暑管理、临时用电管理、标准化管理等内容。

图15-6描述了城市轨道交通的运营安全管理体系;包括运营前预防体系、运营中保障体系、事故后应急体系三大模块。

(1)运营前预防体系。主要包括规划、设计和建设三个阶段;建设阶段除了包括土建、机电、装修等建设外,还包括信号、屏蔽门、供电、车辆等设备系统的设计联络、监造、安装等环节。

(2)运营中保障体系。主要包括运营中安全管理体系和对乘客的安全管理两部分;前者是针对运营管理单位内部的安全管理,后者是针对运营期间的服务对象乘客。乘客管理一方面要将城市轨道交通相关安全乘车、文明乘车、常规应急设施的使用等安全常识宣传给乘客;另一方面,发生客伤等相应的安全事件时,应有一套明确的应对和处理流程。

(3)事故后应急体系。主要包括内部应急管理和外部应急管理。内部应急管理包括应急预案、应急演练、应急物资(含抢险器材等)、应急人员(抢险队等)、应急专家库、应急响应等内容。外部应急管理主要包括在应急情况时,城市轨道交通的运营单位与公安、消防、医院、公交公司等单位/部门的应急协作等内容。如大客流或中断时的公交接驳需公交公司支援,发生火灾时需消防、医院支援等。

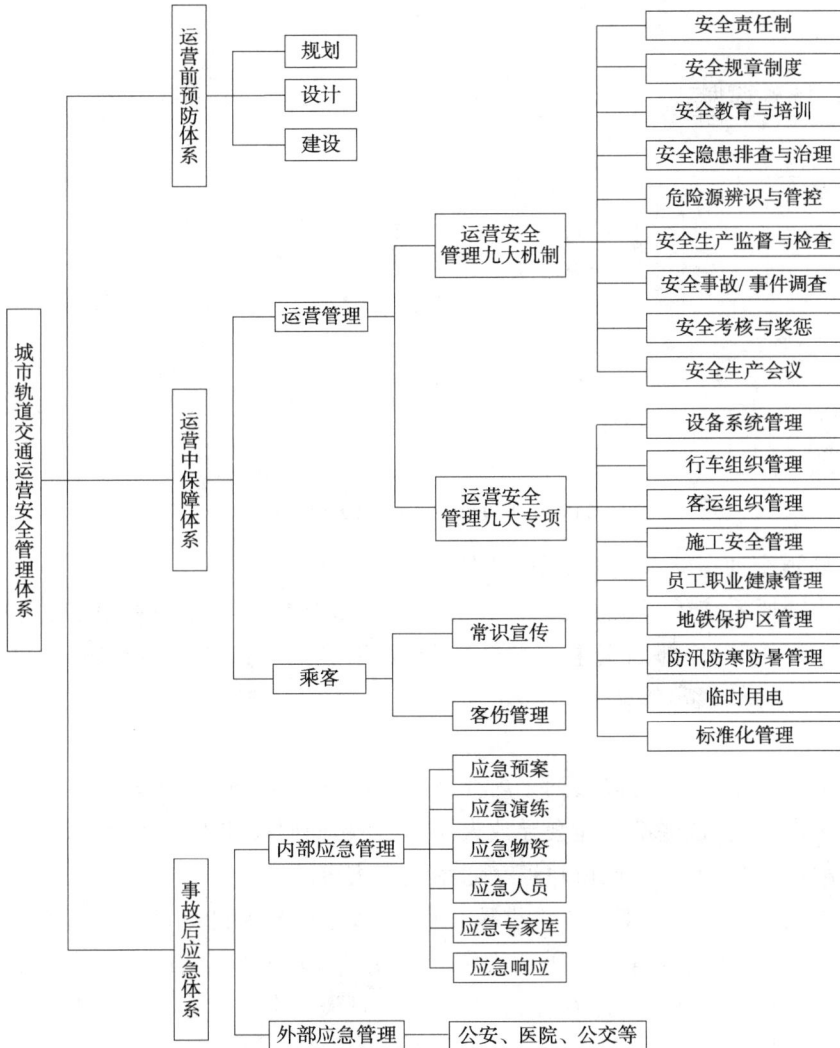

图 15-6　城市轨道交通运营安全管理体系

15.3.3　城市轨道交通运营安全风险管理

1)城市轨道交通系统运营状态

城市轨道交通系统的运营有三种状态,正常运营状态、非正常运营状态和紧急运营状态,如图 15-7 所示。

（1）正常运营状态:运营状态与运行图基本相符的状态。正常运营状态又分为高峰时段和非高峰时段。

（2）非正常运营状态:因列车晚点、区间堵塞、车站过度拥挤、道岔故障、列车故障、沿线设备故障等打乱正常运营秩序的情况。

（3）紧急运营状态:发生火灾、爆炸、地震以及雨雪风暴等自然灾害、设备故障导致大范围停运等,致使部分区间或全线无法运营的情况。

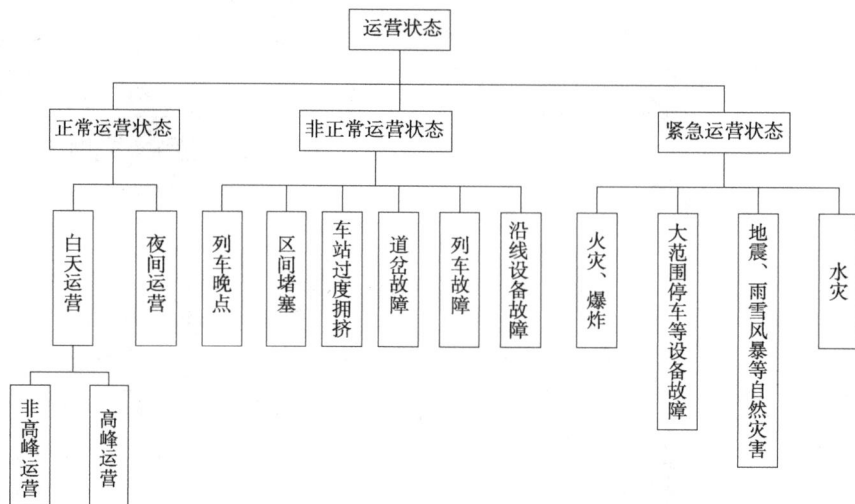

图 15-7　城市轨道交通运营安全模式图

2）城市轨道交通运营系统主要危险因素分析

城市轨道交通系统运营事故受内部和外部两方面因素的影响。内部因素主要是指设备设施故障或误操作等;外部因素主要指恐怖袭击、乘客携带违禁物品、自然灾害、外界事故（如停电、水、气管道破裂）等。

（1）火灾。

①内部火灾。车站、隧道以及列车内存在大量电气设备,车站、列车内的建筑装饰材料、广告牌等为可燃材料,这些都可能会导致火灾;处在超期服役状态的车辆、供电设备、机电设备一旦发生故障,也可能导致城市轨道交通系统火灾事故。

②外部火灾。乘客违章携带危险物品、吸烟和吸烟后烟蒂随处乱扔会引发火灾;人为因素（如恐怖袭击、投毒、纵火等）、意外明火引起火灾危险;地铁车站站厅乘客疏散区、站台和疏散通道内违规设置的商业设施存在火灾隐患,一旦失火会引起连锁火灾事故。

（2）列车脱轨。

列车脱轨主要是由城市轨道交通系统内部危险因素导致的。

①线路设计或铺设不合格,道岔伤损、轨枕伤损、道床伤损、接触轨伤损、钢轨断裂等可能导致列车脱轨危险;

②列车超速、列车走行部件发生故障,可能导致列车脱轨危险;

③老化的列车、线路等设备一旦发生故障,可能导致列车脱轨事故;

此外,轨道周边物体侵入运营线路,如电缆伪装门坠落、抹灰层脱落、异物侵限等,可能引起列车损坏、列车倾覆、列车脱轨等重大、特大安全事故。

（3）拥挤踩踏。

拥挤踩踏事故一般有两方面原因:一是局部负荷过大、疏散通道或楼梯设置不合理,车站站台、集散厅及通道内有妨碍疏散的设施或堆放物、车站出入口存在缺陷;二是其他原因,如列车故障、火灾或其他危险状况等紧急情况发生时,可能发生乘客挤伤、踩踏等危险。

（4）列车撞车。

高速移动状态的列车,一旦设备异常或人员违章操作,可能造成撞车事故。撞车事故包括与第三方相撞、迎向相撞、迎面相撞等。

（5）中毒和窒息。

中毒和窒息包括中毒、缺氧窒息、中毒性窒息。例如,火灾会产生大量烟气,导致人员中毒和窒息;使用有害气体的人为恐怖袭击也能造成中毒和窒息。

（6）其他危险。

城市轨道交通系统内部电动车辆、变电所、配电室、电缆、三轨以及风机、水泵等设备由于设备缺陷、设计不周、防护不当等原因人或违章作业、操作可能导致触电伤害危险。

乘客使用扶梯时,可能造成碰撞、夹击、卷入等伤害。正常运行状态下乘客违章乘梯,也可能造成严重的乘客摔伤。

列车车厢内灯管爆裂、内侧玻璃意外脱落等可导致机械伤害。此外。列车在紧急起、制动时具有很大惯性,可能导致乘客摔伤危险。

乘客手扶车门、上下车时机选择不当或列车设备故障可能发生车门夹人等机械伤害。

3）城市轨道交通系统事故影响危险度分析

（1）危险因素等级划分。

针对事故发生次数、危害后果统计,可以用不同的危险度等级来对城市轨道交通系统中存在的危险因素进行分级。

$$危险度 = 严重性 \times 概率$$

可以看出,危险度的分级一方面要考虑因素的严重程度,另一方面要考虑造成某种损失或损害的难易程度,即某种损害发生的概率大小。

表 15-2 是根据国内外地铁事故提出的一种危险因素严重度取值方法;表 15-3 是关于危害概率的取值方法;表 15-4 是根据事故后果严重程度分析得到的不同事故严重度分级赋值方法。

危险因素严重度取值方法 表 15-2

严重度分级	表现特征	取值
灾难性的	具有紧急的危险,能引起大范围的死亡及伤病的危害能力	9~10
严重的	危害能引起严重的疾病、伤亡、设备及财产损失	6~8
临界的	危害能引起疾病、伤害及设备损失但不是严重的	3~5
可忽略的	危害不会引起严重的疾病、伤害,伤害可能极小,伤害程度不需要急救处理	1~2

危害概率的取值方法　　　　　　　　　　　　　表 15-3

危害概率分级	表现特征	取值
可能发生	有可能立刻发生或短期内会发生	9 ~ 10
有理由可能发生	一段时间内会发生	6 ~ 8
可能性小	一段时间内可能发生	3 ~ 5
可能性极小	不太可能发生	1 ~ 2

不同事故严重度分级赋值方法　　　　　　　　　　表 15-4

类别	损失				
	死亡人数	伤亡人数	设备损失	严重度分级	取值(S)
地铁火灾事故	809	575	68 辆车被毁	灾难性的	10
人为纵火恐怖袭击	328	818	11 辆车被毁	灾难性的	10
列车脱轨事故	9	272	—	严重的	8
列车撞车事故	10	232	—	严重的	8
拥挤踩踏事故	55	—	—	严重的	6
中毒窒息	12	5000	—	灾难性的	10
其他事故	只是中断运营,无伤亡				2

表 15-5 给出了根据事故发生频次统计得到的不同危害概率赋值结果。

不同危害概率赋值结果　　　　　　　　　　　　表 15-5

类别	损失		
	发生次数	表现特征	取值(P)
地铁火灾事故	20	一段时间内会发生	8
人为纵火恐怖袭击	23	一段时间内可能会发生	7
列车脱轨事故	7	一段时间内会发生	8
列车撞车事故	4	一段时间内可能不会发生	6
拥挤踩踏事故	2	一段时间内可能不会发生	5
中毒窒息	1	一段时间内可能不会发生	5
其他事故	6	短期内有可能发生	9

表 15-6 是根据国内外事故种类发生的次数和后果损失情况,对影响地铁危险因素进行等级划分的结果。

危险因素等级划分(危险度)　　　　　　　　　　表 15-6

事故种类	$R = S \times P$	等级序号	备注
地铁火灾事故	$10 \times 8 = 80$	1	—
人为纵火、恐怖袭击等意外事故	$10 \times 7 = 70$	2	—
列车脱轨事故	$8 \times 8 = 64$	3	—
中毒和窒息事故	$10 \times 5 = 50$	4	考虑二次事故后窒息情况

续上表

事故种类	$R = S \times P$	等级序号	备注
拥挤踩踏事故	$6 \times 5 = 30$	5	—
列车撞车事故	$8 \times 6 = 48$	6	—
其他事故	$2 \times 9 = 18$	7	—

可以看出,地铁火灾事故危险度值最高,人为纵火、恐怖袭击等事故在国外发生的次数比较多。我国地铁运营历史相对较短,有些事故尚未发生过,但不能排除其发生的可能性。

(2)城市轨道交通事故危险度分析。

根据国内外地铁事故危险度分析结果,表15-7 给出了对城市轨道交通系统存在的主要危险危害因素进行预分析的结果。

城市轨道交通主要危险危害因素预先危险分析汇总表   表 15-7

危险因素	可能发生位置	可能原因	事故后果	危险等级
地铁火灾、爆炸	列车上	车辆电路短路等列车故障;车厢内可燃物着火;未熄灭的烟头;人为纵火	设备损失、中断运营、人员伤亡	IV
	车辆段	维修设备时违章作业;电气火灾	设备损失、人员伤亡	VII
	车站	电气设备故障;乘客携带危险品、吸烟和吸烟后烟蒂随处乱扔等;人为纵火;地铁站厅和通道内违规设置的商业网点发生火灾引发连锁火灾等	设备损失、人员伤亡、中断运营	IV
	隧道	隧道电缆着火;隧道内电气设备故障起火;隧道内可燃物着火	设备损失、中断运营	VII
列车脱轨危险	列车运行中或试车作业时	车辆故障;列车超速、钢轨断裂、道岔伤损;异物侵界;司机误操作	设备损失、人员伤亡、中断运营	IV ~ VII
列车撞车危险	列车运行中或试车作业时	车辆故障、列车超速;司机误操作;错办进路		III ~ IV
拥挤踩踏危险	列车上	紧急情况下疏散不力	人员伤亡、中断运营	IV ~ VII
	车站站台	人员密集或突发事故时疏散通道有障碍物;紧急情况下疏散不力		
中毒窒息危险	车站	火灾情况下,燃烧后产生有毒有害物质;人为投毒或恐怖袭击。		IV ~ VII
	列车上			
其他危险	列车上	车厢内灯管爆裂、内侧玻璃意外脱落等;乘客手扶车门、上下车时机选择不当夹人	可能掉线或人员伤害	I ~ II
	站台	扶梯夹人	人员伤害,不会影响运营	
	三轨	一路进线失压母联未自投,开关跳闸,整流器故障,变压器故障,走行轨异物短路,走行轨同时接地短路,水淹三轨	运营中断,可能导致人员伤亡	III
	地铁外部	外部大范围停电		III

危险因素	可能发生位置	可能原因	事故后果	危险等级
其他危险	车站	动力照明停电	可能运营中断	Ⅰ
	车站、车辆、三轨等处	车辆、地铁变电所、配电室、电缆、三轨以及风机、水泵等设备由于设备缺陷、设计不周、防护不当等		Ⅰ~Ⅱ
	车站	暴雨、车站入口无防水设施		Ⅰ~Ⅱ

不难看出，地铁火灾、爆炸、列车脱轨、拥挤踩踏等均可能导致灾难性或严重事故。

4）城市轨道交通系统运营因果分析

不同因素对运营事故的贡献率不同。图 15-8 以国外轨道系统导致重大人员伤亡及长时间列车中断运营的原因为基础，给出了不同因素对导致重大人员伤亡以及列车运营中断的贡献率。

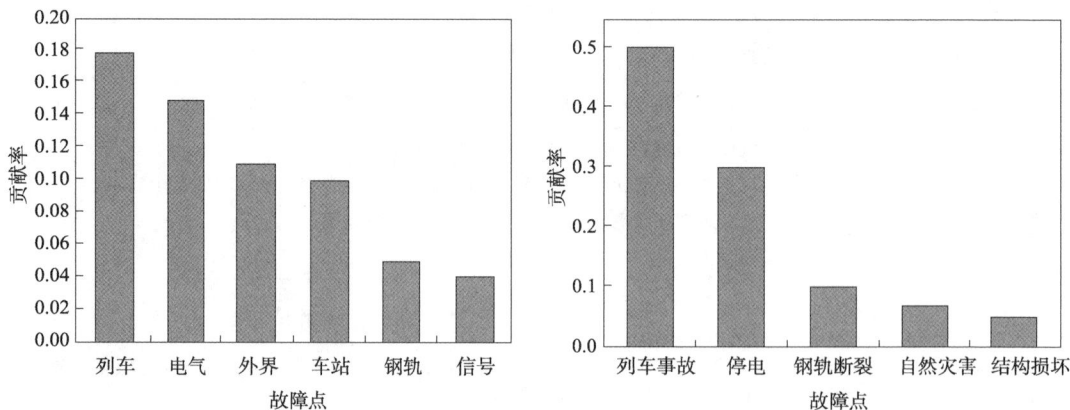

图 15-8　重大人员伤亡（左）列车运营中断（右）因果分析贡献率排序

图 15-9 与图 15-10 是用事故树分析方法对导致重大人员伤亡以及列车运营中断的因素进行统计分析的结果。

综上分析，可得如下结论：

（1）国内外典型地铁事故案例分析表明，地铁火灾和人为恐怖事件的危险度最高；

（2）导致重大人员伤亡及列车中断运营的主要在车辆、电气、车站、钢轨上；

（3）影响安全的外部因素主要来自乘客携带违禁品、自然灾害、其他设施损坏和恐怖袭击。

15.3.4　运营安全风险分级管控

城市轨道交通风险分级管控与隐患排查治理可以预防事故发生、提高管理效率，对构建一个全面、系统的安全管理体系，确保城市轨道交通运营的安全性和可靠性具有重要意义。

1）风险分级管控的定义

风险分级管控是对城市轨道交通运营过程中存在的安全生产风险点进行辨识、评估，确定风险等级，采取相应管控措施，实施风险动态管理的活动。

　　风险分级管控是预防事故的第一道防线。通过对城市轨道交通运营过程中可能存在的风险进行辨识、评估,根据风险等级采取相应的管控措施,可有效降低事故发生概率。风险分级管控有助于企业根据风险等级合理分配资源,将有限资源用于重点风险领域,提高风险管理效率。

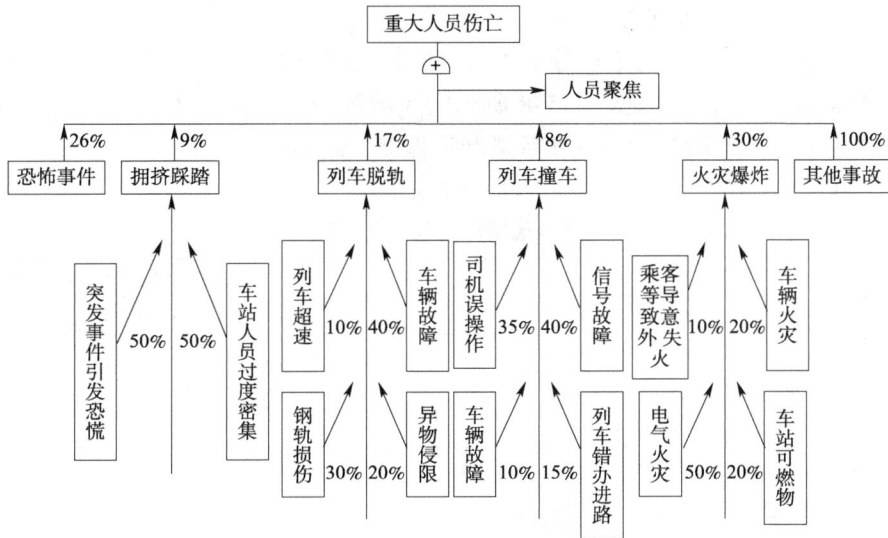

图 15-9　重大人员伤亡因果分析图

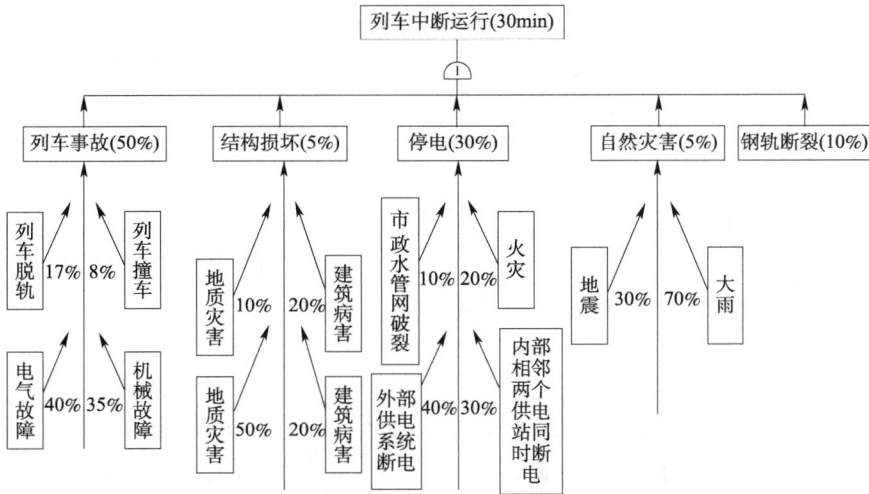

图 15-10　列车中断运营因果分析图

2)安全风险的分类

基于城市轨道交通技术特点和行业经验,运营安全风险可以分为以下五类:

(1)设施监测养护类风险:桥梁、隧道、轨道、路基、车站、控制中心和车辆基地等风险;

(2)设备运行维修类风险:车辆、供电、通信、信号、机电等方面的风险;

(3)行车组织类风险:调度指挥、列车运行、行车作业、施工管理等方面的风险;

(4)客运组织类风险:车站作业、客流疏导、乘客行为等方面的风险;

(5)运行环境类风险:生产环境、自然环境、保护区环境、社会环境等方面的风险。

3)运营安全风险评估方法

轨道交通运营单位需结合运营管理水平和运营险性事件等情况,针对不同作业单元,收集生产经营单位近年来突发事件发生情况频次数据,逐项评估确定安全风险等级,并制定风险与致险因素管控措施。

（1）运营安全风险等级划分。

运营安全风险等级从高到低划分为重大、较大、一般、较小四个等级,对应颜色为红色、橙色、黄色和蓝色,等级划分依据表15-8所列的风险等级取值区间表。其中风险等级(R)由风险点发生风险事件可能性(L)和后果严重程度(S)的组合决定,即:

$$R = L \times S$$

安全风险等级取值区间表　　　　　　　　　表15-8

风险等级	风险等级取值区间
重大(红色)	(55,100]
较大(橙色)	(20,55]
一般(黄色)	(5,20]
较小(蓝色)	(0,5]

注:区间符号"[ ]"包括等于,"( )"不包括等于,如:区间(0,5]表示0<取值≤5。

（2）可能性指标分级标准。

确定风险事件发生的可能性,即确定可能性指标 L 的取值。可能性指标分级标准统一划分为五个级别,分别是:极高、高、中等、低、极低,判断标准如表15-9所列。

可能性判断标准表　　　　　　　　　　表15-9

序号	可能性级别	发生的可能性	取值区间
1	极高	极易	(9,10]
2	高	易	(6,9]
3	中等	可能	(3,6]
4	低	不大可能	(1,3]
5	较低	极不可能	(1,3]

注:1. 可能性指标取值为区间内的整数或最多一位小数。

　　2. 区间符号"[ ]"包括"等于","( )"不包括"等于",如:(0,1]表示0<取值≤1。

（3）后果严重程度分级标准。

后果严重程度(S)统一划分为四个级别,特别严重、严重、较严重、不严重。后果严重程度等级取值如表15-10所列。

后果严重程度等级取值表　　　　　　　　表15-10

后果严重程度等级	后果严重程度取值
特别严重	10
严重	5
较严重	2
不严重	1

运营单位根据运营险性事件等情况,逐项确定安全风险等级并制定风险管控措施,并形成本单位运营安全风险数据库,内容至少应包括业务板块、风险点(工作单元/操作步骤)、风

险描述、风险等级、管控措施、责任部门及责任岗位、责任人等。风险数据库中的风险管控措施应符合设施设备运行维护、行车组织管理、客运组织管理、从业人员管理、保护区管理等有关规定,并及时纳入本单位相关管理制度、作业标准或应急预案。

运营单位需要每年对所辖线路开展一次风险全面辨识,持续发现未知安全风险,并及时更新风险数据库。城市轨道交通新线投入初期运营和正式运营时,运营单位应同步组织开展风险全面辨识。初期运营期间,可视情况增加辨识频次。

以我国某地铁公司为例,该公司风险数据库包含 908 个风险点,公司对所有风险点编制了运营安全风险辨识评价表。表 15-11 列出了某地铁公司的运营安全风险辨识评价表(节选)。

某地铁公司运营安全风险辨识评价表(节选)　　　　　表 15-11

序号	风险名称	业务模块	风险描述	风险评价情况			风险等级（红/橙/黄/蓝）	备注
				L	S	R		
1	轨行区作业	设备运行维修	检修后出清不彻底,遗留未出清物料,危及行车安全	4	6	24	橙	设施部
2	带电设备附近施工作业	设备运行维修	工作人员擅自扩大工作范围,跨越安全围栏或超越安全警戒线	4	2	8	黄	设施部
3	列车运行	行车组织	声屏障、防火门、人防门、防淹门等构筑物及射流风机、电缆、管线等吊挂构件或配电箱门、广告灯箱、标志标识等其他设施设备脱落可能侵入线路限界或发生列车撞击事故	4	6	24	橙	客运部
4	非正常行车作业	行车组织	列车、中央或轨旁信号设备故障时,进路闭塞法、电话闭塞法行车未办理闭塞手续,接发列车,未确认空闲,同意闭塞或发车可能导致事故	4	5	20	橙	客运部
5	客流疏导	客运组织	车站、列车客流量短时间剧增可能发生乘客挤伤踩踏	4	2	8	黄	客运部
6	病毒感染	设备运行维修	使用非法移动设备和存储介质接入生产网络导致站级设备感染计算机病毒,无法正常使用	6	5	30	橙	通号部
7	车票信息有误	通用	不同性质车票错误拿取,造成配发的车票信息与配票出库单不一致	3	2	6	黄	票务部
8	车辆运行设备	运行维修	受电弓部件故障,造成接触网跳闸或接触网塌网	5	5	25	橙	车辆部
9	列车限速运行	行车组织	未按规定及时发布限速命令,可能导致列车超速运行、列车脱轨、冲突、冒进信号等行车事故	6	2	12	黄	调度部
10	物资出入库作业	通用	通用高空坠物,造成人员伤亡、物资损坏	3	2	6	黄	物资部

15.3.5 运营安全隐患排查与治理

隐患排查与治理是运营企业及时发现并消除系统运行中的安全隐患,确保安全管理的有效性和针对性的方法,对保障城市轨道交通运营的安全性和可靠性具有重要意义。

1)隐患及隐患排查与治理的定义

隐患指城市轨道交通运营单位违反安全生产法律、法规、规章、标准、规程和安全管理制度规定,或因其他因素在生产过程中存在可能导致事故的人的不安全行为、物的危险状态、场所的不安全因素和管理缺陷现象或事件。

隐患排查与治理指对隐患及其管控措施及其有效性进行排查、评估、整改、消除的闭环管理活动。

2)隐患的分类

隐患分为重大隐患和一般隐患。重大隐患指可能直接导致安全生产事故或列车脱轨、列车冲突、列车撞击、列车挤岔、火灾、桥隧结构坍塌、车站和轨行区淹水倒灌、大面积停电、客流踩踏等运营险性事件发生的隐患,具有危害和治理难度大、易造成全线/区段停运或封闭车站、关键设施设备长时间停止运行、需要较长时间治理方能排除、本单位自身难以排除等特点。

一般隐患指除重大隐患外,其他可能影响运营安全的隐患。一般隐患危害或治理难度相对较小,能够快速消除等特点。一般隐患可分为 A 级、B 级。

(1)符合下列条件之一或者可能造成下列情况之一的,为重大隐患:

①危害和整改难度较大,需要全部或者局部停产停业,经过一定时间整改治理方能消除的;

②因外部因素影响致使运营单位自身难以消除的;

③造成人员死亡的;

④造成 5000 万元及以上直接经济损失的;

⑤造成连续中断行车 6h 及以上的。

(2)符合下列条件之一的,为 A 级一般隐患:

①可能造成人员重伤;

②可能造成 1000 万元以上、5000 万元以下直接经济损失;

③可能造成连续中断行车 2~6h。

(3)符合下列条件之一的,为 B 级一般隐患:

①可能造成人员受伤;

②可能造成 1000 万元及以下直接经济损失;

③可能造成连续中断行车 2h 及以下。

3)运营安全隐患排查内容及方法

《城市轨道交通运营安全隐患排查规范》(JT/T 1456—2023)中运营组织隐患排查内容主要包括以下几个方面:

(1)系统负荷,包括线路负荷、车站设施负荷、供电负荷等;

(2)调度指挥,包括调度工作、调度人员要求;

(3)列车运行,包括行车工作、列车驾驶员要求;

(4)客运组织,包括车站大客流组织、应急疏散设施设备、乘客安全管理、乘客安全监控系统、乘客安全宣传教育、票务组织、车站值班员要求、站务人员要求。

　　针对隐患排查方法,运营单位可采用查阅资料、查验证书、抽样调查、检测检验等方法开展隐患排查。表 15-12 给出了一个典型的运营安全隐患排查表(运营组织部分)案例。

城市轨道交通运营安全隐患排查表(运营组织部分)　　　　表 15-12

排查项目	序号	排查子项	排查内容	查验资料
运营组织	1 系统	系统负荷	a)列车交路、运行计划、运输能力与线路的设计能力和实际客流量相匹配; b)供电负荷能力与线路负荷相适应; c)站台高峰小时集散量应不大于站台设计最大能力; d)出入口、楼扶梯、通道和进出站闸机高峰小时通过量超过《地铁设计规范》(GB 50157—2013)有关规定时,应有相应的乘客流量控制措施	a)高峰小时客流统计资料或高峰小时客流调查资料; b)检查记录
	2 调度指挥	调度工作	a)建立调度规章,包括对运营设备故障和事故模式下的行车组织措施以及突发事件的应对措施; b)建立完善的信息通报机制,健全信息通报的渠道,针对不同突发情况提前编制对应的组群; c)建立健全大厅设备维护、大厅保障等非调度人员进入调度大厅的管理办法; d)行车调度指挥系统具备中央控制和车站控制两种模式,并在任何情况下都有一种模式起主导作用; ……	a)调度规章及技术文件; b)行车现场处置方案; c)关键地段应对措施; d)信息通报机制; ……
		调度人员要求	a)编制合理的排班计划; b)调度人员应经地铁运营调度指挥培训并取得相应资格证书; c)培训内容应包括业务及运营指挥知识和突发事件处置流程,培训方式应包括授课和实战演练或模拟演练; d)调度人员应具备熟练的行车作业和运营指挥能力; ……	a)排班计划; b)调度人员培训资料; c)演练资料; d)调度人员资格证书; ……
	3 列车运行	行车工作	a)列车运用规章应制定故障列车下线、救援列车运用规章,并与调度规章相协调; b)制定列车驾驶员操作规程,明确列车故障模式下操作要点; c)建立关键作业安全管控制度,包括制定无 ATP 保护列车驾驶安全管控措施、列车调试作业安全管控办法等	a)列车运用规章; b)列车驾驶员操作规程
		列车驾驶员要求	a)编制合理的乘务计划,避免列车驾驶员疲劳作业; b)列车驾驶员经过列车驾驶培训并取得相应的资格证书; c)列车驾驶员具备熟练驾驶列车运行的能力; d)列车驾驶员熟悉各种突发事件应急预案的处置流程; e)列车驾驶员具备列车一般故障的辨识与排除能力; ……	a)乘务计划; b)列车驾驶员培训资料及演练资料; ……

排查项目	序号	排查子项	排查内容	查验资料
运营组织	4 客运组织	车站大客流组织	a）制定大客流预警及响应制度； b）制定大客流的应对客流组织措施，并切实可行； c）建立大客流处置的考核、跟踪与反馈机制，并切实落实	a）规章制度； b）应急处置方案； ……
		应急疏散设施设备	a）应急疏散设施设备的功能完好； b）站厅、站台、自动扶梯、自动人行道、楼梯口、人行疏散通道拐弯处、安全出口和交叉口等处沿通道长度方向每隔不大于20m处应设置醒目的疏散指示标志；疏散指示标志距地面高度应小于1m且无损坏、无遮挡； c）区间隧道内应设置疏散指示标志且功能完好	a）应急疏散设施设备运行状态； b）指示标志缺损情况
		乘客安全管理	a）建立车站安全检查制度，并切实落实； b）建立车站安全检查制度执行情况的跟踪与考核机制，并切实可行； c）在易发生事故部位设置警示标志或专人引导、设置的安全防护设施应完好； d）确保盲道、轮椅通道，垂直电梯等无障碍设施功能完好； ……	a）规章制度； b）考核机制； c）服务设施设备功能
		乘客安全视频监控系统	a）车站及列车的乘客安全视频监控系统功能完好； b）乘客安全视频监控系统能够监控车站及列车的所有客流集中部位和意外情况易发部位； c）列车客车室内乘客触动紧急对讲装置时，能联动相应客室内视频监控图像，并在驾驶室内的监视器上显示	a）监控设备运行状态； b）功能测试； c）设施设备定期维保记录； ……
		乘客安全宣传教育	a）开展乘客安全乘车常识宣传教育； b）开展紧急情况下正确疏散以及逃生自救知识的宣传	a）宣传教育资料； b）逃生自救知识培训资料
		票务组织	a）建立日常和突发事件情况下的票务处理措施，并切实可行； b）建立票款、票卡管理工作机制，并切实可行；	a）规章制度； b）现场处置方案
		车站值班员要求	a）车站值班员应经培训与考核合格后持证上岗； b）车站值班员应具备熟练的车站行车工作能力； c）车站值班员应熟悉各种突发事件应急预案的处置流程； d）检查、分析与评价车站值班员岗前、岗中工作状态（身体和精神），并有相应对策措施； e）通过监控对车站值班员作业进行抽查	a）资格证书； b）培训资料及演练资料； c）岗位检查记录； d）监控资料； e）抽查记录

续上表

排查项目	序号	排查子项	排查内容	查验资料
运营组织	4 客运组织	站务人员要求	a)站务人员应经培训与考核合格后持证上岗； b)培训内容应包括业务知识和突发事件处置流程,培训方式应包括授课、实战演练或模拟演练； c)站务人员应掌握消防安全火灾初期扑救、大客流疏散和车站限流的基本方法和技能； d)站务人员应熟悉各种突发事件应急预案的处置流程； e)通过监控对站务人员作业进行抽查	a)资格证书； b)培训资料及演练资料； c)岗位检查记录； d)监控资料； e)抽查记录

15.4 城市轨道交通应急管理

应急管理指政府及其他公共机构在突发公共事件的事前预防、事发应对、事中处置和善后管理过程中,为保障公众生命财产安全与恢复生产运行,需要建立的应对机制、采取的救援措施与处理等一系列流程与策略。城市轨道交通是国家重大基础设施和重要公共场所,探讨轨道交通应急机制及处理技术,对提高城市轨道交通系统的运营安全和可靠性,保证在突发事件的情况下,迅速、及时地采取合理有效的应急措施,尽可能地消除、减少突发事件造成的人员伤亡和财产损失,尽快恢复正常运营,具有十分重要的意义。

15.4.1 运营突发事件应急预案体系

应急预案指针对可能发生的突发事件,为最大程度减少运营突发事件及其造成的损害而预先制订的应急工作方案。它一般应建立在综合防灾规划上,是对应急事件进行详细分析,包含应急处理方案的所有规则和原理,涉及应急处理流程的框架,应急组织机构定义、启动预案的基本条件、事件处置的基本原则、应急资源的分布与使用、事件处置流程等。

从应急管理体系上看,城市轨道交通运营突发事件应急预案体系由国家级、省级、市级和运营单位级四级应急预案构成,国家层面为《国家城市轨道交通运营突发事件应急预案》。上级预案是对下级预案的指导,下级预案是对上级预案的延伸、补充和细化。

运营单位突发事件应急预案体系分为:综合应急预案、专项应急预案和现场处置方案,具体架构如图 15-11 所示。专项应急预案根据突发事件的分类又分为事故灾难类、自然灾害类、公共卫生类和社会安全类四类,它们有不同的现场处置方案。

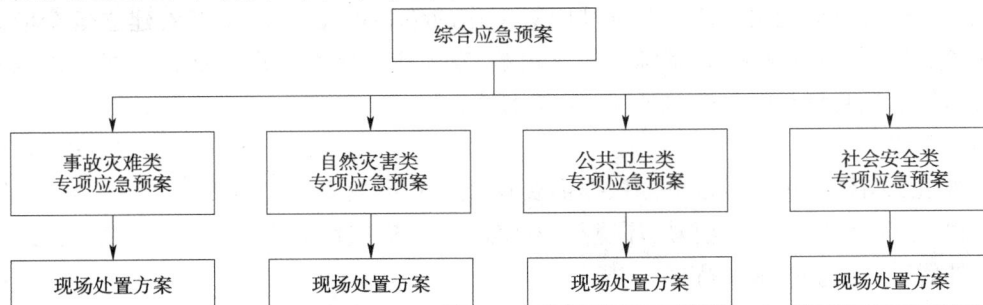

图 15-11 应急预案体系架构图

1）综合应急预案

综合应急预案总体阐述运营公司处置运营突发事件的应急工作原则,明确应急组织机构及职责、应急预案体系、事故风险描述、监测及预警、信息报告、应急响应、信息发布、后期处置、保障措施、应急预案管理等内容。

2）专项应急预案

专项应急预案是综合应急预案的细化,主要针对某一类型或某几种类型运营突发事件,或者针对重要风险而制订的应急方案。

3）现场处置方案

现场处置方案是运营单位根据运营突发事件类型,针对可能发生运营突发事件的具体位置、场所和岗位所制定的应急处置措施。现场处置方案应由事件发生的部门牵头编制,涉及所、站、区间、车辆段的专业做好配合,各专业可制定故障处理指南、操作手册、调度手册、专项方案等作为现场处置方案的补充文件。

15.4.2 城市轨道交通突发事件应急组织指挥体系

目前,我国城市轨道交通应急组织指挥体系包含以下五大部分。

1）国家层面组织指挥机构

交通运输部负责运营突发事件应对工作的指导协调和监督管理。根据运营突发事件的发展态势和影响,交通运输部或事发地省级人民政府可报请国务院批准,或根据国务院领导同志指示,成立国务院工作组,负责指导、协调、支持有关地方人民政府开展运营突发事件应对工作。必要时,由国务院或国务院授权交通运输部成立国家城市轨道交通应急指挥部,统一领导、组织和指挥运营突发事件应急处置工作。

2）地方层面组织指挥机构

城市轨道交通所在地城市及以上各级政府负责本行政区域内突发事件应对工作,建立相应组织指挥机构。有关部门按照职责分工,密切配合,共同做好运营突发事件的应对工作。对跨城市运营的城市轨道交通线路,有关城市人民政府应建立跨区域运营突发事件应急合作机制。

3）现场指挥机构

负责运营突发事件处置的人民政府根据需要成立现场指挥部,负责现场组织指挥工作。参与现场处置的有关单位和人员应服从现场指挥部的统一指挥。

4）运营单位

运营单位是轨道交通运营突发事件应对工作的核心责任主体,承担着建立健全应急指挥机制、完善应急预案体系(包括综合应急预案、专项应急预案和现场处置方案),以及建立与相关单位信息共享和应急联动机制的重要任务。

5）专家组

各级组织指挥机构及运营单位根据需要设立运营突发事件处置专家组,由线路、轨道、结构工程、车辆、供电、通信、信号、环境与设备监控、运输组织等方面的专家组成,为运营突发事件处置工作提供技术支持。

图 15-12 给出了某省城市轨道交通特别重大、重大运营突发事件应急处置流程图,从图

中可以看出各级指挥部门在突发事件处置中发挥的作用。

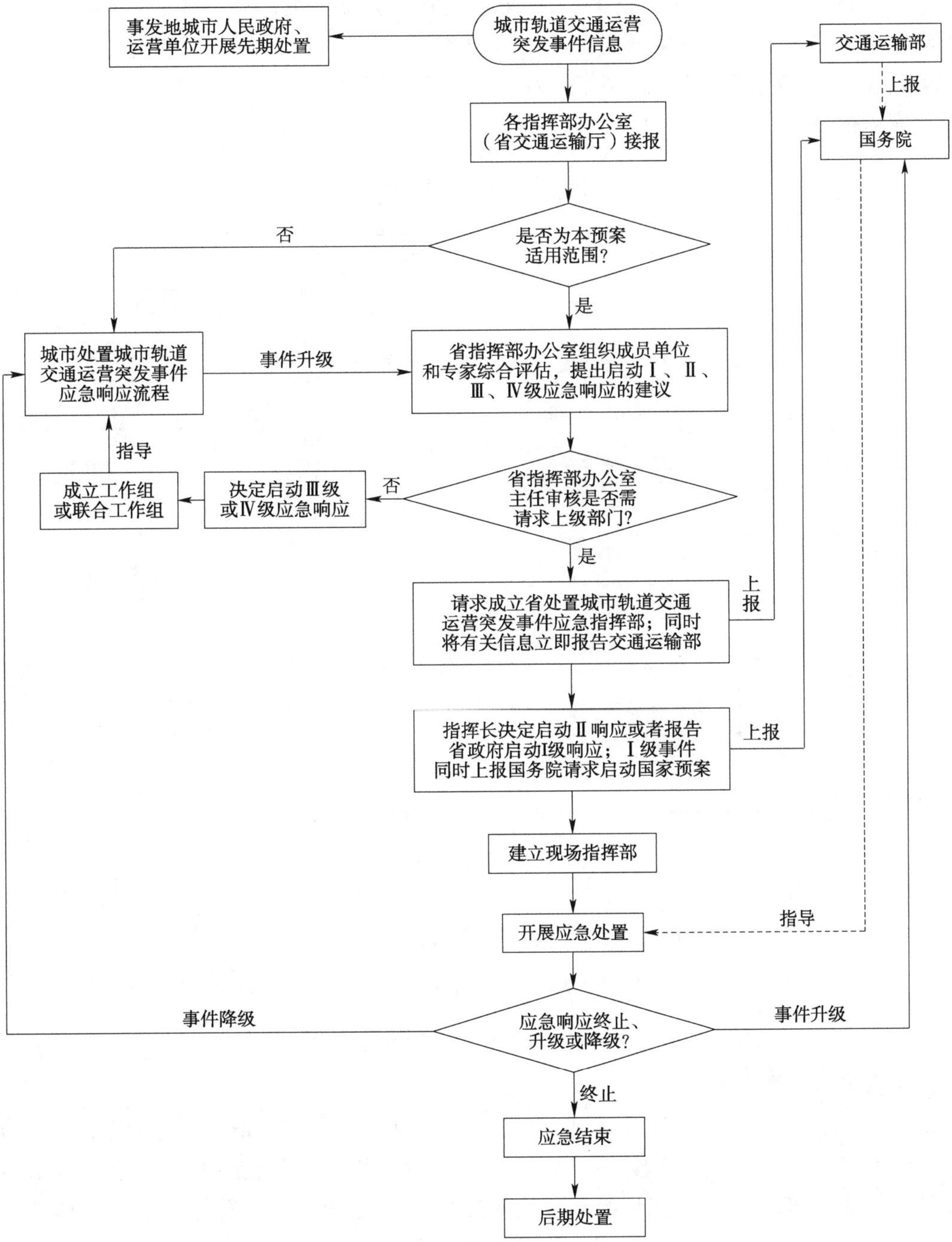

图 15-12　城市轨道交通特别重大、重大突发事件应急处置流程图

15.4.3　运营企业应急管理分析

1）应急预案体系

以某地铁公司运营分公司为例,该运营分公司应急预案体系主要由三部分构成:一是综

合应急预案；二是专项应急预案（各中心应急预案）；三是现场处置方案，如图15-13所示。该公司编制了事故灾难类、自然灾害类、公共卫生类和社会安全类四类共计28项专项预案，41项现场处置方案。其中针对特殊气象专项应急预案中，包含的气象类型包括雷雨、大风、暴雨、冰雹、高温、大雾、霾、暴雪、道路结冰及霜冻等特殊气象，并根据每一类特殊气象，制定了相应的应对措施。

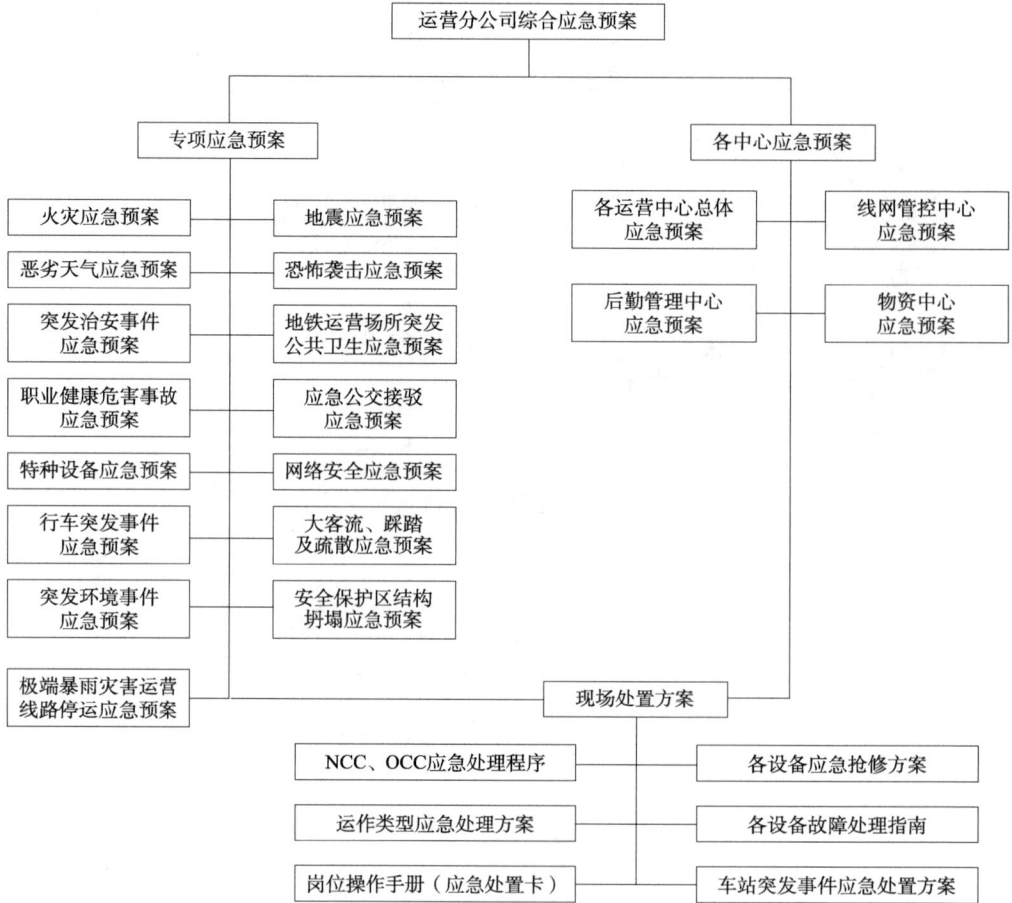

图15-13　某地铁运营分公司应急预案体系

2）应急组织体系

图15-14为某地铁公司应急组织机构图。该机构由两大核心部分组成：应急救援指挥中心和现场应急指挥部。应急救援指挥中心设在OCC控制大厅，下设OCC组和技术专家组；现场应急指挥部分为应急工作组和抢险救援组，下设5个应急工作小组和8个应急抢险队，在应急救援指挥中心的统一指挥下开展应急工作。

在应急救援指挥中心，指挥长负责全面指挥工作，组织确定现场抢险救援工作方案，布置与现场抢险救援有关的工作。副指挥长参与现场抢险救援工作方案的制定，按照分管工作协助指挥长开展现场抢险救援工作，指定现场抢险救援组组长。技术专家组组长制定现场抢险救援工作方案，按照分管工作协助指挥长开展现场抢险救援工作。OCC组组长根据现场情况启动相关应急预案，组织开展信息报告、行车组织、外部协调等工作，向应急救援指挥中心报告应急处置情况。成员在发生运营突发事件后,协助指挥长及副指挥长开展抢险救援工作。

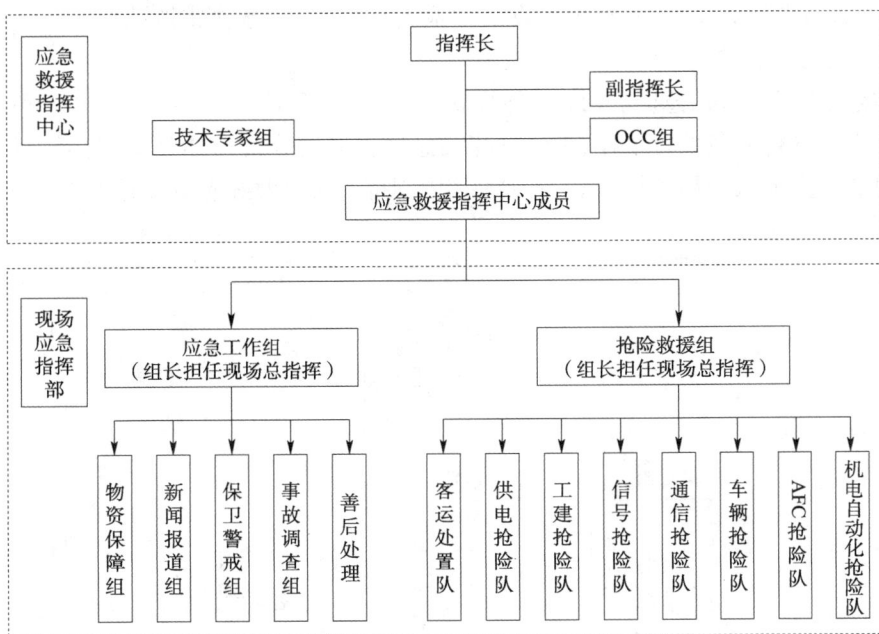

图 15-14 应急组织机构图

当发生Ⅰ级、Ⅱ级、Ⅲ级运营突发事件时,成立现场应急指挥部。下设应急工作组和抢险救援组,应急工作组组长担任现场总指挥,抢险救援组组长担任现场副总指挥。如有上级领导介入指挥,现场指挥权自然移交。当发生Ⅳ级运营突发事件时,不成立现场应急指挥部,抢险救援组组长担任现场总指挥,副组长担任现场副总指挥。

3)应急响应机制

应急响应指针对发生的突发事件,依据应急预案采取的应急行动。应急响应主要包括信息报告、监测预警、响应启动几个部分。具体如下:

(1)信息报告机制。

信息报告机制包括信息内部通报和信息对外报送,内部通报要及时、准确、逐级上报,信息报告内容客观、真实;不得迟报、谎报、瞒报和漏报。信息对外报送流程分为初报、续报、终报。初报要快,以报事为主;续报要详,以报情为主;终报要实,以报结果为主。

安全生产事故处置

图 15-15 为突发事件信息内部报告流程。

信息报告流程主要分三个阶段:一是事发现场至 OCC 信息报告;二是 OCC 至 NCC(Network Command Center)信息报告;三是 NCC 至上级领导和相关部门信息报告。

①事发现场至 OCC 信息报告要求。

发生突发事件时,发现人应第一时间将信息报告行车值班员或场段调度;后者接报后应立即报告事发中心 OCC;现场人员或车站相关人员视情况及时拨打 120、119、110。

②OCC 至 NCC 信息报告要求。

OCC 接报突发事件信息时,按照"先报事,后报情"原则,在事件发生或接报后 5min 内电话初报 NCC,同时根据事件影响情况,第一时间电话通报中心相关部门;事发 OCC 根据 NCC 要求,10min 内向 NCC 续报文字信息,内容应包含时间、地点、事件起因、发展经过、影响结果及已采取的措施等,随后根据事态发展续报进展、处置措施、原因后果等。

③NCC 信息报告要求。

NCC 接报突发事件信息时,立即向分管安全领导、当日值班领导、党委书记和总经理报告,按领导指示进行应急处置工作,视情况将信息通报运营分公司办公室、党群工作部、相关中心、部门及公安地铁分局指挥中心,并督促相关中心、部门做好应急处置工作。

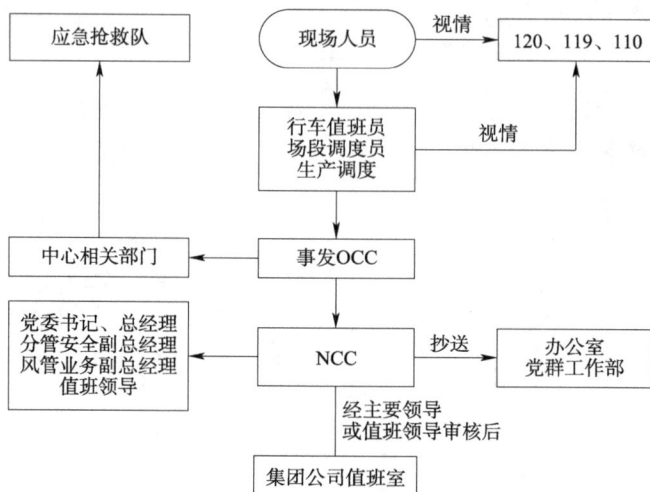

图 15-15 突发事件信息报告流程

(2)监测预警。

运营监测体系,主要包括安防监测、火灾监测、列车运行监测、供电和机电设备故障监测、线路监测、建筑结构监测、自然灾害监测、大客流监测等,并常态化开展风险辨识和事故隐患排查等。

预警信息的内部通报采用钉钉等移动办公平台、电话、传真或文件等形式;各级预警信息的发布,由 OCC 或 NCC 确认达到发布条件后向各相关中心、部门发布。预警信息的外部发布采用 PIS 信息、公告、微博、广播或电视媒体等形式。

预警内容包括可能引起突发事件的人员、设施设备及环境状态的预警,自然灾害预警,纵火、爆炸、投毒、恐怖活动等事故的预警和其他可能威胁运营安全的预警。

预警分级依据危害程度、发展情况和紧迫性等因素,突发事件的预警响应由低到高分蓝色(Ⅳ级)、黄色(Ⅲ级)、橙色(Ⅱ级)、红色(Ⅰ级)四个级别。

(3)响应启动。

根据突发事件的级别启动响应,响应级别对应突发事件级别。Ⅳ级突发事件响应为中心级响应,由事发运营中心 OCC 值班主任批准。Ⅲ级以上突发事件响应为运营分公司级响应。Ⅲ级突发事件响应由分管事发中心副总经理批准;Ⅱ级突发事件响应由党委书记或总经理批准;Ⅰ级突发事件响应由党委书记或总经理批准后先期处置,NCC 按照规定上报集团公司请求启动上位预案处置。

图 15-16 为一个典型的城市轨道交通基本应急响应流程。

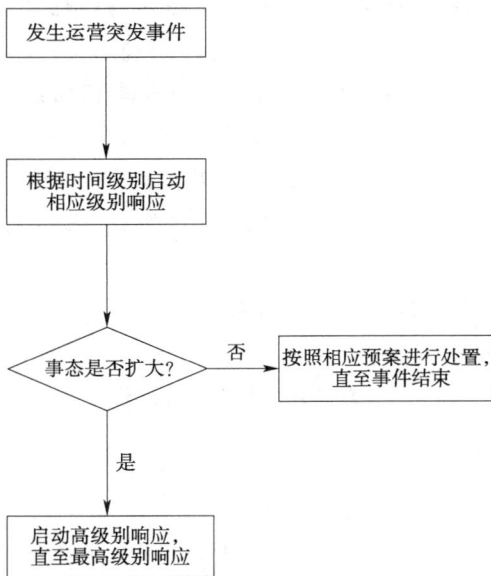

图 15-16 城市轨道交通基本应急响应流程

4）应急处置与支援

突发事件发生后，运营单位第一时间进行先期处置。行车、客运、设施设备类运营突发事件由运营公司统筹先期处置与指挥，并依据事件级别进行处置，并逐级上报；综治、反恐、特殊气象类应急突发事件由运营公司负责先期处置与指挥，在公安、消防、政府相关部门到位后，交接指挥权，并配合进行处置工作。

若已发生的突发事件事态在处置过程中不断扩大，预计运营公司现有资源难以实施有效处置时，或预计将要发生，已经发生Ⅰ级及以上运营突发事件时，由 OCC 报轨道公司，并请示市交通运输委员会、市应急管理局，启动相应的应急预案。

5）应急终止

区间或车站发生影响行车的突发事件造成关站，通过开展相关应急处置，由专业人员确认接触网设备恢复供电、线路设备具备列车通行（含限速）、线路出清（人员已避让至安全区域）、通信设备可维持基本通信的条件后报告 OCC，车站确认站台区域出清且无异物侵限后报告 OCC，由 OCC 解除封锁的线路，并发布恢复列车运行的命令。在恢复列车运行的基础上，通过进一步开展相关应急处置，使故障消除或事态得到有效控制后，在满足乘客安全的条件下，车站可局部恢复运营。

复习思考题

1. 试论述城市轨道交通运营事件的基本概念及其特点。

2. 分析不同层面运营突发事件的分类及其关系。

3. 试述应急预案体系和应急指挥体系的构成，并分析各级指挥部门在突发事件处置中的作用。

4. 从运营安全系统性的角度，论述地铁火灾的防治措施。

5. 材料：2021 年 7 月 20 日，郑州持续遭遇极端特大暴雨，致地铁 5 号线五龙口停车场及其周边区域发生严重积水现象。18时许，积水冲垮出入场线挡水墙进入正线区间，导致5号线一列载客运营列车被洪水围困。18:03，车厢内开始进水，司机在发现列车车厢已经进水的第一时间没有开启车门，而是在约10min后尝试打开车门组织疏散。18:40前后，部分乘客由司机带领陆续从应急疏散平台离开。但此次疏散仅有小部分乘客随司机离开，大部分乘客因为水流太大，又退回了车厢内。这样的疏散方式导致返回车厢内的乘客在19:00—20:30这一个半小时内没有工作人员指引自救。此次事故，共造成14名乘客不幸遇难，5名乘客受伤。

阅读材料，试从人员因素分析此次事故及其教训。

AI 辅助学习研讨题

利用 AI 工具(如 DeepSeek、Kimi 等)生成下列讨论题的报告或 PPT。

讨论题(1)：不同层面运营突发事件分级标准的差异及合理性分析。

要求：结合国家(省级)、市级、企业层面的运营突发事件分级标准，比较各类分级在指标设置、阈值划分上的差异。给出由10~20个关键词组成的提问句，生成"运营突发事件分级标准的差异性分析"讨论报告或汇报文件(PPT)。

讨论题(2)：运营安全风险分级管控与隐患排查治理的协同机制构建。

要求：依据风险分级管控与隐患排查治理的定义及标准，阐述二者的区别与联系。结合"风险=可能性×后果严重程度"的评估模型及隐患闭环管理流程，设计一套二者协同工作的机制(如风险点与隐患的对应关系、管控措施的衔接方式)。给出由10~20个关键词组成的提问句，生成"运营安全风险分级管控与隐患排查治理的协同机制构建"讨论报告或汇报文件(PPT)。

讨论题(3)：应急信息报告机制在突发事件处置中的关键作用及优化路径。

要求：基于应急信息报告流程，分析各环节的时间要求(如 OCC 接报后5min初报 NCC)、信息要素(时间、地点、起因、措施等)对后续响应的影响。结合地铁实际事故中信息传递的教训，指出信息报告机制可能存在的漏洞，提出优化建议。生成"应急信息报告机制在突发事件处置中的关键作用及优化路径"研究报告或汇报文件(PPT)。

参 考 文 献

[1] 毛保华. 城市轨道交通系统运营管理[M]. 2 版. 北京:人民交通出版社股份有限公司, 2017.

[2] 中华人民共和国住房和城乡建设部. 地铁设计规范:GB 50157—2013[S]. 北京:中国建筑工业出版社,2014.

[3] 中华人民共和国住房和城乡建设部. 城市轨道交通工程项目规范:GB 55033—2022[S]. 北京:中国建筑工业出版社,2023.

[4] 毛保华,高自友,柏赞,等. 城市轨道交通网络运营组织理论与方法[M]. 北京:人民交通出版社股份有限公司,2018.

[5] 全国城市客运标准化技术委员会(SAC/TC 529). 城市轨道交通试运营基本条件:GB/T 30013—2013[S]. 北京:中国标准出版社,2014.

[6] 全国城市客运标准化技术委员会(SAC/TC 529). 城市轨道交通运营指标体系:GB/T 38374—2019[S]. 北京:中国标准出版社,2019.

[7] 毛保华,张政,陈志杰,等. 城市轨道交通网络化运营组织技术研究评述[J]. 交通运输系统工程与信息,2017,17(6):155-163.

[8] 交通运输部科学研究院. 城市轨道交通运营管理实务[M]. 北京:人民交通出版社股份有限公司,2020.

[9] 韩宝明,余怡然,习喆,等. 2023 年世界城市轨道交通运营统计与分析综述[J]. 都市快轨交通,2024,37(1):1-9.

[10] 徐瑞华,江志彬,朱效洁,等. 城市轨道交通列车运行图计算机编制的关键问题研究[J]. 城市轨道交通研究,2005,8(5):31-35.

[11] PARKINSON T, FISHER I. Rail Transit Capacity, Report 13, TRB[M]. Washington DC: National Academic Press, 1996.

[12] GLOVER. Principles of London Underground Operations[M]. Surrey:Ian Allan Publishing Ltd, 2000.

[13] TAPLIN M. Light Rail in Europe[M]. Middlesex:Capital Transport Publishing,1995.

[14] 刘龙胜,杜建华,张道海. 轨道上的世界:东京都市圈城市和交通研究[M]. 北京:人民交通出版社, 2013.

[15] 吴芳. 城市轨道交通设备[M]. 北京:人民交通出版社, 2012.

[16] 闫海峰. 城市轨道交通设备[M]. 北京:科学出版社, 2016.

[17] 陈荣武. 城市轨道交通列车运行控制[M]. 北京:科学出版社,2014.

[18] 唐涛. 列车运行控制系统[M]. 2 版. 北京:中国铁道出版社有限公司,2023.

[19] 上海市轨道交通标准化技术委员会. 城市轨道交通列车运行图编制规范:DB31/T

1174—2019[S].北京:中国标准出版社,2020.

[20] 崔学忠,贾文峥.中国城市轨道交通运营发展报告:2019—2020[M].北京:社会科学文献出版社,2020.

[21] 王先进,贾文峥.中国城市轨道交通运营发展报告:2020—2021[M].北京:社会科学文献出版社,2021.

[22] 王先进,贾文峥.中国城市轨道交通运营发展报告:2021—2022[M].北京:社会科学文献出版社,2022.

[23] 王先进,蔡昌俊,杨新征.中国城市轨道交通运营发展报告:2022—2023[M].北京:社会科学文献出版社,2023.

[24] 中国城市轨道交通协会运营管理专业委员会.中国城市轨道交通运营发展报告:2023—2024[M].北京:社会科学文献出版社,2025.

[25] 陈垚,毛保华,柏赟,等.城市轨道交通多交路模式下中间折返站能力分析[J].交通运输系统工程与信息,2017,17(3):150-156.